Quellen und Forschungen
zur Bündner Geschichte

Band 4

Quellen und Forschungen zur Bündner Geschichte

Band 4

Herausgegeben vom Staatsarchiv Graubünden
Redaktion: Ursus Brunold und Silvio Margadant

Otto Carisch

Rückblick auf mein Leben

Autobiographie
eines Pfarrers, Schulmanns, Philanthropen und Lexikographen
(1789-1858)

bearbeitet von
Ursus Brunold

mit einer Einleitung von
Ursula Brunold-Bigler

Verlag Bündner Monatsblatt
1993

Die Herausgabe des vorliegenden Werkes wurde in verdankenswerter Weise ermöglicht durch Beiträge

- des Kantons Graubünden
- der Regionalplanung Heinzenberg-Domleschg.

Belichtung: Rabiosa AG, Chur
Druck: Gasser AG, Chur
Auflage: 800 Exemplare
ISBN 3-905 241-40-4

Milano, Lit. Bertotti — Gio. Giuliani dis.

B. Carisch

Inhaltsverzeichnis

Zur Einführung

Das an Verdiensten für die Oeffentlichkeit reiche Leben des evangelischen Pfarrers, des von Pestalozzi beeinflussten Pädagogen[1], des Philanthropen und Lexikographen Otto Carisch (1789-1858) ist 1948 von Benedict Hartmann im 77. Jahresbericht der Historisch-antiquarischen Gesellschaft von Graubünden auf 144 Seiten ausführlich gewürdigt worden.[2] Als Quelle benutzte Hartmann hauptsächlich Carischs Autobiographie, die als Abschrift aus der Hand seiner zweiten Ehefrau, Iduna Lenz, vorliegt.[3] Carisch muss seine Lebenserinnerungen zwischen 1854 und 1858 niedergeschrieben haben, wie aus mehreren Passagen hervorgeht.[4] Gleich wie Carisch übte Hartmann den Beruf eines Pfarrers und Kantonsschullehrers aus, und so wundert es nicht, dass der Biograph «dem religiösen und theologischen Werdegang»[5] und den nach aussen gerichteten Tätigkeiten seine besondere Aufmerksamkeit schenkte. Er klammerte dabei das Private nicht nur, wie er selbst erklärte, aus Gründen der Diskretion aus, sondern weil die Geschichtsschreibung es damals generell nicht wagte, die Schwelle zum Privaten zu überschreiten. Erst die grossen französischen Sozialhistoriker, deren Erträge der Forschung jetzt auch in deutscher Sprache zugänglich sind, riskierten «das Experiment der Gegenwart»: sie erklärten das Privatleben zum legitimen Studienobjekt und entdeckten es als «Schauplatz von Vergnügungen und Zwängen, von Konflikten und Träumen».[6] Damit Geschichtsschreibung in der Region nicht zum Symbol des ewiggestrigen, verspäteten «Hinkenden Boten» wird, besteht die Notwendigkeit, auch im Kleinraum die privaten Aspekte des menschlichen Lebens zu problematisieren. In Graubünden stammten die Akteure, die dafür geeignete Zeugnisse, etwa Autobiographien, Tagebücher, Briefe, Photographien und Häuserpläne, zurückgelassen haben, wie überall aus der Schicht des dokumentierfreudigen, gebildeten Bürgertums des 19. Jahrhunderts. Es liegt am familialen und emotionalen Bezug der erwähnten Quellengattungen, dass sie zum grossen Teil innerhalb der Privatheit geblieben sind und deshalb den Weg ins Staatsarchiv, die Verkörperung des öffentlich-staatlichen Gedächtnisses, nicht gefunden haben. Otto Carischs Autobiographie stellt für das neue Forschungsinteresse einen Idealfall dar, achtete der Verfasser doch im besonderen Masse auf das Festhalten «ganz bescheidener Dinge», das heisst des Alltäglichen, das nach dem französischen Historiker Georges Duby nur das un-beherrschte Gedächtnis eines einzelnen Lebewesens durchkreuzt.[7]

Doch welche mentalitätsgeschichtlichen Voraussetzungen ermöglichten es dem aus einer «ziemlich unbemittelten» (S. 4) Bauernfamilie zu Amt und Würden aufgestiegenen Carisch, nicht nur nach aussen zu publizieren, sondern eben auch sein Innenleben für die Nachkommenschaft detailliert herauszuarbeiten? Entscheidende Impulse zur Sensibilisierung auf psychische Vorgänge und die innere Formung durch die personale und kulturale Umwelt hatte der Pietismus mit seiner Selbstbeobachtung vermittelt, und diese Geistesströmung wirkte weiter auf die deutschen Bildungsromane, etwa Goethes Wilhelm Meister oder Wielands Agathon. Auch Carisch hatte Wilhelm Meister gelesen und sich als Autobiograph von ihm beeinflussen lassen. Lebensbestimmend war für ihn desweiteren der zeitgenössische unternehmerische Sinn, ein Bekenntnis zur schöpferischen Entfaltung, doch sollte Kreativität nicht der Selbstoffenbarung, sondern der Wahrheitsfindung und der Gemeinnützigkeit dienen: «Doch nicht bloß receptiv soll der Mensch sein, zum *rechten Fortschritt* ist es unerläßlich, daß er auch selbst producire, von innen heraus selbstthätig hervorbringe.» (S. 257).

Im folgenden soll versucht werden, den innern Lebensweg des Autors abzuschreiten und dabei beispielhaft diejenigen Denkweisen und Erfahrungen anzuleuchten, die über das rein Subjektive hinausweisen.

Wie jeder Aufsteiger in das Bürgertum eignete sich auch Carisch dessen Moralvorstellungen und Werthaltungen an, die dazu dienten, sich gegen unten abzugrenzen. So führte er die unehelichen Geburten in Duvin, die er als Skandal bezeichnete, auf die Tatsache zurück, dass viele junge Burschen auf den Engadiner Alpen als Hirten und im Winter als Taglöhner oder Knechte in der genannten Region arbeiteten und somit «das Gift der Unsittlichkeit mit nach ihrem Dorfe» (S. 10) zurückbrächten. Die Grenzen der Respektabilität gegenüber dem Eigentum verschoben sich bei ihm im Laufe des Lebens und differierten je nach sozialem Milieu, in welchem er sich bewegte. Kinder, die Obst stibitzten, konnten insgeheim auf Einverständnis der Dörfler zählen, und auch Carisch beteiligte sich an dem mehrheitlich tolerierten Mundraub der Jugend: «Die Sache verhielt sich so: am Sonntag nach dem Gebete oder der Kinderlehre ging die Jugend nach Katzis, Masein, Thusis oder wo es Obst gab, und es war allgemein angenommen, daß, wenn sich irgendwo ein mit reifem Obste beladener, unbewachter Baum fand, man nur hinauf steigen, nach Lust davon essen und möglichst viel mit nach Hause nehmen dürfe.» (S. 26). In der Rückschau wandte sich der Autobiograph von der gängigen Gruppenmoral ab und bezeichnete «diese Schlechtigkeit mit ihrem rechten Namen als Diebstahl» (S. 28).

Nach dem Vorbild der Bildungsromane verwendete Carisch grosse Sorgfalt auf die Schilderung seiner Kindheit und Jugend, dabei nehmen die frühen Seelenkämpfe breiten Raum ein. Ein stets in der Familie präsentes Schreckgespenst war der finanzielle Rückgang, dem der Grossvater mütterlicherseits, Otto Capeder, tatkräftig Einhalt gebieten wollte, indem er den Enkel gleichen Vornamens im Alter von 15 Monaten zu sich nach Duvin nahm, wo dieser bis zu seinem zehnten Lebensjahr verblieb. Die Rückkehr ins Elternhaus nach Sarn kam dem Ende der Kindheit gleich und war verbunden mit ungeliebter Arbeit in der Landwirtschaft sowie dem Verlust an Liebe und Vertrauen zu Eltern und Geschwistern: «Ueberhaupt wurde mir der Aufenthalt in Sarn drückend. Früher allein Kind im Hause des Ueberflusses und vermutlich verhätschelt, stand ich jetzt neben Brüdern in einem Hause, wo Arbeit, ja strenge Arbeit gefordert wurde, und fühlte mich allein, und obwohl jetzt erst im elterlichen Hause, doch verwaiset, fremd unter Fremden.» (S. 24). Der abstrakte Begriff «Fremdheit» wird anschliessend anhand der Reaktion der Eltern auf einen aus Schindeln und Papier gebastelten Säbel konkretisiert: «Ich wenigstens war darüber sehr glücklich, mußte indeß mein Kunstwerk ziemlich geheim halten, und als es doch entdeckt wurde, hatte ich wegen des Papiers, das dazu verschnitten und des Fadens, der verbraucht worden war, viel zu leiden. So wenig Rechnung wurde der jugendlichen Phantasie und dem Kunstsinne des Knaben getragen.» (S. 25).

Die Beachtung und Beobachtung der ersten Lebensphase erstreckte Carisch desweiteren auf die eigene Nachkommenschaft. So notierte er die schwierige Geburt seines ersten Töchterchens und lobte die Geschicklichkeit der tatkräftigen Hebamme: «Das Kind konnte anfangs nicht athmen, da sog diese mit ihrem eigenen Munde die Unreinlichkeit, die sich in seiner Kehle gesammelt haben mochte, heraus, und von diesem Augenblicke an erholte es sich sogleich und gedieh auf höchst erfreuliche Weise.» (S. 164). Als Sprachpädagoge verfolgte der stolze Vater mit besonderer Aufmerksamkeit die sprachliche Entwicklung seiner Kinder (S. 165). Wie sämtliche Männer seiner Zeit bezeichnete Carisch die Frauen als das schwächere Geschlecht, welches manchen Leiden und Krankheiten unterworfen sei (S. 165). Doch zeit seines Lebens bewunderte er die Energie und Klugheit der Frauen hinsichtlich Heilung und Linderung von Krankheiten. Die erwähnte versierte Hebamme stellt nur ein Beispiel dar. Besonders beeindruckte ihn Duonna Mengia Curò-Frizzoni, die stets hilfsbereite ländliche Aristokratin in Celerina, deren Heilwissen besonders von den Dorfarmen und vagierenden Bettlern in Anspruch genommen wurde (S. 32). Desgleichen rühmte er die «Verständigkeit, Mühe und Sorgfalt in

Bezug auf Diät und Heilmittel», womit seine zweite Ehefrau, Iduna Lenz, die kränklichen Kinder aus seiner ersten Ehe gesund pflegte (S. 220). Mit der ihr eigenen Gründlichkeit kämpfte sie gegen die Ruhrkrankheit ihrer dreijährigen Tochter und, nach vergeblichem Ringen, gegen einen zweiten Feind: das Vergessen. Respekterfüllt vor der Tapferkeit seiner Gattin, notierte Carisch: «Gleich nach ihrem [der Tochter] Hinschiede legte sie die liebe Entseelte aufs Bett, setzte sich an den Tisch daneben und beschrieb den Verlauf der Krankheit und die Empfindungen, die dabei in ihr erwacht und sie bis zu diesem Augenblicke durchdrungen hatten. Dieß, wie sie sagte, um das Bild des geliebten Kindes um so treuer und nachhaltiger in der Seele zu bewahren. Und es ist wahr, nur zu leicht bleicht sich ein solches im Laufe der Jahre ab, und wenn es nicht in treuer, zarter Eltern Herzen erhalten wird, so verschwindet es allmälig ganz und gar, aus der Erinnerung der Menschen dieser Welt.» (S. 225). Zu den bürgerlichen Wertmassstäben gehörte die Beherrschung der Gefühle, so auch das Masshalten in der Trauer, und die hier geschilderte, doch sehr intellektuelle Kanalisierung der Tränen[8] liess in Carisch die Achtung und Bewunderung für seine zweite Ehefrau erstarken.

Einige Beobachtungen zur Geselligkeit, einem zentralen Ritus der Bürgerlichkeit, sollen nun die schönen Seiten des privaten Lebens hervortreten lassen. Otto Carisch war alles andere als ein Eigenbrötler, sondern ein Mann des vergnügten Zusammenseins und der Kommunikation. Als Mensch der Spätaufklärung liebte er logisch aufgebaute Gespräche, in denen das rechte Mass vorherrschen sollte, und diese Vorstellung des Redens mit den Menschen übertrug er auf das Reden mit Gott: «Es will mir scheinen, daß, wie wir uns zur Pflicht machen bei der Unterhaltung mit Menschen logisch und mit möglichster Genauigkeit und Ordnung zu sprechen, dieses auch in unseren Anreden an Gott geschehen sollte. Da meinen aber viele, je schwülstiger und verworrener alles durch einander liege, desto salbungsreicher und frommer sei das Gebet.» (S. 186). Zum Reden über Gott gehörte für ihn ausser der gedanklichen Klarheit eine helle Beleuchtung. So erinnerte sich der begabte Pädagoge im Alter an den in «dunkler Abendstunde» erteilten Religionsunterricht, «wo weder die Schüler die innere Bewegung des Lehrers in seinen Mienen lesen noch der Lehrer diejenige seiner Schüler an ihren Augen sehen konnte, was doch dem Worte eine so eigenthümliche Kraft verleiht» (S. 35). Ein schönes Zeugnis für die Wertschätzung der nonverbalen Verständigung. Der als Pfarrer von Poschiavo amtende Carisch verschwieg nicht, dass seine Gemeindemitglieder die Situationen demokratischer Kommunikation geschickt zu nutzen verstanden. Auf Hochzeiten teilten sie ihm ihre Sorgen,

Bedenken und Zweifel mit: «Das sei etwas ganz anderes, meinte einer, als in der Kirche, wo nur der Pfarrer sprechen dürfe und alle anderen schweigen müßten.» (S. 178). Auch hinsichtlich des Essens musste sich der geistliche Hochzeitsgenosse den allgemeinen Spielregeln beugen und die Leute essen lassen, so lange sie wollten (S. 178).

In seiner Zeit als Kantonsschüler hatte Carisch mit Christoph von Albertini von Tamins Freundschaft geschlossen. Im Hause dieses gebildeten, an einer Körperlähmung leidenden Aristokraten lernte der Bauernjunge ausser der Konversation der Vornehmen und Angesehenen die Welt ihrer Bücher kennen: «Da war auch eine schöne Bibliothek, aus der ich nach Belieben Bücher geliehen bekam. Da wurde nicht bloß von Vieh und Heu, sondern von wichtigen Landesangelegenheiten und von den neuen literarischen Productionen gesprochen, was mir alles sehr ungewohnt, aber in hohem Maße anziehend war ...» (S. 45). Carisch bemerkte sehr bald, dass solche Gespräche und der Kontakt mit der Literatur des «circuit lettré» den Schlüssel zum Erfolg in der bürgerlichen Welt bildeten: «Ich fühlte nun recht den Unterschied in Bezug auf die Studien, ob der Schüler bloß treulich zuhört und repetirt oder ob er, durch Selbststudium und literarische Hülfsmittel schon vorbereitet, zu dem in den Lesestunden behandelten Stoffe kommt. Welch anderer Nutzen und welch andere Freude im letzteren Falle!» (S. 49).

Während seines Lausanner Bildungsaufenthaltes (Oktober 1813 bis Januar 1814) erkannte Carisch, dass die nach französischem Vorbild gemischten Soirées, zu denen ihn die Honoratioren einluden, nicht nur dazu dienten, gesellschaftliche Beziehungen zu inszenieren und zu pflegen, sondern auch gegenseitige Kontrolle und Disziplinierung ermöglichten. Im Salon, der Bühne der bürgerlichen Geselligkeit[9], spielten die Kinder «unter den Augen und zum großen Entzücken der Erwachsenen; die erwachsenen jungen Leute unterhielten sich, eroberten oder versuchten doch zu erobern und zu gefallen; die älteren Herren und Damen spielten ihre Partie, und so war jeder für sich à son aise, zugleich aber auch unter dem Einfluß der übrigen Altersklassen der Gesellschaft. Wie ganz anders und wie vernünftiger als in Chur, wo sich in Gesellschaft entweder nur Kinder mit Kindern, junge Herren und Damen für sich allein und unter den älteren Personen die Frauen für sich und die Herren auch wieder für sich zusammen finden. Dadurch entsteht natürlich das Eintönige, Einseitige, Langweilige oder auch Frivole in der Gesellschaft, während durch die oben angegebene Mischung alles anziehender und anregender wird und jede Klasse von der anderen lernen kann, sich zügeln muß und zur gegenseitigen Erheiterung und Erhebung in hohem Grade beiträgt.» (S. 71).

Steckte hinter den gemischten Abendveranstaltungen, während denen auch musiziert, gesungen und getanzt wurde, die Absicht, etwaige Mesalliancen im Keime zu ersticken? Den Männern vorbehalten blieben die an einem bestimmten Tag in der Woche stattfindenden Zirkel, in denen politische, juristische, pädagogische und wissenschaftliche Themen zur Sprache kamen. Anfänglich traf man sich der Reihe nach bei einem Mitglied zu Hause und genoss eine einfache Bewirtung in Form von Brot, Käse, Wein und etwas Obst. Lag es an der Oeffentlichkeit der Themen, dass die Gesellschaften sich später im öffentlichen Wirtshaus versammelten? (S. 132).

Carischs Autobiographie entstand zur Zeit des tiefsten Patriarchats, und doch ist diese Lebensbilanz, wie schon erwähnt, alles andere als ein reines Männerbuch: Frauen sind zahlreich vertreten, und die soziale Skala reicht von der arbeitsamen Magd (S. 14) über die energische Witwe, die eine Pension führte (S. 47f.), bis zu zarten, schöngeistigen Frauen, die dem bildungsbürgerlichen Ideal der Zeit entsprachen (S. 238ff.). Es sei hier kurz auf die ungewöhnliche Freundschaft mit der von ihm entdeckten und später vielgelesenen Dichterin Nina Camenisch hingewiesen, eine Beziehung seiner späten Jahre, die «eben, weil sie in meinen Jahren so unerwartet war, mir so wohl that und diesen Abschnitt des Lebens so sehr verschönerte» (S. 265-278).

Es ist als Glücksfall zu betrachten, dass Iduna Carisch-Lenz aufgrund von Augenzeugenberichten die letzten Lebenstage und das Sterben ihres Mannes rekonstruierte. Dabei kam auch die Magd zu Worte, eine Person, die dank ihres Aufgabenbereichs im Haus mit der Privatheit ihrer Herrschaft vertraut war. Sie beobachtete Carisch vor dem Aufbruch zu seiner letzten Reise und offenbarte später ihrer Herrin: «Haben Sie nur bemerkt, wie zärtlich Herr Professor Sie bei'm Frühstück ansah? Es war, als wolle er sich Ihr Bild noch recht einprägen, um es mitzunehmen.» (S. 281).

Die integrale Edition dieser Autobiographie voller «zärtlicher Blicke» auf das Private möge die Blicke der Historikerinnen und Historiker vermehrt auf die noch reichlich unerforschte Geschichte der Gefühle, Hoffnungen und Wünsche lenken, die das Handeln der Menschen bestimmten.

Ursula Brunold-Bigler

Anmerkungen

1 CHRISTIAN ROEDEL, Pestalozzi und Graubünden. Ein Beitrag zur Pestalozziforschung und zur bündnerischen Schulgeschichte, Winterthur 1960.

2 BENEDICT HARTMANN, Professor Otto Carisch (1789-1858). Ein Bündner Zeitbild, in: 77. Jahresbericht der Historisch-antiquarischen Gesellschaft von Graubünden, Jg. 1947, S. 1-144.

3 Staatsarchiv Graubünden, Chur, Handschrift B 2126. Vgl. RUDOLF JENNY, Handschriften aus Privatbesitz im Staatsarchiv Graubünden, Chur 1974, S. 534.

4 Vgl. unten S. 225, 277, 280.

5 HARTMANN, Otto Carisch, S. 8.

6 Vgl. Michelle Perrots Einleitung zu: Geschichte des privaten Lebens, 4. Bd.: Von der Revolution zum Großen Krieg, hg. von MICHELLE PERROT [Paris 1987]. Deutsche Uebersetzung von Holger Fliessbach und Gabriele Krüger-Wirrer, Frankfurt a.M. 1992, S. 7.

7 GEORGES DUBY und GUY LARDREAU, Geschichte und Geschichtswissenschaft. Dialoge [Paris 1980]. Aus dem Französischen von Wolfram Bayer, Frankfurt a.M. 1982, S. 68.

8 Zur Kulturbedingtheit des Weinens siehe GISELA BERKENBUSCH, Zum Heulen. Kulturgeschichte unserer Tränen, Berlin 1985.

9 Vgl. dazu ANNE MARTIN-FUGIER, Riten der Bürgerlichkeit. In: Geschichte des privaten Lebens, S. 216-222.

Rückblick auf mein Leben

Vorbemerkung des Bearbeiters:

Der vorliegenden Edition liegt die Handschrift B 2126 des Staatsarchivs Graubünden zugrunde. Diese umfasst 164 einseitig beschriftete Blätter im Format 21/35 cm und wurde vermutlich von der zweiten Ehefrau Carischs, Iduna Carisch-Lenz, niedergeschrieben. Zur Ergänzung einiger Zitate wurde auch die Handschrift Staatsarchiv Graubünden B/N 374b konsultiert, ein Fragment von 84 Seiten (Format 18/24 cm) derselben Autobiographie, die wahrscheinlich später als B 2126 entstanden ist, vielleicht im Hinblick auf eine beabsichtigte Veröffentlichung.

Der Text ist originalgetreu wiedergegeben, offensichtliche Schreibfehler wurden ohne Kommentar korrigiert, die Interpunktion richtet sich im wesentlichen nach den heutigen Richtlinien. Ergänzungen des Bearbeiters stehen in eckiger Klammer.

An dieser Stelle sei Frau Anita Köhl für eine erste Abschrift des Textes sowie Herrn Dr. Christian Erni für förderliche Ratschläge bestens gedankt.

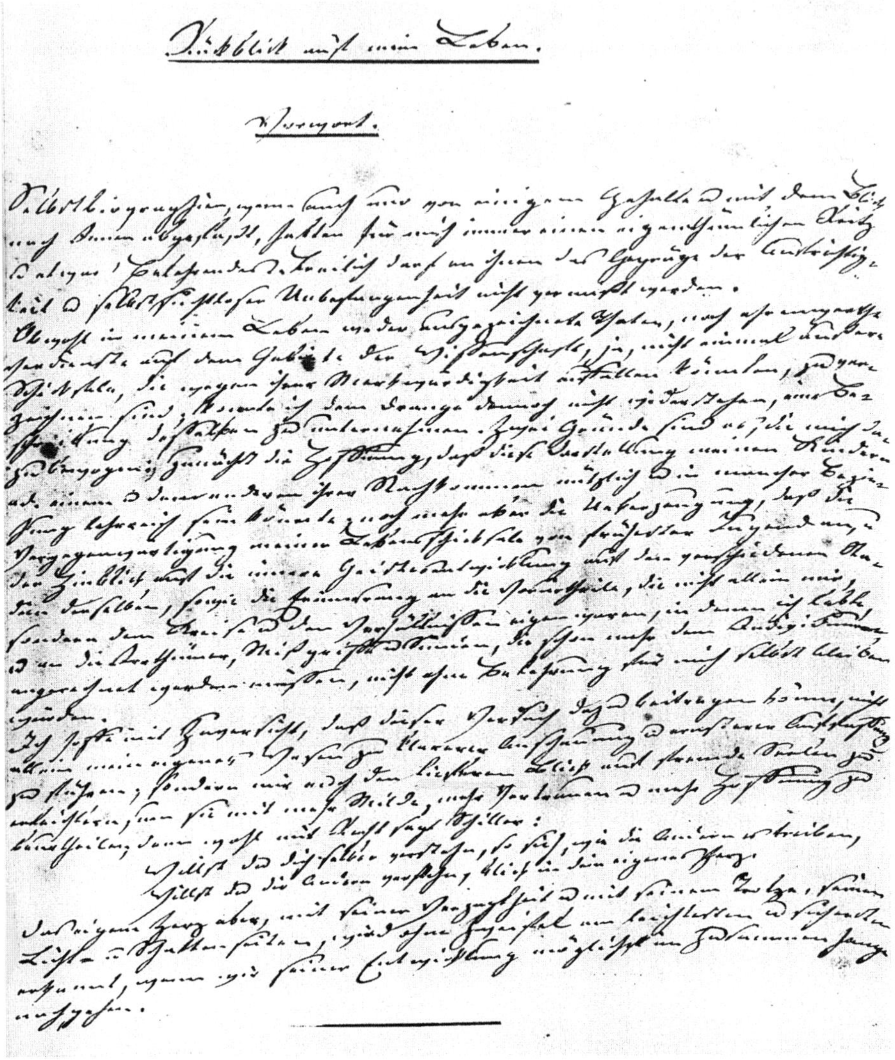

Rückblick auf mein Leben.

Vorwort.

Vorwort aus Otto Carischs «Rückblick auf mein Leben». (Staatsarchiv Graubünden, Chur, Handschrift B 2126).

Vorwort

Selbstbiographien, wenn auch nur von einigem Gehalte und mit dem Blick nach Innen abgefaßt, hatten für mich immer einen eigenthümlichen Reitz und etwas Belehrendes. Freilich darf an ihnen das Gepräge der Aufrichtigkeit und selbstsuchtloser Unbefangenheit nicht vermißt werden.

Obwohl in meinem Leben weder ausgezeichnete Thaten noch ehrenwerthe Verdienste auf dem Gebiete der Wissenschaft, ja nicht einmal äußere Schicksale, die wegen ihrer Merkwürdigkeit auffallen könnten, zu verzeichnen sind, konnte ich dem Drange dennoch nicht widerstehen, eine Beschreibung desselben zu unternehmen. Zwei Gründe sind es, die mich dazu bewogen: zunächst die Hoffnung, daß diese Darstellung meinen Kindern oder einem und dem anderen ihrer Nachkommen nützlich und in mancher Beziehung lehrreich sein könnte; noch mehr aber die Ueberzeugung, daß die Vergegenwärtigung meiner Lebensschicksale von frühester Jugend an und der Hinblick auf die innere Geistesentwicklung auf den verschiedenen Stadien derselben sowie die Erinnerung an die Vorurtheile, die nicht allein mir, sondern dem Kreise und den Verhältnissen eigen waren, in denen ich lebte, und an die Irrthümer, Mißgriffe und Sünden, die schon mehr dem Individuum angerechnet werden müssen, nicht ohne Belehrung für mich selbst bleiben würden.

Ich hoffe mit Zuversicht, daß dieser Versuch dazu beitragen könne, nicht allein mein eigenes Wesen zu klarerer Anschauung und ernsterer Auffassung zu führen, sondern mir auch den tieferen Blick auf fremde Seelen zu erleichtern, um sie mit mehr Milde, mehr Vertrauen und mehr Hoffnung zu beurtheilen; denn wohl mit Recht sagt Schiller:

Willst du dich selber verstehn, so sieh, wie die andern es treiben;
Willst du die andern verstehn, blick in dein eigenes Herz.[1]

Das eigene Herz aber, mit seiner Verzagtheit und mit seinem Trotze, seinen Licht- und Schattenseiten, wird ohne Zweifel am leichtesten und sichersten erkannt, wenn wir seiner Entwicklung möglichst im Zusammenhange nachgehen.

I. Familie und Geburt

Familie

Im Jahre 1789, den 28sten September nach dem damals noch gebräuchlichen alten oder am 10ten Oktober nach dem neuen Calender[2], erblickte ich zu Sarn am schönen Heinzenberge das Licht der Welt und erhielt in der Taufe den Namen Nutt, auf deutsch Otto.

Daß eine so gesunde, freundliche Heimath, ein freies Vaterland und die protestantische Kirche mich schon bei meiner Geburt in ihren Schoos aufnahmen, ist mir in späteren Jahren oft, sehr oft ein Antrieb zu innigem Danke gegen die Vorsehung geworden. Ich erkannte auch hierin «heitere Loose», die dem Menschen ohne sein Zuthun [zu] fallen und doch entscheidende Bedingungen und Grundbestimmungen zu dem werden, wozu wir uns später entwickeln und worauf wir vielleicht als auf eigenes Verdienst stolz sind. Auch dadurch wurde mir die Lehre der Schrift klar, daß wir durch die freie Gnade Gottes das sind, was wir sind, und nichts besitzen, das wir nicht empfangen hätten. –

Aus der gleichen Ehe mit mir entsprossen sind: ein älterer Bruder, Fadrig (Friedrich), ein jüngerer, Biet (Beat), und später eine Tochter, Frena (Veronica), welche aber schon in ihrem vierten Jahre an den Blattern starb.[3] Ich erinnere mich nur eines einzigen Males sie, und zwar in Duvin, gesehen zu haben, als sie zweijährig war; allein dieses frische, schöne Kindergesicht und ihr treuherziger, seelenvoller Blick bei dieser Gelegenheit sind mir unvertilgbar in der Seele geblieben und immer noch in aller Lebendigkeit gegenwärtig. Ob ich nicht der einzige bin, der sich ihrer hienieden noch erinnert?

Väterliches Haus. Familie

Meine Eltern waren einfache, wenig gebildete und damals auch noch ziemlich unbemittelte Bauersleute. Der Vater hieß Duff (David) [und] mit dem Geschlechtsnamen, wie er am Hause und in den Familienschriften sich durchgängig geschrieben findet, de Carisch.[4] Damit verband sich auch, wie ich mich aus einzelnen Aeußerungen der Eltern erinnere, eine nicht geringe Familieneitelkeit. Sie gehört auch in der That zu den alten und war in früheren Generationen wohl auch eine der reicheren am Heinzenberge, wie sich aus Traditionen und namentlich auch aus der

Größe und Bauart des Stammhauses abnehmen läßt. Es wurde, nach der Inschrift am gewölbten Portal des Hauses, im Jahre 1622 von C. d. C. (Clemens de Carisch), welcher, wenn ich nicht irre, Podestat in Trahona gewesen war, erbaut.[5]

Mein Vater hatte den seinigen, der schon ein nach damaliger Weise gebildeter Mann gewesen und eine Frau von reicher Familie, Anna Cadisch von Dalin, geheirathet hatte, früh verloren.[6] Die Frau, dem Trunke ergeben, heirathete einen schönen holländischen Flügelmann, der aber mit dem gleichen Uebel behaftet war, und die Folge war Einbuße des gänzlichen Vermögens beider und auch wohl eines Theiles desjenigen der Kinder erster Ehe. Auch der Großvater meines Vaters war früh gestorben. Er muß ein guter Kaligraph gewesen sein und sich auch in Chur aufgehalten haben. Von ihm waren noch viele Schriften vorhanden, die leider bei einer Sendung an Herrn Bürgermeister C. von Albertini[7] erst vor wenig Jahren verloren gegangen sind. Auch dessen Wittwe verheirathete sich wieder, was ebenfalls beigetragen haben mochte, die Wohlhabenheit der Familie zu schmälern.

Genug, mein Vater und sein Bruder blieben als Waisen zurück, der Mutter und einem Stiefvater überlassen, von denen eine geeignete Erziehung nicht erwartet werden konnte. Beide blieben auch ohne Schulbildung, waren aber im Uebrigen gute, verständige, thätige Männer und nach der gewöhnlichen Weise auch fromm, d.h. in so fern, daß sie den Gottesdienst nicht versäumten und morgens und abends ihre Andachtsübungen nicht ohne Sammlung verrichteten.

Die Eindrücke, die ich vom Wesen meines Vaters aus einem alten romanischen Gebetbuche auf dem Maiensäße empfangen habe, gehören zu den wohlthätigsten, die mir im väterlichen Hause in religiöser Beziehung zu Theil geworden sind. Und diesen religiösen Anflug verdankte er selbst, wie er es dankbar rühmte, doch dem Stiefvater.

Um auf den Geschlechtsnamen zurückzukommen, so ist zu bemerken, daß, wo jetzt das ansehnlichste Dorf des Heinzenberges, Sarn, steht, ehemals bloß einige Höfe waren, deren Namen noch den einzelnen Abtheilungen des Dorfes geblieben sind. So Carisch (die Gegend, wo unser Stammhaus steht), Luvreu[8], Chisatta, Muntatsch und Zarniels. Von diesem Hofe hat also die Familie wohl ihren Geschlechtsnamen *da* oder *de* Carisch, ohne deßwegen auf Adel Anspruch machen zu können.

Ich bemerke dieses so umständlich, weil ich in früheren Zeiten in dieser Hinsicht manchen Verdruß gehabt habe. Ganz arglos schrieb ich, als ich nach Chur in die Cantonsschule kam, meinen Geschlechtsnamen auf gewohnte Weise. Hier wurde mir dieß aber zuweilen als Anmaßung ausgelegt und unbefugter Weise die Verbindung beider Wörter in Decarisch eingeführt. Dieß kränkte mich, ich konnte es aber nicht ändern. Ich hatte den starken Schein wider mich, da das allein stehende «de» als Adelsprädicat betrachtet wurde, was es auch gewöhnlich bedeutet; die Verschmelzung war aber wirkliche Alteration des Namens, welche zu vermeiden mir als willkürliche Anmaßung ausgelegt wurde, während sie von anderer Seite theils aus Unwissenheit, noch öfter aber aus wirklichem Mißwollen herrührte. Daß es nicht Erfindung und Anmaßung von uns war, beweist ja auch das Wappen des Landrichters Peter de Carisch im obern Saale von Truns, wo unser Geschlechtsname vom Jahre 1548 so geschrieben ist.[9]

In späteren Jahren wurde mir die Sache gleichgültig und ich schrieb mich nur Carisch, theils um dadurch den Schein der Anmaßung zu vermeiden, theils weil mir das Weglassen des «de» jedenfalls für eine Bauernfamilie das angemessenere schien, besonders aber auch, weil mir der Unterschied zwischen *adelig* und *edel* [zu] sein jetzt deutlicher wurde und ich auf die Frage, was mein Vater sei, kein Bedenken tragen konnte zu antworten, er sei ein Bauer und ich ein Bauernsohn.

Ich würde mich über diesen Punct nicht so ausführlich geäußert haben, wenn er mich nicht zu einer Zeit mehr als billig beschäftigt und meine Gedanken in Anspruch genommen hätte. Später diente er mir aber doch auch als starker Beleg, wie thörichter Weise man eitel sein, wie verletzte Eitelkeit Schmerzen und wie fremde Bosheit sich darin gefallen kann, andern dergleichen Unannehmlichkeiten zu verursachen. Wenn auch nicht der Zeit, mag es doch dem Inhalte nach hier am Orte sein, meine später gewonnenen Ansichten über den Adel auszusprechen. Es ist oft behauptet worden, daß auch in Bünden die jungen Herren und Damen von Adel große Neigung an den Tag legten, sich von den Bürgerlichen auszuscheiden. Durch eigene Erfahrung habe ich diese Anschuldigung nicht bestätigt gefunden. Stolz aber ist ein Fehler, der sich unter den Bewohnern des kleinsten Dorfes eben sowohl wie in den adeligen Familien findet und nicht selten in viel widerlicherer Gestalt. Es ist auch ganz natürlich, wenn junge Herren und Damen sich freuen, einen Namen zu tragen, der in der vaterländischen Geschichte und in den Verzeichnissen unserer Staatsbeamten in bürgerlichen und militairischen Stellen oft angetroffen wird. Diese Freude und ein gewisses höheres Selbstgefühl darüber ist natürlich und in gutgearteten Gemüthern gewiß auch wohlthätig. Nur dann wird es als Stolz verwerflich, wenn es, anstatt als Sporn zu edlen Bestrebungen, bloß zum Deckmantel oder Beschönigungsmittel eigener Erbärmlichkeit dienen soll.

Sehr schön sagt die Piccolomini in ihrem Portrait:

«Di chiara Stirpe e nobile
L'onor, vantar potrei,
Ma no, che mio non reputo
L'onor degli Avi miei.»[10]

Meine Mutter hieß Caterina (Trina) Capeder[11] und war von Duvin im Lugnetz. Sie war aus einer achtbaren, damals wohl der reichsten und allerdings sehr wohlhabenden Familie. Unter ihren Vorfahren väterlicher Seits findet sich der Verfasser *d'igl cudisch da Ser Nutt* (Ludwig Molitor)[12], einer Sammlung schöner romanischer Lieder. Ihre Mutter war eine Schmidt, mit den Gabriels in Ilanz[13] verwandt. Sie (meine Mutter) war doch soweit gebildet, daß sie einen ordentlichen romanischen Brief schreiben konnte; dabei verständig, thätig, eine gute Hauswirthin, ganz besonders auf Sparsamkeit bedacht – eine Tugend, zu der sie auch die Kinder sehr sorgfältig anhielt und die in ihren Verhältnissen und Umständen auch sehr nothwendig war, wenn die Familie vor Rückgang bewahrt bleiben sollte.

Zur Unterstützung der Eltern und weil ich den Namen des mütterlichen Großvaters trug, wurde ich schon in meinem fünfzehnten Monate von diesem nach Duvin genommen, wo ich dann auch bis zu meinem zehnten Jahre blieb. Nicht lange vorher war ich aber noch bei'm Heuen zu Pro d'ual unbemerkt in den Bach gefallen. Zwar half ich mir noch glücklich selbst heraus, muß aber dessen ungeachtet diese als die erste Lebensgefahr betrachten, aus welcher mich die Vorsehung rettete.

II. Aufenthalt in Duvin

Duvin. Topographische Beschreibung [14]

Duvin gehört unstreitig zu den merkwürdigsten Ortschaften Bündens. Obwohl zum Hochgerichte Lugnetz gehörig, ist es doch das einzige reformirte Dorf desselben. Es liegt abgesondert durch zwei Bergströme auf der rechten Seite des Glenners. Auf drei Seiten von hohen, meist senkrechten Felswänden oder steilen waldigen Bergabhängen umgeben, ist es mit Ausnahme des Winters, wo eine Brücke über den Glenner geschlagen wird, nur Fußgängern zugänglich. Nur nach Pitasch hinüber ist in neuster Zeit der Weg geöffnet worden. Auf der vierten Seite wird es von der hohen Savier Bergkette begrenzt. Sein Gebiet ist sehr ausgedehnt, hat Wälder und Alpen für's Rindvieh und für Schafe im Ueberfluß, gute Weiden für die Ziegen, viele Maiensäße und Heuberge, die aber an vielen Orten so steil sind, daß sie nur mit Fußeisen bearbeitet werden können und die im Winter, wo das Heu aus den Heuställen (*barguns*) heimgeführt wird, den Lawinen ausgesetzt sind.

Das kleine Dorf von etwa dreißig, meist hölzernen Häusern liegt auf einer Ebene (einem Plateau) mitten zwischen fetten Wiesen und Aeckern, mit vielen Kirschbäumen sehr guter Art, auch einigen Apfel-, Pflaumen- und Birnbäumen. Für seine Bevölkerung hat es mehr als hinreichendes Korn und Gerste und Weitzen von vorzüglicher Art. Fast überall, mit Ausnahme der einen Seite, sind aber diese Güter, wie schon gesagt, ganz in der Nähe des Dorfes von senkrecht hinab gehenden Felswänden umgeben, und man muß sich wundern, daß nicht öfter Vieh und Leute in diese Abgründe fallen.

Nur mit Schaudern kann ich jetzt an die Verwegenheit oder Sorglosigkeit denken, mit welcher wir Kinder am steilen Rande dieser Abgründe spielten und herum liefen.

Nur an Wasser litt das Dorf bis in neuester Zeit Mangel. Dermalen ist es aber auch damit reichlich und ohne große Kosten und Mühe versehen. Nur auf das *alte* Duvin paßte also das Cabalzarische Lied:

«Mo mai d'igl feug quittau stos ver
Parchiei ti has pauc aua.»[15]

Auch die Aussicht auf das schöne, mit vielen Dörfern besäete Lugnetz, auf einen nicht kleinen Theil der Gruob (Foppa) und den Kranz hoher Berge ringsherum ist sehr erhebend und ganz geeignet, angenehme Erinnerungen an die empfangenen Eindrücke von der Natur im jugendlichen Gemüthe zurückzulassen.

Zur Reformation entschloß sich Duvin, der Sage nach, um der Mühe überhoben zu werden, seine Todten nach Villa zu tragen, welches die Hauptpfarrei des Lugnetz und dessen Kirche, d.h. die Pfarrei, noch jetzt Pleiv ist. Doch bezahlen die Duviner noch immer gewisse Zinsen an Schmalz und, wenn ich mich nicht irre, auch an Korn und Geld an diese Kirche.[16]

In diesem Dorfe herrschte zu meiner Zeit, wenn auch nicht gerade Reichthum, doch allgemeiner Wohlstand. Die Armuth war da so wenig zu Hause, daß ein schöner Acker, welcher von einem reichen Einwohner, Scrivont Gion Capeder, in seinem Testamente für die ärmste Familie des

Dorfes bestimmt worden war, mehr als dreißig Jahre von keiner in Anspruch genommen wurde und der Zins für denselben in die Gemeindekasse floß.

Sitten

Auch die Sitten waren patriarchalisch und höchst erfreulich. Ein Wirthshaus war im Dorfe nicht. Nur zu Neujahr kaufte jede Familie eine Maaß oder halb Maaß Branntwein, um an einem Abend nachher mit den Verwandten, Nachbarn und dem Pfarrer zu «neujährlen» (*far bia maun*). Da wurde dann geschlagener Rahm, *gromma* mit *pettas salin, paun cun pira, aur cun tscharieschas* (Weitzen-, Birnen- und Kirschenbrod) und alte Würste unter heitern und frommen Gesprächen genossen und dazu auch ein Gläschen Branntwein (*zanin*) getrunken.[17] Wein ward selbst bei Hochzeiten gar nicht oder nur in sehr geringem Maaße gereicht, und für die Taufmahle, *vischdaglias*, ließ man etwa einen Quart (zwei Maaß) von den Capuzinern in Cumbel[18] oder andern catholischen Geistlichen des Lugnetzes holen und gab dann jeder Frau ein Schüsselchen davon, wohl mit Wasser getauft und mit Honig versüßt, worin auch einige Weißbrodschnitten gethan wurden.

Die Gastfreundschaft war aber in diesem Dorfe sehr allgemein. Oft kamen junge Burschen und Mädchen aus anderen Dörfern zu Verwandten auf Besuch. In der Jugendgesellschaft (*a bialla stiva*) erhielten die Fremden immer den Vorrang. Zum Tanz aber war die gewöhnliche Musik nur: Trallala, trallala, das die Mädchen nach Tanzmelodien sangen. Kam aber auch ein ganz Unbekannter in Geschäften an einem Sonntage nach Duvin und zur Predigt, so konnte er versichert sein, daß er nicht nur von einem, sondern von mehreren zum Mittagsessen eingeladen wurde.

Auch in moralischer Beziehung waren die Sitten sehr erfreulich. Ein uneheliches Kind war kaum seit Mannsgedenken geboren worden, zu früher Beischlaf ganz ungewöhnlich, und daß ein Duviner *fuss gnieus sutt Sekelmeister* (vor den Kriminalrichter gemußt hätte), fast unerhört.

Leider ist dieses alles in späteren Jahren nicht mehr der Fall gewesen. Im Gegentheil sind in kurzer Zeit Skandale ähnlicher Art auf empörende Weise vorgekommen. Großentheils mag diese betrübte Erscheinung ihren Grund wohl darin haben, daß viele junge Bursche den Sommer als Hirten in den Engadiner Alpen zubringen, auch einen Theil des Herbstes als Taglöhner oder Knechte in den dortigen Dörfern dienen[19], sittlich verderben und das Gift der Unsittlichkeit mit nach ihrem Dorfe zurückbringen. Wahr ist es aber, daß nicht nur solche, die auswärts gewesen, sondern auch andere sich Vergehen dieser Art haben zu Schulden kommen lassen. Wer kennt nicht das menschliche Herz, dieses verzagte und trotzige Ding, und was alles mitwirkt, es zu verderben! Von gefährlichen Keimen des Bösen erinnere ich mich freilich auch damals schon unter den Kindern gehört zu haben.

Nach diesem merkwürdigen Dörfchen wurde ich also schon im fünfzehnten Monat meines Alters versetzt, und an dasselbe knüpfen sich meine angenehmsten und reinsten Jugenderinnerungen.

Großelterliche Familie. Jugendliche Unarten

Die Familie meiner Großeltern, in die ich kam, darf wohl mit Recht zu den bessern und musterhaften Bauernfamilien gezählt werden. Ich habe in derselben viel Gutes gesehen und gehört. Ein Glied derselben hatte die Unart, heimlich im Hause zu naschen und mich – weil es mich liebte – auch mehr oder weniger zu dieser Schwachheit anzuleiten. Ich habe leider in Folge davon später und ganz unabhängig von ihm in meiner Jugend oft und schwer gesündigt. Nur zweimal ist es mir aber äußerlich übel dabei gegangen. Einmal in Duvin selbst. Die Großeltern hatten einen schönen Bienenstand und ganze große Kübel voll Honig. Ich wußte, wo einer davon stand, und da alle Hausgenossen aus dem Hause waren, verfügte ich mich in die Kammer und labte mich nach Herzenslust an dem großen Honigvorrathe. Aber ach! als ich zurück wollte, war es mir nicht möglich, zur Thür hinauszukommen. Das Schloß (*serra da tschepp*) war von der Art, daß man es von Innen nicht öffnen konnte. Welche Angst! welche Noth! Glücklicher Weise war die Kammer (*combra nova*) auf dem Erdgeschoß, und es blieb mir nichts übrig, als zum Fenster hinauszuspringen. Vom Gewissen furchtbar gefoltert, fühlte ich mich tief gebeugt auf lange Zeit.

Ein andermal, als ich in Sarn zum Besuch und allein im Hause war, durchmusterte ich gewohntermaßen alles, fand in einem Schranke eine schöne Flasche mit Genzianen Branntwein und nahm einen Schluck davon. Stunden lang nachher, als die Mutter nach Hause kam und in die Stube trat, war gleich ihr erstes Wort: «*Ti has buveu vinars!*» (Du hast Genzianer getrunken!) Ich war wie aus den Wolken gefallen: so ganz allein war ich da gewesen, und doch wußte sie, was ich gethan hatte! Es schien mir kaum mit rechten Dingen zuzugehen.

Duvin im Lugnez (Foto: Fotohaus Geiger, Flims).

Ich kam freilich mit der Scham davon, der Eindruck war aber höchst niederschlagend. Wäre ich doch öfters auf der That ertappt und tüchtig abgestraft worden, so hätte ich weniger gesündigt. Meine späteren Verhältnisse heilten mich allerdings von diesem Uebel; aber es wurde mir doch klar, wie leicht man auf solche Weise zum Diebe werden kann.

Man kann daher Eltern und Erziehern nicht genug anempfehlen, die ihnen anvertrauten Kinder schon in frühester Jugend möglichst vor Naschhaftigkeit und Untreue zu bewahren, wozu dann aber noch gehört, daß sie es sich zur Pflicht machen, strenge Ordnung mit den Schlüsseln zu halten, wodurch den Kindern das Rechtthun sehr erleichtert wird.

Duvin. Glieder der Familie

Zu meiner neuen Familie gehörte erstens der Großvater, ein schöner alter, sehr gutmüthiger Mann. Er war in seiner Jugend Schneider gewesen, ein Beweis, daß in früheren Zeiten auch wohlhabende Bauernsöhne die Erlernung eines Handwerkes nicht verschmähten; denn auch der zweitreichste Mann des Dorfes – später Mitschwäher meines Großvaters – hatte das Schuhmacherhandwerk gelernt. Beide hatten freilich schon längst auf die Ausübung ihrer Kunst verzichtet oder beschäftigten sich damit nur noch im Kleinen für den Hausbedarf.[20]

Dann die Großmutter, ein kleines, gutes Weibchen. So weit ich mich erinnere, war aber die Erziehungskunst, was mich betraf, nicht ihre Stärke; denn ihre Strafen waren, wenn auch selten, doch ebenso unzweckmäßig wie unwirksam.

Der Oheim, den ich mehr fürchtete, als liebte.

Dann die Tante Engadina, die mich mit mütterlicher Liebe liebte und der ich auch wie einer geliebten Mutter zugethan war. Viele Erinnerungen habe ich von ihr nicht mehr; doch schwebt mir ihr Bild in drei Erscheinungen noch lebhaft vor. Einmal, als ich mit ihr zum Besuch nach Sarn gekommen war. Sie saß auf dem Dengelstein vor unserm Hause und war ein so schönes Mädchen, daß sie sich mir gerade bei dieser Gelegenheit als solches eingeprägt hat. Ich erinnere mich nicht, daß das Bild weiblicher Schönheit mir früher so lebendig vor die Seele getreten oder auch nur bewußt geworden wäre.

Ein anderes Mal, als sie verheirathet war und mich am neuen Jahre auf den Schoos nahm, küßte und mir eine schöne Schachtel zum neuen Jahre schenkte.

Das dritte mal auf ihrer Todtenbahre. Sie starb im ersten Wochenbette, war die erste Leiche, die ich sah, und auch da noch so schön, daß mir vielleicht gerade dadurch der Tod so wenig furchtbar erschienen ist.

Merkwürdig ist es aber, daß ich sie nach ihrer Verheirathung weit weniger liebte. Ich fühlte wirklich eine Art von Eifersucht, und es war dadurch eine Erkaltung gegen sie in mein Gemüth gekommen. Erst später wachte die dankbare Liebe zu ihr wieder auf, und indem ich dieß schreibe, fließt ihr noch die Thräne der Liebe, und sie im Himmel wiederzufinden, wird gewiß eine der höchsten Freuden des Wiedersehens für mich sein.

In meinem lateinischen curriculum vitae vor der Synode 1824 habe ich von ihr gesagt: «Sie war meine Mutter, Vater war mir mein Großvater.» Und mit Recht, da doch diejenigen uns besonders Vater und Mutter sind, durch die die jugendliche Liebe in unserm Gemüthe entwickelt und genährt wird.

Das letzte Mitglied der Familie war die Tante Maria, von der ich mich auch nur erinnere, sie einmal gesehen zu haben, so [sehr] hat sich ihr Andenken in meinem Gedächtniß verwischt. Es war an einem Samstag Abend. In jener Zeit mußten die Mädchen in Duvin ihre Haare schon am Sonnabend für den Sonntag flechten, und bei einer solchen Gelegenheit erinnere ich mich ihrer. Sie schwebt mir als ein feines bleiches Mädchen vor. Der Nacht aber, wo man dem Großvater die Nachricht nach Varduz brachte, daß sie gestorben sei, und seiner Thränen bei dieser Gelegenheit erinnere ich mich gar wohl sowie auch der Trauertöne der Glocken am Begräbnißtage, die bis Varduz herüber hallten und mir das Herz mit Wehmuth erfüllten.

Zu diesen Familiengliedern kam später die Frau meines obengenannten Oheims, Christian, die ond'Onna, eine sehr brave Frau, die ich aber vielleicht schon deßwegen weniger liebte, weil sie einen Sohn bekam, mit welchem ich nun die Liebe in der Familie theilen mußte, und darüber wohl etwas eifersüchtig wurde: den jetzigen Hauptmann C. J. Capeder. Sie war eine verständige, fromme Frau, die die Predigt, welche jedesmal über Tische besprochen wurde, immer am besten behalten hatte und sie in einem Tone zu wiederholen wußte, der mir damals schon auffiel und mich später nicht zweifeln ließ, daß es der echt religiöse gewesen sei und eben deßwegen auch einen so eigenthümlichen Eindruck auf das jugendliche Gemüth gemacht habe.

Auch einer Magd muß ich erwähnen, Getta von Flims. Sie hatte schon in Chur, und zwar bei vornehmen Familien, gedient, war eine gute Arbeiterin im Hause und auf dem Felde und hielt besonders auf Ordnung und Reinlichkeit mehr als dieß bei den übrigen im Hause der Fall war.

Dieß gefiel mir sehr wohl, und ich kann sagen, daß, wenn der Sinn für diese so wichtigen häuslichen Tugenden schon früh im Leben bei mir erwachte und sie mir lieb wurden, ich dieß vorzüglich dem Beispiele und den Ermahnungen dieser Magd zu verdanken hatte. Ich traff sie wohl fünfundzwanzig Jahre später in Chur als Dienstmagd in einem mir befreundeten Hause wieder und gab ihr ein kleines Andenken als Zeichen meiner Erkenntlichkeit.

Auch Dienstboten erziehen und verziehen die Kinder, und eine der Hauptsorgen der Herrschaft sollte gewiß diejenige sein, nur ordentliche und gesittete Dienstboten anzustellen.

Duvin. Kinderspiele und Belustigungen [21]

Die öffentlichen Vergnügungen oder Spiele im Dorfe waren für uns Kinder:

1. *Dar igl Minz*[22], das geistloseste und ein wirklich bloßes Hazardspiel. Von den zwei Spielenden mußte jeder einen Bluzger, bei uns war es aber gewöhnlich nur ein Knopf, hergeben; diese wurden dann zwischen beiden hohlgewölbten Händen geschüttelt und auf die Erde geworfen, und je nachdem sie mit der einen oder der anderen Seite nach oben zu liegen kamen, gehörten sie dem einen oder andern der Spielenden.

2. *Far cun creschchias*. Im Winter. Es wurde ein Haufen Grüsche oder Kleie auf den Tisch und hinein von jedem, so viel ihrer waren, eine Stecknadel, Gluve, gethan, dann wohl unter einander gemischt und in kleine Häufchen vertheilt, von denen jedes eines bekam. Das Glück bestand nun darin, daß sich in dem Häufchen des Empfängers eine oder mehrere Gluven befanden.

3. *Kegeln*, 4. *Mazza schlagen*[23], 5. *Ball werfen*, 6. *Mühlenspiel oder das Nünemal und Damenspiel.*[24] Bekannte Spiele, zu denen aber schon Geschicklichkeit und nicht bloßer Zufall nöthig ist, um zu gewinnen.

7. *Stöckeln*. Ein in Bünden ebenfalls allgemein bekanntes Spiel. Es wurde aber von uns nur mit Knöpfen gespielt, unter denen wir aber einen großen Unterschied machten: es gab solche, die für einen, zwei, drei, vier galten. *Da quels dad in - da dus - da treis - da quatter*. Es befand sich unter uns ein älterer Knabe, der uns gewöhnlich durch seine Ueberlegenheit alle rein ausplünderte. Das Schlimme dabei war, daß, wenn die Knöpfe ausgingen, die wir in der Tasche hatten, bei manchen die Versuchung entstand und siegte, die Knöpfe von Jacke, Weste und Hosen abzuschneiden, um das Glück noch ferner im Spiele versuchen zu können.

Da gab es dann Verdruß und nicht selten die Ruthe, wenn der Unglückliche nach Hause kam.[25]

8. Ein gefährlicheres Spiel für die Beine war: *dar la porchia*. Es wurde ein großes Loch in die Erde gemacht, rings herum so viel kleinere Löcher wie Spielende waren, weniger eins. Jeder hatte einen Stock oder Prügel, den er in dieses Loch hielt. Einer dagegen mußte ein Stück Holz, Knochen oder einen runden Stein, *la porchia*, ebenfalls mit einem Prügel, in das mittlere Loch zu treiben suchen. Die anderen suchten dieß zu verhindern, indem sie die *porchia* mit ihren Stöcken wegschlugen, und nicht selten dabei fremde Beine traffen. Gelang es aber dem *purchier* bei diesem Versuche mit seinem Stock in das Loch eines andern zu kommen, so mußte jeder sein Loch mit dem eines andern zu vertauschen suchen, und wem dieß nicht gelang, der war für's neue Spiel der *purchier*.[26]

9. Ein sinnigeres Spiel, das aber nur bei gemüthlicheren Kindern Anklang und Theilnahme fand, war das *far da bara* (Leichenbegängnißspiel). Es wurde ein Grab gemacht, ein Brett genommen, darauf ein Holz, das den Todten vorstellte, gelegt, mit einem Tuche oder auch mit Blumen verziert und in feierlichem Zuge zu Grabe getragen. Eines läutete: ting tang, ting tang. Ein Mädchen folgte als Mutter weinend der Leiche und dann die andern in feierlichem Zuge. Dieß war eines meiner Lieblingsspiele.[27]

10. Ein Hauptfest für uns Kinder war aber das neue Jahr und *ir par biamaun*. Da bekam man von den Pathen schöne Geschenke, von Verwandten und Bekannten aber ein Weitzenbrod und oben ein paar Bluzger hinein gesteckt, Birnenbrod und dergleichen.[28]

11. Am Ostermontag ging man *a ruclar ovs* (Eier rollen oder drölen)[29], und in allen Häusern wurden auch *fava da prers*[30] gebacken: kleine Teigwürfel in Schmalz geröstet, welche uns trefflich schienen.

12. Ein großer Freudentag für uns war auch ein jeder Hochzeitstag, an welchem mittelbar oder unmittelbar fast alle Bewohner des Dorfes Theil nahmen. Viele wurden zur Hochzeit geladen, die nicht eingeladenen erwachsenen Knaben schossen mit Flinten oder Pistolen[31], die jüngeren gingen Nachmittags mit Schellen herum, *far da cavals*. Jeder hatte nämlich an einem Riemen eine, die älteren wohl auch drei bis vier Schellen um den Leib, und so marschirten dann *ils buobs* wiederholt durch's Dorf auf die Wiesen hinaus und wieder in's Hochzeitshaus zurück, wo sie dann zuletzt vom Bräutigam mit einem, auch bis zu vier und fünf Bluzgern beschenkt wurden.[32] Die kleinen Mädchen rumorten mit den Krätschen, *sgaras*, und bekamen später, nachdem abgedeckt worden war, *p'igl dischiett* einen hier zu Lande üblichen Pfannkuchen von dickem Teige.

Ihnen folgten dann die erwachsenen Mädchen, diesen Tribut einzuziehen und bekamen das doppelte und wohl auch noch *fava da prers*.

Einige der nächsten Bekanntinnen der Braut bildeten auch schon früher, bei'm Zug nach der Kirche, eine *siara*, Barrière, mit einer langen Stange, über die sie seidene Tücher und Bänder gehängt hatten, um auf diese Weise der Braut den Weg zu versperren, sprachen ihr einen frommen Glückwunsch zum Abschied aus und gestatteten ihr den Weiterzug nicht eher, bis sie der herbeigeeilte Bräutigam mit einem kleinen Geschenk honorirt hatte.[33]

So wurde den Zuschauern die Gelegenheit verlängert, den Hochzeitszug in seiner ganzen Ausdehnung zu übersehen: die ledigen Burschen, *cambrers*, mit ihren *maigs da nozzas a pindels*, die ihnen ihre *cambreras*, Hochzeiterinnen, geschenkt – sehr schöne Sträuße von Flitterblumen und herunter hängende seidene Bänder auf dem Hute – die ledigen Mädchen mit ihren Kränzen gleicher Art. Braut und Bräutigam trugen ähnliche, nur etwas grüner gehalten.

Spät am Abend kamen dann noch zwei Abgeordnete der Knabenschaft, um den Stutzwein zu fordern. Sie sprachen in gefälliger, schmeichelhafter Rede ihren Schmerz aus über den unersetzlichen Schaden, den der Bräutigam in dem Garten ihrer Jugendgesellschaft angerichtet, indem er die schönste und köstlichste Blume aus demselben gepflückt und nach Hause genommen habe. Da dieß indeß nicht zu ändern sei, so empfahlen sie dieselbe seiner guten Pflege und wünschten beiden das beste Glück und den reichsten Segen.[34]

So reich an Lärm und an Freude war ein Hochzeitstag in Duvin, und ich kann es nur bedauern, wenn die neuere Zeit sich so geschäftig zeigt, die alten Gebräuche abzuschaffen, anstatt darauf bedacht zu sein, sie zu reinigen und zu veredlen. Von solchen Gebräuchen und dem Eindrucke, den wir noch in unbefangener Jugend von ihnen empfangen, hängt gewiß auch in späteren Jahren die Liebe zur Heimath und zum Vaterlande, die die Schweitzer so sehr auszeichnet, in hohem Grade ab. Sie sind nicht selten die schönsten Blüthen des Volkslebens und dessen Poesie.

Diese Freuden alle theilte ich mit meinen Jugendgenossen. Daneben hatte ich aber noch zwei andere, die mir eigenthümlich waren und die mich noch öfter und nicht weniger anziehend auch in der Einsamkeit unterhielten:

1. *Das Soldatenspiel.* Es war mir bald verleidet, meine Knöpfe in die Tasche von Johannes ping wandern zu sehen; ich erfand ein anderes Spiel mit ihnen und war glücklich genug, in kurzer Zeit einen großen Haufen davon zusammenzubringen. Ganze halbe Tage, wenn die Hausgenossen

alle weg waren, saß ich an dem Tische und stellte meine Knöpfe auf kleine Brettchen in Parade auf ihre Anzen, bildete daraus zwei Armeen, schob sie auf den Brettchen in verschiedene Postierungen und schlug dann mit den Fäusten auf den Tisch. Das waren die Kanonenschüsse, die Knöpfe, die umfielen, waren die Todten, und je nach der Zahl derselben in beiden Armeen hatte die eine oder die andere die Schlacht gewonnen.

Ich erinnere mich noch sehr wohl, wie viele glückliche Stunden ich ganz allein mit diesem Spiele zugebracht habe und wie angenehm und lebendig die Phantasie dabei beschäftigt und angeregt war. Erst Jahre nachher bekam ich die ersten bleiernen Soldaten zu sehen und war unendlich glücklich, auch einige davon zu erhalten.[35]

2. *Das Predigen.* Schon in meinem dritten oder vierten Jahre war dieß eine meiner Lieblingsbeschäftigungen, der ich mich, sowohl in der Einsamkeit wie auch in Gegenwart anderer hingab.

Die Kanzel wurde aus zwei Stühlen gebildet, aus weißem Papier das Krägelchen, die schwarze Schürze der Großmutter diente als Mantel, und zwei Bücher, die man mir überließ, stellten *igl cudisch dalla grazia*, die Liturgie und das Testament, vor. Merkwürdig, daß zu ersterem die Helvetische Confession[36] und zu letzterem ein italienischer Catechismus von Gabriel[37] dienen mußte. Beides Bücher, die ich nicht lesen konnte und die andere mißachteten, die mir aber in späterer Zeit wichtig geworden sind und die sich noch in meiner Bibliothek befinden.

Ich weiß nicht, was ich gepredigt, weiß aber, daß ich es oft gethan, großes Vergnügen dabei empfunden und mich nicht gescheut habe, es auch vor größeren Gesellschaften zu thun. Selbst draußen auf dem Felde, wo ich etwa einen Hügel sah, wollte ich predigen, weßwegen sich die Großmutter entschließen mußte, zwei Schürzen mitzunehmen, um mir die eine als Mantel überlassen zu können, wenn mich die Manie des Predigens befiel.

Diese Liebhaberei wurde dann auch von den Großeltern als sicheres Zeichen betrachtet, daß ich zum Pfarrer berufen sei, und Pfarrer zu werden war in der That schon von Jugend auf der sehnlichste Wunsch meines Herzens.[38]

Hierzu mochte freilich auch mit beigetragen haben, daß man damals in Duvin an Herrn Luzius Cabalzar, einem alten Manne, einen sehr frommen, verständigen und allgemein geachteten, ehrwürdigen Pfarrer hatte.[39] Er hatte ein paar Enkel von meinem Alter, und mit diesen beschäftigte er, auf Bitte des Großvaters, zuweilen auch mich und einen anderen Knaben, Nicolaus Castelberg von Ilanz, der ebenfalls in Duvin bei den Großeltern und mein vertrautester Freund war.

Eigenthümlichkeiten

Er, Pfarrer Cabalzar, hielt eigentlich keine regelmäßige Schule, sondern unterhielt uns, gab uns zuweilen einen Spruch auf, ließ uns schreiben, rechnen und erzählte oder übersetzte uns Geschichten aus Hübner's Biblischen Erzählungen, wovon er ein Exemplar mit Bildern hatte.[40] Welche Freude für mich, diese Geschichten zu hören, diese Bilder zu sehen! Ich verstand, im engsten Sinne des Wortes, keine Silbe deutsch und dennoch war ich im Stande, drei dieser Geschichten, die er nur einmal in's Romanische vorübersetzt hatte, noch lange nachher wörtlich, wie ich es von ihm gehört, nachzuübersetzen. Hierüber waren mein Großvater und alle Anwesenden nicht wenig erstaunt, als ich es eines Abends im Hause des obengenannten Freundes that, wo man den Hübner hatte. Nun sollte mein lang geäußerter Wunsch, dieses Buch zu erhalten, auch sobald wie möglich erfüllt werden; denn solche Kenntnisse hatten mir die Meinigen nicht zugetraut. Es war dieß aber keineswegs Folge von Kenntnissen, sondern nur eines guten Gedächtnisses, aber freilich eines so glücklichen, daß ich mich später selbst kaum genug darüber verwundern konnte. Von diesem waren aber noch mehr erfreuliche Beweise vorhanden: ich konnte eine Menge Sprüche, Lieder und Gebete nur vom Hören auswendig. Großvater und Oheim standen im Winter lange vor Tage auf, um das Vieh zu füttern. Ich kam auch in die Stube herunter und ging auf den Ofen. Wenn sie weg waren, fand ich meine beste Unterhaltung darin, diese Gebete und Lieder laut für mich herzusagen, was man beten nannte.

Ond'Onna, die im Nebenzimmer schlief, erzählte später öfters andern, welche große Freude es ihr mache, mich so beten zu hören. Ich besinne mich aber leider nicht, durch diese Gebete wirklich veredelt und gehoben worden zu sein. Dagegen erinnere ich mich, daß mich der Großvater mit nach Oberkastels nahm zum dortigen Pfarrer, dem genialen romanischen Dichter, der uns mit Wein aufwartete.[41] Es war das erstemal, daß ich Wein zu trinken bekam. Auf der Rückreise, wir kamen spät durch den Wald zurück, sagte ich zu dem Großvater: *«Igl chiau mi va antuorn.»* [Es geht mir alles ringsum.] *«Mo ti eis pia stuorns»* [Du bist wohl betrunken], antwortete er und erklärte dann, daß der Wein das verursache. Später sagte ich: *«Tatt, iou temma.»* [Großvater, ich habe Angst.] *«Scha uri, meu uffont»* [So bete, mein Kind], erwiederte er. Ich that es und fühlte nun wirklich, daß alle Furcht bald verschwunden war.

Einige Eigenheiten muß ich noch anführen, die pädagogische Bedeutung haben. Ich war, wie es scheint, schon von frühester Jugend an von sehr reitzbarer, jähzorniger Gemüthsart: ein Erbstück von väterlicher Seite und in dessen Familie allgemein einheimisch. Meine Reitzbarkeit war aber so groß, daß ich von dem kleinsten Schlage, den ich bekam, ohnmächtig und convulsivisch werden konnte, weßwegen man sich sehr in Acht nahm, mir wehe zu thun. Eine Nachbarin aber, Onda Meingia, die mich sonst sehr gerne hatte, rieth, mich nur öfter zu züchtigen, und die Ohnmachten verschwanden wirklich von der Zeit an.

Ich nannte meinen Oheim und die Tante Du[42], was damals nicht Sitte war. Auch mir hätte man dieß gern abgewöhnt und versprach mir daher allerhand, wenn ich sie *vus* [=Sie] nennen wolle. Ich hätte es auch wirklich gern gethan, nahm mir oft vor, es zu thun, und schämte mich dann doch so sehr, mit dem *vus* herauszurücken, daß ich es nicht über mich gewinnen konnte. Erst nachdem ich von Duvin weg war, kam ich dazu und auf ganz leichte Weise. Hätte man dieß für Eigensinn genommen und mich mit Härte zwingen wollen, es zu thun, so wäre mir großes Unrecht geschehen. Es war nicht Hartnäckigkeit, sondern nur verkehrte und allerdings kaum begreifliche Scham.

Ich hatte unter den Jugendgenossen keine nahen Verwandten und mußte früh schon empfinden, was es heißt, fremd an einem schweitzerischen Orte zu sein. Bei jedem Streite, der unter uns entstand, hieß es gleich: *«Ti va danunder ca ti eis!»* [Geh, woher du gekommen bist!] Andere Gewaltthätigkeiten hatte ich zuweilen von einem rohen, sonst aber in mancher Hinsicht geschickten Knaben, der an und für sich stärker war als ich, aber auch für den Nothfall einen älteren Bruder zur Aushülfe gehabt haben würde, zu erdulden. Er war aus einer überhaupt nicht beliebten Familie, hat mich von den Duvinern am meisten beleidigt und gehörte durchaus zu meinen Antipathien von früh an.

Uebrigens zeigte sich schon in der frühesten Jugendzeit in Duvin, was ich auch später überall an mir wahrgenommen habe, daß ich nur wenig wirkliche Freunde hatte, denen ich mit Wohlwollen und von Herzen zugethan sein konnte. Meine äußere Erscheinung muß vielleicht bei'm ersten Anblick schon eher abstoßend als gewinnend sein; denn von mehreren, die mir nachher liebe Freunde geworden sind, mußte ich hören, daß sie sich im Anfang nichts weniger als zu mir hingezogen gefühlt hätten. Auch begreife ich, daß mein entschiedenes, schroffes Wesen in der That nicht geeignet ist, mich zu jedermanns oder auch nur zu vieler Freunde zu machen. Characteren meiner Art ist es nicht gegeben, selbst wo sie schweigen, ihre inneren Empfindungen nicht durchblicken zu lassen, oder äußerlich zu scheinen, was sie innerlich nicht sind. Dieß wird dann von andern leicht durchgefühlt und beleidigt oft mehr als der offene Widerspruch.

Rückkehr in's elterliche Haus. Reise von Duvin nach Sarn

Im Februar des Jahres 1799 starb meine Großmutter, und so sollte ich mein geliebtes Duvin verlassen und in's väterliche Haus zurückkehren. Ich that es mit wehmüthigem, widerstrebendem Herzen, und nur das Versprechen der Mutter, daß sie mich in Sarn zum Pfarrer in die Schule schicken und mich *studiren*, d.h. Geistlicher werden lassen wolle, konnte mir den Abschied einigermaßen erleichtern.

Die Reise wurde in Gesellschaft meiner Mutter, einer Jungfrau von Dalin und eines Mannes von Raschlinas, nach dem alten Calender am 23sten Februar, angetreten. Beide letztere waren zu der Hochzeit einer Verwandten in Pitasch gewesen, und der Tieni trug eine rothe Uniform seines Bruders, der früher in der französischen Garde gedient hatte. Es war ein ziemlich trüber Tag, und in meiner Seele war es noch viel trüber, aber es sollte noch furchtbarer werden.

Als wir hinter Valendas bei der kleinen Galerie ankamen, begegnete uns ein Mann, der eilig und ganz erhitzt herankam, um uns zu sagen, die Franzosen seien in der letzten Nacht über Kunkels hereingebrochen und haben Tamins und Reichenau besetzt. Schon sei der Landsturm in der dortigen Gegend aufgeboten, und er sei nach Disentis abgesandt, diese Nachricht zu bringen. Die Kaiserlichen (Oesterreicher) stehen schon bei Bonaduz, und mit ihnen werde sich dort der Landsturm zu einer Schlacht gegen die Franzosen vereinigen.[43] Man denke sich den Eindruck, den diese Nachricht auf die Gesellschaft machen mußte. Der leichte Schimmer von Hoffnung, es sei vielleicht doch nicht wahr, bestimmte sie indeß, vorwärts zu gehen. Allein schon zwischen Carrera und Versam begegneten uns alle zehn bis zwanzig Schritte Weiber, welche mit Säcken oder Kindern auf dem Rücken weinend und schluchzend flüchteten und uns also an der Wahrheit jener Nachricht keinen Zweifel ließen.

Im Wirthshaus von Versam fanden wir dann die Stube voll Taminserinnen mit ihren kleinen Kindern, trostlos weinend und jammernd. Ihr mit Seufzen oft wiederholter Ausruf: «Ach tu min Gott!» (Ach du mein Gott!), den ich zwar damals nicht verstand, ist mir dennoch unvertilgbar in der Seele geblieben.

Ueber Rhäzuns nach Hause zu kommen, wie es der Plan gewesen war, davon konnte jetzt natürlich nicht mehr die Rede sein, und so wurde beschlossen, daß unser Begleiter seinen Rock vertauschen und mit der Versamer Mannschaft zur Armee ziehen, die Frauen aber mit mir den Weg über Arezen nach Savien einschlagen und von da über den Berg nach Sarn gehen sollten. So geschah es. Aber welche Reise! Es hatte unterdessen zu schneien angefangen, wir begegneten unterwegs von Zeit zu Zeit einem Trupp Arezern oder Tennern und gegen Abend hörten wir wiederholt Kanonenschüsse, deren Schall von Berg zu Berge furchtbar dröhnend wiederhallte. Dieser schon an sich für schwache, furchtsame Weiber erschütternde Eindruck war für sie um so schrecklicher bei dem Gedanken: «Die Franzosen also im Lande und diese Kanonen gegen unsere Landsleute, Männer, Väter und Verwandte, gerichtet!»

Die armen Frauen mochten mir wohl ihre geheimsten Gefühle möglichst zu verbergen suchen, ich aber fing an, meine Sprüche, Lieder und Gebete herzusagen wie an jenem Abend im Walde, faßte Muth dadurch, und auch meine Begleiterinnen bekannten später, daß diese Gebete eines Kindes ihnen am meisten Fassung und Trost gegeben hätten.

In Savien kamen wir sehr spät an, klopften an dem ersten Hause und baten, uns für Geld und gute Worte aufzunehmen und etwas zu essen zu geben. Sei es nun, daß die Hausfrau wirklich nichts hatte oder uns in der Dunkelheit nicht traute, kurz, sie wies uns ziemlich barsch ab, sagte aber zuletzt doch, wenn wir auf dem Ofen bleiben wollten, könnten wir hereinkommen.

Da war nicht lange zu wählen, wir traten ein; aber die ungastliche Frau brachte nicht einmal Licht, und der Ofen war kaum warm, so daß wir uns daran nicht hätten trocknen können. Betrübt darüber eilte meine Mutter wieder hinaus, um zu sehen, ob Häuser in der Nähe wären, die noch Licht hätten. Sie entdeckte wirklich nicht weit davon eines, ging durch den Schnee darauf zu und hatte die Freude zu erfahren, daß eine ihr wohlbekannte Familie darin wohnte, die uns dann auch freundlich aufnahm und mit allem Nöthigen gütig versorgte.

Den folgenden Tag kamen wir dann glücklich über Tschappina in Sarn an, von wo aber die ganze Mannschaft ausgerückt war, so daß natürlich die Weiber in der größten Aufregung und Angst waren.

So traurig und unheimlich war meine Reise und Rückkehr in's väterliche Haus.

III. Aufenthalt im väterlichen Hause zu Sarn, von 1799 bis 1802

Verlauf des Kampfes

Meine Reise nach dem väterlichen Hause war unter sehr traurigen Auspizien erfolgt. Die Spannung, in welcher das ganze Dorf über den Ausgang des Krieges und besonders der bevorstehenden Schlacht bei Bonaduz und Reichenau war, theilte sich natürlich auch uns Kindern mit. Der erste Abend wurde von den Nachbarn in einem oder dem anderen angeseheneren Hause bis spät in die Nacht hinein zugebracht. Wir waren bei Landammann Georg Camenisch. Jeder Fußtritt, jedes Geräusch auf der Straße schreckte die Weiber auf und machte sie ängstlich, was das wohl zu bedeuten habe, welche Nachricht etwa gekommen sein könne?

Jener Abend ist mir sehr lebendig in der Erinnerung geblieben, aber auch die schöne Gabe des unbefangenen Vertrauens, mit welchem die Vorsehung das kindliche Gemüth ausgestattet hat. In diesem ist immer viel Hoffnung. Es war mehr die Neugierde als eigentlich Angst und Furcht, was mich unruhig machte, und insoweit es letztere sein mochte, so war es doch mehr eine mittelbare, passive, von der Umgebung mitgetheilte.

Am Morgen bei'm Erwachen waren der Vater, der Oheim und alle übrigen Männer des Dorfes glücklich zurück, und vom ganzen Heinzenberge nur einer oder zwei leicht blessirt. Man hatte sich ergeben, die Kaiserlichen, zwei Compagnien waren zu Gefangenen gemacht, die Bauern aber ungeschoren nach Hause gelassen worden.

Ueber die Stellung, die man den Franzosen gegenüber eingenommen hatte, habe ich mich später, wenn ich diesen Weg ging, oft verwundert. Diese standen mit ihren Kanonen im Garten von Reichenau, die Infanterie am Ufer des Oberrheines und in dem Walde längs des Hinterrheines; die Unsern in der Ebene gegen Bonaduz hin und auf dem Waldesrand, in den Bonaduzer Gütern über der neuen Straße, von wo aus der Feind wohl nur mit guten Stutzern erreichbar war.

Zu gleicher Zeit war der Einfall in Bünden von Ragaz her gegen Chur und gegen das Prättigäu bewerkstelligt worden; dagegen wurden die Franzosen bei Dißentis tüchtig geschlagen, über Oberalp, woher sie gekommen waren, gejagt und größtentheils vernichtet.

Das Entscheidende war aber nicht das, was in dem von Parteien zerrissenen Bünden, sondern was in Italien und Deutschland geschah, und so lenkte sich, bei den Landleuten wenigstens bald alles wieder in das gewöhnliche Geleise ein.

Erfahrungen

Neben der wehmüthigen Stimmung, die ich im allgemeinen in den neuen Verhältnissen fühlte, waren es zwei Dinge, die mich im väterlichen Hause gleich im Anfang traffen und eine bleibende Erinnerung bei mir zurückgelassen haben.

Die in der letzten Zeit unterbrochene Schule hatte wieder angefangen, und auch ich wurde da hineingeschickt. Das Uebersetzen aus Hübner's Biblischer Geschichte in's Romanische war dort nicht ungewöhnlich. Mit frohmüthigem Gefühle von meiner Gelehrsamkeit kam auch ich mit meinem Hübner und wollte übersetzen, und zwar gerade eine der Historien, die ich von Duvin her auswendig wußte. Der Schullehrer bemerkte aber ganz freundlich, es sei doch natürlicher mit der ersten anzufangen. Er übersetzte sie mir aber nicht vor, wie der Pfarrer in Duvin zu thun pflegte, sondern wies mich einfach an, mich zu präpariren, um dann aufzusagen, wenn die Reihe an mich käme. Das war vernünftig, für mich aber ein furchtbarer Schlag; denn nicht bloß vor dem Schulmeister, sondern auch vor der ganzen Schule erschien jetzt meine Unwissenheit in ihrer vollen Größe, und von dem Tage an ließ ich meinen Hübner hübsch zu Hause.

Am Schlusse der Gemeindsschule sollte ich nun, nach dem mir von der Mutter gegebenen Versprechen, zum Herrn «Götti», so wird der Pfarrer bei uns genannt, um zu studiren, d.h. auf den theologischen Beruf hin. Der Herr Pfarrer hatte noch einen anderen Studenten, Ambrosius Anthieni, in der «theologischen Machig», wenn ich so sagen darf. Dieser war zu alt, ich zu jung und der Lehrer wohl noch weniger geeignet, auf diesem Felde mit Segen zu arbeiten. Jener lernte die Regeln des «Angehenden Lateiners», ich bekam eine alte deutsch-lateinische Grammatik und mußte den ganzen lieben Tag *hic, haec, hoc, mensa,* der Tisch, *mensae*, des Tisches, und was darauf folgt zuerst lernen und dann aufsagen. Das war ein furchtbarer pädagogischer Mißgriff vom guten Pfarrer, und für mich, der ich ebenso wenig Deutsch wie Latein verstand, eine wahre Folterqual. Von der großen Sehnsucht zu studiren wurde ich auch in wenig Tagen so gründlich curirt, daß ich bei aller meiner Abneigung gegen die Feldarbeit froh war, als diese anfing und ich also ohne Mühe und Widerspruch von Seiten der Eltern diese Schule wieder verlassen und zum Düngen und Pflügen hinaus konnte. Ja, ich hatte einen so entschiedenen Widerwillen gegen das Latein gefaßt, daß ich später in Flerden nur, mir gleichsam unbewußt, wieder dazu zurückgeführt wurde. So gewaltsam war mir in wenig Tagen das freundliche Ideal, ja die einzige Poesie meines jugendlichen Lebens in den damaligen Verhältnissen vernichtet, und Pfarrer zu werden, was doch seit Jahren und immer noch die höchste Sehnsucht meines Herzens gewesen war, von Grund aus verleidet worden.

Auf dem Felde und bei den ländlichen Arbeiten ging es mir aber auch nicht gut. In Duvin war ich dazu nicht angehalten, darin nicht geübt worden, während meine Brüder alles mit Geschick und ohne sonderliche Mühe angriffen und verrichteten. Auch ist es wohl einer der gewöhnlichsten Fehler der bäuerlichen wie der meisten anderen Eltern, daß sie in Beurtheilung der Kinder mehr auf das sehen, was sie bei der Arbeit leisten als auf den Willen und die Kräfte, die sie dazu mitbringen.

Ueberhaupt wurde mir der Aufenthalt in Sarn drückend. Früher allein Kind im Hause des Ueberflusses und vermuthlich verhätschelt, stand ich jetzt neben Brüdern in einem Hause, wo Arbeit, ja strenge Arbeit gefordert wurde, und fühlte mich allein, und obwohl jetzt erst im elterlichen Hause, doch verwaiset, fremd unter Fremden. Meine rechten Verwandten waren mir die Duviner. Hatte ich mich doch schon früher bei einer Unterhaltung mit dem älteren Bruder dahin geäußert, daß ich ihm den Vater und die Mutter ausschließlich lassen wolle, wenn er mir den Großvater ließe.

Es wird nicht selten als große Wohlthat betrachtet, wenn Eltern einen Enkel in's Haus nehmen und ihn, wie man sagt, zur Erleichterung der Familie erhalten. Abgesehen davon, daß solche Kinder gewöhnlich verzärtelt, *verzogen* anstatt *erzogen* werden, ist es auch von *der* Seite für sie ein Unglück, daß sie sich dadurch den Eltern und Geschwistern mehr oder weniger entfremden und die sogenannten guten Tage in physischer Beziehung oft durch schwere Verluste in moralischer büßen müssen. Solche Wohlthaten sollten Großeltern nicht anbieten und Eltern, wenn sie vernünftig sind, nicht annehmen. Mit der Entfernung der Kinder geht auch ihre Liebe aus dem Hause, und was die Eltern in pecuniärer Beziehung dadurch ersparen, büßen sie und die Kinder zehnfältig durch Verlust an Liebe und gegenseitigem Vertrauen ein.

Häusliche Verhältnisse

Die Eltern, wenigstens die Mutter, liebten mich gewiß im Allgemeinen nicht weniger als die beiden andern Söhne; dennoch fühlte ich mich, wie schon gesagt, im Hause fremd und konnte auch versichert sein, bei Spielen und Kinderzwistigkeiten die Brüder eher vereint gegen mich als den einen oder andern auf meiner Seite zu haben, was mir das Leben sehr verbitterte.

Schule

Am erträglichsten ging es mir im Winter und während der Schulzeit. Nicht nur war ich da der leidigen Feldarbeit überhoben; denn im Hause beschäftigte ich mich gern mit Erdäpfel-Waschen, -Sieden, Garn-Winden, -Spuhlen und dergleichen. Auch lernte ich gern und mit Leichtigkeit, überflügelte die meisten meiner Altersgenossen, ja selbst ältere und gewann mir dadurch die Zuneigung des Schulmeisters. Dieß war besonders bei einem der Fall, den ich für den besten halte, den ich in der Dorfschule gehabt habe. Er hieß Stoffel Fontauna, war ein kleiner, sehr strenger und ernster Mann, zog die Mütze bis fast über die Augen herunter, wenn er uns in Schrecken setzen wollte, ließ dann die *pala da pizzis* oder *tazzas*, den Bakel, mit einem Schlage auf den Tisch fallen und machte ein grimmiges Gesicht! Aber dennoch hatte ich ihn gern und habe namentlich im Singen und Rechnen viel bei ihm gelernt.

Spiele und Belustigungen

Von den Spielen war immer noch eines meiner liebsten das Soldatenspiel. Jetzt aber nicht mehr mit Knöpfen, sondern mit den Dorfbuben, die mit Ober- und Untergewehr, aus einem Stocke oder Stück Schindel bestehend, exercirten. Ich war der Anführer, versah sie mit Säbeln aus Schindeln und hatte namentlich für mich einmal einen glanzvollen Prachtsäbel dieser Art zugeschnitten, mit Kohlen und Röthel bemalt, mit einer Scheide von Papier und ich weiß nicht mit welchen anderen Zierathen versehen. So wenig braucht es, um einen jungen Bauernsohn zu beglücken. Ich wenigstens war darüber sehr glücklich, mußte indeß mein Kunstwerk ziemlich geheim halten, und als es doch entdeckt wurde, hatte ich wegen des Papiers, das dazu verschnitten und des Fadens, der verbraucht worden war, viel zu leiden. So wenig Rechnung wurde der jugendlichen Phantasie und dem Kunstsinne des Knaben getragen.

Eine andere, schon mehr in's Große gehende Liebhaberei kam uns, und wohl mit Recht, theurer zu stehen. Drei von uns wollten nämlich ein Haus bauen und jeder sein eigenes Stockwerk. Das Bild dieses Hauses schwebt mir noch immer leibhaft vor, d.h. die Zimmer; denn an die Treppe schien ich wenigstens nicht gedacht zu haben. Eben mit dem ersten Grundbau beschäftigt, wurde ich aber eines Tages von meiner Mutter auf sehr empfindliche und schmerzliche Weise von der Arbeit hinweggerissen.

Es war allerdings eine jugendliche Thorheit, einen Bau dieser Art, wenn auch nur im Kleinen, unternehmen zu wollen, und um so weniger zu entschuldigen, weil wir den Kalk aus der Grube eines Nachbars zu holen gedachten. Wie leicht hätten uns aber vernünftige Eltern durch ruhige und liebevolle Vorstellungen von der Unausführbarkeit eines solchen Unternehmens überzeugen und dabei die Gelegenheit wahrnehmen können, uns das so wichtige Gebot einzuschärfen: «Du sollst nicht stehlen!» Von diesem allen geschah nichts; und so blieb mir, neben dem Schmerz der Strafe und der Betrübniß über das vereitelte Unternehmen auch noch der Verdacht im Herzen, daß es bloß Willkür, wenn nicht noch etwas Schlimmeres, gewesen sei, was uns dieser Freude beraubt habe.

Unsere übrigen Spiele waren ungefähr dieselben wie in Duvin. Nur eines kam hinzu. Am ersten Merz, wenn die Schule aus war, gingen die Knaben, jeder mit einer möglichst großen Kuhschelle vor alle Häuser im Dorfe. Je nach Vermögen und Großmuth beschenkte uns dann die Hausmutter mit Mehl, Eiern oder Obst, woraus ein gemeinschaftliches Mahl bereitet und von uns verzehrt wurde.[44]

Diese Sitte, die auch in anderen Gegenden des Landes zu Hause war, mochte heidnischen Ursprunges sein und zu einer Feier des Frühlingsanfanges gehört haben. So wie die Bewegung des Baumes an den Blättern erhielt sie sich bei der Jugend, dem leichtesten Theil der Bevölkerung, am längsten.

Schlechte Sitte

Eine andere am Heinzenberg allgemein eingeführte *schlechte* Sitte war das sogenannte *ir a tscharieschas* oder *a pera, a prima*, d.h. in die Kirschen, Birnen, Pflaumen gehen. Die Sache verhielt sich so: am Sonntag nach dem Gebete oder der Kinderlehre ging die Jugend nach Katzis, Masein, Thusis oder wo es Obst gab, und es war allgemein angenommen, daß, wenn sich irgendwo ein mit reifem Obste beladener, unbewachter Baum fand, man nur hinaufsteigen, nach Lust davon essen und möglichst viel mit nach Hause nehmen dürfe. So weit zurück und unentwickelt war das sittliche Gefühl damals bei uns Heinzenbergern. Nur vor den Thusnern hütheten wir uns, denn die waren als gar böse Leute bekannt, die in solchen Dingen

Kirche Flerden mit Portein und Sarn (Foto: Fotohaus Geiger, Flims).

keinen Spaß verstünden. Daß mir irgend jemand diese Schlechtigkeit mit ihrem rechten Namen als Diebstahl bezeichnet, mein moralisches Gefühl von der Seite zu reinigen und das göttliche Gebot einzuschärfen versucht hätte, erinnere ich mich nicht. Wie unglücklich und traurig dieß war, nehme ich davon ab, daß diese heimathliche Unsitte noch in späteren Jahren, wo ich besseren Unterricht genossen hatte und besser geworden war, tiefe Narben der früheren Sünde in meinem Gemüthe zurückließ, und ich es mit ihr weit leichter nahm, als es hätte geschehen sollen.

Ich finde es daher um so erklärlicher, wenn manche andere, denen die günstigen inneren und äußeren Verhältnisse abgehen, die mir zu Theil wurden, auch schwerer von solchen Sünden lassen und vielleicht bis in's spätere Alter nicht nur in ihnen verharren, sondern durch sie auch einen mächtigen Anstoß zur Untreue überhaupt erhalten. In späteren Jahren habe ich daher bei meinem Religionsunterricht und bei jeder Gelegenheit als Lehrer und Pfarrer gerade diese Unsitte als schlagendes Beispiel angeführt, wie man das Böse zuweilen mit einem unschuldigen Namen beschönigt, sich ihm dann um so ungestörter hingiebt und, wenn auch oft und schwer, doch gewissermaßen unbewußt und ohne Gewissensbisse sündigen und sich so in der Sünde verhärten kann.

Vergnügungen

Von den reineren Vergnügungen genossen wir nur zu Ostern das Eierfärben [mit Eiern,] die wir mit Blättern und Blumen, die darauf gebunden wurden, verzierten und mit denen wir dann am Montag spielten.[45] – Am Altjahr Abend das Absingen religiöser Lieder unter den Fenstern der Dorfbewohner, was in den früheren Stunden von den jüngeren, in den späteren von den erwachsenen jungen Leuten zur großen Erbauung der Hausbewohner geschah.[46] – Die gewöhnlichen Freuden der Dorfjugend bei'm Alpladen und Alpentladen, das Messen auf den Alpen, Käsen auf dem Maiensäß und alle ländlichen Arbeiten auf dem Felde hatten aber für mich nichts Anziehendes. Dagegen verrichtete ich, wie früher erwähnt, gern die häuslichen Geschäfte und war ordentlich darauf erpicht, nach Anweisung jener Duviner Magd, Getta, überall zu waschen und Ordnung in der Stube zu machen. Das fand aber bei der Mutter, die wohl sehr thätig war, aber auf Ordnung nicht eben viel hielt, keine große Anerkennung, und wenn sie dasjenige nicht fand, was sie wohl auch selbst verlegt haben mochte, mußte ich oft hören: *«Quei vens ti a ver mess davend cun teu schmaladeu urden.»* [Du mit deiner verdammten Ordnung wirst es wohl verlegt haben.]

Landsgemeinde

Zur guten alten Ordnung gehörte es, wie in Bünden überhaupt, daß wegen der Wahl eines betitelten Mitgliedes der Obrigkeit, Landammann, Statthalter, Schreiber oder gar Weibel, eine kleinere oder größere Schlägerei zwischen den Sarnern und denen außer dem Tobel oder denen innerhalb desselben, d.h. Präzern mit Dalin oder Flerden mit Urmein, entstand. Diese böse Sitte ging nun auch auf die Knaben über, und man freute sich auch schon deßwegen auf die Landsgemeinde, um sich mit den Knaben der einen oder anderen Section zu schlagen. Muth und Stärke waren aber nicht meine Haupteigenschaften, konnten sie aber ohne Gefahr zum Schein hervorgestellt werden, so that ich dieß auch.

Einmal hatten wir die Präzer Buben – *buobs da Präz* – bis über die Giraglia hinaus verfolgt, und auch ich, wiewohl einer der kleinsten, hatte tapfer dabei das Maul gebraucht. Außer dem Gitter der Giraglia machten sie aber plötzlich halt und, verstärkt durch ein paar ältere, eigentlich schon erwachsene Knaben, ergriffen sie jetzt die Offensive. Da setzte es unter den Großen einige Püffe ab, wobei wir den Kürzeren zogen und uns zur Retirade anschickten. Einer der stärksten, später mein guter Freund, schritt drohend auf mich zu und sagte: *«Er quei risti meritass inna, par aver tont duvro la bocca.»* [Auch diesem Rechen gehört eine drauf für sein freches Maul.]

Ich antwortete: *«Dai pêr!»* [Nur zu!], zog mich aber zurück. Es war mir unbehaglich dabei zu Muthe, doch fühlte ich schon damals und später noch mehr, daß der Große ganz recht hatte. Seitdem hielt ich mich bei solchen Gelegenheiten immer zu den Neutralen oder zur Friedenspartei.

Eine herrliche Erinnerung von der Landsgemeinde ist mir aber geblieben – die feierliche Beeidigung der Obrigkeit. Nach der Wahl wurden Tuchmäntel herbei gebracht und den Gewählten umgethan. Dann wurde der neue Landammann von dem abgehenden beeidigt und von ihm, dem neuerwählten, alle übrigen Mitglieder der Obrigkeit. Jedem wurden zuerst seine von ihm zu erfüllenden Pflichten im neuen Amte vorgelesen, mit der Einleitung: «*Vus Mistral, vus Scrivont, vus girous angireits*» [Ihr Landammann, Ihr Schreiber, Ihr Geschworene schwört], dann hoben alle die drei ersten Finger der rechten Hand empor, entblößten ihr Haupt, was die ganze Landsgemeinde gleichfalls that, und sprachen mit lauter Stimme den schönen Eid nach, der ihnen vorgelesen wurde, und dessen Schluß war: «*Aschi piglver mi gidig Deus a la s. Trinitad. Amen.*» [So wahr mir Gott und die Hl. Dreifaltigkeit helfe. Amen.]

Ich habe nichts Feierlicheres in einer Volksversammlung gesehen und gehört, und der Eindruck ist mir auch unvertilgbar geblieben. Der Eid des Landammanns ist derselbe, der schon im ersten Trunserbund von den Abgeordneten geschworen wurde: gutes Recht und Gerechtigkeit zu halten, ohne Partheilichkeit, dem Fremden wie dem Einheimischen, dem Armen wie dem Reichen, dem Niedern wie dem Hohen, dem Nichtadeligen wie dem Adeligen! Einem republikanischen Herzen und Freiheit liebenden Gemüthe sind diese Formen theuer, unvergeßlich; sie sind ihm ein schönes Denkmal der alten Gerechtigkeitsliebe.

Heinzenberg

Durch diese Jahre meiner Jugend in Sarn zieht sich aber ein Faden der Wehmuth selbst noch in der Erinnerung hindurch: Keine bedeutenderen Erscheinungen, keine geliebten Freunde traten da hervor; dagegen manche Thorheit, manches Unrecht, das unverwarnt blieb, und mancher Einfluß von wilderen, zum Theil sehr verdorbenen Jugendgenossen. Erst spätere Erlebnisse und Freundschaften söhnten mich mit der Heimath aus und machten sie mir lieb.

Wer wollte auch den schönen Berg nicht lieben, den der Herzog von Rohan für den schönsten in der Welt erklärte! Drei Dinge, wird erzählt, habe er in Bünden als die ausgezeichnetsten ihrer Art gefunden, die schönste Brücke, den besten Säuerling und den schönsten Berg in der Welt: Die Solis-Brücke bei Alvaschein, das Mineralwasser von St. Moritz und den Heinzenberg, von welchem er eine Zeichnung aufnehmen ließ, und sie dem König von Frankreich schenkte.[47] Zwei Stunden lang und zwei Stunden hoch, muß ihn wohl jeder schön finden, besonders im August, mit seinem Teppich von üppigen Wiesen, seinen goldenen Getreidefeldern, seinen sechs, in ziemlich gleicher Linie gelegenen Dörfern, unter denselben die Heimathgüter, über denselben die noch schöneren mit Ställen übersäeten Maiensäße und weiter oben die Alpen. Besonders vom Kreutze des Schyn's oder von St. Johann[48] oder einer anderen Anhöhe aus betrachtet. In den Dörfern dagegen wird man sich nicht eben befriedigt fühlen, theils wegen der elenden Straßen, theils wegen der abscheulichen Schindeldächer, mit denen die Mehrzahl der Häuser versehen ist. Man thut daher wohl, je schneller, je lieber in die freie Natur hinauszueilen, wo man überall das malerische Domlesk mit seinen Dörfern, Obstgärten, vielen Schlössern und Burgruinen in seiner ganzen Ausdehnung vor Augen hat.

Ganz in der Nähe von Sarn, or la Crusch und s'igl Bott ôlt, sieht man bei dreißig verschiedene Ortschaften. Und wie weit herrlicher wird diese Aussicht für die späteren Nachkommen werden, wenn einmal die öde Sandfläche des Rheines mit Grün bekleidet sein und mit reichen Obstgärten und freundlichen Gebäulichkeiten und Dörfern prangen wird!

Indessen fühlten meine Eltern, daß es doch gut sein würde, mich in eine bessere Schule zu schicken, und dazu wurde das Institut des Herrn Pfarrers F. La Nicca [49], eines Verwandten, im benachbarten Flerden ausersehen. Ich freute mich allerdings darauf, stellte aber dennoch die Bedingung, nicht studiren zu müssen. So nachhaltig war der Schauder, den ich bei'm ersten Versuche vor dem Latein bekommen hatte. Diese Forderung wurde mir bewilligt, und so schied ich wieder, als zwölfjähriger Knabe, aus dem väterlichen Hause, um nie wieder auf längere Zeit in dasselbe zurückzukehren und ohne erfreuliche Erinnerungen daran mitzunehmen, und von einer sanften, gemüthlichen, zweckmäßigen und also auch wirksamen sittlichen oder religiösen Einwirkung ist mir aus dieser Zeit keine Erinnerung geblieben.

Lange Jahre habe ich als ein Unglück betrachtet, in einer Bauernfamilie geboren und erzogen zu werden. Jetzt, nach langen und vieljährigen Erfahrungen, ist in dieser Beziehung meine Ueberzeugung eine ganz andere geworden. Ich halte jetzt diese Erziehung im Allgemeinen für die angemessenste, weil sie die natürlichste ist und unter gegebenen Bedingungen die wirksamste und nachhaltigste wird. Sie beruht nicht auf Büchern, sondern auf dem practischen Leben, welches weit tiefere Eindrücke zu machen und lebendig zu erhalten geeignet ist. Sie bietet die vortrefflichste Gelegenheit dar, das sittliche, religiöse wie das ästhetische Gefühl und die Thatkraft zu wecken, auf mannigfache Weise zu üben und zu erhöhen.

Der Bauernknabe wächst schon von seinem zartesten Alter an meist in der Leib und Seele stärkenden Natur auf, mit der Aufmunterung, alle seine Kräfte in Thätigkeit zu setzen und zum Dienste des Hauses, seiner Nebenmenschen und, wenn er nur gehörig dazu angeleitet würde, auch zur Ehre Gottes zu gebrauchen. Die Bedingung, die conditio sine qua non, ist freilich verständige, sittlich gute und religiöse Eltern zu haben. Sind sie dieß, so werden sie wie kein Herr und kein Fürst Gelegenheit finden, die Kräfte ihrer Kinder zu entwickeln und zu üben, sie auf alles vor Gott und Menschen Gute, Rechte, Schöne, nicht in langweiligen Moral- und Religionsstunden oder Verstandesübungen, sondern gleichsam auf frischer That, bei empfänglichem Gemüth und offenem Herzen, im Haus und auf dem Felde aufmerksam zu machen. Doch wo sind diese Eltern zu finden? Wo, unter den tausend Instituten, dasjenige, welches sich zur Aufgabe stellte, die Jugend auf diesem Wege gründlich zu erziehen?

Es ist einer meiner sehnlichsten Wünsche, daß auch für die höheren Classen der Gesellschaft Erziehungsanstalten gegründet werden möchten wie die landwirthschaftlichen Armenschulen, und ich bin fest überzeugt, daß für die Erziehung der Kinder aus den wohlhabenden Familien von ihrem sechsten bis zum zwölften Jahre nichts zweckmäßigeres und wohlthätigeres eingeführt werden könnte als eben dergleichen Institute. Es wird geschehen, sobald man den Stand der Bauern und Landwirthe gebührend zu würdigen lernt. Ich werde es freilich nicht mehr erleben, wünsche aber, daß diese Zeit nicht allzu fern sein möge.

IV. Aufenthalt in Flerden, vom November 1802 bis zum Mai 1806

Erziehungsanstalten

Mit den Schulen stand es zu dieser meiner Zeit in Bünden noch sehr übel. Oeffentliche Erziehungsanstalten hatten wir damals noch nicht. Das früher berühmt gewordene Institut zu Haldenstein, in den siebenziger Jahren, das später vom Minister U. v. Salis nach Marschlins gezogen wurde, war eingegangen, deßgleichen das spätere von Professor Nesemann in Reichenau. In beiden war den Söhnen der wohlhabenderen Familien die Gelegenheit geboten, eine tüchtige Schulbildung zu erhalten, und deßwegen wurde vorzüglich ersteres auch von angesehenen Schweitzern besucht, die später hohe Staatsstellen bekleidet haben.[50]

Fettan. Erziehungsanstalt des Herrn a Porta

Die beste Erziehungsanstalt zu meiner Zeit war die des Professors R. a Porta in Fettan. Fast alle Engadiner und auch viele reichere Familien diesseits der Berge, die auf Erziehung ihrer Kinder, Knaben oder Mädchen, etwas verwenden wollten, schickten diese dorthin.

Herr a Porta war Feldprediger in einem Schweitzerregiment in französischen Diensten gewesen, daher der französischen Sprache vollkommen mächtig und wohl auch in den übrigen Schulkenntnissen besser bewandert als die meisten damaligen Bündner Geistlichen.[51] Dabei war er ein sehr braver, höchst gemüthlicher Mann, hatte in späteren Jahren auch eine liebenswürdige, musterhafte Familie und übte daher einen äußerst wohlthätigen moralischen Einfluß auf seine Zöglinge. Ich habe ihrer in späteren Jahren viele kennen gelernt, nur wenige darunter, die ihm nicht zugethan gewesen wären, viele aber, die ihn mit inniger Dankbarkeit liebten, und einzelne, die noch mit aller Zärtlichkeit und Begeisterung von ihrem alten Lehrer in seiner Erziehungsanstalt sprachen, so z.B. mein Freund Joh. Peter Hosang[52], der spätere Gründer unserer Cantonal-Armenanstalt. Allein die Schule zu Fettan war für Söhne mittlerer Bauernfamilien zu theuer, und für mich konnte von derselben nicht die Rede sein.

Außer Herrn a Porta hielten noch manche andere Pfarrer Privatschulen, und durch manche von ihnen haben viele Geistliche ihre ganze höhere Bildung erhalten und sind von ihnen, wie man sagte, auf die Kanzel gestellt worden. So verdankte dem alten, gelehrten a Porta, Verfasser der bündnerischen Reformationsgeschichte[53], mancher Bündner Geistliche seine ganze humanistische und theologische Bildung; andere dem Herrn Minar[54], der in drei bis fünf Jahren viele auf die Kanzel geliefert; andere dem Herrn Pfarrer Cloetta von Filisur[55]; wieder andere, doch wenigere, dem Herrn L. Walther von Valendas.[56] Einzelne wohlhabendere kamen dann später noch nach Chur in's Collegium philosophicum, welches vom Doktor Abis gegründet worden war.[57] Aber mit der Wissenschaftlichkeit dieser Geistlichen stand es damals durchgängig übel und weit schlimmer als in allen früheren Zeiten. Ein wenig Latein, und welches! Die Compendien von Turretin[58] und Osterwald[59] und eines für die Kirchengeschichte, alles meist wörtlich auswendig gelernt, war wohl die beste gelehrte Habe und geistliche Ausstattung unserer derzeitigen meisten Pfarrer.

Flerden. Schule

Herr Pfarrer Friedrich La Nicca von Sarn, unser naher Verwandter, damals Pfarrer in Flerden, hatte keine Studentenfabrik, wie man jene Schulen fast nennen konnte, sondern eine Privatanstalt für ältere Bauernsöhne, die gewöhnlich nur vier bis fünf Monate daselbst und dann vom Frühling bis zum Winter ihre Zeit wieder in ihren Familien bei der Landwirthschaft zubrachten. Herr La Nicca war auch kein Gelehrter, aber ein sehr braver, verständiger, heiterer Mann, der über manche Vorurtheile der düstern

Theologie hinaus war und sich eine Lehrmethode angebildet hatte, die für die damalige Zeit Anerkennung verdiente. Wohl selten hat sich ein Pfarrer in solchem Grade die ungetheilte Liebe und Hochachtung seiner Gemeinde erworben, wie dieß bei ihm der Fall war. In einem Zeitraum von neun Jahren hatten die Flerdner nicht *einen* Proceß miteinander. Ihre Streitigkeiten wurden von ihm geschlichtet und auf seinen Rath hin vermittelt. In anderer Beziehung mischte er sich zur Förderung des allgemeinen Besten nicht gern in Gemeindsangelegenheiten.

Zu diesem Lehrer zog ich nun wohlgemuth im November des Jahres 1802 als zwölfjähriger Knabe und außerdem auch noch von so kleiner Statur, daß ich oft von meinen Mitschülern als *igl pinch* [der Kleine] bezeichnet wurde. In Folge meines noch immer fortbestehenden Schauders vor dem Latein hatte ich von den Eltern die Zusicherung erhalten, nur die Schule von Flerden zu besuchen, nicht aber studiren zu müssen. –

Ich weiß nicht, welche Verabredung meine Mutter mit dem Pfarrer getroffen haben mochte, aber gleich von Anfang an bekam ich mit seinem nur ein paar Jahr jüngeren Sohne, dem späteren Bundsstatthalter Melchior La Nicca[60], auf den ich später zurückkommen werde, wieder das Declinirbuch und neben dem Deutschen auch Latein zu lernen. Das geschah aber nur wenig Stunden des Tages, und alle übrigen Unterrichtsfächer hatten wir mit den übrigen Schülern zusammen, so daß mir die Sache gar nicht lästig wurde, ja, ich eigentlich nicht einmal recht wußte, ob so viel Latein nicht auch schon zum Deutschen gehöre. So fing eine bessere Zeit für mich in Flerden an. Ich war jetzt, ohne es zu wissen, Student und zugleich mein eigener Koch. Bei einer befreundeten Familie untergebracht, hatte ich mein eigenes Bett, einiges Kochgeschirr und die nöthigen Lebensmittel von Hause her und bereitete mein Frühstück und Nachtessen selbst nach Belieben. Und ich darf sagen, daß mir meine Mehlsuppe, mein Milchmus, Milchreis, Erdäpfeltatsch u.s.w. eben so gut geschmeckt haben wie sonst irgendwo.

Schon morgens fünf Uhr mußten wir in die Frühschule, hatten nach zwei Lehrstunden eine freie Stunde für's Frühstück und dann von acht bis eilf und von ein bis fünf Uhr abends wieder Schule und zwar bei zweckmäßiger Abwechslung der Unterrichtsfächer. Und dieses mit so gutem Erfolge im Deutschen, in der biblischen Geschichte, im Schreiben, Rechnen, im mündlichen und schriftlichen Uebersetzen, in der Kaligraphie und, wie es schien, auch im Latein, daß mir jetzt das Schulleben wieder sehr anziehend wurde. Religion hatten wir, merkwürdig genug, erst abends, wann die Dämmerung begann und man ohne Licht nicht mehr hätte sehen und aus Büchern lernen können. Sie bestand in freien Vorträgen, die der Herr Pfarrer über dasjenige hielt, was ihm eben wichtig schien. Wir wurden davon sehr angesprochen, und in späteren Jahren arbeitete ich unaufgefordert das Vorgetragene für mich schriftlich aus, erinnere mich aber dessen ungeachtet jetzt nicht, daß irgend etwas einen tiefen, nachhaltigen Eindruck auf mein Gemüth gemacht hätte. Ist das nicht vielleicht das allgemeine Schicksal des Religionsunterrichtes für junge, unreife Gemüther, wenn er nicht an's Leben angeknüpft wird? Ich fürchte sehr, daß wir große Ursache haben würden, demüthig zu sein, wenn wir in das Herz der Kinder blicken und sehen könnten, wie wenig sie gewöhnlich bei unserer gründlichen Erklärung dogmatischer Sätze verstehen und empfinden.

Unrecht war es freilich, daß dieser Unterricht nicht catechetisch und noch weit mehr daß er in so dunkler Abendstunde ertheilt wurde, wo weder die Schüler die innere Bewegung des Lehrers in seinen Mienen lesen noch der Lehrer diejenige seiner Schüler an ihren Augen sehen konnte, was doch dem Worte eine so eigenthümliche Kraft verleiht. Ich wenigstens habe in späteren Zeiten den Eindruck, den mein Religionsunterricht auf die Schüler machte, weniger nach ihren Antworten als nach ihrem Augen- und Mienenspiel ermessen zu können geglaubt.

Als nun der Frühling herbei kam und die meisten Schüler nach Hause zurückkehrten, wurde mir von meinen Eltern die Wahl gelassen, ob ich in Flerden fortstudiren oder auch zur Feldarbeit nach Hause zurückkehren wolle. Da war denn der Entschluß leicht gefaßt: ich wollte nun durchaus studiren und war ihnen im Herzen dankbar, daß sie mir diese Wahl gelassen hatten.

So blieb ich denn bis in's fünfte Jahr in Flerden bei ungefähr gleicher, nur mehr oder weniger fortschreitender Beschäftigung. Und das war zu lange, wirklich viel zu lange.

Mag es allerdings wie Naturen, die es bei den angemessensten Bildungsmitteln nie zu etwas Bedeutendem zu bringen im Stande sind, so auch andere geben, die selbst bei der geringsten Anregung von außen sich schon durch die eigene innere Kraft zu großer Tüchtigkeit herauszuarbeiten und zu entwickeln vermögen, so gehören doch gewiß beide Arten nur zu den Ausnahmen, und die weit zahlreichere Classe von Menschen ist so beschaffen, daß sie bei angemessener Anleitung und Hülfe sehr Ehrenwerthes leisten könnte, ohne dieselbe aber nur zu leicht versumpfet oder auf bedauernswürdige Weise zurückbleibt. Zu dieser Classe muß ich auch mich zählen.

Wenn ich oben die Verständigkeit und Methode des Herrn Pfarrers rühmte, so geschah dieß nur mit Rücksicht auf die Realschüler, die seine

Schule den Winter über besuchten, und auf den Bildungsstand bündnerischer Lehrer zu jener Zeit, nicht aber in Bezug auf höheren Unterricht. Für diesen hatte Herr La Nicca zu wenig Kenntnisse und that auch viel zu wenig, um sich dieselben zu erwerben. Er las gern, aber nur geborgte Bücher, ohne Wahl und ohne Plan. Er selbst schaffte sich durchaus keine neuen Bücher an und war mit der neuen Literatur völlig unbekannt. Kirscher's Cornucopie[61] war sein lateinisches Lexicon, Lange's Grammatik[62] seine einzige lateinische Sprachlehre. Nur in den Stunden wurde gearbeitet, für zu Hause, für den Privatfleiß oder zur Selbstbeschäftigung wenig aufgegeben. Auch die Aufsicht in moralischer Beziehung war viel zu lax, weswegen Müßiggang, Wirthshausleben und Kartenspiel bei vielen viel zu viel von der kostbaren Zeit verschlangen. Leider wurde auch ich in dieß alles und in Uebel, die zum Theil daraus folgten, mit hineingerissen. So wurde z.B. oft statt das Frühstück zu kochen, Butterbrod, mit einem Gläschen Branntwein genossen, woraus, abgesehen von der Schädlichkeit dieses Getränkes an und für sich, leicht das Laster des Trinkens hätte hervorgehen können.

Im Verlauf der Zeit waren noch andere Jahresschüler eingetreten, so Beat Liver und Georg Caminada von Flerden und früher schon Ch. La Nicca von Sarn, die nachmals alle Pfarrer geworden sind.[63] Mein alleiniger und beständiger Classengenosse im Latein war aber der Sohn des Pfarrers. Er war ein sehr gutmüthiger und wohl geistreicherer Knabe als ich, hatte aber nicht den gleichen Eifer für's Lernen und das lebendige Streben, vorwärtszukommen. Zurückzubleiben verdroß ihn gleichfalls, und so mußte er sich mehr anstrengen, als ihm lieb war. Ich weiß nicht, ob mit Recht oder Unrecht, aber gewiß ist, daß sich die Ueberzeugung bei mir festsetzte, daß ich durch ihn zurückgehalten würde und daß der Grund seines so oft gegen mich kundgegebenen Uebelwollens oder seiner Verstimmung gegen mich, der ich wohl auch zu empfindlich sein und meine großen Fehler haben mochte, nur der sei, daß er sich mehr anstrengen müsse, als ihm lieb war. Genug, ich hatte auf diese Weise viel zu leiden und stand natürlich als Part dem Sohn des Lehrers gegenüber allein, indem er die Mitschüler meist auf seiner Seite hatte.

Bei dieser Verstimmung und dem Gefühle, daß ich in Flerden nicht mehr an meinem Orte sei, kam es eines Tages bei'm Mazza schlagen zu einem Streite, in welchem sie mich wirklich arg mißhandelten. Im tiefsten Gefühl des Unrechtes, das mir geschehen, und empört über die rohe Gewaltthätigkeit, mit der sie mich mit solcher Uebermacht mißhandelt hatten, lief ich, vom Nasenbluten blutrinsig, zum Pfarrer, beschwerte mich und erklärte, daß ich die Schule verlassen werde. Die Reue und die Thränen, mit welchen mich der gute Melchior nachher um Verzeihung bat, söhnten mich im Herzen ganz mit ihm aus, und ich vergab ihm aufrichtig. Dagegen ließ die herzlose Kälte, mit welcher ein anderer mich von hinten faßte und die Abwehr hinderte, während mir einer seiner Cameraden in's Gesicht schlug, und die kalte, wenn nicht hämische Gleichgültigkeit des größten bei dieser unwürdigen Scene einen unvertilgbaren Eindruck auf mein Gemüth zurück. Mein Entschluß blieb fest, und ich kehrte aller Vorstellungen ungeachtet noch am gleichen Tage nach Sarn zurück. So tragisch war das Ende dieses Abschnittes meines Lebens, aus welchem mir auch so manches Erhebende in der Erinnerung geblieben ist.

Vergnügungen

Zu den sinnreicheren, belehrenderen Unterhaltungen, die wir den einen Winter in Flerden genossen, gehörte unstreitig diejenige des «Knabengerichtes», *darchira fôlsa.*[64] Diese Sitte war früher auch in anderen Landesgegenden einheimisch. Es wurde nämlich aus der Knabenschaft eine Obrigkeit: Landammann, Statthalter, Schreiber, Weibel und Geschworne gewählt. Dieses Gericht stellte seine Gesetze auf und versammelte sich ein oder zweimal zur Woche abwechselnd in einem oder dem anderen Hause abends nach dem Nachtessen, um Gericht zu halten. Jedes Mitglied dieser Obrigkeit erhielt eines der Dorfmädchen gleichsam zum Vogtkind, und die Gesetze bezogen sich hauptsächlich auf diese. Sie sollten z. B. nicht rußig, ungewaschen und ungekämmt zum Vorschein kommen, kein Wasser bei'm Wassertragen verschütten, wodurch Eis entstehen könnte und somit Gefahr für Menschen und Vieh, zumal für die Mitglieder der Obrigkeit, auszugleiten und zu fallen. Auch gemeine Reden und Scheltworte zu brauchen war untersagt. Wurden diese Gesetze übertreten, so war der Vogt für sein Vogtkind verantwortlich, der Proceß wurde eingeleitet, nach aller Form geführt und der Schuldige zu einer kleinen Buße verurtheilt. Es hing dabei vorzüglich von der Gewandtheit und dem Humor des Advocaten ab, ob diese Processe langweilig oder unterhaltend werden sollten. Andere Streitfragen wurden fingirt und boten also noch größeren Spielraum zu gerichtlichen Verhandlungen und zur allgemeinen Unterhaltung dar. Ein sehr beliebter Advocat war damals Aug. Tumasch Camenisch, der mit seinen feineren und groben Witzen oft Gelegenheit zu herzlichem Lachen gab.

Außer den Gerichtspersonen wurde auch ein Doctor erwählt. Auch er hatte jedesmal zu erscheinen, um gleich bei der Hand zu sein, wenn eine von den Gerichtspersonen oder jemand von den übrigen Anwesenden von Ohnmachten und dergleichen Uebeln befallen wurde. Er zeichnete sich besonders durch seine Allongeperücke von Hobelspähnen aus und hatte in seiner Kiste allerlei nöthige Mixturen und Pülverchen mitzubringen. Ein Haupterforderniß für den Doctor war, daß er recht muthig und kräftig sei, dann konnte er recht energisch einwirken, die kranken Glieder recht empfindlich strecken und drehen und den Leidenden nöthigenfalls recht bittere Mixturen und Pillen in den Mund stoßen, so erfolgte bald Genesung, und die Uebelkeiten wurden überhaupt weit seltener.

Eine andere Unterhaltung war das *ir cun scuas*, mit Besen laufen. Die erwachsenen Knaben richteten in ihrem Muthwillen vielerlei Unfug zur Nachtzeit an; auf der anderen Seite vertraten sie aber auch gewissermaßen die Straßenpolizei und andere Sittendienste. So machten sie z.B. Katzenmusik bei Weibspersonen, die in schlechtem Rufe standen, und Eheleute, die in Unfrieden und Streit lebten, holten sie nöthigenfalls sogar aus dem Hause und warfen sie in den Brunnen.[65]

Sehr gewöhnlich war zu jener Zeit auch noch das Hengern, *ir a tarmaigl*, [das heißt] Nachtbesuche bei den Mädchen machen und zu dem Ende auch von einem Dorfe zu dem andern schwärmen. Hierbei wurden dann sehr natürlich Fackeln gebraucht. Man nahm nämlich alte, dürre Besen, steckte einen kleinen Strohwisch hinein, zündete dann vor dem Dorfe ein Bündel Stroh, das man zu diesem Behufe mitgenommen, an und an diesem Feuer dann die Besen, die man dann hoch in die Luft schwang und mit denen man so wohl eine halbe Stunde laufen konnte, ohne daß sie ausgingen. An ihnen hatte man auf diese Weise eine hellleuchtende Fackel und auch noch eine Art von Wärme in den dunkeln, kalten Winterabenden. Einen einzigen solchen Besen voranzutragen, hätte für eine ganze Gesellschaft hingereicht, aber meist wollte jeder den seinen haben, und so sah man zuweilen auch sechs bis zehn solcher Besenfackeln leuchtend im schnellen Zuge dahin eilen, was wirklich in der Nähe und Ferne einen prächtigen Anblick gewährte. Ein Fremder, der von dieser Sitte nichts gewußt und den Zug nur von weitem gesehen hätte, würde leicht haben glauben können, darin einen Hexentanz zu erblicken. Ich finde auch sehr wahrscheinlich, daß gerade solche an sich sehr natürliche Erscheinungen zu manchem Schrecken und der Voraussetzung, etwas nicht Geheueres zu sehen, Anlaß gegeben haben.

Für diese Besenfackeln hatte auch ich eine große Leidenschaft, und da ich am Samstag abends gewöhnlich nach Sarn ging, den Sonntag dort zubrachte und erst in der Nacht wieder nach Flerden zurückkehrte, den Weg auch außerdem öfter bei Nacht machte, so hatte ich häufig Gelegenheit, mir dieses Vergnügen zu verschaffen.

Auf dem Wege zwischen Sarn und Flerden liegt ein Tobel, Val Gagliuna genannt. Dieses Tobel wird so ziemlich als der Blocksberg des Heinzenberges betrachtet, und von ihm hatte ich mancherlei Hexengeschichten und furchtbare Dinge gehört, die dem und dem begegnet sein sollten. Ich war schon aufgeklärt genug, um an Gespenster und Hexen und *begls cun oegls*, Bäuche mit Augen[66], nicht zu glauben, scheute mich also auch nicht, diesen Weg allein, zu welcher Stunde der Nacht es auch gewesen wäre, zu gehen. Aber nolens volens kamen mir am betreffenden Orte alle die schauerlichen Geschichten, die ich von dieser oder jener Stelle gehört hatte, in den Sinn, und es wäre mir nicht möglich gewesen, sie durch andere Gedanken aus dem Kopfe zu verdrängen und mich hie und da eines gewissen Schauers zu erwehren. So tief prägen sich dergleichen Eindrücke der jugendlichen Phantasie in ihren dunkeln wie in ihren heitern Farben ein und üben auch noch später eine Gewalt über unser Gemüth, die kaum begreiflich ist.

Als ich in späteren Jahren auf niederern und höherern Stufen der Gesellschaft sehr ehrenhafte und sonst characterfeste Männer kennenlernte, die mit der catholischen Kirche oder vielmehr mit der Geistlichkeit derselben in Streit geriethen, und ich sie so inconsequent und feige zu Kreutze kriechen sah, als es galt, dieser Kirche mit Ernst entgegenzutreten, wollte es mich bedünken, es gehe ihnen mit ihr wie mir früher mit den Kobolden der Val Gagliuna, und daß diese Männer nur in Folge früherer Eindrücke auf's Gemüth oder auf die Phantasie unwillkürlich einen Schrecken empfänden, in den Kampf zu treten, um ihr besseres Bewußtsein geltend zu machen und mit mehr Entschiedenheit der Vernunft Rechnung zu tragen.

V. Aufenthalt in Chur, vom Mai 1806[67] bis Mai 1811

Kantonsschule

Nicht ohne Mühe erhielt ich nun von meinen Eltern die Erlaubniß, die Kantonsschule in Chur besuchen zu dürfen. Dort kam ich mit viel Einbildung und sehr geringen Kenntnissen, aber großem Eifer zu lernen an.[68] Im Rechnen hatte ich in Flerden für ein ausgemachtes Genie gegolten, in Chur konnte ich aber auch die gewöhnlichsten Rechnungen nicht lösen oder, wie ich sagte, sie nicht ansetzen. In der Geographie und Geschichte wußte ich nichts, nicht einmal das Nothdürftigste von der vaterländischen. Im Lateinischen hatte ich noch keinen Classiker gelesen, sondern nur die Gespräche in Lange's Grammatik[69] und die biblischen Geschichten von Castellio[70] übersetzt. Nicht nur Schiller, Johannes Müller[71] und Gellert[72], sondern auch Salzmann[73] und Campe[74] waren mir ganz unbekannte Namen sowie die von Bröder[75] und Schaller[76]. Zu Tische kam ich zu einem Landsmann, Herrn Schreiber Beat Caflisch von Flerden[77], der im Dalpischen Laden angestellt und unlängst mit einer Churerin, der schönen Jungfer Denz, verheirathet war. Die Leute waren recht gut gegen mich, ich habe sie auch immer lieb behalten, obgleich ihr Haus späterhin, wo sie auch wirtheten und vier Werber zu Tisch hatten, für Schüler nicht sonderlich geeignet war.

Die Kantonsschule – eine Schöpfung besonders von Herrn Professor P. Saluz, Landshauptmann J. U. von Salis-Seewis und Doctor Raschèr – erst vor zwei Jahren gegründet, hatte nicht mehr als vierzig bis fünfzig Schüler und vier Professoren, nebst Zeichnungs- und Schreiblehrer.[78]

Director und Religionslehrer war Herr Professor Saluz, ein sehr ehrwürdiger Mann in seinem Aeußeren und in seinem ernsten und zugleich liebreichen Benehmen. Leider starb er schon nach zwei Jahren, was für die junge Anstalt ein großer Verlust war.[79] Der gelehrteste und zugleich gefürchtetste Lehrer war damals Professor Gautsch aus Hanover, der den Unterricht in den alten Sprachen und in der Geschichte ertheilte. Er hatte in der That schöne Kenntnisse und war ein guter Mann, aber ohne Methode, was sich leider im Fortgange der Jahre immer fühlbarer herausstellte.[80] Für die Mathematik war Herr Gutmann aus Zürich angestellt. Er war noch ganz jung und von ausgebreiteten Kenntnissen, nur nicht in den Fächern, in denen er Unterricht geben sollte, wie er sich selbst beklagte, und weshalb er auch bald die Schule verließ. Er hat sich später durch Erziehungsblätter und besonders durch seine Uebersetzung des Tacitus einen Namen erworben.[81] Für's Französische war Herr Benedict von Schleins, der nach dem Tode des Herrn Saluz Director der Kantonsschule und Pfarrer von Chur, später auch Oberstpfarrer und Decan wurde. Er war ein höchst gemüthlicher, heiterer Mann, im hohen Grade enthusiastisch und daher für's practische Leben weniger geeignet als für den geselligen und gemüthlichen Umgang.[82] Herr Richter aus Sachsen war Zeichnungslehrer[83], und Herr Christ, ein vortrefflicher Schreiber, gab den kaligraphischen Unterricht.[84] Waren diese Männer auch nicht so gelehrt und so pädagogisch gebildet wie spätere Lehrer der Kantonsschule, so wirkten sie doch in den damaligen Verhältnissen sehr wohlthätig, und unter ihnen wie unter den

Schülern herrschte ein höchst trauliches, gemüthliches Leben, wie dieß später wohl nur höchst selten der Fall gewesen sein mag. Den Unterricht im Italienischen ertheilte Herr Professor Graß, ehemals reformirter Pfarrer in Triest, jetzt ein alter Mann, der auch den theologischen Unterricht neben Herrn Saluz ertheilte.[85]

Unter einer solchen pädagogischen Constellation trat ich in die Kantonsschule ein, war fleißig und gewann mir die Liebe der Lehrer und mancher der besten Schüler, die mir auch in der Folge befreundet und zum Theil recht theuer geblieben sind.

Das erste und niederschlagendste Unglück, das mir in der Schule begegnete, war die Folge einer versäumten Zeichenstunde, die wir um ein Uhr hatten. Ich bat Herrn Richter, sie an jenem Tage auslassen zu dürfen. Er wies mich aus großer Gewissenhaftigkeit an Herrn Saluz. Bis zu diesem mit meiner Bitte vorzudringen, wagte ich nicht, konnte aber dennoch der Versuchung nicht widerstehen, die Stunde auszulassen und warum? Weil gerade zu dieser Stunde der erste Transport Recruten, drei und sechzig an der Zahl unter Lieutenant Bundi[86] mit Sang und Klang und schönen Maien und Bändern auf den Hüten nach Frankreich abgehen sollte.

Die alte Liebe zum Soldatenwesen und der Wunsch, diesen Zug abgehen zu sehen, hatten sich meiner Seele so bemächtigt, daß ich der Versuchung nicht zu widerstehen vermochte und die Stunde richtig schwänzte. Ich büßte mein Vergehen schwer bei der nächsten Censur, und sie war die einzige, die mir in der Kantonsschule Leiden der Art gebracht hat.

Die größte Freude, die mir vielleicht in meiner Schulzeit zu Theil wurde, trat indeß auch in demselben halben Jahre ein, nämlich ein Examen. Es wurden damals noch den besten Schülern Prämien zuertheilt. Sie bestanden in nöthigen Schulbüchern. Die derselben würdig gehaltenen Schüler wurden bei'm Schlusse des Examens genannt und in die erste Bank hervorgerufen. Und da erschallte unter diesen Namen, mir völlig unerwartet, auch der meinige schon als der zweite oder dritte. Meine Freude darüber war unendlich groß.

Eine große Thorheit beging ich im Herbst 1807[87] in der besten Absicht von der Welt. Ich hätte so sehr gewünscht, daß meine Brüder etwas mehr Unterricht genießen möchten als den, den sie zwei Winter hindurch in Flerden erhalten hatten. Davon, daß meine Eltern sie in eine ordentliche Schule schicken würden, war keine Rede, obwohl sie es bei anderen Ansichten über Erziehung und Bildung ihren Vermögensumständen nach sehr wohl hätten thun können. Ich entschloß mich daher, meine Studien auszusetzen, nach Sarn zu gehen und da den Winter über die Brüder zu unterrichten. Diese Thorheit beging ich wider den Rath meiner Lehrer, wie gesagt, mit der besten Absicht von der Welt. Der Zweck wurde aber ganz verfehlt. Meine Brüder fanden keine Zeit zu einem regelmäßigen Unterrichte im eignen Hause und zumal bei einem Bruder, und ich verbrachte einen kostbaren Winter auf sehr unangenehme Weise und erkrankte nach meiner Rückkehr im Merz [1808] so gefährlich, daß der Doctor Raschèr mich bereits aufgegeben hatte. Acht volle Tage lag ich im Delirium am Gallen- und Nervenfieber in einem für meine Umgebung, zumal für meine arme Mutter, die zu meiner Verpflegung herbeigerufen worden war, höchst beängstigenden, furchtbaren Zustande, aber ohne Bewußtsein von Schmerzen und allem, was mit mir vorgenommen wurde. Endlich stellte sich unerwartet eine Crisis ein, die zum Leben ausschlug; ich genas. Für den Körper war diese Krankheit wohlthätig, denn der achtzehnjährige kleine Knirps wuchs in den nächsten zwei Jahren zu der Länge, die er dermalen hat, und in dem Grade, daß auch nähere Bekannte und Verwandte ihn nach einem halben Jahre kaum mehr kannten. Für den Geist dagegen waren die Folgen weniger vortheilhaft. Die Lehrer wollten bemerken, daß er gelitten habe, und daß dieß in Bezug auf das Gedächtnis der Fall war, war außer Zweifel.

Diese Krankheit bestand ich bei einer Familie Christ in der Nähe der Ziegelhütte, die damals mehrere Tischgänger hielt – einen Herrn von Pestalozzi, wegen seiner Vorliebe für jenen Autor Voltaire genannt, eine Frau Podestätin Misani mit ihrer Tochter[88], die, wenn sie saß, ein ganz ansehnliches Frauenzimmer, stehend aber ein Zwerg schien, dagegen aber sehr lebhaften Geistes und von noch geläufigerer Zunge war, und Kantonsschüler. – Herr und Frau Christ waren gute Leute, die sich aber nicht genug bei uns in Respect zu setzen wußten und uns so gut nährten, daß ihre Finanzen darunter litten. Hier wurden leider, wenn auch nur um ein Geringes, Karten gespielt und über den lieben Nächsten oft ohne Schonung losgezogen. Das war keine geeignete Unterhaltung für Kantonsschüler, und doch kann und muß ich der Wahrheit zum Zeugniß sagen, daß ich mehr gute als schlimme Folgen davon verspürt habe. Der alte Voltaire war ein grundredlicher Mann, bei dem ich gerade kennen lernte, daß man auch im Spiele ehrlich und redlich sein kann und ihn deßwegen ehren und achten mußte. Nach Heinzenberger Grundsätzen glaubte ich früher, im Spiele dürfe man nur per fas und nefas auf seinen Vortheil bedacht sein. Hier sah ich auch Sittlichkeit im Spiele. Fräulein Misani wirkte anregend auf unseren Geist durch ihre Allseitigkeit in den Tagesneuigkeiten, und Frau Misani war eine verständige, fromme Frau, angenehm und artig in ihren Manieren, so daß sie in sittlicher wie in religiöser Beziehung sehr wohlthätig auf mich gewirkt hat. Es ist aus Achtung und Dankbarkeit, daß ich ihrer hier erwähnen zu müssen glaubte.

Unter den Kantonsschülern waren damals die älteren und am weitesten vorgerückten einige meiner Gemeindsgenossen: J. A. Camenisch[89] von Sarn, seither immer mein Freund, weil ein höchst achtbarer Mann und sehr schlicht; J. Beat Wazzau[90], J. Marugg[91], vielleicht der geistreichste und fleißigste von allen, der auch später bei Daub[92] in Heidelberg tüchtig studirte und ein besseres Schicksal in seinem späteren Leben verdient hätte und wohl auch gefunden haben würde, wenn etwas mehr Liebe und Klarheit in seinem Geiste einheimisch geworden wären. Er äußerte einmal, als der Vorschlag zum Kartenspiel unter uns gemacht wurde: «Nein, es ist ja von der Schule verboten, und so wollen wir als die ältesten Schüler es nicht thun.» Eine sittliche Stärke, zu der ich mich damals wahrlich noch nicht erhoben hatte und die deßwegen durch den Contrast einen um so stärkeren Eindruck auf mich machte. Ferner Tester[93], mein späterer College an der Kantonsschule, schon damals genial, geistreich und leichtfertig. Von ihm erhielt ich Gellert's Fabeln[94], die mich sehr ansprachen und einen wirklich tiefen Eindruck auf mich machten. Von ihm hörte ich auch von Schiller und lernte diesen durch seinen «Fridolin»[95] kennen. Auch Ch. La Nicca[96], mein Flerdner Comiliton und späterer Pfarrer, war da und J. U. Truog, Sohn des Decans in Thusis[97], ein kleiner ungestalteter alter Junge, im Wissen aber viel weiter als die meisten seiner Classengenossen, doch ohne Tact und Verstand im gemeinen Leben. Diese alle wohnten bei Herrn J. Truog in der obern Gasse und führten ein lustiges Leben, besonders durch die Possen, die sie sich abends auf Kosten ihres armen Mitschülers Truog erlaubten. Die Hauptperson dabei war Tester, der sich bei Truog so übel angeschrieben hatte, daß dieser ihn mit voller Ueberzeugung für einen Nachtwandler und Hexenmeister hielt und sich ängstlich vor ihm scheute. Er war ihm, wie er glaubte, bei völlig verschlossenen Thüren in's Zimmer getreten, zuweilen in einem Aufzuge, der Grausen erregte, hatte Dinge aus seinem verschlossenen Coffer entwendet und zurück erstattet, Dinge bekannt, die er, wie Truog meinte, gewiß nicht gesagt haben würde, wenn er in wachendem Zustande gewesen wäre. Dann war ihm Tester auch ein Nachtwandler, verfiel in einen magnetischen Schlaf und antwortete in diesem Zustande auf alles mit unglaublicher Freimüthigkeit, besonders auf Truog's Fragen, wenn dieser ihn bei der großen Zehe am rechten Fuße im Bett faßte. Solchen Jux trieben sie mit dem guten Menschen, und doch war es gerade dieser, dem ich etwas zu verdanken hatte, was mir so viel Freuden bereitet und meinem Leben eine neue Richtung gegeben hat, etwas, weßwegen ich meinen unglücklichen Aufenthalt zu Sarn in jenem Winter nicht durchaus bedauern kann.

Haus von Albertini in Tamins

Dieser Truog gab mir nämlich, als ich hinauf reiste, einen Empfehlungsbrief an seinen Freund Christoph von Albertini[98] in Tamins mit. Ich überbrachte ihn am Vormittag und wurde eingeladen, da zu Mittag zu bleiben. Der junge Herr von Albertini litt von seinem siebenten Jahre an an einer Lähmung, die sich im Verlaufe der Zeit immer mehr erweiterte, und konnte schon damals nicht mehr gehen, sondern wurde auf einem Rollstuhle von einem Zimmer in das andere gefahren. Auf diesem Stuhle war er aber sehr heiter, witzig, munter, fleißig, ein höchst reiner, liebevoller Mensch und vortrefflicher Gesellschafter. Schon in einem so vornehmen adeligen Hause als Gast zu sein, war für einen Bauernjungen etwas Schmeichelhaftes; die Unterhaltung mit einem so reinen, lieben jungen Manne hatte zudem etwas Erhebendes und dieß wurde nicht wenig verstärkt durch die übrigen Hausgenossen. Da war seine Mutter, die Frau Podestätin, geborene von Salis-Sils, damals schon gehörlos, aber eine der vortrefflichsten Seelen, die ich je kennen gelernt habe, seine Schwester, Fräulein Anna, ein liebliches Wesen, gleich einer Lilie, rein, bescheiden und gut. Da waren Fräulein D. von Planta-Samaden[99] und Fräulein Julie von Salis-Soglio[100], ihre Basen, und für diese jungen Damen eine Gouvernante, Jungfer Roth[101], ein gebildetes, anmuthiges Frauenzimmer, das sich durch die Lehrhaftigkeit, mit der sie sich des ungeschlachten Heinzenbergers annahm, große Ansprüche auf meine Dankbarkeit erworben hat.

In einer so vornehmen Familie war ich nie gewesen, so viel Bildung, so viel weibliche Anmuth, so viel sittlich gute Menschen hatte ich nie beisammen gesehen. Der Eindruck wirkte mächtig auf mein Gemüth und ist mir unvergeßlich geblieben. Mein Freund sagte mir später, daß ich in meiner Unterhaltung manches hervorgebracht und mir manches zu Schulden hatte kommen lassen, was die feinen Damen belächelt hätten, für ihn aber sei gerade meine Aufrichtigkeit und Natürlichkeit anziehend gewesen. Er gewann mich lieb, und der Herzensbund war geschlossen.

In Sarn angekommen, ermangelte ich nicht, meine Freude darüber und meinen Dank schriftlich gegen ihn auszusprechen, und so begann eine Correspondenz, die bis zu seinem Tode lebhaft fortgesetzt wurde, und wenn sie sich auch von seiner Seite meist in Scherzen bewegte, für mich höchst anziehend und erhebend geworden ist.[102] Selbst bei nicht geringer Besorgniß, diese Briefe könnten in profane Hände kommen, habe ich mich doch nicht entschließen können, sie zu vernichten. Sie haben mir damals so große Freude gemacht und so viel Anregung gegeben, nur von diesem subjectiven Gesichtspuncte aus sind sie anzusehen und zu beurtheilen.

Von da an, wo ich diese treffliche Familie öfter besuchte, in ihr auch größtentheils meine Ferien zubrachte, lernte ich dort neben den genannten Personen nach und nach auch andere vornehme Familien und namentlich unsere angesehendsten Staatsmänner kennen. Da war auch eine schöne Bibliothek, aus der ich nach Belieben Bücher geliehen bekam. Da wurde nicht bloß von Vieh und Heu, sondern von wichtigen Landesangelegenheiten und von den neuen literarischen Productionen gesprochen, was mir alles sehr ungewohnt, aber in hohem Grade anziehend war und, wie gesagt, meinem Geiste eine neue Richtung und wirklichen Aufschwung gegeben hat.

Wie schade, daß Jünglinge vom Lande nur selten Gelegenheit finden, in ähnliche Verhältnisse zu kommen, die ihnen für's höhere Leben und für die Studien einen Anstoß zu geben geeignet sein würden, wie man ihn nur von Schulclassen und Büchern vergebens erwarten darf. Ich kann der Vorsehung nie dankbar genug für die Wohlthaten und Freuden sein, die mir durch diesen edlen Freund und seine Familie zu Theil geworden sind. Aber leider dauerte unser Umgang auf Erden nur kurze Zeit: schon nach ungefähr zwei Jahren starb der Freund, der mich Freundschaft und reinere Liebe kennen gelehrt hatte. Doch unauslöschlich und in steigender Achtung ist mir sein Andenken in der Seele geblieben. Niemand hätte ich mehr bis zu meinen besseren Jahren am Leben erhalten zu sehen gewünscht als eben ihn, und er gehört zu denjenigen, auf deren Wiedersehen im jenseitigen Leben ich mich am meisten freue. –

Sein Testament hatte er geschrieben, ohne daß jemand im Hause etwas davon gemerkt hatte, obwohl ihm alles dazu erforderliche auf den Tisch gegeben werden mußte. Daß er es gethan und den Ort, wo es sich befand, hatte er nur Truog und mir anvertraut und der Mutter nach seinem Tode anzuzeigen aufgetragen. Er hatte sich in demselben das Begräbniß in der Kirche verbeten, der Schule von Tamins 400 fl.[103] und jedem seiner Freunde ein Buch aus seiner Bibliothek vermacht, mir Pfeffels Fabeln[104], an denen ich immer so großes Wohlgefallen gezeigt hatte. Sein letzter Brief an mich ist vom 4ten J[anuar] 1809[105] und schon den 12ten J[anuar] 1809 starb er, wenn ich nicht irre. Am 14ten wurde er zu Grabe getragen.[106] Wenige Jahre später folgte ihm seine Schwester in der Blüthe der Jugend und im folgenden Jahr auch Fräulein Deta von Planta, die der Mutter gleichsam zum Troste geblieben war im gleichen Hause. So herbe Leiden hatte diese edle Frau zu bestehen: schon in früher Jugend den Verlust ihres Gehöres, später denjenigen ihres Mannes, dann dreier hoffnungsvoller Kinder, von denen die beiden Knaben allmälig paralitisch wurden, das Mädchen dagegen schön aufblühete und in der Blüthe der Jahre und der Hoffnungen – sie war glückliche Braut – hinweggerufen wurde. Ich habe die arme Mutter seitdem nie ohne Wehmuth anschauen können, aber auch an ihr bewundern müssen, welche Ruhe und Ergebung Herzensgüte und Religion dem Menschen zu verleihen vermögen. Sie lebte seitdem nur noch im Wohlthun und Erfreuen.

Noch lange Jahre nachher bin ich nie bei Tamins vorüber gegangen, ohne daß schöne Erinnerungen und tiefe Wehmuth meine Seele bei dem Anblick dieses Hauses beschlichen hätten, und es war mir ein wahrer Trost, als mir vor wenig Jahren vergönnt wurde, während der Synode einige Tage bei dem späteren Besitzer, meinem Freund Vincens von Planta, darin zu verweilen.[107]

Mein erstes Gedicht habe ich auf Fräulein Nanni's Geburtstag im Teingathale, wie wir es nannten, bei Tamins gemacht, und ich bedauere, daß es verloren gegangen ist, denn noch in späteren Jahren würde ich mich daran gefreut haben. Auch das edle Schachspiel, das mir im Leben so viel Freude gemacht und so viel Zeit geraubt hat, lernte ich im Albertinischen Hause kennen, und mein erster Sieg darin über meinen Lehrer und Freund Christoffel gehört zu meinen lebhaftesten Erinnerungen. In jener Zeit hatte ich mir auch, von der Mode verleitet, ein Stammbuch angeschafft, das ziemlich dickleibig ausgefallen war und von mir später in ein Vademecum umgewandelt worden ist und das ich meinem Christoph gleichsam zur Weihe durch seine, die erste, Inschrift vorlegte.

Chur

Mein Hauptleiden in Chur war nicht Mangel am nöthigen Gelde, um mir die unentbehrlichen Bücher, Kleider und einzelne gesellige Vergnügungen zu verschaffen, sondern die öfteren Klagen der Eltern, daß ich so viel koste, und die häufigen Vorwürfe meiner Brüder, daß sie arbeiten müßten, während ich zu Chur den Herren spielen könne. Diese Klagen und Vorwürfe schmerzten mich tief, obgleich ich sie jetzt, wenn ich mich an ihre Stelle versetze, keineswegs ganz mißbilligen kann. Meinen Eltern schien das verstudirte dann doch verlorenes, und zwar zu meinem Schaden verlorenes Geld zu sein. Meine Brüder fanden diese Ansicht natürlich und somit die Ausgaben für mich auch für sie empfindlich. Indessen lieferten sie immer noch das Nöthige. Dagegen studirte ich aus allen Kräften früh und spät und war ernstlich darauf bedacht, ihnen so weit dieß möglich, die Last zu erleichtern. Dazu wurde mir nun von Professor Gautsch Gelegenheit verschafft. Erstmal wurde mir eine Nachhülfstunde im Lateinischen in der Kantonsschule für drei Schüler anvertraut, die ich ein halbes Jahr hindurch gab, wie weiß ich nicht. Ich habe nur meine Verwunderung darüber im Gedächtniß behalten.

Dann hatte ein Herr Kramer aus Mailand zwei Söhne in der Kantonsschule, von denen der jüngere, ein zwar guter Knabe, aber träge und leichtsinnig im Lernen, länger als der ältere da verweilte.[108] Herr Kramer wünschte ihn daher unter die Aufsicht eines älteren Schülers zu stellen, der ihm auch zur Präparation und Repetition behülflich sein und ihn zum eifrigen Lernen anleiten sollte. Hierzu hatten mich nun die Lehrer empfohlen, und Herr Kramer nahm mich an. Der Knabe war bei Herrn Rathsherr Otto Cantieni[109] zu Tische, und da dieser noch einen anderen Schüler und Verwandten im Hause hatte – Colani[110] von Ponte –, so wurde auch er auf gleiche Weise meiner Leitung und Aufsicht anvertraut. Wir wohnten und arbeiteten zusammen, und ich that mein Möglichstes mit aller Gewissenhaftigkeit, erinnere mich aber nicht, viel ausgerichtet oder mir die Zuneigung meiner Zöglinge in hohem Grade erworben zu haben, wiewohl Herr Kramer in seinem letzten Briefe seine Zufriedenheit mit dem Geleisteten aussprach. Gewiß hätte auch ein weit Tüchtigerer hier ein schweres Arbeitsfeld gefunden. Wenn aber auch nicht meinen Zöglingen im wünschbaren Grade, so wurde doch dieses Amt mir selbst sehr nützlich, denn ich lernte dabei, und Herr Kramer bezahlte für mich Tisch und Logis. Dieß war vom Herbst 1809 bis Herbst 1810.

Frau Rehsteiner

Den Tisch hatte ich seit jener Zeit bei Frau Rehsteiner[111], einer nicht eben bemittelten Wittwe, die, obgleich sie von Gestalt klein war, ihre Tischgänger, deren sie mehrere hatte, durch Verstand und Energie in Respect und guter Ordnung zu erhalten wußte. Sie hatte nur eine eben erwachsene Tochter, die durch ihre herrlichen blonden Haare und schöne Gestalt damals für das hübscheste Mädchen in Chur gehalten wurde. Ich gewann sie sehr lieb, fühlte mich in allen Ehren in ihrer Nähe glücklich und habe ihr bis zu ihrem Tode treue Freundschaft gehalten und auch ihr Wohlwollen genossen. Herr von Salis[112] kam jeden Abend in's Haus, oft waren auch von ihren Freundinnen da, und so lernte ich auch die hohe Damengesellschaft der Stadt kennen und befreundete mich auch mehr oder weniger mit einigen von ihnen.

Wenn Bälle waren, versammelten sich mehrere von diesen [Mädchen] bei Jungfer Rehsteiner, wo sie die Herren dann abholten, und ich freue mich noch in der Erinnerung, wie diese Schönen auch bei schlechtem Wetter und schmutzigen Wegen zu Fuße in das Weiße Kreutz wanderten und sich ihre Ballschuhe von der Magd nachtragen ließen.

Cadetten

In die Jahre 1808-1809 fällt auch die Errichtung des Cadettencorps in der Kantonsschule, welches ein neues, freudiges Leben unter uns weckte.[113] Herr Obrist Pellizari[114] hatte die Leitung desselben übernommen und unter ihm die Herren Hieronymus von Salis[115], Stephan von Pestalozzi[116] und Carl von Pestalozzi[117]. Alles Männer, die bald nachher zu hohen Stellen gelangt sind und durch ihre Tüchtigkeit und Rechtschaffenheit das vollste Anrecht darauf hatten. Die Freude am Exerciren war unter uns groß und allgemein und das erste Exercirfest eine der schönsten öffentlichen Ergötzlichkeiten, die mir bis dahin zu Theil geworden waren, jedoch nicht gleich von Anfang an, sondern erst nach den zwei bis drei ersten Schüssen; denn noch hatte ich der unangenehmen Nervenerschütterung, welche ich von Jugend an bei jedem Flintenschuße in der Nähe empfand, nicht Meister werden können, und sowohl bei der Probe, wo jeder für sich schießen mußte, als auch am folgenden Tage bei den zwei ersten Salven war es mir schrecklich zu Muthe. Mit Lust verschoß ich aber nachher alle meine Patronen und konnte mich am Ende der Uebungen den Helden des Tages mit Recht an die Seite stellen.

Lehrer

Indeß waren Veränderungen in Bezug auf das Lehrerpersonal in der Kantonsschule eingetreten, die auf meine Fortbildung den wohlthätigsten Einfluß hatten.

Herr Professor Paul Kind[118], ein sehr kenntnisreicher junger Mann, wurde bei seiner Rückkehr von der Universität als Professor angestellt, und bei ihm hörten wir mit gutem Erfolge römische Geschichte. Ich besonders dadurch, daß ich im Albertinischen Hause Ferguson's Römische Geschichte[119] und später auch Gibbon[120] kennen gelernt und geliehen bekommen hatte. Ich fühlte nun recht den Unterschied in Bezug auf die Studien, ob der Schüler bloß treulich zuhört und repetirt oder ob er, durch Selbststudium und literarische Hülfsmittel schon vorbereitet, zu dem in den Lesestunden behandelten Stoffe kommt. Welch anderer Nutzen und welch andere Freude im letzteren Falle!

Aber weit wichtiger für mich war die Anstellung von zwei anderen Lehrern, den Brüdern J. B. und Friedrich von Tscharner.[121] Sie waren aus einer der reichsten Churer Familien, beide geistreich und unter ihren Altersgenossen wohl weitaus die gebildetsten und kenntnißreichsten. Ihr Berufsstudium war das Rechtsfach und der alte Bürgermeister von Tscharner[122], ihr Vater, eines der Häupter der französischen Partei in Bünden gewesen, die aber jetzt noch so in Verruf war, daß die Kinder die wirklichen oder angedichteten Sünden und Thaten der Väter in politischer Beziehung zu entgelten hatten. So wurden die jungen Männer nur zu philanthropischen Zwecken zugelassen oder zu Geschäften, die so schwierig waren, daß andere sie nicht leicht erledigen konnten. Als einst auf einer Zunft der Vorschlag gemacht wurde, Herrn J. B. von Tscharner zum Zunftmeister zu erwählen, ließ sich eine Stimme laut vernehmen: «Kein Tscharner mehr obenan!» So sahen sich diese angesehenen und unabhängigen Männer wegen schnöder Befangenheit ihrer Mitbürger von der politischen Wirksamkeit ausgeschlossen; aber in ihrem Innern gedrungen, ihre Kräfte dem Vaterlande zu widmen, entschlossen sie sich provisorisch eine pädagogische Laufbahn zu betreten und jeder zwei bis drei Stunden täglich Unterricht in der Kantonsschule zu übernehmen.

Bei Herrn Baptista [von Tscharner] hatte ich mit nur wenig Classengenossen: Killias, Sandri, von Albertini und Christ[123], mathematischen Unterricht (Algebra, Stereometrie und Trigonometrie) während dreier Semester. Ich erinnere mich immer noch der großen Freude, die ich empfunden, als ich die erste Aufgabe in ungenannten Zahlen ganz allein zu lösen vermocht hatte. Ich fand das doch gar zu schön und von da an großes Vergnügen daran. Gerade diese Specialität hat mir die Richtigkeit der Behauptung recht anschaulich gemacht, daß sich die Menschen zuweilen vor dem Denken ordentlich scheuen. Denn in der That war es nur Scheu vor dem Denken, wenn ich früher die Lösung solcher Aufgaben nur etwa bis zur Hälfte oder drei Viertel brachte und dann, wie einer, der auf schwankendem Brette von Furcht oder Schwindel befallen wird und zurückkehrt, wirklich nur den Muth nicht hatte, sie zu Ende zu bringen. Aber auch von anderer Seite habe ich daran einen pädagogischen

Fingerzeig gewonnen – ich meine, wie schwer es im Allgemeinen dem jugendlichen Geiste wird, zu klaren, festen *abstrakten Begriffen* emporzusteigen, welche Uebung darin nöthig ist, um es zu einiger Geläufigkeit zu bringen, und wie oft junge und wohl auch ältere Pädagogen ungerecht gegen ihre Zöglinge werden, indem sie diese Wahrheit zu wenig in's Auge fassen und ihr nicht Rechnung tragen.

Unendlich mehr verdanke ich aber meinem anderen neuen Lehrer, dem Herrn Fr. von Tscharner, bei welchem ich deutschen Unterricht erhielt, und zwar einen solchen, daß ich mir auch dermalen noch keinen anziehenderen, fruchtbareren und vollkommeneren denken kann, geschweige denn, daß ich einen ähnlichen in den mir seither bekannten Schulen irgendwo gesehen hätte. Mit seiner natürlichen Lebhaftigkeit vereinigte dieser Mann sehr ausgebreitete Kenntnisse in der Literatur, kein weichliches, sondern ein mit Ernst gepaartes Wohlwollen gegen seine Schüler, ein gewissenhaftes Streben, ihre Fortschritte zu fördern, und die unermüdlichste Thätigkeit und Ausdauer, diesen Zweck auf die sicherste und nachhaltigste Weise zu erreichen.

Wir hatten bei ihm nur deutsche Stunde, was alles hat er aber nicht in diese zur Belehrung, Beßrung, zu mündlichen und schriftlichen Uebungen, zur Weckung und Belebung aller moralischen, religiösen, ästhetischen Kräfte hinein zu bringen gewußt! Wenn ich früher gern gelernt hatte und fleißig gewesen war, so lernte ich jetzt mit Begierde und inniger Lust. Der Treufleiß verwandelte sich unter seiner Leitung in flammende Liebe für's Studium. Die deutsche Grammatik wurde eine philosophische Sprachlehre, eine practische Logik und die schöne Vermählung derselben mit der Rhetorik wurde an schlagenden Beispielen nachgewiesen. Seine Correkturen in den schriftlichen Aufsätzen waren einleuchtend und dadurch in hohem Grade belehrend. Was nicht klar gemacht werden konnte, wurde lieber gar nicht corrigirt, überall aber viel auf logische Folgerichtigkeit und Deutlichkeit in der Darstellung gehalten, auf Präcision in den Begriffen und ihrer Bezeichnung, mit Nachweisung des Unterschiedes, ob für den engeren, bestimmteren nur der allgemeine, oder für den allgemeinen ein zu specieller Ausdruck gebraucht worden sei, wie auf rhätorischen Wohlklang in der Stellung bloß einzelner Wörter und in der Abrundung des ganzen Periodentumes. Wie oft habe ich mich gefreut, ein dunkles Gefühl durch seine Erklärung zur klaren Anschauung erhoben und etwas, das ich als nicht recht passend empfunden, durch die bloße Umstellung eines Wortes oder einzelner Wörter in schöne Consonanz aufgelöst zu sehen. Alles dieses wurde aber noch bei'm Lesen der Classiker nachgewiesen und namentlich an Engels[124] Rede am Geburtstag Friedrichs des Großen, die uns als Muster des Styles, logischer Ordnung und rhätorischer Trefflichkeit in ihrer Vermählung vorgehalten wurde. An der Analyse, die wir zuerst anzufertigen versuchen mußten und die uns Herr von Tscharner dann von den递pttheilen bis zu den untersten Entgegensetzungen selbst gab, und durch die Bruchstücke, die wir daraus declamirten, ist mir wenigstens das Beste anschaulich geworden, was ich über Präcision des Styles und dem Logischen und Rhätorischen in demselben von Lehrern gehört und vernommen habe. Ueberhaupt, dieser Unterricht war so, daß er überall auf's Leben hinwies, den Gegensatz und das Uebereinstimmende von Sache und Wort, von Geist und Sprache in allen ihren Nüancen zum Bewußtsein brachte. Damit war, ich möchte fast sagen, das *erste entscheidende Princip* gegeben, das ich durch die Schule erkannt zu haben mir bewußt bin und das in pädagogischer Beziehung so unschätzbar, ja unerläßlich ist und sich in allen meinen späteren Bestrebungen auch immer so wohlthätig und wirksam bewährt hat. Herr von Tscharner ließ sich aber auch, wie schon gesagt, keine Mühe verdrießen. Ich besitze noch von ihm aus jener Zeit eine grammatische Abhandlung – Eintheilung und Begriff der einzelnen Redetheile, eine andere über die Interpunction und eine Tabelle über die deutschen Declinationen, für die er, um sie recht vollständig zu machen und alle Ausnahmen anzuführen, das Aufschlagen aller Substantiva in Adelung's[125] und Campe's[126] Wörterbuch nicht gescheut hatte. Alles, was er für wichtig hielt, arbeitete er zuerst für sich aus, und ich bedauere nur, über Logik und Rhätorik keine Skizze von ihm bekommen zu haben.

Außer den Schulstunden widmete er aber auch jeden Samstag seinen älteren Schülern ein paar Abendstunden. Auch von diesen sind mir die angenehmsten, dankbarsten Erinnerungen geblieben. In ihnen wurden nur deutsche Dichter gelesen und erklärt. Hier erst wurde ich mit dem mir seither so theuer gewordenen Hebel bekannt sowie mit Voß, Goethe u.a.m. Hier war es besonders darauf abgesehen, den Geschmack und das ästhetische Gefühl der jungen Leute zu bilden, und auch in dieser Beziehung hatten wir ihm gewiß das meiste aus unserer Schulzeit zu verdanken. Wir lasen einmal Schillers «Ideale». Die schöne Stelle:

Doch ach! schon auf des Weges Mitte
Verloren die Begleiter sich,
Sie wandten treulos ihre Schritte,
Und einer nach dem andern wich.
Leichtfüßig war das Glück entflogen,
Des Wissens Durst blieb ungestillt,

Des Zweifels finstre Wetter zogen
Sich um der Wahrheit Sonnenbild.

Ich sah des Ruhmes heil'ge Kränze
Auf der gemeinen Stirn entweiht.
Ach, allzuschnell, nach kurzem Lenze,
Entfloh die schöne Liebeszeit!
Und immer stiller ward's und immer
Verlaß'ner auf dem rauhen Steg;
Kaum warf noch einen bleichen Schimmer
Die Hoffnung auf den finstern Weg.[127]

«Herr von Tscharner, das verstehe ich nicht», sagte ich zu ihm. «Kommen Sie nach zehn Jahren zu mir, mein Freund, und wenn Sie es noch nicht verstehen, will ich es Ihnen erklären», war seine Antwort. Ich habe seine Erklärung nicht nöthig gehabt, mich aber oft und mit Achtung seiner Antwort erinnert.

Doch nicht nur als Lehrer mußte ich Herrn von Tscharner hochachten und lieben, er wurde auch in anderen wichtigen Angelegenheiten des Lebens mein Wohlthäter und Freund. Meinen Eltern fiel es immer schwerer, mich in Chur zu erhalten: sie hätten mich schon im Capitel [ordinirt] zu sehen gewünscht, und ich hatte die theologischen Studien kaum angefangen, fühlte nur zu wohl, daß ich für's Examen noch zu unreif, überhaupt noch zu weit zurück und längerer Studien bedürftig war. Da war es Herr von Tscharner, der sich erbot, mir zu diesem Zwecke Vorschüsse zu machen und mich dadurch von schweren Sorgen großmüthig befreite.

Meine Classengenossen gingen auf die Universität. Ich hätte es auch thun können, allein die Besorgniß, eine Schuldenlast anzuhäufen, die meine Eltern dann, wenn ich sterben sollte, zu bezahlen hätten, hielt mich zurück. Ich nahm also lieber den Vorschlag des Herrn Benedict[128] an, der mir sein geliebtes Bern empfahl, wo ich neben meinen theologischen Studien leicht würde Privatunterricht ertheilen oder eine Präceptorstelle erhalten können, wodurch dann die Studienkosten erleichtert würden. In dieser Hoffnung entschloß ich mich also für die Academie von Bern. Herr von Tscharner versah mich mit dem nöthigen Gelde, Herr Benedict mit Empfehlungen an Herrn L'Orsa[129] und Conrektor Niehans, die mir mit Rath und Hülfe an die Hand gehen sollten, und so reiste ich im Mai 1811 in Gesellschaft jenes Lieutenants Bundi von Ilanz, wegen dessen Recrutentransport ich Anno 1806 so bittere Verdrüßlichkeiten in der Kantonsschule gehabt hatte und der jetzt zur Armee nach Namur über Bern ging, nach letzterem Orte ab.

Abschied von Chur

Chur und seine Einwohner waren mir im Verlauf dieser fünf Jahre sehr lieb geworden. Ich ließ dort viele liebe Freunde und auch Freundinnen zurück. Denn in der Schule lebten wir noch in großer Einfachheit und fern von der strengen Schulzucht, die später unter Herrn Director Hold's[130] Regiment eingeführt wurde. Wir hatten u.a. eine kleine gemischte Gesellschaft und in dieser manches liebe und hübsche Mädchen, z. B. die schöne und gute Apollonia von Jenatsch[131], die leider allzufrüh an der Auszehrung starb. Dutti von Raschèr[132], Denzi von Bavier[133] u. a., mit denen wir zuweilen zusammen kamen und nicht selten tanzten. So im Schlosse zu Haldenstein und im Abisischen Hause unter Masans. Ich gehörte freilich nicht zu den Honoratioren der Gesellschaft, war nicht zahlendes Mitglied, unterhielt mich aber dennoch gut und kann sagen, daß diese Zerstreuungen mir nicht geschadet, sondern mich nur zu um so angestrengterem Fleiße hinterdrein angespornt haben.

Eine andere Gesellschaft, die wir auch einige Zeit hatten, war mehr literarisch. In dieser war unter andern J. B. von Bavier[134] und L. Christ[135], dessen gesuchtes, nicht offenes Wesen, ungeachtet er durch Geist hervorragte und sehr schöne Aufsätze lieferte, mir besonders in diesen Versammlungen auffiel.

Auch von allen meinen Lehrern schied ich mit Dankbarkeit und Wohlwollen und habe sie immer in freundlichem Andenken behalten. Irre ich mich nicht, so war das Verhältnis zwischen Lehrern und Schülern damals weit traulicher und das Leben durch schlichte Einfachheit anziehender und schöner, als es später wurde. Doch vielleicht sehen wir es auch später mit anderen Augen an als in der Jugend, und das Urtheil wird dadurch unsicher. Das aber kann ich wohl behaupten, daß die dankbare Anhänglichkeit an alte Lehrer, wie ich sie für die meinigen empfunden, in späterer Zeit gewiß seltener geworden ist, und dieß spreche ich nicht allein aus eigener, sondern auch aus der Erfahrung anderer Lehrer aus.

VI. Aufenthalt in Bern, vom Mai 1811 bis October 1813

Meine Reise von Chur nach Bern unter dem Schutze des Herrn Bundi wurde mir sehr angenehm durch das viele Neue, das sich mir darbot, denn über Bünden's Grenze war ich noch nicht gekommen. Von Chur ging die Post zwölf Uhr ab und erst am dritten Tage um zehn oder eilf Uhr kam sie in Zürich an. Aber auch gar viel anderes war damals in jenen Gegenden nicht wie jetzt. In Wallenstadt sah man viele bleiche fieberhafte Gesichter, der See kam bis zum Städtchen heran, viele Häuser standen mitten im Wasser, was mir auch bei Wesen auffiel, wo an einem einsam stehenden Hause links vom Orte das Wasser bis zu den Fenstern des ersten Stockes reichte. Der Linthcanal wurde erst im folgenden Herbst benutzt und war noch nicht vollendet. Ebenso wenig glich die Stadt Zürich mit ihren Stadtgräben und Ringmauern der jetzigen. – Am wunderlichsten war es mir auf dem Wallenstadter See gleich nach der Einschiffung zu Muthe, denn ich hätte schwören mögen, daß das Schiff still stehe, und daß Häuser, Städte, Wiesen u.s.w. davon liefen. Uebrigens fiel mir von allen Ortschaften am meisten Rapperswyl, wegen der Thürme des Schlosses Lenzburg auf, und unter den Menschen eine hübsche Kellnerin zu Emfelden[136] in Bernertracht, einer Kleidung, die mir auch später als die geeignetste erschienen ist, die Schönheit eines Weibes am reitzendsten hervorzuheben. – Der Eindruck von Bern im Glanze der untergehenden Sonne und nach dem langen Zuge durch die Kastanienallee war wahrhaft ergreifend.

Dort studirte damals auch mein ehemaliger Schulgenosse Truog, den ich gleich am folgenden Tage aufsuchte. Statt mich an Herrn L'Orsa zu wenden, der mir nachher immer so viel Freundliches erwiesen hat, ließ ich mich von ihm bestimmen, mein Logis in der gleichen Familie zu nehmen, bei der er sich aufhielt, bei einem Schlosser Rohr in der Spittelgasse. Ich bekam zwar ein recht ordentliches Zimmer, die Leute waren gut, der Tisch befriedigend, der Meister ein halber Gelehrter und Witzbold, der öfter mit trefflichen Einfällen zum Vorschein kam. So sagte er einst von einem unpractischen Professor, den man seiner Gelehrsamkeit wegen gerühmt hatte: «Jo, jo, 's ist e glehrte Ma, aber er hätt kei Verstand.»

In Chur hatte ich durchgängig eine sehr angenehme Tischgesellschaft bei der Frau Rehsteiner gehabt: Herrn Herold[137], später Herrn Professor Gautsch, den originellen Bassus[138], einen entsprungenen Mönch, damals italienischer Lehrer an der Kantonsschule und später Vagabond, mehrere Kantonsschüler und das liebe Bäbeli, die schöne Jungfer Rehsteiner[139].

Um so mehr waren mir [hier in Bern] die schwarzen Gesellen zuwider, die mit aßen, obwohl auch unter ihnen zuweilen recht ordentliche Leute waren. Was ich gleich zu Anfang hätte thun sollen, that ich erst nach mehreren Monaten – ich zog zu Herrn L'Orsa, wo noch drei andere meiner Landsleute zu Tisch waren: Rud. Conrad von Baldenstein[140], Theodor Mohr[141] und M. Wallser von Seewis[142]. Ersterer und letzterer mir auch befreundet von der Kantonsschule her. Wir wohnten im Pfrundhaus an der Nideck; in seinem eigenen Hause aber hatte Herr L'Orsa ein Mädcheninstitut und in diesem auch mehrere Bündnerinnen. Damals M.M. von Baldenstein[143], eine Casparis von Fürstenau, eine L'Orsa von Silvaplana, von Hammer von Chur u.s.w.

Ich trat zunächst in die philologische Abtheilung der Academie ein, und fand da neben meinen Landsleuten mehrere Studenten, zu denen ich mich besonders hielt und die mir liebe Freunde wurden, vorzüglich Gottlieb Studer[144], der spätere Geolog, Baggesen[145], Carl Wyß, Richard[146], jetzt Professor und Prediger in Straßburg, u.a.m.

Die Collegien wollten mir aber im Anfang nicht recht munden. Professor R. Wyß[147] las theologia naturalis [in] Latein, und dieß war schon eine Hemmung. Bei Risold[148] wurde Homer in's Lateinische übersetzt, und es schien mir, daß ich im Horaz auch mehr aus Mitscherlich[149] als vom Lehrer selbst lernen könne. Dieser aber, der Horaz, wurde mir lieb und machte großen Eindruck auf meine Seele. In seinem vollen Werthe erschien er mir aber erst ein Jahr später, als mir Wieland's Uebersetzung[150] seiner Satyren in die Hände fiel.

Auch die Stylübungen bei Professor Jahn[151] hielten die Vergleichung mit denjenigen bei von Tscharner nicht aus, wiewohl mir der Mann im Uebrigen lieb war. Indessen fühlte ich doch den lebendigeren Einfluß des wissenschaftlichen Lebens durch meine Freunde und erhielt von ihnen einen sehr wohlthätigen Anstoß zum ordentlichen Studiren.

Zu Privatstunden wollte sich aber die Gelegenheit immer noch nicht zeigen, was mir ein wenig auf die Seele fiel. Indeß ließen mir Niehans eines Tages sagen, Herr General von Wattenwyl wünsche seinem Sohne[152] einige Privatstunden geben zu lassen und ich solle zu ihm hingehen. Ich eilte, nicht ohne Herzklopfen, zu dem großen Herren, denn mit Generälen hatte ich noch nichts zu thun gehabt, wurde zwar freundlich aufgenommen und erhielt nach einigen Fragen und Antworten den Bescheid, er wolle mir sagen lassen, ob ich kommen solle; aber er ließ mir nichts sagen, und ich vermuthete, der Eindruck meiner Person und Unterhaltung müsse kein großes Vertrauen bei ihm erweckt haben.

Der prächtige Sommer von 1811, die abendlichen Spatziergänge mit meinen Freunden nach den Gärten oder zu einem der Küher in der Nähe von Bern, wo wir gute Milch oder Nidle aus den sauberen hölzernen Näpfen zu genießen pflegten, die späten Abendstunden, die ich gewöhnlich allein auf der kleinen Schanze in Betrachtung des herrlichen Cometen und der erhabenen Schweitzeralpen zubrachte, die angenehme Unterhaltung an Sonn- und Festtagen im Hause L'Orsa und die Studien, denen ich von vier Uhr morgens an bis spät mit Emsigkeit oblag, ließen mich die finanziellen Sorgen ziemlich vergessen, zumal Herr von Tscharner und nun auch mein Churer Freund, Hartmann Bavier[153], der jetzt bei einem Kaufmann in Basel war, mich mit dem Nöthigen versorgten. Bavier war einer von denen, die früher keine Sympathie für mich gefühlt zu haben bekannten, der mir aber nachher ein lieber Freund geworden war und sich jetzt besonders wohlwollend und gütig gegen mich bewies. Auch seine Briefe waren mir sehr erfreulich wegen der religiösen Veränderung, die in seinem Innern vorgegangen war und die er darin gemüthlich, ja oft sehr erbaulich beschrieb. Im ersten derselben vom 8ten Juni[154] sagt er: «Daß erst durch meine Entfernung von Dir das Herz so recht empfand, was ich an Dir verloren, und wieviel ich Dir verdanke, wollte ich Dir schon früher sagen, mein Theurer. Die Macht der Umstände hielt mich davon ab. Wie sehr mir in Chur, durch meinen Leichtsinn hingerissen, Religion und höhere Pflichten gleichgültig geworden waren, lernte ich erst hier recht einsehen. Wie sehr diese Erkenntniß Deinen Hartmann erschüttern mußte, kannst Du Dir denken. Bei meiner Abreise von Chur war mir über meine bisherige Aufführung unverdienter Weise wahrhaftig geschmeichelt worden. Im Taumel hielt ich es für baare Münze, hielt mich für einen der besten Sterblichen. Aus Freundschaft für meinen Vater wurde ich hier gut aufgenommen, erhielt im Hause meines Principals von allen der einzige einen vortrefflichen Tisch, schönes Logis, sah, daß ich in dem mir angewiesenen Fache das Schuldige leisten konnte. So arbeitete ich Tag und Nacht und war doch nicht zufrieden. Der Ewige wollte mich glücklicher werden und mich noch die Seligkeit des Glaubens empfinden lassen und dazu ließ er mich, ich kann wohl sagen, durch viele Verirrungen gehen, in die Sterbliche verfallen können. Nein, mein Theurer, nicht vieles, ununterbrochenes Arbeiten ohne richtige Erkenntniß des Höchsten kann beglücken. Wir sollen nicht arbeiten, nur um etwas zu verdienen, sondern um zum Segen der Menschheit mitzuwirken. Und gelingt es uns auch nicht, alles Gewünschte zu vollbringen, so bleibt uns doch der Trost, daß der Herr nicht sowohl auf die That, wie auf den Willen sieht... Ich bitte, beschwöre Dich, mir recht oft zu schreiben. Wir wollen uns das Leben durch Freundschaft gegenseitig verschönern. Durch Trennung werden sich Freunde nur theurer, und dann kömmt die selige Stunde des Wiedersehens. Wir wollen uns vom bloß Vergnüglichen nach Kräften losreißen und uns an's Ewige anschließen. Das ist des Menschen Bestimmung, nach wahrer Tugend zu streben.» Er ergeht sich dann begeistert über dieses Thema, empfiehlt Veillodter[155], bei dessen Lectüre er sich immer für die Erfüllung seiner höheren und übrigen Pflichten, wie er sagt, gestärkt fühle.

In einem anderen Briefe sagt er: «Ich muß Dir durchaus das Lesen neuerer religiöser Bücher empfehlen. Ich gestehe Dir offen, daß mich das Lesen der älteren einigermaßen ängstlich gemacht hatte in der Erfüllung meiner Pflichten» u.s.w. In diesem Geist und Sinne schrieb mein junger kaufmännischer Freund und zeigte durch seine Lebenserfahrungen noch in der Blüthe der Jahre, welche Sinnesänderung mit ihm vorgegangen und wie gestärkt und gehoben er sich in dieser Umwandlung fühlte.

Privatunterricht

Im folgenden Herbste ließ mich indeß Herr General von Wattenwyl doch einladen, seinem Sohne, dem einzigen, den er hatte und der wohl schon deßwegen ein etwas flüchtiger Patron sein mochte, täglich ein paar Stunden auf einem nahen Landgute zu geben. Diese Einladung war mir doppelt erfreulich, weil ich nun glauben durfte, daß nicht sowohl meine Persönlichkeit, als andere Familienverhältnisse Schuld gewesen seien, daß früher nichts aus der Sache geworden war. Der Unterricht begann und ging recht gut von Statten. Der Knabe war zwar flüchtig und leicht, aber ein herzguter Junge. Wir gewannen uns in kurzer Zeit gegenseitig sehr lieb und legten später an einander unser Meisterstück ab: ich als Lehrer, er als Schüler.

Doch konnte ich in jenem Herbst die Stunden nicht lange fortsetzen, weil ich einer Frau von Erlach, geborene von Tscharner, zugesagt hatte, auf einige Wochen nach Spiez zu kommen und ihre zwei Kinder, Albert und Henriette, zu unterrichten. Dieß geschah. Die Frau war eine sehr feine, edle Frau, die mir sehr gefiel, deßgleichen ihre Tochter, mit dem Knaben richtete ich dagegen nicht viel aus, und aus der gehofften Anstellung als Präceptor auch den Winter über in Bern wurde nichts.

Nach meiner Rückkehr von Spiez zum Wintercursus bekam ich wieder den Antrag, dem jungen E. von Wattenwyl täglich eine Privatstunde im Lateinischen zu geben. Das gegenseitige Wohlwollen steigerte sich immer mehr und verschönerte nicht wenig meinen Aufenthalt in Bern. Auch Vater und Mutter bewiesen sich sehr freundlich, und ich wurde auf mancherlei Weise von ihnen erfreut.

Der Knabe wollte Militair werden, obgleich er etwas schwächlich war. Gut, sagte der Vater, dann aber sollst Du schon jetzt täglich zwei Stunden auf dem Estrich Schildwache stehen. Das dämpfte seine Militairlust in etwas. Würde ich einmal Fürst, sagte er zuweilen zu mir, dann sollten Sie mein Staatsrath werden.

Vor Ende des Winters, wo ich eigentlich schon gleichsam auf die Präceptorstellen verzichtet hatte, eröffnete mir Herr L'Orsa endlich doch die Aussicht auf eine solche. Herr Hauptmann Fischer[156] von Eichberg hatte seine drei Söhne, von denen die älteren schon eilf bis fünfzehn Jahr alt waren, die öffentlichen Schulen von Bern nicht besuchen lassen. Es kann nicht sowohl Patrizierstolz, als die Ueberzeugung der Grund davon gewesen sein, daß die häusliche Erziehung für sie besser sei. Genug, Herr Fischer ließ mir die Stelle antragen. Ich wurde in's Haus gerufen, damit auch seine Frau mich persönlich kennen lerne, und die Sache war mit guten Erwartungen von beiden Seiten entschieden. Den Sommer brachte die Familie auf ihrem schönen Landgute in der Nähe von Thun zu, den Winter in der Stadt. Während des Sommers sollte ich den Knaben allen Unterricht allein ertheilen, im Winter aber nur drei Stunden täglich geben, um nebenbei meine Vorlesungen besuchen zu können. Tisch und Logis bekam ich im Hause und den Gehalt überließ ich Herrn Fischer. Von da an fühlte sich mein Gemüth sehr erleichtert.

Eichberg. Familie Fischer

Die Reise nach Eichberg machte ich mit meinen Zöglingen, am linken Ufer der Aar hinauf zu Fuße. Es war ein schöner Maitag, und bei so heiterm Gemüthe erschien alles doppelt schön und anziehend. In diesem Elemente faßten wir auch gleich Zutrauen zu einander. Der Eichberg aber mit seinen Alleen, Busquetten, Teichen, Terrassen und dem schönen Schlosse auf weiter Terrasse erfüllte mein Herz mit Hoffnung und Freude; denn auch von der Familie hatte ich einen durchaus günstigen Eindruck bekommen. Herr Fischer war ein sehr schlichter, biederer Mann, der viel las und an dem ich viel Gutes, nie aber etwas Gemeines, Unwürdiges wahrgenommen habe. Seine Gemahlin, geb. von Sinner, gewann sich durch ihren Verstand, ihr Gemüth, ihre Religiösität und Thätigkeit meine Achtung in vollem Maaße. Das eheliche Verhältnis war immer noch zärtlich und um so achtungswerther, als die Frau, wie es scheint, schon damals an einem bedenklichen Uebel kränkelte, was man ihr indeß äußerlich nicht ansah.

Das älteste Kind war eine Tochter, schon erwachsen, aber auffallend kränklich; dann folgten die Knaben: Carl, welcher später in Bern's Umwälzung 1830 viel patrizischen Eifer gezeigt hat; Eduard, ein sehr hübscher, lieber Knabe, und Fritz, der jüngste, der mir, als jüngstes Kind auch am meisten zu schaffen gemacht hat. Er wollte General werden, aber daheim bei der Mama bleiben. Dann lebte der Vater des Herrn Hauptmann, Herr Obrist Fischer[157] noch, ein achtzigjähriger Mann mit schneeweißem Haar, aufrechtem, festem Gang und heiteren, munteren Geistes, eine schöne Seele, die das Alter nur zu höherer Milde und Ehrwürdigkeit verklärt hatte. Ich habe ihn oft still und ehrerbietig angeschaut, und die Vorzüge des Alters wurden mir zuerst an ihm klar und anschaulich, wie später an dem greisen letzten Freiherrn von Haldenstein, dem Herrn Luzius von Salis[158], und an Herrn J. Caspar Zellweger von Trogen[159].

In dieser Familie auf ihrem schönen Landgute nahe bei Thun und in einer so herrlichen Gegend brachte ich jenen Sommer zu. Er war unstreitig einer der schönsten und fruchtbarsten meines Lebens; denn zu allen diesen äußeren Annehmlichkeiten, die ich in einem mir bisher ganz ungewohnten Grade genoß, kam der sehr befriedigende Erfolg, mit welchem meine Zöglinge arbeiteten, das gute Vertrauen, das mir ihre Eltern schenkten, und besonders die günstige Evolution – der Durchbruch im allgemeinen Sinne – der in mir selbst vorging.

Herr Fischer hatte auch eine gute Bibliothek. Hier fand ich Wieland's Uebersetzung von Horaz und las sie mit dem Original, Müller's Schweitzergeschichte, mir noch neu, ferner Rousseaus Werke – Emil und Nouvelle Heloise –, was mich alles so entzückte und hinriß, daß ich noch jetzt kaum bedauern kann, diese klassischen Werke nicht früher gelesen zu haben, wo ich, an Geist unreifer, gewiß weniger Nutzen davon gehabt hätte. Für meinen Unterricht aber studirte ich fleißig La Croix und Le Gendre[160] und erwarb mir die Zufriedenheit des Herrn Fischer besonders durch die Methode in der Stereometrie, die ich von meinem Freunde Tester her hatte: nämlich die Körper durch Fäden innerhalb eines auf drei Seiten mit Eisendrath gegitterten Kistchens darzustellen und die Probleme mit den nöthigen Beweisen zu führen.

Im August ließ mich dann Herr Fischer eine Reise mit meinen Zöglingen auf den Rigi durch die kleinen Cantone und bis Zürich machen, wo ich wieder viel Schönes sah und genoß. Auf der Rückreise kamen wir über Luzern und durch das Entlebuch nach Langnau, wo wir einen Tag bei'm Oheim der Knaben zubrachten, der dort Landvogt war.

Reichen Genuß gewährte mir jetzt auch der Briefwechsel mit meinen Freunden. Von Bünden aus enthielten die Briefe des Herrn A. Liver[161], nachherigen Landrichters, besonders die Tagesneuigkeiten, auf anziehende Weise mitgetheilt, dann die der Freunde aus Bern, Baggesen und Studer; am meisten aber erfreuten mich die des Herrn Fr. von Tscharner aus Chur, welcher bei allen seinen vielfältigen Geschäften doch einen ziemlichen Briefwechsel mit seinen früheren Schülern unterhielt. Ein Brief von ihm war für mich jedesmal ein Fest, dessen Nachklänge viele Tage andauerten. Mehrere Auszüge aus diesen Briefen an mich sind in Joh. Fr. Tscharner's Leben und Wirken von Vincenz v. Planta 1848 abgedruckt (Seite 181 und folgende). Bruchstücke daraus, wenn ich sie einschalten wollte, würden ohne Zweifel die schönsten Blumen in dieser Beschreibung sein, da sie aber gedruckt sind und von Tscharner's Leben ausführlich in obgenanntem Werke dargestellt worden ist, so unterlasse ich [es], sie anzuführen. Die Sammlung dieser Briefe im Original findet sich im Bande I meiner Correspondenz.[162]

Für den Winter gingen wir wieder nach Bern, ich schon bei'm Beginn des Wintersemesters, die Familie Fischer etwas später. Im Fischer'schen Hause bekam ich ein Zimmer, wohin mir die alte Magd das Frühstück brachte, zu Mittag war ich für die ganze Zeit zu Herrn von Wattenwyl eingeladen, der seinen Sohn auch aus der Schule genommen hatte, um ihn mit Zustimmung des Herrn Fischer den Unterricht mit dessen Söhnen bei mir nehmen zu lassen. Allen diesen Knaben zusammen hatte ich den Winter über täglich um drei Stunden zu geben, die übrigen, z.B. Französisch, bekamen sie von anderen Lehrern, und so konnte ich meine Collegia ganz ungehindert besuchen, zumal ich auch mit der Aufsicht in den Nebenstunden in keiner Weise belästigt war.

In diesem Semester besuchte ich nun die theologischen Vorlesungen. Leider war für diese weder von Seiten der Professoren noch der Studenten viel Anregung zu finden. Der gelehrteste und beliebteste Professor war Herr Hünerwadel[163]. Bei ihm hörte ich Kirchengeschichte, leider in lateinischer Sprache, benützte aber Schröck[164] und arbeitete alles lateinisch aus. Es wird kein köstliches Latein gewesen sein, aber ich schrieb es nach und nach mit ziemlicher Leichtigkeit und bedauere, daß mir diese Hefte, ich weiß nicht wie, abhandengekommen sind. Ferner Dogmatik, diese jedoch deutsch. Wir kamen aber nicht mit der Einleitung zu Ende, ja vielleicht nicht bis zur Hälfte derselben.

Mein bester Freund unter den theologischen Studenten war Schnell von Burgdorf,[165] welcher Oberlehrer im Waisenhaus und später Pfarrer in Ligerz, von allen unstreitig der tüchtigste. Nun begegnete uns beiden aber in diesen Vorlesungen etwas sehr Fatales: Herr Hünerwadel aus der Flatt'schen Schule[166] war, wenn auch nicht übertrieben, so doch gut orthodox und zwar aus festem Glauben. Dahin hätte er auch seine Zuhörer leiten mögen, und zu dem Ende führte er bei jedem Dogma die Anfechtungen an, die dasselbe von den alten Ketzern und Neologen neuerer Zeit erlitten hatte, und zwar meistens mit deren eigenen Worten und in aller Schärfe. Worauf dann seine Widerlegung folgte. Diese Verfahrungsweise verfehlte aber bei aller großen Achtung, die man für den Lehrer haben mußte, der kein Bedenken trug, sie zu befolgen, wenigstens bei mir und meinem Freunde schnell ihren Zweck ganz und gar, denn uns leuchteten die Einwürfe weit besser ein als seine Widerlegung. Ja, es wollte uns bedünken, es würde damit ziemlich wie im Prokrustesbette[167] verfahren, zurecht gemacht und je nach Bedürfnis gestreckt oder verkürzt. Mit großer Lust zur Theologie oder eigentlich zum *Pfarrer werden* hatte ich meine Studien angefangen, den alten festen Glauben in Flerden und Chur bewahrt und unversehrt auch nach Bern gebracht. Jetzt erst begann für mich die Periode der Zweifel, die sich in meinem Gemüthe fest ansetzten und mich wirklich sehr beunruhigten. Ich sah klar ein, daß mir bei solchen Ansichten keine andere Wahl gelassen sei, als entweder ein Heuchler zu werden oder auf's Predigtamt zu verzichten. Mit schwerem Herzen und zum großen Herzeleid meiner Eltern entschied ich mich für letzteres. Denn die Religion, wie sie mir jetzt erschien, in Bünden zu predigen und zu lehren, wäre nicht angegangen, und etwas zu lehren und zu predigen, was ich nicht selbst als wahr fühlte, konnte ich auch nicht über mich gewinnen, und so schied ich von der Theologie, um mich dem Erziehungsfache zuzuwenden.

Es ist auffallend und erfreulich, wie hierin der Kleine in seinem Innern so merkwürdig mit einem Großen zusammentrifft. Nach Channing Bd.I, Seite 105 sagt Milton: «War ich ja doch, nach der Absicht meiner Eltern und Freunde und nach meinem eigenen Entschluß, schon als Kind zum Dienste der Kirche bestimmt, dem ich mich auch gewidmet hätte, wenn ich nicht, zu einiger Reife der Jahre gelangt, bemerkt hätte, welche Tirannei sich der Kirche bemächtiget, und wie der, welcher zum Geistlichen ordinirt werden wollte, sich zum Sclaven verschreiben und einen Eid leisten mußte, den er, wenn sein Gewissen nicht sehr weit war, nicht leisten konnte, ohne geradezu einen Meineid zu begehen oder seinen Glauben zu vernichten, weshalb ich es für gerathner hielt, ein makelloses

Schweigen dem heiligen Amte des Redens vorzuziehen, das mit Knechtschaft und Meineid erkauft und begonnen werden sollte.»[168]

Im übrigen verstrich mir der Winter sehr angenehm: ich studirte mit Lust und glaubte mit Erfolg zu lehren, genoß im Fischer'schen und von Wattenwyl'schen Hause viel Güte, in einem wissenschaftlichen Vereine mit Baggesen, S. und B. Studer, den Brüdern Wyß, Müller, Mohr und Richard bildende Unterhaltung und bei Herrn L'Orsa im Umgang mit den Mädchen manches gesellige Vergnügen. Die Tischgänger des Herrn L'Orsa logirten zwar in einem anderen Hause, speisten aber mit den Mädchen im Institute und kamen in vielfache Berührung mit ihnen. Außer den schon früher angeführten Bündnerinnen war da eine Bonorand, Bolny und Vulpius aus Pforzheim, zwei Rossat von Grandson, zwei Steiner von Winterthur u.a.m. In der schönen Jahreszeit war mir gestattet, mit ihnen zu spatzieren, und im Winter wurde nach dem Thon Clavier gespielt, gesungen, vorgelesen, gesellige Spiele gespielt, und wenn Herr L'Orsa weg war, wohl auch zuweilen getanzt. Das war eine Begünstigung von Frau L'Orsa, einer sehr verständigen und äußerst achtungswerthen Dame, und ihrer Schwester, der Jungfer Kühn, die den jungen Leuten zur Belustigung gern die Hand bot.

Daß bei solchem Umgange sich auch nähere Bekanntschaften, ja selbst halbe und ganze Liebschaften entwickelten, war nicht zu verwundern. Wenigstens hatte wohl jeder eines, zu dem er sich besonders hingezogen fühlte. Meinerseits habe ich von diesem Umgang nur wohlthätige Folgen verspürt, und oft denke ich noch an Bürgers Carl von Eichenhorst[169] zurück – die Entführung – wie schön Jungfer Bolny sie spielte und die Steiner sie sang. Ich blieb nur bei der allgemeinen Liebe, und erst im folgenden Herbste, als ich kurz vor meinem Abgange auf der Plateform spatzirte und da unter den Mädchen des Institutes auch einer kürzlich angekommenen Bündnerin begegnete, empfing ich von ihren schönen Augen und der liebenswürdigen Lebendigkeit ihres ganzen Wesens einen Eindruck, wie ich ihn noch nie empfunden hatte. Er hat mir das Bild des italienischen Dichters Petrarca[170] später klargemacht, wenn er sagt: «Ferirmi di saetta in quello stato.» Dieser Eindruck, der mir von Frl. Sophie von Baldenstein, die eben von Bünden angekommen war, kam, ist mir bis zur Stunde lebendig geblieben. Ich sah sie in Bern nicht wieder, in Bünden wurde sie mir aber später eine sehr liebe Freundin.

Von der Gesinnung der Eltern meiner Zöglinge gegen mich erhielt ich zu Neujahr die erfreulichsten Beweise. In der Frühe schon brachten mir die Knaben mit ihrem Glückwunsche eine schöne Brieftasche, die ich vierzig Jahre im guten Andenken an sie aufbewahrt und dann erst einem meiner Neffen geschenkt habe. Nach dem Frühstück waren die Kinder unruhig und begierig zu sehen, was das Christkind gebracht habe. Herr Fischer lud mich ein mitzukommen. In der Putzstube war alles schön von Frau Fischer geordnet; die Geschenke mit weißen Tüchern verhüllt, auf denen sich der Name desjenigen befand, für den sie bestimmt waren. Für mich hatte ich nichts weiteres erwartet; wie erstaunte ich daher, auf einem dieser Tücher auch meinen Namen zu erblicken und darunter eine schöne Weste von Frau Fischer und siebenzig Ellen Leinwand von Herrn Obrist, wobei Herr Hauptmann bemerkte, ich möchte sie nur machen lassen und ihm die Rechnung geben, die er zu berichtigen übernehme. So großartig und auf eine so überraschende Weise war ich noch nie beschenkt worden, und mein Dank und meine Freude waren wirklich sehr innig. Abends brachte E. von Wattenwyl noch ein Halstuch, das seine Mama eigenhändig gesäumt hatte, und die Fischer eine seidene Weste von der Großmama Sinner, einer lieben Frau, die mir auch sonst viel Freundliches erwiesen hatte.

So angenehm gestalteten sich meine Verhältnisse in Bern und mit innigem Danke habe ich immer an sie zurückgedacht. Was man in Geschichten so oft wahrnimmt, das traff hier auch bei mir ein. Wenn es uns zuweilen nicht nach Wunsche geht, und wir von der Vorsehung halb vergessen scheinen, so macht sie es dann, gerade wo wir es am wenigsten erwarten, oft auf großartige Weise alles auf einmal wieder gut und gewährt mehr, als wir je erwarten und hoffen durften. Das geschah in meinem Lebensgange hier zum zweitenmale und ist auch später auf noch überraschendere Weise eingetreten.

Als Jahresgehalt bestimmte mir Herr Fischer fast das doppelte, was in Bern gewöhnlich einem Studenten bezahlt wurde, nämlich 25 Louis d'or und überließ mir überdieß, was Herr von Wattenwyl für seinen Sohn beitragen wolle, der dann 12 Louis d'or gab.

Nicht das Geld, sondern die ökonomische Unabhängigkeit, in welche ich auf diese Weise trat, und die Möglichkeit, jetzt schon einen Theil meiner Schulden bei Herrn von Tscharner abzuzahlen, verschönerte meine Lage.

Reise nach dem Heinzenberge

Im Mai gestattete mir Herr von Fischer noch, einen Besuch zu Hause zu machen. Ich machte die Reise zu Fuß über Burgdorf, Luzern, Küßnacht, Immensee, Steinen, den Etzel nach Wesen und Chur meist allein, und doch war diese Reise eine meiner angenehmsten. Mein Gefühl im Genusse der herrlichen Natur in ihrem schönsten Frühlingsschmucke wurde noch erhöht durch die beseligenden Gefühle, welche die innere Erhebung des strebenden Jünglings begleiten, der daneben durch äußere Trübsale zu einer heitern Unabhängigkeit hindurch gedrungen ist.

Meine Reisemethode war immer: Abends bei Zeiten das Nachtquartier zu beziehen und schon am Abend die Zeche zu bezahlen, dann am Morgen bei Tagesanbruch aufzubrechen und erst nach zwei bis drei Stunden zu frühstücken. Man ißt dann mit ganz anderem Appetit und kann gestärkt leicht wieder drei, vier Stunden bis Mittag reisen, dann ein paar Stunden ausruhen und die Reise wieder mit erneuter Kraft fortsetzen und auf diese Weise mit geringer Mühe bedeutende Strecken zurücklegen.

Das Studium von Joh. Müller und das Collegium, das ich bei Professor Samuel Schnell[171] über Schweitzergeschichte gehört hatte, machten mir jetzt die Schweitz und viele Ortschaften, durch die ich kam, zu etwas ganz anderem, als sie mir früher gewesen waren. An sich schon classisch und durch die Gesellschaft um so anziehender war mir die Strecke von Luzern nach Küßnacht zu Wasser und von dort bis Immensee zu Land. Auf dem Schiffe befand sich auch ein Capuziner. Er war gesprächig und jovial in seiner Unterhaltung und wurde mir dadurch sehr lieb. Einer fragte, wie weit es von Luzern nach Küßnacht sei. Drei Stunden, antwortete er, aber alles eben. Im Schiffe war auch ein junges Frauenzimmer von Solothurn mit einer kleinen etwa zehnjährigen Schwester. Sie zeigte die an Frauenzimmern so schätzbare und einnehmende Milde und Gemüthlichkeit und eine solche mütterliche Sorgfalt und Zärtlichkeit für das Schwesterchen, daß ich sie schon deshalb hoch schätzen und wirklich liebgewinnen mußte. In Küßnacht stieg man an's Land, und jeder schlug seinen Weg da oder dorthin ein. Ich traff nach einer kurzen Strecke mit meiner verehrten Solothurnerin wieder zusammen, mußte bei Tell's Capelle der kleinen Schwester die Geschichte Tell's erzählen, und so kamen wir in der angenehmsten Unterhaltung nur zu früh in Immensee an. Von da ging sie nach Zug, ich nach Arth, und die Zeit vor der Abreise brachten wir gemeinsam im Wirthshaus zu. Nie hat mich die Trennung von einer Bekanntschaft, die ich in so kurzer Zeit gemacht hatte, so wehmüthig gestimmt, und es war wirklich nur der Tribut, den ich hierbei einer schönen Weiblichkeit zollte. Im Schiffe nach Arth fand sich zu meinem Troste der joviale Capuziner wieder. Wovon das Herz voll ist, geht der Mund über, und ich mag wohl etwas zu begeistert von der schönen Solothurnerin gesprochen haben, so daß er mich im gewöhnlichen Sinne für verliebt halten konnte. Er kannte das Mädchen und ihre Familienverhältnisse, schilderte mir dieselben umständlich und schloß damit: «Die ist eben für keinen Protestanten, es wäre denn, daß er zurückkehrte.» Dann ging er gleich auf's Religiöse über, indem er sagte: «Es thut einem recht weh, wenn man einen jungen Menschen, dem man wohl ansieht, daß er gutmüthig ist, so schrecklich hinter's Licht geführt sieht.» Hierauf ging er in einzelne Specialitäten ein, und einige Weiber, die mit im Schiffe waren, sagten bei jeder seiner Behauptungen: «Ja, das ist wahr.» Er habe, fuhr er freundlich fort, zu Hause ein Buch von einem Protestanten, der übergetreten sei und hundert Gründe angebe warum, und wer dieses Buch lese, müsse nothwendig ganz verstockt sein oder katholisch werden. Ich hielt mich bei meinen Antworten sehr bei'm Allgemeinen. Er wurde jetzt ernst, zog sein Breviarium heraus und sagte, er wolle nun beten. Auch die Weiber sagten ihren Rosenkranz her, und ringsherum erschallten allmälig die Vesperglöcklein, die für mich die Sinne der Wehmuth sehr erhöheten. Aus meinem Himmel war ich tief, tief gefallen und freute mich, endlich in Arth aussteigen zu können, von wo ich dann, obwohl es schon spät war, noch an demselben Abend bis Steinen eilte.

Am folgenden Morgen frühstückte ich zu Rothenfluh[172] bei der angenehmsten Unterhaltung. Der Wirth, ein gar guter, verständiger Bauer, erzählte mir nach seiner Weise von den alten Kriegen und besonders auch von den neuen, die sie, die Schwyzer, gegen die Franzosen geführt und wie sie diesen Respekt eingeflößt hätten und dadurch auch im Anfang mit besonderer Schonung behandelt worden wären. Die schlichte, klare Erzählung und das Hochgefühl, das dem ehrlichen Manne dabei aus allen Zügen hervorleuchtete, ergözte mich unendlich, und ich schied mit herzlichem Handschlag von ihm.

In Ragaz hatte ich ein eigenes Mißgeschick. Aus Bünden war ich noch als fast unbärtig geschieden; nun, männlich geworden, hielt ich besonders ein Großes auf meinen Backenbart, den ich möglichst weit in die Backen hereingezogen hatte. In Ragaz ließ ich mich rasiren, aber, o weh! als ich mich im Spiegel betrachtete, war mein Backenbart beinahe ganz weg. Ich ärgerte mich sehr darüber und habe später über diese Kränkung jugendlicher Eitelkeit oft lachen müssen.

Seltsame Gefühle ergriffen mich, als ich an den Rhein trat, und von weitem die Felswände am Eingang des Prättigäu's erblickte. Ich hätte weinen können vor Freude und innerer Bewegung. Es hat überhaupt etwas eigenthümlich Wohlthuendes und Erhebendes, im Glücke oder mit zufriedenem Herzen das Vaterland wieder zu betreten. Bünden erschien mir dießmal in einem ganz neuen Lichte, ich fühlte mich eigens überall angezogen, hätte Freund und Feind umarmen mögen, und so wurde mir denn auch der Aufenthalt überall äußerst angenehm. Nur meinen armen Eltern wollte es nicht behagen, daß ich nicht Pfarrer würde, so sehr sie sich im Uebrigen über meine Lage freuten.

Auch die Rückreise gewährte mir vielfachen Genuß. Zum erstenmale sah ich das mir seitdem theuer gewordene Appenzell und fand in Folge der Empfehlung meines Freundes A. Liver die freundlichste Aufnahme bei seinem Freunde, Herrn Mayor Rüesch[173], in Speicher. Eine Empfehlung unseres Herren J. U. von Salis-Seewis führte mich bei Herrn Kirchhofer[174] zu Stein am Rhein und bei Professor Georg Müller[175], Bruder unseres Geschichtschreibers, in Schaffhausen ein. Von beiden, besonders aber von Müller's Leutseligkeit und Milde, erhielt ich einen sehr wohlthätigen Eindruck. Ich sah ihn nur noch einmal sieben Jahre später bei meiner Rückkehr von der Universität, und der Eindruck war ganz derselbe, nur gesteigert.

Bern

Bei meiner Rückkehr nach Bern war die Familie schon wieder auf dem Eichberg. Die Geschäfte gingen im Aeußeren wie früher, aber wesentliche Veränderungen traten in diesem Sommer ein. Frau Fischer kränkelte, deßgleichen Eduard, der liebste und hoffnungsvollste meiner Zöglinge. Sein Bruder und er hatten schon das Officierspatent erhalten. Um in der Nähe des Arztes zu sein, kehrte er mit der Mutter wieder nach Bern zurück. Er, der beste und liebste, fehlte also in den Lehrstunden, und das wollte schon viel sagen für einen so engen Kreis. Natürlich herrschte auch eine gewisse Niedergeschlagenheit in der Familie, alles war ruhiger, schweigsamer, düstrer, weil die Hausfrau fehlte und der liebe Sohn. Er starb noch im Laufe des Sommers, zur großen Betrübnis aller, die ihn gekannt hatten. Im Herbste folgte ihm die Mutter, und so waren zwei Hauptpersonen aus der lieben Familie geschieden.

Eine gewisse Mißstimmung mochte auch auf andere Weise herbeigeführt worden sein. Ich hatte nämlich von Herrn Anton Frizzoni in Bergamo den Antrag erhalten, eine Hofmeisterstelle bei seinen drei Söhnen zu übernehmen. Die Lust, Italien zu sehen und die vortheilhaften Bedingungen, die mir in Aussicht gestellt wurden, hatten etwas sehr Lockendes. Ich theilte dieß Herrn Fischer schon im Frühling mit, mit der Bemerkung, daß ich seine Söhne ohne seine Zustimmung dennoch nicht verlassen würde. Er antwortete, er wolle meinem Glücke nicht im Wege sein, war aber und mit Recht doch etwas empfindlich darüber. Ich fühlte selbst mein

Unrecht und habe in der That auch nie recht verschmerzen können, daß ich nicht ohne auch nur ein Wort von jenem Antrage zu sagen, so lange ausgeharrt, wie er es wünschte. Freilich hätten die späteren Ereignisse es ohnehin vereitelt. Denn schon im folgenden Winter rückten die Alliirten in der Schweitz ein, und gerade in Bern erfolgten die größten Umwälzungen. Auch Fritz, der jüngste Sohn, folgte bald seiner Mutter und dem Bruder und nicht lange nachher auch die Tochter. So lichtete der Tod in zwei Jahren eine zahlreiche, hoffnungsvolle Familie, in der auch ich so glücklich gewesen war, durch Hinraffen von vier ihrer Mitglieder.

Die Tochter soll, als sie ihr Ende herannahen sah, ihre beste Freundin, Fräulein Manuel, gebeten haben, doch ihren Vater zu heirathen, damit er und der Großvater die nöthige liebevolle Pflege erhalten möchten. Schöne kindliche Liebe! Es geschah wirklich, und aus dieser Ehe sind wenigstens zwei Knaben hervorgegangen. Der gute alte Herr Obrist starb, wie ich glaube, erst nach drei bis vier Jahren. Leider habe ich von der Familie niemanden wieder gesehen.

Was ich noch von den Annehmlichkeiten in diesem Hause nachzuholen habe, war ein Aufenthalt in Ligerz am Bielersee, wohin Herr Obrist jeden Herbst zur Weinlese auf seine dortigen Besitzungen ging. Wir besuchten ihn in dieser Jahreszeit dort, und hier lernte ich auch die schöne Petersinsel, die durch den Aufenthalt Rousseau's auf ihr berühmt geworden ist, kennen. Eine Fahrt dahin hätte leicht für uns unglücklich werden können. Wir ruderten selbst und waren alle der Sache unkundig. Da brach ein stürmischer Wind aus, der uns einige Zeit herum trieb, doch kamen wir endlich mit dem Schrecken davon.

Auf der Rückreise blieben wir einige Tage in Villars, einem Gute bei Murten, welches der Urgroßmutter meiner Zöglinge gehörte, einer trefflichen, sehr ehrwürdigen Frau von Grafenried. Dort steht eine äußerst große Linde, von der man behauptet, sie sei schon im Murtenerkrieg von Kugeln durchschossen worden.

Einen anderen Ausflug machten wir auf den Niesen. Wir gingen Samstag Abend bis zu den Hütten der Alp, übernachteten daselbst und stiegen morgens vor Tag zur Höhe hinauf. Es war Vollmond, das Thal mit Nebel angefüllt, aus welchem nur die Spitzen der höheren Berge hervorragten. Ein wahrhaft herrlicher Anblick bei Mond- und später bei Sonnenschein. Wer das Meer gesehen hatte, erblickte in diesem Nebel eine auffallende Aehnlichkeit mit demselben und in den Bergen Inseln, die darin emporragten. Auf der Höhe fanden sich fünfundzwanzig Personen zusammen, unter ihnen ein sehr humaner Prinz von Mecklenburg-Schwerin, der sich an dem schönen Anblicke nicht satt sehen konnte. Den

Rigi hatte er noch nicht gesehen, und nur der Weißenstein bei Solothurn, sagte er, biete unter den Schweitzerbergen, die er bisher erstiegen, eine ähnliche Aussicht dar.

VII. Aufenthalt in Lausanne, vom October 1813 bis Januar 1814

Schon im vorhergehenden Frühjahr waren die Unterhandlungen mit Herrn Anton Frizzoni von Cellerina, Kaufmann in Bergamo, wegen der Annahme der Hofmeisterstelle für seine drei Söhne durch Vermittlung des Herrn Rathsherr Stephan Braun[176] und Professor Gautsch dahin gediehen, daß ich dieselbe, sobald mir möglich, übernehmen sollte. Bis zum Herbste wollte ich aber Herrn Fischer, der so gütig gegen mich gewesen war, nicht verlassen, und ein anderes halbes Jahr glaubte ich aus Gewissenhaftigkeit, noch an einem französischen Orte zubringen zu sollen, um mich im Französisch sprechen zu vervollkommenen. Ich konnte nämlich noch gar kein Italienisch und hielt daher für Pflicht, wenigstens das Französische, das ich schon in Chur angefangen und in Bern fortgesetzt hatte, indem ich Privatunterricht darin nahm, ordentlich sprechen zu lernen. Zu diesem Behufe entschloß ich mich auf eigene Kosten nach Lausanne zu gehen und daselbst den Winter mit Privatstudien und namentlich zur Uebung im Französischen zuzubringen. Meiner Aufsicht wurde ein junger Mann aus Chur, Anton von Jenatsch[177], den ich von der Kantonsschule her kannte, durch seine Eltern anvertraut. Er kam zur verabredeten Zeit nach Bern, und von da aus reiste ich dann mit ihm über Murten, Neufchatel und Yverdon nach Lausanne. Auf der Reise erzählte ich ihm von den burgundischen Schlachten und vom Beinhaus in Murten und sagte ihm, daß wir wenigstens die Stelle ansehen sollten, wo es gestanden, denn die Franzosen hatten es 1799 verbrannt. Er war aber nicht aus dem Wirthshause zu bringen und fertigte mich freundlich damit ab, er glaube mir schon. In Grandson blieb ich einen Tag bei Hauptmann Rossat, dessen Töchter mich von Bern aus an ihn empfohlen hatten, und suchte die bedeutendsten Puncte der Schlacht näher kennen zu lernen.

In Yverdon sah ich zum ersten- und zum letztenmale Pestalozzi[178], dessen Bild mir lebendig geblieben ist, ohne daß ich jedoch in besondere geistige Berührung mit ihm oder mit dem übrigen Personal des Institutes gekommen wäre.

Von Lausanne aus machte ich noch mit meinem Reisegefährten einen Ausflug nach Genf. Die Ueberschreitung der Mautlinie und das Unbehagen, in jener Zeit dumpfer Gährung jenseits des schweitzerischen Gebietes zu sein, mochte die Ursache sein, daß der kurze Aufenthalt daselbst so unfruchtbar für mich blieb. Auch hatten wir die Thorheit begangen, diese Reise hin und zurück im Wagen zu machen, wodurch die schönen Ufer des Lemans und die Ortschaften und Gegenden, durch die wir kamen, kein so lebhaftes Bild in meiner Seele zurück gelassen haben, wie sie es sollten. Ueberhaupt haben sich mir die großen Vortheile des Fußreisens in mehr als einer Hinsicht sehr entschieden herausgestellt. Wenn auch müde vom Gehen, genießt man auf Fußreisen doch alles mit größerer Innigkeit; Eßen, Trinken und der Schlaf schmecken weit besser und werden erquickender; Land und Leute lernt man genauer kennen, indem man auf schönen Puncten weilt und sich umsieht und sich mit den Landleuten unterhält und so eine zuverläßigere Kenntniß von ihren Sitten und ihrer Denkweise gewinnt. Wehe dir dagegen, wenn du in einer Kutsche mit gewöhnlicher Gesellschaft zusammentriffst! Es gibt da kein Mittel, dich von sterblicher Langerweile zu retten, und von der Gegend bleibt dir immer nur ein falbes, schwebendes Bild. So ist es mir mit allen Gegenden gegangen, die ich zu Wagen durchfahren habe, während mir diejenigen, die ich zu Fuß bereiste, bis zum Alter ein frisches, lebendiges Bild von sich gelassen haben. Man sieht auch hierin, wie weise und gerecht die Vorsehung ihre Gaben vertheilt und wie großes Unrecht die im Grunde haben, welche sich darüber beklagen, daß sie das behagliche Reisen entbehren und sich dergleichen Genüsse versagen müssen.

Von Genf zurück, nahmen wir unser Logis bei Herrn Chavannes de la Borde[179], in einer sehr liebenswürdigen Familie. Herr Pfarrer Chavannes versah eine kleine Gemeinde in der Nähe von Lausanne, und war ein thätiger, braver, in mancher Hinsicht jovialer Mann. «Pour être mieux servi», sagte er eines Morgens, «j'ai chassé un de mes domestiques.» Frau Chavannes wurde mir schon deßwegen lieb, weil sie mich an Frau Podestätin von Albertini erinnerte, mit der sie einige Aehnlichkeit und wie sie auch das Gehör verloren hatte. Sie war aber auch außerdem eine sehr sanfte, brave Frau, an der ich nichts auszusetzen gefunden hätte. Dann waren da vier Töchter, zwei davon erwachsen, von denen die eine, Louise[180], etwas schief, aber sehr lebhaft und geistreich war. Sie dichtete recht artig, las gut vor und heirathete später einen netten jungen Mann, Candidat Christi[nat]. Die älteste Tochter, Marie[181], war nicht im Hause, sondern bei'm Oncle, Professor Levade[182], von dem sie erzogen und gebildet worden war. Sie übersetzte später englische Tractätchen und lieferte den waadtländischen Mômiers[183] die erste geistliche Nahrung. Der einzige Sohn, Alexander[184], war ein sehr schöner junger Mann, theologischer Student in der Academie, sang recht gut, spielte Guitarre und war einer der beliebten Helden in den Damen- und geselligen Kreisen. Tiefen Ernst verrieth er damals nicht, und sein Vater klagte oft über seinen Leichtsinn und seine Nachlässigkeit in der Erfüllung akademischer Pflichten. Er heirathete später eine fromme Engländerin und wurde eines der Häupter der Mômiers, weßwegen er lange, herbe Verfolgungen zu erdulden hatte. Seine Beschwerde darüber und Rechtfertigung habe ich in den zwanziger Jahren in der Allgemeinen Kirchenzeitung mit großem Interesse gelesen. Er muß wirklich ein ganz anderer und tüchtiger Mann geworden sein: diese Abhandlung verrieth Milde und innige Liebe und Aufopferungsfähigkeit für die christliche Wahrheit.

In dieser achtungswerthen Familie, durch welche wir auch mit anderen ihr verwandten und befreundeten Personen in vielfache Berührung kamen, ließ sich alles gemüthlich an, und ich fühlte mich in ihr sehr glücklich.

Persönliche Besuche in anderen Familien zu machen, sagte Herr Chavannes, sei vorläufig nicht nöthig, aber Visitenkarten müßten wir denen in's Haus schicken, deren Bekanntschaft wir zu machen wünschten. Er selbst bezeichnete die Familien, in die er uns einführen wollte, und die Karten wurden hingesandt. Demzufolge wurden wir dann öfters eingeladen zu Herrn Chavannes-Porta[185], Bruder unseres Herrn Chavannes und ein ehrwürdiger, beliebter Stadtprediger; bei Herrn Chavannes-Renzi[186], dessen junge Frau in Gesellschaften sehr hübsch sang und Clavier spielte; bei Professor Secretan, unserem Nachbar; bei Madame de Vaillères[187], Schwester des Herrn Chavannes, die eine Tochter hatte, welche ich, ohne verliebt zu sein, doch in Gesellschaft am unliebsten vermißte; bei Fräulein Menge, einer schon etwas älteren Dame, die sich durch Schönheit des Gesichtes und der Gestalt nicht auszeichnete, aber durch ihre Sanftmuth, Bildung, Geist und Unterhaltungsgabe sehr liebenswürdig war und in deren Umgang wir mehr lernten als vielleicht in irgend einem anderen. Ich freute mich immer, wenn sie in der Gesellschaft erschien. Auch bei Pfarrer Cortin[188], damals dem beliebtesten Stadtprediger, wurden wir eingeführt, bei Professor Carrard[189] und mehreren anderen.

Der Eindruck von diesen Gesellschaften, besonders im Familienkreise, war für mich höchst wohlthätig und erfreulich. Die Bewirthung war sehr einfach: Thee oder Caffeh mit Zwieback und später, zwischen neun und zehn Uhr, etwa Früchte und etwas Unbedeutendes von Backwerk. Zu diesen Familienzirkeln wurde immer die ganze Familie zusammen eingeladen. Die Kinder spielten in einem Zimmer unter den Augen und zum großen Entzücken der Eltern; die erwachsenen jungen Leute unterhielten sich, eroberten oder suchten doch zu erobern und zu gefallen; die älteren Herren und Damen spielten ihre Partie, und so war jedes für sich à son aise, zugleich aber auch unter dem Einfluß der übrigen Altersclassen der Gesellschaft. Wie ganz anders und wie viel vernünftiger als in Chur, wo sich in Gesellschaft entweder nur Kinder mit Kindern, junge Herren und Damen für sich allein und unter den älteren Personen die Frauen für sich und die Herren auch wieder für sich zusammenfinden. Dadurch entsteht natürlich das Eintönige, Einseitige, Langweilige oder wohl auch Frivole in der Gesellschaft, während durch die obenangegebene Mischung alles anziehender und anregender wird und jede Classe von der anderen lernen kann, sich zügeln muß und zur gegenseitigen Erheiterung und Erhebung in hohem Grade beiträgt.

Die angenehmsten Abende waren für mich die soirées de musique. Sie begannen gewöhnlich mit einem Quartet, dann trugen die Virtuosen auf dem Clavier etwas vor, die Sänger und Sängerinnen gaben ihr Bestes preis, und man endigte mit Tanz. Oft dachte ich dabei an meine liebe Mutter, wenn die sehen sollte, wie vier, fünf Pfarrer Tänze spielten, während ihre Söhne und Töchter danach tanzten und zur Abwechslung auch sie selbst sich zu einem Walzer mit einer ihrer Frauen oder Töchter herbeiließen, was oft der Fall war. Ich stutzte selbst im Anfang darüber, konnte aber bei näherem Nachdenken nichts Unrechtes darin finden. Es war schön, sehr unschuldig, dem Reinen rein und gab nach den dortigen Sitten niemandem Aergerniß.

So feine Gesellschaften hatte ich in der That noch nicht genossen. Ich mußte die Artigkeit bewundern, mit der man sich auf ungenirte Weise begegnete, die Nachsicht, die man uns Fremden bewies, wenn wir Französisch sprachen, stockten oder Verkehrtes sagten, und mit welcher Feinheit man uns ganz indirect (und ohne es uns merken zu lassen) korrigirte. So sagten sie z.B. recht, was wir falsch gesagt hatten, ohne sonst etwas beizufügen, oder wenn wir einen Gedanken nicht zu Tage fördern konnten: «Oui, oui, je vous comprends, Mr., c'est cela, que vous voulez dire», und fügten dann das uns Fehlende hinzu. Wieviel humaner sind darin die Franzosen als die Deutschen, welche gewöhnlich, sobald sie auch nur von fern merken, daß einer nicht mundrecht spricht, gleich mit der eiteln Bemerkung da sind: «Sie sind wohl kein Deutscher?» oder «Sind ein Franzose, Italiener», und die Unterhaltung in einer Sprache beginnen, die sie oft gewiß nicht besser sprechen als jener die ihrige.

Diese Artigkeit und Feinheit im Umgange nahm mich in den ersten Monaten auch so sehr für die Franzosen ein, daß ich sie wirklich als eine

Art reinere, edlere Wesen verehrte und liebte. Erst nach und nach merkte ich, daß es eigentlich doch mehr Form, politesse française war, gleißnerische Oberfläche, in deren Tiefe sich eben so Gemeines wie bei uns Ungeschliffeneren bergen mochte.

In Lausanne nahm ich nun meinen ersten italienischen Unterricht bei einem piemontesischen Flüchtling, welcher sehr begeistert sprach und bald wieder nach Italien zurückkehren zu dürfen hoffte. Dann hörte ich in der Academie bei Professor Carrard über Naturrecht und bei Professor Develey[190], dem berühmten Mathematiker, etwas über Kegelschnitte, beides mehr des Französischen wegen.

Der einzige Student, mit dem ich hier in nähere, wirklich freundschaftliche Berührung kam, war Merles[191] aus Genf, ein sehr artiger, gebildeter und fleißiger junger Mann. Mit Doctor Binder aus Meiningen[192], glaube ich, der bei Chatlenat wohnte, einem sehr gebildeten, bereits älteren Manne, der schon Hofmeister gewesen war, hatte ich den meisten Umgang und habe in seiner Gesellschaft viele angenehme Stunden genossen.

Eine Sache, die mir in Lausanne sehr auffiel, war die Stadtordnung rücksichtlich des Predigens. Die Stadt hatte vier Kirchen und fünf Geistliche. Die gleiche Predigt trug nun jeder Prediger, [je]den Sonntag die Kirche wechselnd, nach und nach in allen vier Kirchen der Stadt vor, so daß er viermal in einem Monat dieselbe Predigt hielt, den fünften Sonntag predigte er dagegen gar nicht, sondern ruhete aus, hatte den dimanche de repos.

Es läßt sich wohl annehmen, daß diese Herren sich auch mit der Seelsorge und anderen Amtsverrichtungen nicht besonders werden angestrengt haben und daß es auch mit hiervon gekommen, daß erst die Mômiers in so großer Angst und später die freie Kirche in solcher Stärke hervortraten, denn jede Abnormität ruft auf die Länge ihren Gegensatz hervor. Die Geistlichen schienen mir zwar sehr orthodox, allein Beredtsamkeit und schöne äußere Form galt doch in der Predigt für dasjenige, wodurch allein Ruhm zu erlangen sei.

Wie schön sich auch im Anfang in Lausanne die Dinge zur Erreichung meines Zweckes anzulassen schienen, so wandte sich doch bald das Blatt auf eine sehr unangenehme Weise. Die alliirte Armee rückte der Schweitz immer näher, die Monarchen waren in Basel, und die große Frage war, ob sie die Neutralität der Schweitz respectiren würden oder nicht. In Lausanne war man darüber in großer, ängstlicher Spannung, in der Stille war man auf Munition bedacht und wurden mancherlei Rüstungen vorgenommen. Einen starken Beweis von dem Hasse gegen Bern gab mir ein alter, achtungswerther Mann, mein Hausherr. Sehen Sie, sagte er eines Tages, ich weiß, daß unter Bern gute Gerechtigkeit gehandhabt worden und sonst manches Gute gewesen ist, ich liebe auch die Schweitz und bin darauf stolz, ein Schweitzer zu sein; würde mir aber keine andere Wahl gelassen, als entweder unter Bern zurückzukehren oder mit Frankreich verbunden zu werden, so würde ich letzteres wählen.

Eines Tages verbreitete sich die Nachricht, daß durch La Harpe's[193] Verwendung bei'm Kaiser von Rußland, die Neutralität der Schweitz anerkannt worden sei. Darüber ein unendlicher Jubel. Alles eilte von Haus zu Haus, Verwandte und Freunde aufzusuchen, die Nachricht mitzutheilen und sich gemeinschaftlich darüber zu freuen. Selbst auf der Straße hielten entfernte Bekannte an, drückten sich mit Lebhaftigkeit die Hände, nähere Freunde, Männer, Frauen, Junge und Alte küßten sich auf's herzlichste, und so kam mancher dazu, Personen einen Kuß zu geben, denen er sich sonst auf solche Weise je nähern zu dürfen nie geahnet hätte. Zwei oder drei Tage später traf aber die Nachricht ein, daß die Oesterreicher schon in Bern eingezogen wären. Welche Enttäuschung, welcher Schlag für die guten Waadländer! Welche Niedergeschlagenheit auf allen Gesichtern! Auf diese Nachricht hin kam ein alter, lustiger Hagestolz, Herr Grazie mit Namen, wenn ich nicht irre, nach la Borde, um von den Frauenzimmern den Kuß zurück zu nehmen, den er ihnen vor wenig Tagen gegeben hatte, da dieser, wie er sagte, doch vergebens gewesen sei.

Jetzt rückte aber das Corps von Buben[194] in Lausanne ein, und die salles de visite, in denen man sonst die schönen Abendgesellschaften gehalten, mußten in manchen Häusern mit Streue bedeckt und in Lagerstätten für das Militair umgewandelt werden. So hörte natürlich alles gesellige Leben auf, und ich entschloß mich, dem Wunsche des Herrn Frizzoni zu entsprechen und jetzt schon, statt erst im folgenden Mai, nach Bergamo abzureisen, obwohl es mitten im Winter war und die Reise wenig Annehmlichkeiten, aber desto mehr Strapatzen und Gefahren in Aussicht stellte.

VIII. Bergamo

Reise nach Bergamo

Am vierzehnten Januar 1814 ging ich von Lausanne ab, wo ich meinen Zweck zwar nicht gehörig, aber doch zum Theil erreicht hatte. Weil auch in Bünden die famöse Revolution vom 4ten Januar ausgebrochen war, schien es mir rathsamer, den Weg über den Gotthardt einzuschlagen. Nicht nur mit dem eigenen, sondern auch mit fremdem Gelde sparsam, machte ich einen großen Theil der Reise mit der Nachtpost, was nicht nöthig gewesen wäre und ich später oft bedauert habe. So von Lausanne nach Freiburg und von Langenthal nach Luzern, wo ich allein in der Kutsche war und so fror, daß meine Füße seitdem immer sehr empfindlich gegen die Kälte geblieben sind. In Was[s]en mußte die Post halten, weil der Weg allzusehr von Lawinen bedroht war. Dort sah ich einen alten Mann, der, wie er uns erzählte, sechs und dreißig Stunden unter einer Lawine zugebracht hatte. Er hatte die Leute über sich deutlich reden gehört, aber nicht vermocht, sich ihnen seiner Seits hörbar zu machen. Beide Beine hatten ihm abgenommen werden müssen.

In Andermatt mußte wieder anderthalb Tage gehalten werden, weil der Gotthardt geschlossen war, und ich hatte da Gelegenheit zu sehen, wie sich die Urserer in der Fastnacht gütlich thaten.

Ueber den Gotthardt war das Wetter sehr schön, und wenn auch die ganze Gegend wegen ihrer weißen Schneedecke in einer Beziehung sehr monoton erscheinen mußte, so hatte diese erhabene Gebirgswelt doch etwas Majestätisches und Ehrfurcht gebietendes. Von Faido nach Bellenz schimpfte der Postillon höchst aufgebracht über die schöne Landstraße, die kurz zuvor fertig geworden war. Ehemals, meinte er, mußte man schon ein guter Kutscher sein, um sich der Gefahr nicht auszusetzen, Hals und Beine zu brechen, jetzt aber könne jeder Esel fahren und verlege sich nun auch darauf, Fremde zu führen.

In Lugano wurde mir das italienische Leben schon ein wenig fühlbar, zumal im Wirthshause; in Como besonders durch das eigenthümliche italienische Glockenläuten, dem alle Würde abgeht, das wie eine wahre tendelnde Spielerei erscheint und mir deßwegen ordentlich Heimweh erregte. Das Eintreten in große, kalte Säle, in den Gasthäusern erst befehlen zu müssen, daß ein Kaminfeuer angezündet werde, an dem man auf der einen Seite halb verbrennt und auf der anderen doch kalt hat, ist auch eine der großen Unannehmlichkeiten einer Winterreise in Italien.

In Mailand kamen wir spät an und reisten am nächsten Morgen früh ab, so daß ich wenig von der in Nebel verhüllten Stadt sah. Ordentliche Gesellschaft fand ich erst von hier nach Bergamo an einem Tessiner, Impiegato in Val Brembana. Ungeachtet meines Radebrechens im Italienischen und des seinigen im Französischen ging die Unterhaltung doch ziemlich von Statten. Am Thore wurde mir verdeutet: «Non faccia parola»; sie werden sagen: «Tutti Bergamaschi», und so traten wir durch

Porta d'Osio glücklich und ungeschoren ein. Im Albergo, wo wir abgestiegen waren, sorgte mein Reisegefährte mit großer Zuvorkommenheit, daß ich zu Herrn Frizzoni geführt wurde, der damals in einem keineswegs großartigen Hause in Costrada St. Orsola, Borgo di Leonardo wohnte.

In der Schreibstube traff ich zuerst die beiden Herren an, die nachher meine besten Freunde wurden: Herrn J. P. Hosang und G. Curò[195], den Neffen des Herrn Frizzoni. Dieser letztere wurde von ihnen herbeigerufen, und nach freundlicher Bewillkommnung führte er mich zu seinen drei Knaben, die in einem Zimmer bei der Tante Nina spielten. Ich befand mich da in einer sehr schiefen Stellung und in dem großen Nachtheile, mich mit meinen Zöglingen noch fast gar nicht unterhalten zu können, weil sie nicht Deutsch konnten und ich nicht Italienisch sprechen konnte, ohne mich zu kompromittiren.

Nach dem Nachtessen wurde ich in mein Zimmer geführt. Es war klein, das Fenster mit einem Laden von Innen verschlossen, das Bett aber nach italienischer Weise groß, hoch und bequem. Ich dankte Gott für seinen gnädigen Schutz auf dieser Reise, erinnerte mich dankbar der Güte, die er mir in den letzten Jahren so reichlich hatte zu Theil werden lassen, bat ihn um seinen Beistand und Segen zu meinem neuen Wirkungskreise, und wie im sichern Hafen nun endlich angekommen, schlief ich heiter ein und genoß der süßesten Ruhe.

Am Morgen früh erwacht, war mein erstes, den Laden zu öffnen; aber, o weh! da war ein großes eisernes Gitter und die Aussicht nach allen Seiten hin nur auf Dächer. Dieser Eindruck ging mir wirklich durch die Seele, und ich konnte mich einer gewissen Wehmuth nicht erwehren. Denn mehr als in jeder anderen Beziehung war ich in dieser Hinsicht damals schon demjenigen entwachsen, was ich in meiner ländlichen Jugend doch gewohnt gewesen war, und ein freundliches Wohnzimmer mir, um heiter und zufrieden zu sein, ordentlich zum Bedürfniß geworden. Unmuthig warf ich mich wieder auf's Bett, kleidete mich nachher aber doch an und eilte hinaus und eine Treppe hinauf zu einer Art von Gallerie. Aber welcher Anblick! Die Stadt Bergamo mit ihren amphitheatralisch sich erhebenden italienischen Häusern und herrlichen Palästen in dem reinsten Sonnenglanze. Ich war darüber entzückt, habe mir diesen Genuß noch oft auf dieselbe Weise bereitet und ihn immer herrlich gefunden. Meine Wehmuth milderte sich, indem ich dachte: «Wenn du doch einen so schönen Anblick in der Nähe deines Zimmers haben kannst, so nimm es nicht schwer, wenn dieses auch an sich nicht heiter und ohne alle Aussicht ist.» Da sich alles Uebrige in meinem neuen Verhältnisse sehr befriedigend gestaltete, so gewöhnte ich mich auch bald an mein Zimmer, und es wurde mir nach und nach sogar lieb, zumal als wir einen Ofen hinein bekamen, der uns vor der mir besonders in Italien empfindlich gewordenen Kälte so freundlich schützte. Später bekam ich dann auch ein anderes und sehr comfortables.

Familie Frizzoni

Meine neuen Hausgenossen waren nun *erstens* Herr Antonio Frizzoni[196], aus einer sehr braven, alten Familie von Cellerina. Er war in früher Jugend nach Bergamo gekommen, zuerst in seines Vaters Caffehladen, später als Schreiber in der Seidenhandlung Orelli, nachmals Steiner u. Comp., angestellt worden. Seine Jugendbildung mochte, nach damaliger Sitte eine sehr beschränkte gewesen sein; dessen ungeachtet sprach und schrieb er drei Sprachen, soweit dieß für einen Kaufmann nöthig war, recht verständlich und gut. Später hatte er eine eigene Handlung errichtet und im ersten Jahre einen sehr schlechten Bilanz gemacht, worauf ihm ein Freund, dem er dieß klagte, antwortete: «Das freut mich, Herr Antonio.» «Wie, das freut Sie?» «Ja, für Anfänger ist das weit besser, als wenn sie gleich viel gewinnen; sie werden dadurch vor Hochmuth und zu gewagten Speculationen bewahrt und lernen eher thätig, sparsam und vorsichtig sein.» Diese Tugenden waren dem Herrn Antonio wirklich eigen geworden. Obgleich jetzt sehr reich, blieb er immer ein bescheidener, anspruchsloser Mann, hatte ein klares Urtheil und war besonnen und verständig in allen seinen Handlungen. Sparsam für sich, war er doch großmüthiger als alle seine Coloniegenossen, die ich dort kennen gelernt habe, wenn es das allgemeine Beste und höhere Zwecke betraff. In seiner Heimathgemeinde Cellerina legte er den ersten Grund zum Schulfond, steuerte auf einen dießfälligen Aufruf hin bei Napoleons Rückkehr von der Insel Elba im Jahre 1815 vierzig Louis d'or zur Bewaffnung unserer vaterländischen Militz und hat es für die Erziehung seiner Söhne an nichts fehlen lassen, wovon er sich überzeugen konnte, daß es für sie gut sei; hat dafür weit mehr gethan, als jeder andere reformirte oder katholische Bergamasker, ja wohl mehr als mancher Fürst auf seine Prinzen verwendet. Das scheint viel gesagt, ist aber nicht zu viel, und den Beweis dafür zu liefern, wird sich später vielleicht Gelegenheit darbieten.

Er hatte sich erst in seinem achtundvierzigsten Jahre mit einer Jungfer Irmel verheirathet, die ein sehr verständiges und braves Frauenzimmer gewesen sein muß. Der Tod entriß sie ihm aber schon nach wenig Jahren, und nie erwähnte er ihrer ohne innige Zärtlichkeit und Liebe.

Zweitens, meine drei Zöglinge, Anton, Johann Leonhard und Friedrich[197], Knaben von sieben bis eilf Jahren, von deren Character und Eigenthümlichkeiten weiter unten die Rede sein wird. Als bezeichnend für die beiden jüngsten bemerke ich nur, daß sie wahre Herzensbrüder waren, nie mit einander zankten und ordentlich wetteiferten, gefällig und zuvorkommend gegen einander zu sein.

Drittens, die Tante der Knaben, Jungfer Nina Irmel, welche treu und nach besten Kräften und mit großer Liebe für ihre Neffen sorgte und die Haushaltung führte.

Viertens, Herr Thomas Frizzoni[198], Bruder des Herrn Antonio, von Geburt an taubstumm, dem aber äußerlich niemand diesen organischen Fehler abgelauscht haben würde. Er war ein großer, schöner Mann mit funkelnden Augen und sehr markirten Gesichtszügen und von bewundernswürdigen geistigen Anlagen. Schon in seiner frühesten Jugend verrieth er eine außerordentliche Beobachtungsgabe, Witz und auffallendes Talent für Malerei und Mechanik. Ein Herr Malurani von Cellerina, ein kleiner Mann von Statur, hatte ein Fräulein von Planta[199] von Steinsberg geheirathet, die sehr groß und lang war. Der Hochzeitszug war großartig gewesen, und natürlich hatte sich das ganze Dorf Cellerina eingefunden, um ihn zu sehen. Auch unser siebenjähriger Thomas war nicht zurück geblieben. Als er nach Hause kam, malte er zwei Gestalten, an ihrem Anzug bis auf den kleinsten Knopf erkennbar als die beiden Brautleute, die Frau auf dem Boden stehend, der Mann daneben aufrecht auf einem Schemel und auf diese Weise gerade gleicher Höhe mit seiner Geliebten. – Noch steht in der Wohnstube des Frizzoni'schen Hauses zu Cellerina eine Commode mit Aufsatzschrank, die der junge Thomas als eilfjähriger Knabe gemacht und mit Blumen bemalt hat. Anfänglich wollte er auch in die Schule gehen, und als er da die anderen den Mund öffnen und sprechen sah, ahmte er dieses so gut es ging nach. Eines Tages mußte er aber gemerkt haben, daß ihm etwas fehlte, was die andern hatten, wurde darüber sehr traurig und zog von nun an vor, zu Hause zu bleiben. Dagegen fertigte er sich später mit Hülfe seines Bruders ein eigenes Wörterbuch an. Er zeichnete zu diesem Behufe die Gegenstände, die ihn interessirten, ließ die italienischen Namen dazu schreiben, lernte die Buchstaben, für die er auch eigene Zeichen zur mündlichen Unterhaltung mit den Fingern ersann, und brachte es auf diese Weise dahin, Bücher zu lesen und sich über einfache Dinge durch Zeichen mit anderen recht ordentlich unterhalten zu können, ohne in einem Taubstummen Institute gewesen zu sein.

Später studirte er die Malerei in Florenz und Rom und zuletzt unter Bossi[200] und Apiani[201] in Mailand. In seinem Hause zu Cellerina befinden sich noch eine Menge Portraits und Landschaften, besonders aber Winterlandschaften und historische Gemälde von ihm. Beachtenswerth darunter sind die Köpfe zweier Bettler der damaligen Zeit. Er fand ihre Physionomien so markirt und characteristisch, daß er sie eines Tages mit nach Hause nahm und so gut und kenntlich malte, daß sie dadurch die Aufmerksamkeit der Engadiner auf sich zogen und eine gewisse Celeberität erlangten. Er gehörte unstreitig zu den besten Bündnerischen Portraitmalern und wurde in seinen früheren Jahren für diese Kunst sehr in Anspruch genommen, obwohl er vielen mehr, als ihnen lieb war, der Natur nur allzu treu blieb und sich mit dem Schmeicheln nicht befaßte.

In Bergamo war eine Gräfin Colloredo an den Marchese Terzi verheirathet, welche zu ihrer Zeit großes Aufsehen machte und wohl auch etwas eitel sein mochte. Als Herr Thomas von seinen Studien in Mailand zurückkehrte, stellten ihr einige ihrer Schmeichler vor, er wünsche sie zu malen, während sie ihm dagegen sagten, daß sie von ihm gemalt zu werden wünsche. Dieß geschah also. Er hatte sie treulich und ohne Schmeichelei nach der Natur copirt, und das Portrait wurde ihm nie abgefordert. Was thut er? Er malt den Hals etwas dicker und kropfartig und hängt das Bild so im Gange nahe bei der Treppe auf. Alle Vorübergehenden erkannten die Marquise auf den ersten Blick, erstaunten aber über die Zuthat, und sagten: «Ma ha 'la propi il gôs la Sinora Marchesa?»

Im Hause verstand er alles Nöthige anzufertigen: er war Tischler, Schlosser, im Seidenmagazin ein vortrefflicher sortitore, ja zu allen Dingen nutz. Dabei war er der gefälligste Mann von der Welt, zu jedem Dienste bereitwillig und erbötig.

Vorherrschend aber war bei ihm – wohl natürlich – das mechanische Talent. Von seiner Hand verfertigt, besitzt die Familie Frizzoni eine Wanduhr mit vier Zifferblättern, auf welcher die Stunden nach deutscher und italienischer Weise alle Tage des Monates und alle Veränderungen des Mondes angegeben werden und dieß alles doch nur durch einen sehr einfachen Mechanismus. Deßgleichen eine kleine Chaise, von einem Grauschimmel gezogen, der bald im Trotte, bald im Schritte läuft, bald wieder still steht. In der Chaise sitzt ein Herr und eine Dame. Er schwingt von Zeit zu Zeit die Peitsche, um das Pferd anzutreiben, und wendet sich bisweilen mit aller Grazie an seine Schöne, sich mit ihr zu unterhalten.

Ferner einen kleinen Webstuhl, an welchem ein Mädchen in Bernertracht sitzt und zu gleicher Zeit sechserlei Seidenbänder webt. Dieß kleine Kunstwerk war ursprünglich nicht von ihm, sondern wurde vor Jahren von einem Berner nach Bergamo gebracht, nach dessen Tode es zu Grunde ging und ganz unbrauchbar wurde. In diesem Verfall kam es zu der Zeit, wo ich in Bergamo war, in die Frizzoni'sche Familie, und die Wiederherstellung desselben wurde nun ein Gegenstand monatlangen Nachdenkens und unendlicher Versuche für den guten Herrn Tomaso. Seine Bemühungen wurden auch vom schönsten Erfolge gekrönt: der Webstuhl kam in volle Thätigkeit, die schöne Bernerin, auf's niedlichste in ihrer Tracht aufgeputzt, führte gute Aufsicht darüber und bewegte auf bewunderungswürdige Weise auch die schwarzen Augen hinüber und herüber, jedesmal nach der Richtung hin, wie die Arbeit es erforderte. Die Hauptentdeckung hatte darin bestanden, daß das Triebrad erschwert werden mußte, um den Mechanismus in gehörige, nachhaltige Bewegung zu setzen, und dieß führte der Meister dadurch aus, daß er einen circa eine Linie dicken, zinnernen Kreiß um dasselbe legte, wodurch die Maschine auch noch an äußerem Glanze gewann.

Noch merkwürdiger ist aber ein anderes Kunstwerk, welches ganz Erfindung des Herrn Thomas Frizzoni ist und um so anziehender, weil es seiner Natur nach etwas ganz Nationales, ganz Bergamaskisches oder wenigstens Italienisches darstellt. Es ist dieses der fornello einer Seidenspinnerin, mit zwei dabei beschäftigten Bergamaskerinnen. Der Mechanismus ist dabei so wohl berechnet, daß man an diesen Weibern sowie an ihrer Haspel Bewegung und Stillstand ganz der Natur gemäß abwechseln sieht und die Bewegung nicht etwa nur in der Manipulation mit den Händen, sondern auch in der ganzen Haltung des Körpers, des Kopfes und der Bewegungen der Augen. Hohe Standespersonen, die nach Bergamo kamen und denen man die Merkwürdigkeiten der Stadt zeigen wollte, wurden nicht selten auch zu Herrn Frizzoni geführt und bewunderten das Talent dieses seltenen Autodidakten in mechanischen Productionen. So fanden der Vicekönig Eugenio und Rainero[202] dieses Kunstwerk ihrer Aufmerksamkeit würdig.

Abends in seinen Freistunden spielte Herr Tomaso gern seine Parthie Karten oder Schach und gab der Gesellschaft auch nicht selten recht artige Taschenspielerkünste zum Besten. Diese Künste hatte er den Meistern an Jahrmärkten entweder abgelauscht oder sie für Geld an sich gebracht. Als Taubstummer, von dem keine Concurrenz zu fürchten war, entsprach man ihm hierin auch wohl leichter als anderen.

Einer so schönen und liebevollen Seele und so herrlichen Talenten hatte die Vorsehung die physischen Organe versagt, durch welche sie sich am schnellsten zu ihrer größten Vollkommenheit entwickelt haben würde. Auch ohne diese Hülfe geschah es hier aber in seltenem Grade sowohl in intellectueller als moralischer Hinsicht und mag zum Beweise von der hohen Kraft des Geistes dienen, der selbst bei mangelhafter Unterstützung von außen sich zu solcher Höhe empor zu schwingen vermag. Er genoß die Achtung aller, die ihn näher kannten, und ich habe mich oft an seiner schönen Seelenruhe und reinen Herzensgüte erquickt und viele theure Erinnerungen sind mir von ihm geblieben. Ein glückliches Alter verlebte er bis zu seinem 84sten Jahre und schied dann, um mit seinem Bruder und seiner Schwester wieder vereinigt zu werden, von denen ihn der Tod zu seinem großen Schmerze wenig Jahre vorher getrennt hatte.

Fünftens, Herr Giacomo Curò, Neffe des Herrn Frizzoni, ein sehr guter und heiterer junger Mann, der uns durch joviale Erzählungen oft belustigte, im übrigen aber ganz Kaufmann war, sich auch später ein bedeutendes Vermögen erworben und durch seine Heirath mit Jungfer Apollonia Ganzoni eine hoffnungsvolle Familie gegründet hat.

Sechstens, Herr J. P. Hosang[203] von Tschappina, seit mehreren Jahren schon Handelscommis bei Herrn Frizzoni, ein sehr geistreicher junger Mann, der durch Thätigkeit und fortwährendes Studium auf sehr erfreuliche Weise geistig fortschritt, dem jeder in und außer seinem Berufe Achtung zollen mußte und der sich durch Treue und Tüchtigkeit in der Erfüllung seiner Pflichten und innige Liebe zu den Kindern des Herrn Frizzoni bedeutende Verdienste um die Familie erworben hat. Er war derjenige, mit dem ich den meisten Umgang pflegte, von dessen Unterhaltung ich den meisten Nutzen zog, den ich in allen Verhältnissen als wahren Herzensfreund und rechtschaffenen Mann kennen gelernt habe und dem ich vieles verdanke. Ihn näher zu schildern muß ich mir für einen späteren Abschnitt vorbehalten.

Diese also waren meine Hausgenossen in meinem neuen Wirkungskreise, und ich fand es billig, sie näher zu characterisiren, weil es eben dieses neue Verhältniß war, welches meinem nachherigen Leben hauptsächlich seine Richtung gegeben hat.

Ueber die Gefühle, welche mich bei'm Abschluß des Accordes mit Herrn Frizzoni durchdrungen, finde ich in meinem Tagebuche folgende Stelle vom 21sten Juli 1813: «Freudige, schmeichelhafte Aussicht, junge Knaben nach und nach in die Wissenschaft und in's bürgerliche Leben einzuführen, ihnen Grundsätze einzuflößen, die Geist und Herz erweitern, für's Wahre, Gute und Schöne erwärmen, begeistern und auch mir hoffentlich für's Alter heitere Erinnerungen bereiten sollen und vielleicht einige Liebe. Sollte wohl dieses, eben weil es so lieblich ist, ein bloßes Traumbild sein?»

Das Leben in diesem Hause und zumal mit meinen kleinen Zöglingen gestaltete sich bald zu einem sehr freundlichen. Sie wurden vom Vater in physischer Beziehung sehr einfach und vernünftig gehalten, waren wirklich gute Knaben, der älteste mehr verständig, der zweite mehr gefühlvoll und schwärmerisch, und der dritte vereinigte in sich das Gute seiner Brüder, ohne von ihrer Einseitigkeit auffallend tangirt zu sein.

Meine erste Sorge mußte nun die sein, Italienisch zu lernen. Hierzu wurde mir ein katholischer Geistlicher empfohlen, welcher die Sprache wohl verstand, allein weder durch Eifer noch Methode Bedeutendes zu leisten vermochte. Er hatte nichts Anziehendes, und in Begeisterung gerieth er nur dann, wenn er von Roulet sprach, bei welchem Spiele er vermuthlich von Zeit zu Zeit das Wenige einbüßte, was er in der Zwischenzeit zusammengespart hatte.

Ein anderer Lehrer, an den ich mich später wendete, hatte zwar mehr Anregendes, aber auch nicht dasjenige, was eigentlich fördert und einen guten Lehrer macht. So war ich mehr auf die Lectüre angewiesen und auf das eigene Studium, das bei angemessener Hülfe weit fruchtbarer hätte werden können.

Sprachverwirrung

Eine sehr merkwürdige Erfahrung machte ich in sprachlicher Beziehung nach einigen Monaten an mir selbst. Es entstand nämlich in meinem Kopfe eine Fusion oder Confusion von Italienischem, Französischem und Romanischem, so daß ich keine dieser Sprachen mehr sprechen konnte, ohne vieles aus den beiden andern hinein zu mischen und nicht nur die Construktion, sondern auch bekannte Ausdrücke zu verwechseln. Was ich theoretisch mißbilligte, daß man Kinder schon von zarter Jugend an, wie in vornehmen Familien geschieht, verschiedene Sprachen zugleich lernen oder sprechen läßt, fand ich hier auch auf practischem Wege als unrathsam und verwerflich. Erst nachdem ich im Italienischen fester wurde, schieden sich die einzelnen Bestandtheile aus diesem Chaos wieder auseinander und kamen mir mit der nöthigen Bestimmtheit in's klare Bewußtsein.

Was ich für meine Zöglinge leistete, kann ich nicht sagen; nur das weiß ich, daß ich sie liebte und in physischer wie in geistiger Beziehung mein Möglichstes für sie that. Nach Guts Muth's Anleitung zur Gymnastik[204] wurden mancherlei Uebungen vorgenommen und besonders auch das Seilspringen im Winter zur Erwärmung getrieben. Der Tanzmeister freute sich, mich so oft auf Spaziergängen mit meinen Zöglingen zu treffen und zu sehen, wie sie, um mir nachzukommen, munter daher trippeln mußten. Einige Wochen brachten wir im Frühjahr und Herbst auf einem nahen Landgute des Herrn Frizzoni, Radona, zu, andere zuweilen im Engadin bei der Tante Duonna Mengia Curò, einer der vortrefflichsten Frauen, die ich je kennen gelernt habe.

Frau M. Curò [205]

Nur in der Volksschule, und zwar in einer Zeit, wo diese noch sehr unvollkommen war, gebildet, hatte sie für alles Schöne den offensten Sinn und eine Empfänglichkeit, die mir auf dieser Bildungsstufe kaum glaublich wäre, wenn ich sie nicht vielfältig selbst gesehen hätte. Schönen Gedichten, Predigten, Abhandlungen verschiedener Art folgte sie mit einer Theilnahme und Freude, die sich in allen ihren Zügen kund gab. Wer im Dorfe etwas nöthig hatte, Wägen, Geräthschaften, Zugthiere, ging nur zur Duonna Mengia Curò und war sicher, keine Fehlbitte zu thun. Bei ihr versammelten sich Männer und Frauen jedes Alters am liebsten: es war das Haus der Gastfreundschaft, in dem der Geber immer noch glücklicher schien als der Empfänger.

Sie docterte auch gern und wurde besonders von den Armen dafür in Anspruch genommen. Kranke Bettler führte sie in ihr Haus, verband ihre Wunden, verpflegte sie mildthätig bis zu ihrer Genesung und entließ sie dann noch mit der nöthigen Unterstützung zur Weiterreise. Daß die Tugend die Fertigkeit im Guten sei, hatte ich mehr als einmal in der Moral gehört und gelesen. Als ich Duonna Mengia kennen lernte und in ihrem Denken und Handeln beobachtete, wurde mir diese Definition an ihrem Beispiele unwillkürlich deutlich und klar; denn ich konnte in ihr die Tugend, d.h. die Fertigkeit im Guten, personificirt sehen und nicht verkennen.

Und diese edle Frau hat in ihrem Leben, zumal in den letzten neun Jahren desselben, unendlich viel gelitten. Schwere Schmerzen an den Beinen, die zuweilen bis zu vier und zwanzig Stunden ununterbrochen anhielten und die kein Doctor sich recht zu erklären wußte, ertrug sie mit einer Ergebung, einem Gottvertrauen, die man bewundern mußte und an denen man sich wahrhaft erbauen konnte.

Mengia Curò, Oelbild in Privatbesitz (Photo: Gian Carlo Frizzoni, Celerina).

Wie viel schöne, erhebende Stunden habe ich nicht in ihrem Hause, in ihrem Umgange zugebracht! Dort trat ich, seit dem ich ihre Bekanntschaft gemacht hatte, jedesmal wie in's heimathliche Haus ein und verließ es nie ohne die Bewegungen des Herzens, welche der Dankbarkeit und Hochachtung eigen sind.

Nach ihrem Tode hatte das Engadin seinen schönsten Reitz für mich verloren, und nie ging ich seitdem vor ihrem Hause vorüber, ohne daß eine gewisse Wehmuth in mir erwacht wäre.

Noch einen Zug muß ich hier nachträglich von dieser edlen Frau beifügen, der ihren Character besonders in's Licht zu stellen geeignet ist. In einem Winter war sie nach Sils auf Besuch gegangen. Abends gegen sieben Uhr kam ein armer Mann aus Fex, wenigstens eine Stunde weit her, und klagte, daß seine Frau schon lange, ich glaube zwei Tage, an Kindswehen leide, ohne gebären zu können. Er bat daher Duonna Mengia, ihr doch zu Hülfe zu kommen, und die gute Frau läßt einen Schlitten zurecht machen und fährt in einer kalten Winternacht mit dem Mann nach Fex hinein, um der Nothleidenden beizuspringen. Sie tritt in die ärmliche Stube, und mit ihrer Hülfe wird ein kleines, hübsches Kind an's Licht der Welt gefördert und versorgt. Aber nach einer Weile erscheint noch ein zweites, und für das war keine Wäsche und nichts von dem Nöthigen zur Wicklung vorhanden. Die Noth zu vermehren, kömmt aber nach einer Weile auch noch ein drittes zum Vorschein. Die gute Hebamme wickelt jedem der drei schönen Kindchen einen verschiedenfarbigen Faden um einen Finger, um später unterscheiden zu können, welches zuerst und welches zuletzt zur Welt gekommen, tröstet die armen Eltern mit der Hülfe Gottes, die er ihnen nicht versagen werde, eilt dann in die benachbarten Häuser und bettelt oder kauft da, wenn es nöthig war, Wäsche zusammen, um die armen Dinger mit dem Nöthigsten versehen zu können, bietet sich selbst und ihren Sohn zu Pathen an, und mit dem Versprechen, das Mögliche für sie zu thun, kehrt sie dann am folgenden Tage nach Sils zurück. Hier und durch's Engadin hinunter empfiehlt sie die arme Familie allen ihren Freunden und ihr bekannten mildthätigen Personen, bestellt auch unter diesen eine Menge Pathen für die drei armen Kinder und weiß die Herzen der bekanntlich sehr wohlthätigen Engadiner so zu öffnen und zu rühren, daß der armen Familie in Fex in kurzem ganze Bürden von Proviant und Kleidungsstücken in's Haus fliegen und so das beängstigende Ereigniß für sie im wahren Sinne des Wortes zu einem Segen wurde. Die Kinder starben nach drei Wochen alle drei, aber die Theilnahme, die sie mit Hülfe der Frau Curò erweckt hatten, und die Gaben, die auf diese Weise herbeigeführt worden waren, verbesserten die Umstände der Eltern in einem Grade, wie sie nie zu hoffen gewagt hätten, und um so inniger wird ohne Zweifel auch der Dank gewesen sein, den sie gegen die Vorsehung gefühlt haben. Gottes Wege sind nicht unsere Wege, und seine Gedanken nicht unsere Gedanken, aber sie sind die besten. Weniger durch

Wunder als durch edle Menschen hilft er den Seinigen, und auch so ist oft, wenn der Mensch muthlos verzagt, seine Hülfe am nächsten.

Bergamo. Allgemeine Verhältnisse

Wiewohl ich die Italiener bei näherer Bekanntschaft in mancher Beziehung mehr achten mußte, als ich mir es vorgestellt hatte – wegen ihrer Lebendigkeit, Entschiedenheit und natürlichen Offenheit – so konnte mir das italienische Leben in einer kaufmännischen Stadt wie Bergamo im ganzen doch nicht recht zusagen. Von der Kunst verstand ich zu wenig, von der Politik, die besonders in den ersten Monaten meines dortigen Aufenthaltes alles in großer Spannung erhielt, ebenfalls wenig, und die Handelsgeschäfte, die das gewöhnliche Tagesgespräch bildeten, hatten für mich auch kein großes Interesse.

Bei meiner Ankunft in Bergamo war noch Herr J. C. von Orelli[206], der nachher in der literarischen Welt so berühmt geworden ist, reformirter Pfarrer daselbst. Er folgte aber einem Rufe, den er an die Kantonsschule in Chur erhalten, und verließ uns nach wenig Tagen, so daß ich leider damals nur eine kurze persönliche Bekanntschaft mit dem mir später so theuer gewordenen Freunde machen konnte. Seine Stelle blieb längere Zeit unbesetzt. Dieß veranlaßte die Familie, sonntags eine Predigt zu Hause zu lesen. Herr Frizzoni besaß glücklicherweise gerade die ersten Jahrgänge von Reinhardt's Predigten[207], die zu diesem Zwecke benutzt wurden, und diesen Vorlesungen verdanke ich ein tieferes Verständniß mancher Bibeltexte und eine größere Achtung für die Bibel überhaupt. Die in Bern verabschiedete Theologie fing wieder an, ihre Rechte in meinem Gemüthe mehr und mehr geltend zu machen. Mit Hosang wurde darüber viel gesprochen, disputirt, über einzelne Puncte auch Schriftliches ausgearbeitet und discutirt. Die meiste Zeit wurde aber der italienischen Literatur gewidmet, besonders den Dichtern, die mich unendlich anzogen, zumal Ariosto, mit seinen schönen Einleitungsstanzen und seinen trefflichen Personen- und Characterschilderungen. Seine Alcina (VII.11.) ist mir noch immer das Bild der vollkommensten weiblichen Schönheit geblieben, und seine Beschreibung der Jungfrau (I. 42.) prägte sich mir auf eine Weise ein, daß ich nie ohne neue Bewunderung des eben so wahr wie schön Gesagten daran denken kann:

La verginella è simile alla rosa
Che'n bel giardin su la nativa spina
Mentre sola e sicura si riposa,
Nè gregge nè pastor se le avvicina:
L'aura soave e l'alba rugiadosa,
L'acqua, la terra al suo favor s'inchina:
Giovani vaghi e donne inamorate
Amano averne e seni e tempia ornate.

Ma non si tosto dal materno stelo
Rimossa viene, e dal suo ceppo verde,
Che quanto avea dagli uomini e dal cielo
Favor, grazia e bellezza, tutto perde.
La vergine, che 'l fior di che piu zelo
Che de begli occhi e della vita aver de,
Lascia altrui corre, il pregio che avea innant
Perde nel cor di tutti gli altri amanti.[208]

Es ist aber gewiß wahr, daß man die Literatur eines Volkes nie in ihrer ganzen Tiefe und Färbung verstehen wird, wenn man nicht in dessen Lande gelebt hat.

Herr Frizzoni, wenn auch, wie gesagt, ein guter, verständiger und anspruchsloser Mann, unterschied indeß doch bei der Erziehung das Wesentlichste nicht genug von dem minder Wesentlichen, und in Folge dessen legte er auch nach meiner Ansicht dem Aeußeren, bloß in die Augen Fallenden oft viel zu großes Gewicht bei. Dann war er auch zu geneigt, sich bei anderen Raths zu erholen, und leider war unter denjenigen, die den meisten Einfluß auf ihn hatten, niemand, der die Sache besser als er verstanden hätte. Nichts desto weniger nahm man sich aber heraus, sich mit nur um so größerer Keckheit auszusprechen und zu rathen. Dieß machte ihn dann natürlich oft unruhig und in seinem Urtheile schwankend.

Es mag wohl auch meinerseits gefehlt worden sein. Mir meines redlichen Willens in Erfüllung meiner Pflichten bewußt und von hohen, vielleicht überspannten Begriffen von dem Einfluße der Erziehung durchdrungen, mochte ich wohl weniger nachgiebig und politisch sein, als recht gewesen wäre, und auch nicht alle die Rücksichten gehabt haben, die ich in solchen Verhältnissen hätte haben sollen. Thatsache ist, daß die Mängel gegenseitig immer stärker gefühlt wurden und die Verschiedenheit der Ansichten, Grundsätze und Bestrebungen immer deutlicher hervortrat. Ich war nicht im Stande, Herrn Frizzoni von der Richtigkeit der meinigen zu überzeugen, und eben so wenig konnte ich mich entschließen, mich nach den seinigen zu richten, und so wurde das Verhältniß denn doch allmählig etwas getrübt.

Freiwillige Subscription

Mitursache mochte auch das patriotische Geschenk, dessen ich schon weiter oben erwähnt, gewesen sein. Er hatte die Reihe der Unterschriften mit vierzig Louis d'or begonnen, drei andere Glieder seines Hauses hatten deren sechzehn beigefügt und ein Freund, Herr D. Isel, noch einige dazu gelegt; von allen übrigen Bündnern war aber alles Zuredens ungeachtet nichts zu erhalten gewesen. Es war dieß das erstemal, wo ich meine Umgebungen näher kennen und mehr nach ihren Thaten als Worten beurtheilen lernte. Mehr als einer versicherte, daß er trotz anderm das Vaterland liebe, auch schon bedeutende Opfer für das allgemeine Wohl gebracht habe und gern bringe; aber bei Dingen, die so allgemein bekannt, ja wohl durch die Zeitungen gepriesen würden, Aufsehen erregen zu wollen, liege nicht in seinem Character. Genug, unter dem einen oder anderen Vorwande wußten sich alle übrigen aus der Schlinge zu ziehen und ihr Geld in der Tasche zu behalten. Dieß wäre indeß noch nicht das Schlimmste gewesen, aber um ihre Selbstsucht zu beschönigen, fingen sie an, bald auf die eine, bald auf die andere Weise auf Herrn Frizzoni zu sticheln und seine Gutmüthigkeit zu bespötteln, und dieß ging dann dem guten Manne sehr nahe. «Ch'io abbia ancor di essere il minchione», beschwerte er sich mit Recht; nur hätte es nicht mir in die Schuhe geschoben werden sollen, wie es geschah. Er hatte wahrlich etwas sehr Gutes und keine «minchioneria» gethan, das hätte ihm genügen und auch keine Verstimmung gegen mich hervorbringen sollen. Aber Erscheinungen solcher Art sind nichts Ungewöhnliches im Leben, und ich wüßte sie noch von andern nachzuweisen.

Der Reichthum

Einen sehr heilsamen Einfluß auf meine Ansichten hatte der Aufenthalt in Bergamo in einer anderen Beziehung. Von Jugend an auf's Sparen hingewiesen und aus eigener Erfahrung nur zu oft darauf aufmerksam gemacht, wie unangenehm es ist, aus Mangel an Vermögen, seine Bedürfnisse nicht befriedigen zu können, mochte meine Grundansicht zuweilen ziemlich mit derjenigen von Goethes Schatzgräber übereinstimmen, wenn er sagt:

«Armuth ist die größte Plage,
Reichthum ist das höchste Gut!»[209]

Nun wohnte ich aber unter Millionairs oder wenigstens so reichen Leuten, wie ich sie in der Nähe zu beobachten noch nie Gelegenheit gehabt hatte, und konnte mich da so recht mit eigenen Augen überzeugen, wie wenig der Reichthum zur inneren Zufriedenheit beiträgt, ja daß diese gerade die vom äußeren Glücke Begünstigten häufig flieht, um bei den weit weniger Bemittelten, aber Anspruchslosen und Genügsamen einzukehren.

Vaterlandsliebe

Eine Besorgniß des Vaters [Frizzoni] war auch, daß ich seine Söhne zu sehr für Vaterland und Freiheit fanatisiren möchte. «Voglio li», sagte er, «che i miei figli amino la patria e prendano attaccamento ad essa, ma non vorrci poi chc avcsscro di quellc idce fantastiche di libertà» u.s.w. Darin hatte er auch sehr recht, aber keine hinlängliche Ursache zu befürchten, daß ich sie dazu verleite.

Accord-Erneurung

Indessen wurde der zweijährige Accord vor seinem Ablaufe dennoch auf vier Jahre verlängert und mir nicht allein eine bedeutende Gehaltszulage bewilligt, sondern auch daß ich zunächst einige Zeit mit meinen Zöglingen in Chur zubringen dürfe, um ihnen auf diese Weise die Erlernung des Deutschen zu erleichtern, später aber ein paar Jahre in Genf oder Lausanne des Französischen wegen. Es war dieses in der That ein großes Opfer der Vaterliebe, welches Herr Frizzoni dem Wohl seiner Söhne zu bringen vermochte. Ich habe nie ohne ein tiefes Gefühl der Hochachtung an diese väterliche Großmuth und Selbstverleugnung zurück denken können. Die großen Unkosten waren das Geringste bei der Sache; aber auf die Nähe und den Umgang so geliebter Söhne zu verzichten, war für einen alten, sich kränklich fühlenden Vater eine Großmuth der edelsten Art, und die wahrlich alle Anerkennung verdient.

Reise nach Chur

Ende Merz 1816 reisten wir wirklich nach Chur ab, um uns dort einige Zeit aufzuhalten. Schon die Reise auf dem Comersee, wo sich ein Sturm erhob, veranlaßte mich zu ernsten Betrachtungen über das Opfer, zu welchem sich Herr Frizzoni herbeigelassen hatte. Nicht meiner selbst wegen, sondern bei dem Gedanken, welches kostbare Besitzthum für ihn sich auf diesem Schiffe, dem Spiel der Wellen preisgegeben, befand, wurde es mir wirklich etwas bange. Die Sache lief aber gut ab, und so konnte ich mich dann unter dem Anschein zu schlafen an den Gesprächen der Schiffleute über die protestantische Religion und den Begriffen, die sie in Bezug auf diese zu Tage förderten, ergötzen: «Son minga cristian quei sciett?» fragte einer. «No, sono lüter[210]! I lüter son buona gent, ma aduran un idol» u.s.w.

Unsere Reise über den Splügen, damals noch durch den Kardinell, war höchst possierlich. Nach Anrathen des Herrn Dolcini in Cleven, wurden drei Männer gemiethet, deren jeder einen Knaben in einem Tragkorbe auf dem Rücken trug. Der muthwillige Johann konnte aber nicht ruhig in seinem Korbe bleiben, sondem hüpfte, sprang und gesticulirte so, daß – zwar nur an ungefährlichen Stellen – sein Träger öfter mit Mann und Maus in den Schnee fiel.

Aufenthalt in Chur

In Chur bekamen wir unser Logis bei Jungfer Saluz, wo auch Herr Orelli und mehrere andere Herren und Kantonsschüler zu Tische waren. Später wurde meinen Zöglingen gestattet, einzelne Stunden in der Kantonsschule zu nehmen, wofür ich eine Geographiestunde in dieser gab.

Ich darf glauben, daß dieser Aufenthalt in Chur für die Kinder sehr wohlthätig gewesen sei, und von Heimweh zeigten sich auch wenig Spuren bei ihnen. Wie angenehm es aber für mich selbst sein mußte, wieder im Vaterlande, in der Nähe meiner alten Freunde und Bekannten und in Verbindung mit Männern der Wissenschaft zu sein, brauche ich wohl kaum zu sagen. Besonders theuer wurde mir der Umgang mit Orelli, mit welchem ich am meisten zusammen war und durch dessen Kenntnisse und Begeisterung für alles Höhere ich auch einen starken Anstoß zum Besseren erhielt. Mit ihm las ich einige Zeit den Plato, benutzte Schleiermachers Uebersetzung[211] und faßte aus der Einleitung zu den Gesprächen eine große Meinung von diesem Manne, von dessen Originalwerken ich leider noch kein einziges kannte. Auch Dante kam nun hier an die Reihe, dessen Divina Comedia mir seitdem so viel Freude und Belehrung verschafft hat.

Rückreise nach Bergamo

Fünfzehn Monate blieben wir in Chur und kehrten dann mit Herrn Antonio, der selbst kam, im Sommer 1817 über das Engadin nach Bergamo zurück.

Auf der Rückreise vom Engadin, wo wir uns einige Wochen bei der guten Frau Curò aufgehalten hatten, war besonders die Fahrt von Dommaso nach Malgrata [am Comersee] eine der schönsten und angenehmsten, die ich zu Wasser gemacht habe. Herr Frizzoni hatte ein eigenes Schiff, mit Matratzen gehörig versehen, die Gesellschaft war zahlreich und heiter, die schönste Sommernacht vom Vollmond erleuchtet, der weite Strahlen über den Wasserspiegel hingoß, türkische Musik im Wirthshaus und liebliche Stimmen und deutsche Lieder auf unserem Schiffe, wie hätte das Herz nicht zur Heiterkeit und Freude gestimmt werden sollen? Was schnelle Fahrten und großartige Ausstaffirung betrifft, mag freilich das Dampfschiff seine großen Vorzüge haben, für's Gemüthliche aber lobe ich mir bei stillem See das Segelschiff.

Bergamo

In Bergamo wurde jetzt wieder ein reformirter Pfarrer, Herr Bänziger[212] von Trogen, später Lehrer an der dortigen Kantonsschule, ein sehr biederer und weit tüchtigerer Mann, als er äußerlich schien, angestellt. Herr Bavier[213] nahm jetzt auch einen Hofmeister für seine Kinder, Herrn Dahm aus dem Badischen, an, einen sehr gemüthlichen und eingänglichen Mann, der später Lehrer der deutschen Sprache am Lyceum zu Bergamo wurde, und zu Herrn Zavaritt[214] kam jetzt ebenfalls als Hauslehrer mein alter Lehrer und Freund Professor Gautsch, der seine Stelle an der Kantonsschule verloren hatte und in den letzten Jahren durch zu große Liebe zum Trunke sehr zurückgekommen war. Von dieser Seite und in Bezug auf wissenschaftlichen Umgang hatte sich also meine Lage in Bergamo jetzt besser gestaltet, als früher der Fall gewesen war, in anderer Beziehung war dieß aber nicht der Fall. Vermochte ich durch meine Leistungen die Erwartungen des Vaters nicht zu befriedigen, war ich selbst wirklich etwas zu anmaßend und schroff geworden, oder war es nur eine Art von eifersüchtiger Besorgniß, daß ich ihm die Liebe der Kinder entziehe, sie ganz in meiner Gewalt und von ihm unabhängig haben wolle; genug, das gute Vertrauen, das in solchen Verhältnissen unentbehrlich ist, hatte gelitten, und eben weil die Ursache mehr in dunkeln Gefühlen als in bestimmt hervortretenden Thatsachen lag, durfte es wohl schwer werden, es wieder herzustellen.

In einem Briefe an Orelli sagte Herr Antonio über mich: «Dà pruvo di un tal quale disprezzo che col tempo potrebbe influire favorevolmente nell'animo de' figli verso il padre», und befürchtet, ich wolle die väterliche Gewalt mehr als billig beschränken.

Dieß waren alte Klagen schon vor Erneuerung des Accordes, in welchem mein Gehalt von fünf und vierzig auf siebenzig Louis-d'or jährlich gestellt worden war. Das mir klar bewußt gewordene Unrecht von meiner Seite bei dieser Gelegenheit war nur, daß ich, verleitet durch die Salaire, die Herr Frizzoni und wohl auch andere Kaufleute, ihren Handelscommis bezahlten, eine zu starke Forderung gemacht hatte. Herr Frizzoni bezahlte nämlich Herrn Hosang jährlich hundertzwanzig Louis d'or, und der Gehalt von Curò, der freilich zwei Procent an den «utile» genoß, war im Jahr 1814-1815 über fünf und zwanzig Tausend Mailänder Lire gewesen. Vom Hause selbst wußte ich, daß es, alle Kosten des Haushaltes und sonstigen Ausgaben jeder Art abgerechnet, einmal in einem Jahre mehr als eine Lire jede Minute, im Ganzen also nahe an eine halbe Million Lire gewonnen hatte. Durch diese Gehalte und Gewinnste verleitet, hatte ich hundert Lire gefordert, worüber Herr Frizzoni großes Befremden äußerte. Indessen war der Accord, wie gesagt, erneuert worden und in puncto salarii hatte ich ihm dann die Bestimmung desselben überlassen, die er auf siebenzig Louis d'or festsetzte, dieß vermuthlich aber doch nicht recht verschmerzen konnte.

Meinen Zöglingen hatte ich natürlich auch Religionsunterricht zu ertheilen und glaubte es ohne Zweifel auch darin recht gut zu machen. Sehe ich aber meine Tagebücher darüber nach, so muß ich doch besorgen, daß er ziemlich kalt und mager ausgefallen sein dürfte. Es ist da viel von moralischen Grundsätzen, vom Guten, Wahren und Schönen, die Rede, und es finden sich recht erfreuliche Stellen darüber; aber das Tiefere, worauf alles beruhen und woraus es entspringen muß, wenn es sich zum rechten Leben gestalten soll, tritt allerdings zu wenig hervor und wird jetzt von mir selbst allzusehr vermißt. Und diese Leere fühlte ich dann auch in mir selbst zugleich mit dem Bedürfniß, sie auszufüllen. Deßwegen war schon seit langer Zeit der Gedanke, der mich am meisten beschäftigte, derjenige, eine Universität zu besuchen und namentlich bei Schleiermacher den Plato zu hören. Diese innere Sehnsucht und die äußeren Verhältnisse, die mir jetzt leicht machten, dem Zuge meines Herzens zu folgen, reiften in mir den Entschluß, nach Berlin zu gehen. Meine Schulden hatte ich abbezahlt und ein ziemliches Capital zurückgelegt, aus dem ich die Universitätskosten bestreiten konnte. Ich brauchte mir also keine Sorge mehr zu machen, daß meinen Eltern, im Fall ich stürbe, eine schwere Schuldenlast zufiel, sondern durfte im Gegentheil hoffen, daß ihnen immer noch einige Hundert Gulden auch zur Deckung ihrer früheren Auslagen für meine Studien bleiben würden. Mit diesem Troste und dem Triebe, meine wissenschaftliche Bildung zu vervollkommnen, schickte ich mich an, den Frühling 1818 die Universität Berlin zu beziehen, und zwar nur Schleiermacher's wegen, obwohl ich ihn noch so wenig kannte und meine Freunde Studer und Baggesen mich nach Göttingen verlocken wollten, wo sie noch studirten.

Meine Zöglinge zu verlassen, that mir freilich weh. Ich schied von ihnen mit dem Vertrauen, welches ich auch am letzten Abend aussprach, daß sie, wenn sie brave Männer würden, was Gott geben möge, meiner auch in späteren Jahren freundlich gedenken würden. Was denn auch in reichem und erfreulichem Maaße geschehen ist. Ich habe keine reineren Seelen kennen gelernt als Johann und Fritz, ich habe mit niemand so fleißig correspondirt wie mit ihnen, ich habe keine so ausharrende, treue Liebe gefunden wie in ihren Herzen und sie daher auch ununterbrochen mit treuer Liebe wie eigene Geisteskinder umfangen und sie deßwegen auch immer noch mit dem traulichen «Du» angeredet.

Einen trefflichen Nachfolger an meiner Stelle fanden sie an Herrn Doctor Gündel[215] aus Sachsen, einem Manne, der ihnen durch Geist und Herz, wissenschaftliche Kenntnisse und hohe Bildung in der That mehr geworden ist, als ich ihnen je hätte werden können. Er gewann auch nicht nur ihr Zutrauen und ihre Liebe, sondern auch das Wohlwollen des Herrn Frizzoni, welcher ihm in seinem Testamente eine lebenslängliche Leibrente bestimmte. Nur mit kurzen Unterbrechungen ist er seitdem immer im Hause Frizzoni geblieben oder hat den Fritz auf seinen schönen Reisen durch Italien, Sicilien, Frankreich, England, Deutschland[216] als Freund begleitet. Auch er ist mir ein theurer Freund geworden, in dessen Umgang

Gustav Gündel
(Aus: Aus dem Nachlasse Gustav Gündel's, Leipzig 1861)

ich so viel Belehrung gefunden und so manche Freude genossen habe, ich billig auch ihn zu meinen besten und liebsten Freunden zähle.

Aber auch schon seiner äußeren Folgen wegen muß mir der Aufenthalt im Frizzoni'schen Hause wichtig erscheinen. In der Hand der Vorsehung war er der Punct, von welchem aus mein nachheriges Leben seine Richtung genommen hat, und alle meine späteren Schicksale waren hauptsächlich durch ihn unmittelbar oder mittelbar bestimmt. Er ermöglichte mir den Besuch der Universität in reiferen, also gewiß auch fruchtbareren Jahren, befähigte mich zu meiner ersten Anstellung an unserer Kantonsschule, zum Eintritt in's Ministerium und zur Uebernahme der Pfarrerstelle in Puschlav, führte mich zu einem schönen Familienleben, zu einer wohlthätigen Wirksamkeit im allgemeinen, besonders auch für die reformirten italienischen Gemeinden unseres Kantons. Ja, alles was mir seitdem begegnet ist, kann mit Recht als nähere oder entferntere Folge jenes Verhältnisses im Frizzoni'schen Hause betrachtet werden. Auf dasselbe blicke ich daher immer auch nur mit Demuth und innigem Danke gegen die Vorsehung zurück.

IX. Innerer Entwicklungsgang meines Lebens

In den vorhergehenden Abschnitten habe ich vorzüglich die Außenseite des Lebens in's Auge gefaßt und mich daher auch mehr an Personen und Verhältnisse gehalten, die von außen her den größten Einfluß auf meinen Lebensgang geübt haben. Ich wende mich nunmehr zu dem Inneren und hebe einzelne Momente hervor, die mir in psychologischer oder pädagogischer Hinsicht mehr oder weniger beachtenswerth scheinen.

Ohne Zweifel sind im Gewebe jedes menschlichen Lebens die Hauptfäden – äußere Verhältnisse und innere Anlagen – früher bestimmt und gezogen, als wir selbst etwas dafür oder dagegen thun, ja auch nur derselben uns bewußt werden konnten. Insoweit kann die Lehre von der Prädestination wohl nicht bezweifelt werden, es sei denn von denjenigen, die die ganze Weltordnung dem Zufalle anheim geben. Und eben so steht mir der Glaube fest, daß der Schöpfer selbst Gefäße der Ehre und der Unehre in unendlichen Abstufungen bildet. Dieß jedoch wohl in einem anderen Sinne, als wir es gewöhnlich nehmen, vielmehr nur in dem Sinne und mit derselben Weisheit, wie er in der äußeren Natur den Dornenstrauch neben dem Weinstocke und die Giftpflanze neben dem Brodbaume aufkeimen läßt, deren Werth, wie verschieden er uns auch erscheinen mag, doch nur relativ verschieden ist und keinesweges absolut. Diese prädestinative Verschiedenartigkeit kann aber die Freiheit des Willens innert der ihr ebenfalls bestimmten Sphäre nicht ausschließen, sonst fiele nicht nur alle Zurechnungsfähigkeit, sondern auch der Unterschied zwischen Tugend und Laster und der Glaube an die göttliche Weisheit, Gerechtigkeit und allgemeine Liebe weg.

Daß mir schon von Geburt an jene starken, reinen sittlichen Anlagen zu Theil geworden, wie man sie an vielen edlen Menschen, an Milton, Channing[217] und vielen anderen wahrnimmt, davon finde ich keine Spur. In meiner Kindheit, so weit ich mich zurück zu erinnern vermag, will sich kein entschiedenes Gefühl, weder für sittliche Reinheit im allgemeinen noch für irgend eine einzelne Tugend zeigen, ja selbst auf das Religiöse, das sich in jenen vielen Sprüchen und Liedern, die ich auswendig lernte, und in dem Beten im Walde und auf jener Reise nach Savien kund gab, möchte ich kein zu großes Gewicht legen. Dagegen tritt das Dasein der Sünde auch bei mir schon früh in verschiedenen Gestalten hervor: als mehr persönlich in meiner hypergroßen Empfindlichkeit, als mehr angeerbt in den allzuleichten Aufwallungen des Zornes und endlich als mehr allgemein in der Selbstsucht unter mancherlei Formen. Ist es mir in der

Folge gelungen, gegen diese Fehler anzukämpfen und die Tugend zu achten und zu lieben, so geschah es nicht durch momentane Umkehr, sondern unter dem Beistande Gottes durch allmälige innere Entwicklung der Erkenntnis des Höheren und Wahren, worin ich eben im jansenistischen Sinne das Eigentliche und Wesentliche der Gnade Gottes erkenne.

Zu dieser Erkenntnis fehlten mir in früher Jugend die Mittel, welche sich bei vielen andern wirksam erweisen: gute Bücher, das Beispiel von energisch sittlich religiösen Persönlichkeiten und der gemüthlich ernste Zuspruch wie die wohlgemeinten Ermahnungen von Seiten dieser. – Doch bleibt es wahr: «Wenn Ihr's nicht fühlt, Ihr werdet's nicht erjagen», und eben so wahr, daß wir oft das Verdienst oder den guten Willen anderer verkennen und ihnen die Schuld geben, wo der eigentliche Grund doch mehr an Mangel an Empfänglichkeit von unserer Seite liegt. Wir schieben oft auf mangelhafte Einwirkung von Außen, was wir der eigenen, nicht fremden Schuld beimessen sollten. Hierin recht zu richten, muß ich dem Allwissenden anheim stellen; uns kurzsichtigen und meist sehr befangenen Menschen ist dieß nicht wohl möglich. Man kann freilich einwenden: «Ihr habt Moses und die Propheten! Ja, Ihr habt noch mehr – Ihr habt Jesum Christum.» Allein die Verfasser der Heiligen Schrift sind keinesweges darauf bedacht, ihren Lesern Ideale sittlicher Vollkommenheit und Tugend vorzuführen, sondern Menschen, wie sie leibten und lebten und die deshalb auch mit mancherlei Gebrechen behaftet sind, theils mit den allgemein menschlichen, theils den nationalen, ihrem Zeitalter eigenthümlichen. Ihre Größe erscheint daher weniger in der sittlichen Schönheit und Reinheit ihres Characters als in ihrer Hingebung an Gott und ihrem festen Vertrauen auf ihn.

Es gehört daher schon ein tüchtiger Lehrer dazu, wenn er durch die Erklärung der biblischen Geschichten das sittliche Gefühl seiner Zöglinge schärfen und sie nicht allein durch Furcht und Schrecken vor den Strafen Gottes, sondern auch durch die Schönheit der Tugend an sich für das Gute und für die höhere Sittlichkeit gewinnen will, was vielleicht vielen Lehrern und Geistlichen kaum mit der gehörigen Lebendigkeit in den Sinn kömmt. Daher ihre Abneigung gegen Hebel, welcher unter den mir bekannten Verfassern biblischer Geschichten der erste war, der auch das moralische Element in diesen recht hervorhebt und sich angelegen sein läßt, es dem Gemüthe der Schüler nahe zu bringen.

Ganz geeignet als das reinste Ideal menschlicher Tugend, Reinheit und Sittlichkeit dargestellt zu werden und die rechte moralische Liebe zu diesem von Jugend auf einzupflanzen, wäre freilich Jesus Christus, der von keiner Sünde wußte und uns als Vorbild gegeben worden, auf daß wir in seine Fußstapfen treten; allein wie selten geschieht auch ersteres. Man glaubt, ihn von den Menschen nie fern genug halten zu können, will ihn nur als den Sohn Gottes und nicht zugleich als den Menschensohn geehrt wissen und beraubt ihn dadurch der Liebe, die wir ihm in beiden Beziehungen schuldig sind und zollen sollten. Würde Christus von der Seite aufgefaßt, worin er allein die ihm inne wohnende Gottheit offenbaren konnte und für jedes gesunde Gemüth am anschaulichsten offenbart, so würde er den Menschen auch weit mehr nützen und für weit größere Maassen der rettende Erlöser werden. Aber freilich, niemand vermag mit Erfolg zu erklären, was er nicht lebendig in der eigenen Seele trägt, so wie es auf der anderen Seite auch wahr ist, daß auch die eindringlichsten Erklärungen für das Schiefohr fruchtlos bleiben.

Im Confirmationsunterricht lernten wir zu meiner Zeit die Bergpredigt auswendig, und ich erinnere mich nicht, in irgend einem Puncte einen großen Eindruck von diesem herrlichsten Theile des Neuen Testamentes empfangen zu haben. Lag dieß wohl an mir oder am Lehrer?

Was mich früh schon beunruhigte und Zweifel in mir erregte, war die Strafgerechtigkeit Gottes und besonders die Ewigkeit der Höllenstrafen. Wer da glaubet, der wird selig werden, wer aber nicht glaubet, der wird verdammet werden, hieß es. Ich erinnere mich wohl, wie ich mich sophistisch damit beschwichtigte: «Du mußt glauben! Denn wäre, was du glaubst, auch nicht so, wie du es glaubst, so hätte es am Ende so viel nicht zu sagen, daß du geglaubt hast; wäre es aber wirklich so, wie schrecklich müßte es dann sein, nicht geglaubt zu haben!» So unvollkommen und materiell war mein Begriff vom Glauben.

Ein anderer wichtiger Punct betraf die Sünde. Als Sünden konnte ich mir nichts anderes denken als Thatsünden und raisonirte über die Sünden in Gedanken oder Gefühlen folgendermaßen: «Dasjenige, was andern nicht schadet, sie nicht berührt, wie kann das Sünde sein!» O sancta simplicitas!

Daß man das Gute an und für sich, auch ganz abgesehen von dem äußeren Nutzen oder Schaden, den man davon habe, lieben solle, hatte ich irgendwo gelesen. Das fiel mir sehr auf, wollte mir aber lange gar nicht in den Kopf, sondern erschien mir als etwas rein Unmögliches und den Menschen gar nicht Zuzumuthendes. So übel stand es mit der Reinheit meiner Begriffe, und so habe denn auch ich oft auszurufen: «Herr, verzeihe mir die Sünden und Thorheiten meiner Jugend!»

Und doch wüßte ich von den besseren Richtungen meines Gemüthes keine, die so entschieden gewesen wäre, wie die auf's Sittliche und Religiöse, wie unvollkommen sie auch hervortreten mochte. Aber das

Paradoxon von Dante: «Non men che le saver dubbio m'aggrata»[218] – ist mir auch hierin wie in vielen anderen Beziehungen wahr und sinnreich erschienen.

Ohne selbst schon über einen Gegenstand mehr oder weniger nachgedacht – gezweifelt – zu haben, ist er mir nie klar und wichtig geworden, und je weiter ich mich vielleicht vom Wahren entfernt hatte, desto leichter wurde es dann gerade oft, den Irrthum einzusehen und gründlich von demselben geheilt zu werden.

Bei dem eifrigen Streben, dem guten Gedächtniß und der vielen Muße, die ich in Flerden hatte, darf ich glauben, daß Salzmann's, Campe's und Claudius'[219] Kinderschriften sowie Gellert's moralische und religiöse Schriften einen tiefen Eindruck auf mein Gemüth gemacht und ihm eine unwiderstehliche Richtung zum Bessern gegeben haben würden, wenn sie mir damals in die Hände gekommen wären. Sie und alle übrigen Bücher ähnlicher Art blieben mir aber unbekannt. Gellert's Fabeln, die ich erst in Chur kennen lernte, regten mich daher mächtig an und ebenso Pfeffel's; aber nur das moralische, nicht das poetische Element. So auch Schiller, an dessen Balladen ich vorzugweis Geschmack fand, wie von seinen lyrischen Gedichten an seinem «Antritt des neuen Jahrhunderts»[220], welches mir immer noch als eines der schönsten Gedichte erscheint. Ein treuer und geliebter Freund von der ersten Bekanntschaft an wurde mir Hebel durch seine allemannischen Gedichte. Mit Claudius wurde ich leider erst viel später bekannt, was ich sehr bedauern muß. – Daß ich an den Griechen und Römern damals nicht mehr Geschmack fand, lag unstreitig nur an der unvollkommenen Kenntniß dieser Sprachen und dem mangelhaften Unterrichte, den ich darin erhielt. – Sehr lehrreich ist Engel's Philosoph für die Welt[221] für mich geworden, zumal die beiden Gespräche über den Tod, die meine Bedenken und Zweifel über die göttliche Regierung und das Verhältniß von Glück und Unglück auf eine höchst erfreuliche Weise lösten. Was zu meiner völligen Beruhigung diesfalls noch nöthig war, fand ich erst in jüngster Zeit in Channing's Predigt über die Uebel der Welt.[222]

Einen sehr kräftigen Anstoß zu meiner inneren Ausbildung erhielt ich aber besonders durch Horazen's Oden. Das Wahre, so schön und kräftig gesagt, drang mir tief in die Seele und wurde Samenkorn zu reicher Ernte. Wenn er die atra aura beschreibt, die dem Beneideten in's Schiff folgt oder sich hinter ihn auf den Sattel setzt, wenn er zu Rosse steigt, so kann dieß seine Wirkung auf ein empfängliches Gemüth nicht verhehlen. Und wenn er den Redlichen den

Integer vitae scelerisque purus beschreibt, oder den
Iustum et tenacem propositi virum – den
Impavidum ferient ruinae,[223]

so tritt ein so lebensvolles Bild menschlicher Größe vor die Seele, daß es nicht leicht wieder ausgetilgt werden kann. In der Freude über meinen Horaz mochte ich den Freunden so schwärmerisch über diesen geschrieben haben, daß J. Marugg, der damals in Heidelberg zu Daubs Füßen saß, mich deshalb ernst zurecht wies und mir einen anderen vorhielt, der geeigneter sei zur Wahrheit und Weisheit zu führen: Jesus Christus.

Ich hatte damals noch die sehr einseitige Meinung, daß das Gefühl erst durch's Verständniß kommen müsse und daß ohne klare Einsicht auch kein lebendiges Gefühl möglich sei, während Marugg mir mit schlagenden Gründen darzuthun bemüht war, daß das Gefühl das erste sei und nur aus dem richtigen Gefühl das rechte Verständniß hervorgehen könne und müsse. Wir haben lange und eifrig darüber correspondirt; ich wurde aber erst später inne, wie sehr unrecht ich hatte.

Was Poesie sei und das Wesentliche im Character derselben, wurde mir erst in Bergamo bei'm Lesen des «König Lear» von Shakespeare recht fühlbar und deutlich. Seine Lage, seine Tochter, sein Fluch erschütterten meine Seele durch und durch, und damit war auch der Zauber vor meinen Augen gelöst. Auch die großen Vorzüge Shakspeare's und der großen deutschen Dramatiker vor Alfieri[224] traten mir damals klarer in's Bewußtsein. Alfieri hat herrliche Stellen zur Characterisierung der Leidenschaften seiner Helden; allein ich vermochte nicht, mich mit diesen gleichsam zu associiren, sie mit zu empfinden, weil er den Leser im Sprunge dahin führt, während Shakespeare und unsere deutschen Dichter uns mit den vorausgehenden Verhältnissen und bestimmenden Motiven schon vorher so vertraut machen, daß die Sache ihrer Helden zu der unsrigen wird und wir an ihrem Schicksale den wärmsten Antheil nehmen müssen. Dieß wurde mir vorzugsweis bei der Vergleichung klar, die ich zwischen Alfieri und Shakespeare anstellte; denn gerade darin, die Theilnahme seiner Zuhörer zu potenziren und auf naturgemäße Weise zu steigern, ist letzterer ein Meister.

Ein anderer höchst wichtiger Punct für meinen Glauben und meine sittliche Entwicklung – das Recht der Individualität – wurde mir erst durch Schleiermacher, besonders durch seine «Monologe»[225] deutlich. Wovon später die Rede sein wird.

X. Berlin, vom März 1818 bis August 1819

Reise nach Berlin

Den 13ten März 1818 reiste ich von Bergamo ab Verona zu, eine Strecke Weges von meinen Zöglingen und eine noch weitere von meinen Freunden Bänziger und Gautsch begleitet. Mein Tagebuch sagt: «Der sanfte Glanz so mancher Sterne, der mir bei'm ersten Erwachen an diesem Tage vom Himmel entgegen leuchtete, weckte in meiner Seele ein heiteres Vorgefühl. Nur der Abschied von dem guten Herrn Thomas und von Freund Hosang vermochte dasselbe zu trüben. Eine noch tiefere Bewegung ergriff mich bei der Umarmung meiner Zöglinge. Mich von dieser Schwermuth loszureißen vermochten auch die traulichen Gespräche der Freunde nicht, noch dieselbe zu verscheuchen, und insofern war ich wirklich froh, bald allein zu sein und mich ganz meinen Gedanken und Gefühlen überlassen zu können.» Mein Weg führte mich durch schöne Gegenden über Brescia, Peschiera nach Verona, wo ich zwei Tage blieb und durch die Güte Herrn Morell's[226] mancherlei Schönes sah.

Ueberraschend war mir besonders das Amphitheater mit seinen imposanten steinernen Bänken, die sich allmälig über einander erheben.

Nun ging's die Etsch hinauf, mit der Post nach Roveredo[227], Botzen, Friaul, über den Brenner nach Insbruck. Allein die Jahreszeit war ungünstig, die Natur todt und im Wagen ohnehin nicht viel zu sehen.

Insbruck

Ungeachtet meiner Vorliebe für Tyrol, fiel mir in Insbruck besonders die Verschiedenheit zwischen der italienischen und deutschen Bauart unangenehm auf. Dort die einfache Schönheit, die sich, gleichsam ihrer symmetrischen Formen bewußt, jede bloß äußerliche Verzierung fern hält; hier tausenderlei Erker und Schnörkeleien und ein Uebermaß von Fenstern, die den Häusern ein beinahe laternenartiges Aussehen geben. Dagegen erfreute mich hier das frische Tyrolerblut und besonders die Schönheit mancher Mädchen in ihren blendend weißen Hemdärmeln und mit dem Männerhut von feinem Filze, der ihnen für meinen Geschmack einen ganz eigenthümlichen Reitz verleiht. Höchst interessant war mir die Kirche, mit den Bildern und Panzern der Grafen von Tyrol.

München

Von Insbruck ging ich des schlechten Weges ungeachtet nach München zu Fuß, wo ich am 22sten eintraf und schon um ein Uhr zwölf Poststunden gemacht hatte. Possierlich erschienen mir auf diesem Wege besonders die Weiberhauben, die, von Silber und Gold strahlend, hörnerartig geformt sind. Bei Hofe war gerade Galatag und der Eintritt in's Schloß daher gestattet. Von einem Postbeamten geleitet, machte ich mir diese Gelegenheit zu Nutze und war nicht wenig erstaunt, als ich die Garde im Innern des Schlosses im alten deutschen Costüme erblickte, d.h. in weißen Strümpfen, gelben, kurzen Hosen, Aermelmantel von halb schwarzem, halb grünem Tuche, durch weiße Bandstreifen getheilt, und mit vergoldeten Lanzen bewaffnet. Nach der Tafel begab sich der Hof zum Gottesdienste in die Hofcapelle, und so lächelte mir das Glück, ihn auf diesem Zuge in pleno zu sehen. Voran schritten die Kammerherren in rothem Galakleide, ihnen folgte der König, sich heiter mit den Ministern unterhaltend, aber ganz einfach gekleidet; dann die Prinzen, unter denen mir besonders der Fürst von Eichstadt auffiel; dann die Notabilitäten und zuletzt die Pagen in reichen, silberbordirten Uniformen. In der geschmackvollen Kapelle ertönte jetzt eine herrliche Musik, die mir das Gemüth tief bewegte.

An den folgenden Tagen besah ich andere Merkwürdigkeiten der Stadt: die Bibliothek, die Malerportraits im Museo fiorentino und das Münzcabinet, an dessen Director ich empfohlen war.

In der Bibliothek fand ich besonders die Flora von Kerner[228] mit zierlichen Zeichnungen bewundernswürdig; die «Histoire générale des Colibris» von Jacomein und Promerop (Paris 1802. 2 Vol.). «Les Pigeons» par Mad. Knip, née Pauline de Courcelles (Paris 1811). Dann besonders die alten Andachtsbücher mit ihren köstlichen Einbänden, die von großen Edelsteinen funkelten, auf Pergament geschrieben, mit reichen Zeichnungen, die Bußpsalmen in fünf Stimmen, die Evangelien auf Purpursammet, das des Johannes mit silberner Schrift. In einem alten Kalender fand sich auch die Schöpfung des Weibes abgebildet, und Eva, bella e fatta, aus einer Rippe Adams heraussteigend.

Nach einem Ausfluge nach Nymphenburg setzte ich meinen Wanderstab weiter Nürnberg zu und litt so sehr von stürmischen Winden, daß es mir ganz erklärlich wurde, wie Deutschland den Italienern als das hyperboreische erscheint. In Bamberg, das mir im Uebrigen so wohl gefiel, begegnete mir aber etwas, das ganz geeignet war, mich zu überzeugen, daß man auch mit groben Polizeibeamten demüthig thun und sich beherrschen muß.

Bamberg

Der dortige Polizeibeamte sah aus meinem Passe, daß ich von Italien kam und mochte aus meiner Sprache schließen, daß ich kein Deutscher sei. Mit Anmaßung fing er also gleich an, mit mir Italienisch sprechen zu wollen, was er nur sehr schlecht konnte. Ich mag meine Empfindlichkeit darüber, daß er eine Sprache sprechen wollte, die er auf jeden Fall weit weniger gut sprach als ich die deutsche, zu deutlich haben durchblicken lassen, und er, dadurch verletzt, bediente sich nun seiner Autorität und fing an, meinen alten Paß, der früher auch für meine Zöglinge mit in Chur ausgestellt war, einer scharfen Prüfung zu unterwerfen. Zwei bis drei seiner Bemerkungen schlug ich siegreich nieder; endlich sagte er aber, es sei im Passe nicht erklärt, warum ich nach Berlin reise, der Paß sei also nicht in der Ordnung und ich müsse nach Bergamo zurück. Dieß sagte er in einem Tone, aus dem ich leicht merken konnte, daß es ihm voller Ernst sei. Glücklicherweise war dieser Herr aber nicht der Oberste der Polizeibehörde. Er schickte den Paß nebst seinen Bemerkungen dem Director in der oberen Etage zu, und mir war unterdessen wirklich recht bange. Nach einer Weile kehrte aber der Paß zurück, und mein Herr Kommissair visirte ihn jetzt ohne Weiteres, und so zog ich, froh mit dem Schrecken davon gekommen zu sein, glücklich ab. Am folgenden Tage reiste ein Polizeibeamter in der Post mit nach Coburg. Von ihm erfuhr ich, daß es mein Glück gewesen, über München gekommen zu sein, und daß der Paß von der Oberpolizei daselbst visirt war, sonst würde ich ohne Zweifel zurückgeschickt worden sein.

Coburg

Bei dem Respect, den ich in Bamberg vor dem Polizeipersonal bekommen hatte, war ich nun in Coburg um so mehr überrascht, als ich auf der dortigen Polizei eine ganz entgegengesetzte Behandlung erfuhr. Sie, ein Schweitzer, hieß es, und ein italienischer Paß! und zwei bis drei sehr artige junge Herren traten heran und erkundigten sich über dieses und jenes, sprachen mit Begeisterung von Joh. Müller, von Salis und waren ganz Artigkeit und Gefälligkeit. Solch ein Unterschied also zwischen Sachsen und Baiern! dachte ich und trug den Unterschied zwischen einzelnen Individuen in meinem Urtheil leichtfertig auf die ganzen Völker über.

Saalfeld

Die unangenehmste und wirklich gefahrvollste Strecke meiner Reise war diejenige von Coburg nach Saalfeld. Die Diligence, ein gewöhnlicher Leiterwagen, auf dem sich Kisten und Menschen unter einander befanden, die Witterung rauh, der Weg schlecht, gefroren und voll tiefer Wagengleisen, und der Postillon, toll oder besoffen, fuhr ohne Schonung und ohne Verstand darauf los, so daß der Wagen von Zeit zu Zeit hoch in die Lüfte sprang und wir nicht wußten, wann wir hinaus geworfen werden und vielleicht Hals und Beine brechen würden. Das also sächsische Post! dachte ich, da lobe ich mir die bairischen, die bequem und zugleich weit wohlfeiler sind.

Leipzig

Von dem freundlichen Saalfeld mit seinen Erinnerungen und seiner schönen Saale aus ging ich wieder bis Leipzig zu Fuße. Hier war eben die Messe, mir alles fremd und unbekannt und sehr beschäftigt, weßwegen ich wohl gerade hier die erste Anwandlung von Heimweh bekam. Das Theater mit seinen eckigen Logen wollte mir im Vergleich mit dem italienischen nicht gefallen, und das Stück, das gespielt wurde, war auch unbedeutend. So beeilte ich mich, aus dieser Stadt hinaus zu kommen, und schon nach drei Tagen saß ich in einer dreispännigen Retourkutsche auf dem Wege nach Berlin.

Den ersten Abend hielt der Kutscher zu Dübben, einem einsamen Wirthshause in der Nähe eines Waldes. Es waren da viele Leute, und als ich nach dem Nachtessen den Wirth bat, mir mein Zimmer zu weisen, war seine Antwort, Betten habe er nicht, ich müsse mit auf der Streue schlafen, auf der schon mehrere Männer und Hunde durcheinander lagen. Das war mir nun etwas ganz Neues und schien mir wirklich zu gering, zu despectirlich, zumal in solcher Gesellschaft. Von dieser Eitelkeit wurde ich aber später gründlich geheilt und habe auf manchen Excursionen die Streu dem Bette weit vorgezogen.

Wittenberg

Einen großen Eindruck machte mir der erste Anblick der Elbe und Wittenberg als einstige Wiege der Reformation und jetzt aber auch zugleich als Festung mit seinen ausgedehnten Schanzen und Gräben. Es war die erste große Festung, die ich sah, und die majestätische Elbe verstärkte noch mehr den Respect, den ich angesichts derselben empfand.

Ueber Potsdam nach Berlin reiste ich an einem Sonntag Nachmittag, und was mir da auffiel, war besonders die Menge Volkes, vor einzeln stehenden Wirthshäusern an kleinen Tischen sitzend, viele Damen darunter, die mit ihrem Strickzeug emsig beschäftigt waren, das Bierglas mit schönem blankem Deckel vor sich, was allerdings solchen öffentlichen Orten etwas sehr Anziehendes gibt, mir aber als Entweihung des Sonntags erschien.

Berlin

In Berlin bekam ich ein Zimmer ganz nahe bei der Universität, für welches ich monatlich sechs Thaler bezahlte. Später logirte ich mich aber auf die Dauer in der Leipziger Straße bei einem geachteten Instrumentenmacher, Herrn Griebel, ein. Das Zimmer war schlecht; dagegen war da noch ein kleines Gärtchen, in welchem ich, in der guten Jahreszeit sehr ungestört studiren konnte, und die Leute, wenn auch ein wenig roh, doch gut und sehr gefällig. Ohne mir das Nöthige abgehen zu lassen, lebte und kleidete ich mich einfach und merkte bald, wie verschieden der Einfluß des Berliner Climas von dem des italienischen ist. Wenn man die Reinheit der Deutschen in geschlechtlicher Beziehung verglichen mit den Italienern rühmt, so hat man gewiß recht, nur darf dieselbe nicht bloß auf Rechnung sittlicher Stärke kommen, sondern auch die Nahrung und der climatische Einfluß haben ihren Antheil daran.

Ich ließ mich bei der philosophischen Fakultät einschreiben und sah mit Bedauern, daß Schleiermacher nicht über Plato las. Hocherfreut war ich aber, als ich von *Böck*[229] Plato's Republik und Tacitus' Historien im Catalog angekündigt sah. Beide Collegien wurden von mir belegt und außerdem deutsche Geschichte bei Wilken[230]. Die Odyssee bei Wolf[231] (war ein Publicum) und Psychologie bei *Schleiermacher*.

Waren es meine zu beschränkten Kenntnisse im Lateinischen und Griechischen, oder war es die philologisch gehaltene und bis in's Kleinlichste gehende Kritik, die mich in Böck's Collegium abschreckte, genug, ich fand da weder Anregung und Lust noch nachhaltige Belehrung. Wilken's Vortrag war ebenfalls nicht anregend, wie gründlich er auch sein mochte, und Wolf, der uns anfangs ganz entzückte, fing bald an zu extemporiren, dann zu schwänzen und setzte nach einigen Wochen ganz aus.

Schleiermacher [232]

Schleiermacher's Psychologie und die freie Weise, in der er sprach, vom Bekannten oder leicht Faßlichen ausgehend, und in seinen Eintheilungen nie willkürlich, sondern klar und scharf scheidend, ergriff allein meine Seele gleich in den ersten Stunden mit ganz ungewöhnlicher Gewalt. Neben mir saß ein Lehrer an einem Berliner Gymnasium, Engelhardt, ein sehr freundlicher junger Mann, der Schleiermacher schon viel gehört, im Nachschreiben große Fertigkeit hatte und daher ein gutes Heft zusammenstellte. Er lieh es mir zur Vervollständigung des meinigen, was ich im Universtitäts Garten von acht bis neun that, wo ich, zwischen der Psychologie und der deutschen Geschichte, eine Splitterstunde hatte und sie auf diese Weise trefflich benutzte.

Bei Wilken waren wenige Zuhörer. Dort kam ich in die Nähe von zwei andern bemoosten Häuptern zu sitzen; der eine schon Doctor C. Förster, hatte sich in den Freiheitskriegen[233] das eiserne Kreutz errungen, war sehr liberal und in seinem Aeußern gar einnehmend. Der andere, Carl Koslovski aus Tilsit, hatte ebenfalls schon als Freiwilliger die Freiheitskriege mitgemacht, holte jetzt seine Studien in Berlin nach und wurde einige Zeit später Referendar. Mit diesen kam nun auch die Rede auf die Psychologie, die sie ebenfalls bei Schleiermacher hörten. Auch sie waren über dieses Collegium erfreut, und so wurden wir einig, unsere Splitterstunde von acht bis neun zur Besprechung und Discussion darüber zu verwenden, was mir wenigstens zum größten Segen gereichte. Denn erstens wurde ich dadurch nicht allein in die Psychologie, sondern auch in Schleiermacher's Geist überhaupt tiefer eingeführt, als mir dieß sonst möglich geworden wäre, und zweitens wurde ich mit Koslovski näher bekannt und gewann an ihm einen Freund, wie ich auf der Universität und auch in andern Verhältnissen des Lebens noch keinen gleichen gefunden hatte.

Koslovski [234]

Seine Lebhaftigkeit, sein Interesse für alles Höhere, das seelenvolle, wenn auch etwas schalkhafte blaue Auge, seine liebliche Sprache, sein Scherz und sein Ernst fanden in meinem Herzen einen so sympathischen Anklang, daß nach und nach schon sein Anblick von fern bei mir etwas von derselben Bewegung erweckte, die man sonst nur für eine Geliebte empfindet. Und wie er mich versicherte, war dasselbe auch bei ihm mir gegenüber der Fall. So war denn das schönste Freundschafts- und Seelenband zwischen uns zwei der Heimat nach – Sarn und Tilsit – einander fernsten Söhnen Deutschland's auf der ganzen Universität geschlossen, und es war dasjenige, welches mir im Aeußern und Innern während meines Aufenthaltes in Berlin den größten Segen gebracht hat. Gemeinschaftlich besuchten wir Schleiermacher's Predigten, gemeinschaftlich lasen wir seine Schriften, studirten wir seine Collegien und schöpften aus allem den lehrreichsten und anziehendsten Stoff der Unterhaltung auf unsern Spatziergängen wie im Zimmer. Die tiefe, volle Herzensfreundschaft, die wahre Seelensympathie ist mir besonders durch das Verhältniß zu ihm anschaulich und deutlich geworden. Ich bin daher auch sehr geneigt zu glauben, daß der Hauptnutzen der Universitäten nicht so wohl in den Vorlesungen der Professoren zu suchen sei, sondern vielmehr in den Besprechungen über diese mit gleichgesinnten Freunden und in der Gelegenheit, gleichgesinnte Freunde zu finden, wie sie sich im späteren Berufsleben nur selten darbietet.

Theologie. Schleiermacher

Nach der Predigt gingen wir an einem Sonntage im Thiergarten spazieren und lasen da an einem einsamen Orte in Schleiermacher's «Reden über die Religion an die Gebildeten unter ihren Verächtern». Der Eindruck war für mich so ergreifend, daß ich laut ausrief: «Nein, bei diesem Manne will ich von nun an alle Collegien hören, die er liest», und so geschah es auch. Obgleich für die Philosophie eingeschrieben, besuchte ich im folgenden Semester die Dogmatik, zu der leider die Einleitung in dem vorhergehenden gelesen worden war, hörte bei ihm Aesthetik und Dialectik, excerpirte Hefte über Moral und Pädagogik und suchte immer tiefer in seinen Geist und sein System einzudringen. Die Reden über Religion gaben mir einen anderen als den gewöhnlichen Begriff von ihr und vom Glauben, und die Vorlesungen über Dogmatik söhnten mich jetzt vollkommen mit der Theologie aus und fachten meine alte Liebe zu ihr wieder an, während sie mich überzeugten, daß ich nun auch in Bünden, ohne ein Heuchler zu werden oder im steten Widerspruche zwischen dem persönlichen und kirchlichen Glauben zu sein, mich dem Dienste der Kirche widmen und eine Pfarrstelle übernehmen könne, was von da an nun auch mein fester Entschluß war.

Was mir in ethischer Beziehung immer große Schwierigkeiten gemacht hatte, war das göttliche Gesetz, welchem alle gleich unterworfen und nach welchem alle gleich beurtheilt werden sollten. Daß von denen, die viel empfangen haben, auch viel gefordert werden werde, sagt die Schrift deutlich genug; aber dieses *Viel* bezeichnet doch nur das Maaß, die Quantität, und so blieb mir dasjenige immer unlösbar, was sich mehr auf die Verschiedenheit oder die Qualität in den Naturen bezieht. Dieses Räthsel wurde mir auch durch Schleiermacher und zumal durch eine Stelle in seinen «Monologen» gelöst, wo er dem allgemein Menschlichen das Individuelle gegenüber stellt und die Rechte der Individualität mit großer Schärfe und Stärke begründet. Es war dieß der zweite Punct, der mich so recht fühlen und erkennen ließ, wie es bei der Bildung des Geistes nicht die *Masse von Kenntnissen* ist, was am meisten entscheidet, sondern die Erfassung des betreffenden Prinzips, die Wahrnehmung des Lichtpunctes, von dem aus allein sich das rechte Licht verbreiten und die klare Auffassung und Beherrschung der Gegenstände einer bestimmten Sphäre ermöglichen wird.

Mit der Einsicht in die Rechte der Individualität fielen auf einmal die tausend Schwierigkeiten, die mich früher bei'm Nachdenken über Weltregierung und Zurechnung gequält hatten. Ich muß es wiederholen, es ist nicht sowohl die Masse der Kenntnisse, als vielmehr die Energie des Geistes, die vorhandenen Kenntnisse gehörig zu ordnen und richtig zu gestalten, was den Mann zu einem gebildeten und den Lehrer zu einem tüchtigen macht, und das ist es auch, was an Schleiermacher so sehr zu bewundern ist, daß er sich selbst als solchen erweist, wie er den Sokrates in seiner Einleitung zum «Phädros» schildert – man wird ihn klar und mit innigster Befriedigung verstehen oder sich gestehen müssen, ihn gar nicht zu verstehen. Dieses Ausgehen vom Bekannten, Unleugbaren, diese scharfen Theilungen durch Gegensätze – dieses Eingestehen, wo sie nur fließend gefaßt werden können – diese Gerechtigkeit, jede Ansicht von ihrem Standpuncte aus in's günstigste Licht zu stellen, überall, auch an den eigenen Auffassungen, die Schattenseite nicht zu verdecken, dieses allmälige Fortschreiten, nicht auf dem Grunde willkürlich angenommener Sätze, sondern auf festem, gesicherten Boden: dieses war es, was mich für Schleiermacher so sehr einnahm und mich immer noch mit Bewunderung und Dank gegen ihn erfüllt. Er wurde mir auf der Universität und für die reiferen Jahre dasselbe, was mir Herr Fr. von Tscharner für's Gymnasium gewesen war, und der eigentliche Vermittler zu meiner besseren Weltanschauung und Aussöhnung mit der Theologie.

Mit der lebendigen Auffassung des echt Religiösen (im Gegensatze zu den bloßen Formen und temporären Zuthaten der letzteren) sowie in der Unterscheidung und Würdigung der Individualität gegenüber dem allgemein Menschlichen hatte ich einen andern Centralpunct für's Leben gefunden und konnte nicht nur Andere mit mehr Milde, sondern auch mich selbst mit mehr Beruhigung und Trost beurtheilen. Dem Neide wie dem Hochmuthe waren jetzt die Flügel beschnitten und der Grundsatz befestigt, duldsam gegen Andersdenkende zu sein und für mich selbst nur das zu werden anzustreben, was mir Gott meiner Natur nach zu werden angewiesen, dieses aber in möglichster Stärke und Vollkommenheit. Jene so gewöhnliche Anmaßung zu wähnen, daß derjenige, der anders denkt und handelt als wir selbst, ganz im Unrecht, nur im verderblichen Irrthum befangen und von Selbstsucht geblendet oder durch Bosheit verstockt sein müsse, wenn er sich nicht belehren, nicht zu unserer Ansicht herüber ziehen lasse, erschien mir seitdem nur als geistige Befangenheit und Geistesknechtung.

In Berlin war gerade das Turnen und die Burschenschaft durch Jahn[235] in Schwung gekommen. Ohne in sie einzutreten, hielt ich mich zu der Burschenschaft und nahm an den Turnübungen, jedoch mit keinem großen Erfolge, theil.

Schweitzer Studenten

Mit den Schweitzern, deren damals viele in Berlin waren, kam ich bei besonderen Feierlichkeiten zusammen; in nähere Berührung und freundlichen geselligen Umgang nur mit Carl von Jecklin[236] von Chur, mit Burkhardt von Basel[237], der sich damals schon als ein tüchtiger und achtungswerther junger Mann zeigte und sich später als Bürgermeister und in andern hohen Aemtern als solcher erwiesen hat, mit Hagenauer[238], einem sehr gutmüthigen, aber politischen Schwärmer, mit dessen Bruder[239], der früher Director des Waisenhauses in Königsberg gewesen war und sich jetzt in Berlin aufhielt, besonders aber mit Carl Schmidt[240] von Aarau, mit dem ich auch manchmal gemeinsam studirte, der mir einer der schätzbarsten und liebsten war und auch seitdem geblieben ist.

Familienkreise

In Familienkreise kam ich in Berlin nur einigemal zu Herrn Hanselmann, meinem Cassier, bei dem ich aber nicht viel Erhebendes fand, obwohl er eine hübsche Familie hatte, dessen Söhne mir aber als sehr philiströse Berliner erschienen; dann im Kränzchen bei Schleiermacher, wo es freilich anders war.

Wie Menschen, die mehr dem Inneren zugewandt sind, in einer großen Stadt viel einsamer dastehen können als in einer kleinen, wurde mir in Berlin recht anschaulich, deßgleichen auch, wie geeignet große Städte sind, das Gemüthliche erkalten zu machen und zu verdrängen, was an kleineren Orten gerade das schönste Band des geselligen Lebens ist. Eine Leiche, ja sogar eine Feuersbrunst sind Dinge, bei denen man in einer großen Stadt mit großer Gleichgültigkeit vorüber zu gehen lernt und oft nur gleichsam aus Neugierde bei ihnen verweilt. Einen widrigen Eindruck macht es besonders, wenn man bei Leichenbegängnissen der Vornehmen nur Kutschen und Pferde, nicht aber theilnehmende Menschen dem Zuge folgen sieht.

Theater

Das Theater hatte für mich auch nicht das Anziehende wie für manche meiner Bekannten, zumal wenn man von fünf bis sieben Uhr vor dem Schauspielhause stehen und sich pressen lassen mußte, um einen ordentlichen Platz im Parterre zu bekommen. Was mich besonders ansprach, waren weniger die Meisterwerke unserer dramatischen Poesie, als Lustspiele, in denen Devrient[241] sein herrliches Talent entwickelte. Hier bewunderte und liebte ich die Kunst, die mir so sehr abging; bei den großen Werken Lessing's, Schiller's und Goethe's dagegen genoß ich fast mehr durch eigenes Lesen zu Hause, indem es mir scheinen wollte, ihre Helden hätten auch an den besten Schauspielern keine ihnen hinlänglich würdige Repräsentanten gefunden.

Dresden

Eine schöne Episode in meinem Universitätsleben bildete ein vierwöchentlicher Aufenthalt in Dresden während der Herbstferien 1818. Ich logirte da mit Jecklin bei einem Landsmann, Wazzau von Sarn[242], und besuchte besonders die Gemäldegallerie täglich ein paar Stunden. Ich fand großen Genuß daran und freute mich herzlich, wenn ich im Catalog fand, daß ein Gemälde, das mir als werthvoll erschienen, wirklich ein berühmtes, von einem ausgezeichneten Meister war. Mir alles so im Fluge von einem Cicerone vorleiern zu lassen, hatte ich von Anfang an verschmäht. Noch sind mir die allerliebsten Engelsköpfe am Fuße der Madonna di St. Sisto in theurem Andenken, St. Giorgio von Buonarotti in seinem männlichen Auftreten, während die Knaben mit Larven spielen; die heilige Cäcilia, das vollkommenste Bild religiöser Andacht und Erhebung, das mir im Leben und in der Malerei vorgekommen ist; Lodovico Moro von da Vinci; der Erlöser von Carlo Dolci, besonders des vor ihm stehenden Kelches wegen, der, recht angesehen, fast wie [ein] Relief erscheint, und so mehrere andere.

Auch die Antikensammlung, die Gipsabdrücke, die Waffen in ihrer stufenweisen Vervollkommnung gewährten mir einen reichen Genuß, und im grünen Gewölbe sah ich die größten Kostbarkeiten, die mir bis dahin zu Gesichte gekommen waren.

Sächsische Schweitz

Auch die Umgegend von Dresden und besonders ein Ausflug nach der sächsischen Schweitz trugen dazu bei, Herz und Gemüth zu erweitern. Wir waren unser drei, Jecklin, ein Lithauer, Graf, Student in Berlin, und ich. Das Befriedigendste für mich war, einmal wieder helle Bächlein zu sehen und die Bastei, die am meisten Schweitzerisches haben mag oder an sich schon wirklich etwas Großartiges ist.

Wie wünschenswerth einige Widerwärtigkeiten auf Reisen sind, wenn sie uns in der Folge noch interessant bleiben sollen, davon lieferte mir dieser Ausflug den stärksten Beweis. Wir zogen mit dem schönsten Wetter von *Schandau* aus, trafen auf dem Wege einen Dresdner Kaufmann mit seiner Frau, seiner Schwägerin und deren Bräutigam, einen preußischen Officier, alles liebe Leute. Mit ihnen machten wir den Gang hinauf nach dem Kuhstall, dem Winterberg und herunter zur Elbe. Es war schon Dämmerung; doch entschloß sich die Gesellschaft nach Schandau zurück zu kehren. Wir waren noch nicht weit gegangen, als uns der furchtbarste Platzregen überfiel, die Bäche schwollen an, wir tappten unvermerkt darin, waren durchnäßt bis auf die Haut, und noch hörte der Regen nicht auf. Bei einigen Häusern, an denen wir vorüberkamen, wurde uns der Einlaß verweigert, weßwegen der Officier ganz aufgebracht sagte: «Läßt man uns bei dem nächsten nicht ein, so brauche ich Gewalt.» Diese wurde nicht nöthig, man ließ uns bei'm nächsten Hause freundlich ein, nur mit dem Bemerken, daß wir uns mit einer Streue begnügen müßten; denn Betten seien nicht vorhanden. So traten denn obige zwei Pärchen und wir drei Berliner Studenten, alle vor Nässe triefend, in die kleine Stube. Die armen Frauenzimmer, wie voll Jammer sahen sie sich an, sollten sie die ganze Nacht in dem nassen Anzug bleiben oder ohne denselben? was noch unthunlicher war. Wir bekamen Eier, Brod und eine gute Mehlsuppe und suchten durch Spässe unser Unglück zu mildern. Nun wurde die Streue gebracht, die guten Frauen ließen von ihren nicht absolut nothwendigen Kleidungsstücken eines nach dem anderen fallen, um es in der Küche trocknen zu lassen, und legten sich unter der Aegide ihrer Getreuen mit uns auf die gleiche Streu nieder. Am andern Morgen hatten wir wieder einen sehr schönen Tag, und wir Studenten setzten nun unseren Wanderstab allein weiter fort, ohne abzuwarten, bis die Frauen ihre Toilette gemacht hatten. Jetzt sahen wir erst, aus den Verwüstungen, die das Ungewitter angerichtet hatte, welchen Gefahren wir uns ausgesetzt haben würden, wenn wir Abends zuvor unsere Reise fortgesetzt hätten, und dieses Abenteuer gerade war es, warum ich so oft und so gern an sie zurückgedacht habe.

Berlin. Hegel

Nach Berlin wurde zu dieser Zeit auch Hegel[243] berufen. Förster verließ nun Schleiermacher und ging zu ihm über; einzelne meiner Freunde oder Landsleute, wie Christ[244], Meyer[245], Schuster[246], vergötterten den neuen Philosophen: heute, hieß es zuweilen, hat er wieder wie ein Herr Gott gesprochen. Ich mußte Achtung für ihn gewinnen, da so viele junge geistreiche Studenten so begeistert von ihm sprachen. Ich wünschte also auch an diesem Born zu trinken, ging in sein Collegium, hörte aufmerksam zu und gab mir vier Wochen lang alle Mühe, mich auch in sein System hinein zu arbeiten, vergebens: ich befand mich immer ohne Boden unter den Füßen, in kalten, unbelichten Höhen. Er wird, er muß in seiner Art vortrefflich sein, der Mann, für seine geistreichen Geistesverwandten; für mich aber ist da keine oder zu wenig Hoffnung, große Ausbeute zu machen, dachte ich, und verlegte mich also nur um so eifriger auf meine Schleiermacher'schen Werke und Collegia.

Unter meinen Landsleuten waren einige sehr fleißige, gute, für die Universität in positiven Kenntnissen besser vorgebildete Leute als ich, und die es demnach zu keinem Resultat, zu keiner Selbständigkeit im Denken brachten. Es wurde mir daher klar, daß es etwas Verkehrtes ist, so junge Leute schon auf die Universität zu schicken und daß, wenn es irgend anginge meines Erachtens jeder vorher schon, der Mediciner in der Medicin, der Theolog bei einem Theologen, der Jurist bei einem Advocaten, practische Uebungen gehabt und das Wesentliche in seinem Amte durch eigene Anschauung einigermaßen kennen gelernt haben sollte, bevor er die

Universität betritt. Diejenigen, an die sich Sokrates wendet und dessen Schüler sind, [sind] doch gereifte Männer und andere Leute gewesen als unsere Gymnasiasten, die den Plato lesen.

Abgang von Berlin

Zwei Umstände traten ein, weßwegen ich die Universität ein halbes Jahr früher verlassen mußte, als ich mir vorgenommen hatte. Herr Orelli hatte einen Ruf an das Gymnasium seiner Vaterstadt erhalten und angenommen. Er verließ also, zum großen Bedauern seiner Freunde und zu noch größerem Nachtheil für unseren Kanton, die Kantonsschule, und an seine Stelle wurde ich als Lehrer der italienischen Sprache und anderer Fächer berufen. Kein Ruf hätte mir erwünschter sein können als der an unsere höchste heimathliche Anstalt, an welcher ich meine frühere Bildung erhalten hatte und unter deren Lehrern und Behörden ich manche liebe Freunde zählte. Dazu kam noch, daß das Berliner Clima oder das angestrengte Studiren, meiner Gesundheit so zugesetzt hatte, daß meine Brust litt und sich bis zum Blutspucken angegriffen fühlte. Dieß war ein gebieterischer Grund mehr, den erhaltenen Ruf anzunehmen und sobald wie möglich in's Vaterland zurück zu kehren, und so schickte ich mich Ende August zur Abreise dahin an und schied von Berlin, wo ich das vorzüglich Erwartete nicht gefunden hatte, aber vieles andere weit Lohnendere und Schätzbarere.

Rückreise von Berlin

Besonders leid that es mir, von Koslovski und Schleiermacher zu scheiden, die ich kaum hoffen durfte, auf dieser Erde wieder zu sehen. Letzterem galt mein letzter Abschiedsbesuch. Koslovski begleitete mich mit Jecklin bis zu dem schönen Park vor Wörlitz im Dessauischen. Das Andenken, das er mir mitgab, war das wohlgetroffene Bild Schleiermacher's, unter welches er die evangelische Stelle geschrieben hatte: *«Denn er lehrete nicht, wie die Schriftgelehrten und Pharisäer, sondern als einer, der Macht hat.»*[247]

Ich hatte mich mit dem Tabaksrauchen eingeschränkt, und um der Versuchung leichter zu widerstehen, keine Pfeife und Zubehör mitgenommen. In Potsdam badeten wir im See, und nach dem Bade erwachte gleich die Lust zum Rauchen; da rückte mein Koslovski mit Feuerzeug,

Tabaksbeutel, Tabak und einer Pfeife mit dem Berliner Universitätsgebäude heraus. Es war mir zum Andenken bestimmt. So zart und sinnig schenkte mein Freund.

In Wittenberg bestellten wir die Post und sahen uns indeß in der Stadt um. Nach unserer Rückkehr war noch nichts bereit, und der Postmeister wollte uns mit Winkelzügen hinhalten. Da entbrannte und fuhr mein Koslovski los, wie ich es an ihm nie gesehen hatte; dieß wirkte. Ich äußerte ihm hintendrein mein Befremden, wie er, der so gute, so sanftmüthige Mensch, mit solcher Heftigkeit habe aufbegehren können. Er antwortete mir lächelnd, grob müsse man mit gewissen Leuten sein; dann hielten sie einen für vornehm und schmiegten sich, ohne dieses würden sie selbst grob und thäten ihre Pflicht nicht.

Nachdem wir Wörlitz und den Park zusammen durchwandert und die schönen Anlagen mit Vergnügen beschaut, den Abend und den anderen Tag bis zehn Uhr mit einander zugebracht hatten, schlug die Stunde des Scheidens. Es war eine Scene, wie ich sie weder früher noch später erlebt habe – ein so tiefer, dumpfer Schmerz im Inneren und eine Art völliger Verstockung im Aeußeren – ohne Thränen, ohne Worte, gänzliche Verstummung. Aber nach wenig Minuten der Entfernung durchbrach der Schmerz seine Dämme, und ein Strom von Thränen machte meinem gepreßten Herzen Luft. Meine Gedanken waren bei Koslovski, bei allem, was wir zusammen genossen, was ich an ihm besessen, und in dieser Erinnerung und im innigsten Danke gegen die Vorsehung kehrte wieder Ruhe und Heiterkeit in die beklommene Seele zurück. Ueber Halle kamen wir noch an demselben Tage nach Leipzig, wo mich auch Jecklin verließ, und von wo ich meinen Weg nach Jena nahm.

Hier lernte ich zuerst Carl Folen[248] kennen, an den ich empfohlen war, hospitirte bei Luden[249] und anderen und fand dieses schöne Städtchen sehr geeignet für ein gemüthliches Universitätsleben. In Weimar introducirte ich mich mit keiner anderen Empfehlung bei Hofrath Meyer[250] als derjenigen, ein Schweitzer zu sein. Auch in der Nähe des Hofes und bei aller Auszeichnung, die er da und anderwärts gefunden, war er ein schlichter Schweitzer geblieben, sprach noch sein trauliches Züricher Deutsch, und ich verbrachte bei ihm ein paar sehr gemüthliche Stunden. Goethe war abwesend, sonst hätte er mich ihm vorstellen wollen.

Schnepfenthal

Die Achtung, die ich für den alten Salzmann[251] als Pädagog hegte, bestimmte mich, einen Abstecher nach Schnepfenthal zu machen. Leider waren Zöglinge und Lehrer auf einer Harzreise abwesend, das Wetter war trübe, das Wirthshaus in Rödigen und das Bier grundschlecht, was mich auch verstimmte, und so stand ich im Begriffe, ziemlich unbefriedigt abzuziehen, als mich jemand, da er hörte, daß ich ein Schweitzer sei, noch zu Girtanner[252] wies, der mich zum Caffeh einlud und angenehm unterhielt. Wir dachten freilich beide nicht daran, daß ich mir dereinst von Schnepfenthal eine Frau holen und wir später sehr vertraute Freunde und Verwandte werden würden.

Ueber Eisenach zog ich nun nach dem Rhein, brachte ein paar schöne Tage in Wetzlar bei Weber[253], der Director des dortigen Gymnasiums war, zu, und freute mich, die schöne, mir schon durch «Werther's Leiden» wichtig gewordene Gegend genauer kennen zu lernen.

Einen majestätischen Anblick gewährte mir Coblenz, der Rhein mit seiner langen Brücke und die Festung Ehrenbreitstein. In Coblenz brachte ich wieder mit einem Schweitzer, Leuzinger von Glarus[254], der Lehrer am dortigen Gymnasium war, einen sehr gemüthlichen Abend bei Moselwein in einem Garten zu. Sei es, daß ich des Weines jetzt ungewohnt war, oder hatten wir ihn in zu reichem Maaße genossen, ich büßte am folgenden Tage mit Kopfweh und ging, ohne meinen Paß visiren zu lassen, über die preußische Grenze. Weil ich nicht gern zurückkehren wollte, wagte ich, auf die Gefahr hin eingesteckt zu werden, weiter zu ziehen und kam auch überall glücklich durch; doch immer von einer gewissen Sorge benagt, die man sich ersparen sollte.

Diese Gegenden am Rhein, zumal der Thalkessel von Bingen, sind doch sehr schön!

Ueber Mainz und Worms kam ich nach Carlsruhe, wo Professor Ladomus[255] mich freundlich aufnahm. Hebel persönlich kennen zu lernen, war mir aber nicht vergönnt, weil er abwesend war.

In Pforzheim besuchte ich eine Bekannte von Bern aus, Fräulein Vulpius, und bedauerte, die andern mir immer schätzbarern Fräuleins Cola[n]y nicht zu treffen.

In Heidelberg und Tübingen fand ich Bündner Studenten, die mich mit der Gegend bekannt machten, und in dem Maße, wie ich mich der Schweitz näherte und als ich durch die schönen Buchenwälder im Kanton Schaffhausen kam, steigerten sich auch in der Seele alle höheren Gefühle. In Schaffhausen besuchte ich wieder den liebevollen Professor Georg

Müller, ergötzte mich am Rheinfalle und ging von da nach Zürich, wo ich wieder einige Tage vergnügt bei Freund Orelli zubrachte.

Diese ganze Reise hatte ich von Wörlitz weg beinah immer zu Fuß gemacht – über zwei Hundert Stunden – und mich dadurch nicht allein leiblich gestärkt, sondern auch geistig durch viele sehr angenehme Erinnerungen; bereichert und gehoben eilte ich jetzt vergnügt und voll guter Hoffnung der Heimath zu, wo ich meinen Eltern und Freunden sehr willkommen erschien.

XI. Lehramt an der Kantonsschule

Anstellung an der Kantonsschule

Eine Anstellung im Vaterlande kann wohl für jeden als die naturgemäßeste betrachtet werden. Wie für die Pflanze, ist auch für den Menschen der heimathliche Boden der fruchtbarste. Es ist wohl wahr, daß fremde Lehrer zuweilen erfolgreicher wirken als einheimische; wo dieß aber der Fall ist, geschieht es nur in Folge höherer Begabung, denn bei gleichen Kenntnissen, Lehrtalent und Methode wird der einheimische den Vorzug verdienen. Er muß ja das Gute und das Schlimme in dem Bildungsstande seines Volkes besser kennen und in Folge dessen auch den besten Anknüpfungspunct leichter treffen für das Gute, das er verbreiten, wie für das Böse, das er bekämpfen und aus dem Wege räumen soll. Dieß gilt freilich ganz besonders in Bezug auf die Volksbildung; aber auch von der gelehrten möchte ich behaupten, daß es damit mehr oder weniger die gleiche Bewandtniß habe. Entfernt sie sich allzusehr von der Volksthümlichkeit, so wird sie in der Regel auch weniger lebendig, weniger fruchtbringend sein. Mit dieser Ueberzeugung, die im Laufe der Jahre nur noch fester in mir geworden, mit den besten Vorsätzen und heiteren Hoffnungen trat ich in die Schule. Einen mir im Allgemeinen mehr zusagenden Wirkungskreis hätte ich mir nicht wünschen können. In den Behörden, Schulrath und Directorium, waren Männer, die ich hochschätzte – von Tscharner, von Albertini u. a. m. In der Schule fand ich noch frühere Lehrer, Herrn Kind, Tester, Richter, zugleich andere mir schon sehr befreundete Männer, z.B. Herbst; in der Stadt überall ehemalige Schulgenossen und Bekannte, was mich nach so langer Abwesenheit auch sehr freute.

Stand der Schule

Die Kantonsschule, im Jahre 1804 gegründet und vom Staate nur mit 2,000 fl. jährlich dotirt, hatte sich allmälig Schritt für Schritt erweitert, immer mehr Popularität gewonnen und sich als eine unseren Bedürfnissen angemessene und daher sehr wohlthätige Anstalt erwiesen. Die provisorische Anstellung der Herren von *Tscharner*, später des Herrn *Kind* und besonders *Tester's* für die Mathematik hatte schon viel dazu beigetragen. Im Jahre 1814 wurde dann auch Herr L. Hold, früher Lehrer in Aarau und Freund von Ever[256], berufen mit dem Versprechen, ihm nach einem Jahre auch die Rectorstelle zu geben, an welcher er dann auch bis ein Jahr vor seinem Tode geblieben ist. Seine wohlthätigste Wirksamkeit entwickelte er ohnstreitig in den ersten Jahren. Nach Aussage der besseren seiner ersten Schüler, muß er nicht allein die alten Sprachen weit besser gelehrt haben als dieß später der Fall war, sondern sich auch durch gute Zucht, strenge Ordnung und geistige Anregung bedeutende Verdienste erworben haben. Auf seinen Rath hin war gleich Orelli berufen worden, der die Liebe der Schüler in so ungewöhnlichem Grade genoß und durch seine Gelehramkeit und Herzensgüte so wohlthätig wirkte. Später kam Weber[257], der gelehrt und in der literarischen Welt bekannt, aber für unsere Verhältnisse gar nicht geeignet war, und mehr durch seine satyrischen Witze als durch seine Leistungen in gutem Andenken geblieben ist. Unerträglich war ihm die Correktur der Aufsätze, und da machte er durch ein Gedicht dem gepreßten Herzen Luft, in welchem u.a. ungefähr folgende Strophe vorkam:

O schöne Zeit, wo Kindlein noch und Rüde
In einer Wiege lag,
Und keiner Hefte schrieb und keiner corrigirte.

Chur characterisirte er in einem anderen Liede, indem er sagte:

... Und zu fünf unscheinbaren Thoren
Stürzt eilend hinaus trunkliebendes Bergvolk.

Von Weber empfohlen, wurde dann auch Herbst[258], sein Universitätsfreund und später sein Nachfolger als Director am Gymnasium zu Wetzlar, berufen. Ein guter Lehrer und angenehmer Gesellschafter, dessen Weggang wir sehr bedauerten. Er selbst hat vermuthlich auch übel gethan, uns so früh zu verlassen.

Director Hold[259]

Wenn aber Schleiermacher die Erziehung eintheilt in eine laxe und eine tyrannische, so näherte sich die des Herrn Hold zweifelsohne der letzteren. Durch sein tyrannisches Verfahren überwarf er sich schon in den ersten Tagen mit Weber, und mit dem guten Orelli, der sich ihm anfänglich ganz hingegeben hatte, trieb er es in der Folge so weit, daß dieser sich endlich emanzipirte und voll Mißmuth die Schule verließ, die er mit aller Liebe in's Herz geschlossen hatte. Aehnlich war es auch mit den Schülern: entweder mußten sie seine Creaturen werden oder sie zerfielen ganz und gar mit ihm. Manche verließen nur aus diesem Grunde und zu ihrem großen Nachtheile die Schule, ehe sie den Cursus vollendet hatten, und in den letzten Jahren befanden sich unter den Lehrern und Schülern wohl nur sehr wenige, die auch nur höhere moralische Achtung, geschweige denn Zuneigung für ihn empfunden hätten. Nach meiner Ueberzeugung war er es, der durch sein strenges und formelles Verfahren das gute Vernehmen unter den Lehrern und die Pietät bei den Schülern untergrub und aus der Schule verbannte. Er konnte sich nicht überzeugen, daß man auch Schüler durch gemäßigte Freiheit leichter als durch allzustrenge Gesetze und Strafen zur Erfüllung ihrer Pflichten lenken soll und kann und daß die Hauptsorge einer guten Schulbehörde vielmehr darauf gerichtet sein sollte, die Jugend vor Uebertretung der Gesetze möglichst zu bewahren, als sie dabei zu *ertappen*. Ohne mit Herrn Hold in eigentlicher Spannung gestanden zu haben, konnte ich seine Ansichten über Erziehung doch nicht theilen und glaube nicht, daß er sich, bei aller seiner Strenge in ethischer Beziehung, große Verdienste um unsere Schule erworben hat.

Logis

Mein Logis nahm ich bei Bundesweibel Sprecher[260], wo Orelli gewesen war, und Herbst und einige bessere Kantonsschüler noch jetzt waren. Die Familie war damals im Wohlstande, und sowohl mit dem Tische als auch mit dem Logis und der Aufwartung konnte ich vollkommen zufrieden sein. Zarte Aufmerksamkeit bewiesen mir besonders Frau und Tochter bei einer Lungenentzündung, an welcher ich noch in demselben Herbst einige Tage darnieder lag.

Unterricht

Eine harte Probe hatte ich freilich bei der Uebernahme aller Stunden von Orelli zu bestehen, zumal ich also auch römische Geschichte lehren sollte, die ich zwar gern übernahm, zu der ich aber kaum die erforderlichen Kenntnisse hatte. Mir selbst hat indessen dieser Unterricht sehr genützt, weil ich mich genöthigt sah, Niebuhr[261] und Livius[262] genauer zu studiren. Leichter ging es mit den italienischen Classen, wiewohl ich darin auch noch keine Uebung hatte und diese Sprache auf der Universität ziemlich hatte liegen lassen.

Röder

Eine bedeutende Erweiterung und höheren Aufschwung bekam die Kantonsschule in den nächsten Jahren. Für's Französische, wozu er am wenigsten taugte und das er auch nur kurze Zeit lehrte, wurde Röder[263], bisher Hofmeister in Mariehalde bei Graf Benzel-Sternau[264], berufen. Er übernahm aber in der Folge andere Unterrichtsfächer jeder Art, erwarb sich große Verdienste um den geographischen und geschichtlichen Unterricht und eine Kenntnis von unseren Verhältnissen und unserer vaterländischen Geschichte, wie dieß kaum einem anderen Ausländer gelungen ist. Er entwickelte auch in kurzer Zeit eine sehr ausgebreitete literarische Thätigkeit, besonders in Verbindung mit Oberst P. C. von Tscharner[265], mit dem er das Volksblatt und die Bündner Zeitung eine Zeit lang gemeinsam redigirte und später die Beschreibung von Bünden und manche andere werthvolle Abhandlung herausgab. Er erwarb sich auch das vollste Zutrauen unserer Behörden. Zu bedauern war nur, daß er auch des Brodes wegen schreiben mußte und, wie der böse Leumund behauptete, die wünschbare Unpartheilichkeit und Characterfestigkeit nicht immer hinlänglich bewahrte. So ist ihm sein Nekrolog von Regens Purtscher[266], einem Redemptoristen, der zwar ein geistreicher Mann war, aber in Bezug auf die Toleranz in Bündten nicht eben wohlthätig wirkte, selbst von seinen Freunden sehr verdeutet worden. Dagegen haben andere seiner historischen Abhandlungen, die im Auftrag der Regierung von ihm gefertigt wurden, große Anerkennung gefunden. Einige derselben sind auch in's Italienische und Romanische übersetzt worden.

Georg Wilhelm Röder (1795-1872) (Rätisches Museum, Chur).

Turnen

Nicht lange nachher wurde auch Herr *Völker*[267] von Eisenach, ein politischer Flüchtling, und so wie Röder ein intimer Freund von *Sand*[268], angestellt, durch ihn das Turnen in der Kantonsschule eingeführt und mit großem Eifer betrieben. Aus dieser Zeit stammt ein Bogen deutscher Lieder, die wir drucken ließen, wodurch die beiden schönen Gedichte von R. Wyß[269], die ich von Bern mitgebracht hatte: «Rufst du mein Vaterland» und «Herz, mis Herz, warum so traurig?» auch in Bünden einheimisch geworden sind. Auch Wilhelm Snell[270] und Carl Folen kamen jetzt nach Chur und trugen nicht wenig dazu bei, dem Liberalismus Aufschwung zu geben und das gesellige Leben zu verschönern. Wir alle wohnten in dem gleichen Hause bei'm Bundsweibel Sprecher, und so hatten wir über Tische und in den Abendstunden oft sehr angenehme und lehrreiche Unterhaltung.

Schullehreranstalt

Eine andere höchst wichtige Erweiterung der Kantonsschule ergab sich durch die Errichtung eines Schullehrerseminars, das mit derselben verbunden wurde. Der erste Entwurf zu diesem ging vom Director Hold aus und hatte schon die Genehmigung des Directoriums erhalten, als er noch dem Lehrerconvent zur Genehmigung vorgelegt wurde. Diesem Entwurfe zufolge sollten von der Summe, die die Staatscasse dazu hergeben würde, tausend Gulden zur Besoldung eines Lehrers und der Rest zu Stipendien für die Theologie Studirenden verwandt werden, die dann die Verpflichtung auf sich nehmen sollten, eine gewisse Anzahl Jahre auch die Schule in ihrer Gemeinde zu halten. Dagegen erhoben nun einige Lehrer laute Einsprache. Nicht alle Pfarrer, meinten sie, seien auch gute Schullehrer, in größeren Gemeinden würde es ihnen auch bei dem besten Willen nicht möglich sein, die Schule ohne häufige Unterbrechungen zu halten, und diejenigen, welche sich für die Schule interessirten, Einsicht und Talent dafür hätten, würden sich derselben, auch ohne eigens dazu verpflichtet zu sein, gewiß nach Kräften annehmen. Es sei daher rathsamer, diese Stipendien eigentlichen Schullehrerzöglingen zuzuertheilen; von ihnen angelockt, würden dann gerade Söhne wohlhabender Landleute sich diesem Berufe widmen, demselben obliegen, sich für ihn und in ihrer Ausbildung überhaupt immer mehr vervollkommnen, wodurch dann nicht allein die Schulen bessere Lehrer, sondern auch die

Gemeinden gebildetere Bürger und Ortsvorsteher erhalten würden. In einer zweiten Conferenz über diesen Gegenstand waren auch die Herren des Directoriums zugegen, und der ehrliche, redliche Herr Fr. von Tscharner trat jetzt ungesäumt unserer Ansicht bei, während Herr von Albertini[271] erklärte, er habe zwar nichts dagegen, wenn man einen Versuch dieser Art machen wolle: «Uebrigens mögen Sie, Herr Carisch», fügte er, sich an mich wendend, spöttisch hinzu, «mich Haas heißen, wenn Ihre Erwartungen in Erfüllung gehen und sich Aspiranten für diese Stipendien melden.» So wurde denn der Versuch provisorisch auf drei Jahre gemacht, im Ganzen für zwölf Zöglinge, und es fehlte wirklich nie an Aspiranten. Auch in den übrigen Erwartungen wurden wir so wenig getäuscht, daß dermalen eine große Anzahl der in der Kantonsschule als Schullehrerzöglinge Gebildeten die ersten Aemter in ihren Gemeinden bekleidet haben, im Officiercorps zu höheren Stellen gelangt sind und in dem großen Rath als achtbare Deputirte erschienen. Der pädagogische und methodische Unterricht dieser Schullehrer wurde mir zuertheilt und blieb immer ein Lieblingsfach in meinem Lehrerleben.

Eine andere, wie es mir schien, höchst wichtige Verbeßrung der Kantonsschule kam dadurch zu Stande, daß von jetzt an eine Trennung der romanischen von den deutschen Schülern in den beiden untersten Classen des deutschen Unterrichtes bewerkstelligt wurde. Auch dieser deutsche Sprachunterricht wurde mir, als geborenem Romanischen, zuertheilt, und da ich ihn mit Eifer und Freude gab, glaube ich auch, daß er zum Wohl der Schule und zum großen Vortheil der romanischen Schüler eingeführt worden sei. Ein romanischer Lehrer weiß nämlich besser, was den romanischen Schülern am schwersten fällt, worauf er also vorzüglich sein Augenmerk zu richten, was er zu erklären und einzuüben hat. Für diesen Unterricht schrieb ich meine deutsch-romanisch-italienische Wörtersammlung[272], welche bei aller ihrer Mangelhaftigkeit doch bereits die dritte Auflage erlebt und manchem Schüler gute Dienste geleistet hat.

Auch der Gesangunterricht, der leider in der Kantonsschule nie hatte prosperiren wollen, erhielt jetzt an Herrn Pfarrer *Imler*[273] einen guten Lehrer und kam von da an in Aufnahme.

Ich habe schon weiter oben von meiner Tischgesellschaft bei Bundsweibel Sprecher geredet, und es läßt sich denken, daß hier auch viel politisirt wurde. Ich war von Herzen liberal geworden und vertrat im Anfang diese Partei auf dem Casino fast allein mit meinem Freund Tester, weßwegen ich dann, besonders von Herrn Bürgermeister von Albertini, oft tüchtig auf's Dach bekam. Ich bin noch immer von Herzen liberal geblieben, allein mein Liberalismus hat sich sehr geläutert. Ich nahm ihn damals zu theoretisch und wähnte, daß man überall nur auf gute Gesetze und freisinnige Verfassungen dringen müsse. Erst nach und nach sah ich ein, daß Gesetze und Verfassungen nur durch das Volk, für welches sie bestimmt sind, zu etwas Lebendigem und Wirksamem werden und nie an und für sich beurtheilt werden dürfen, sondern nur in Beziehung auf das Volk, für welches sie bestimmt sind. Die der Volksbildung angemessensten Verfassungen, die zugleich Sittlichkeit, Gerechtigkeit und Fortschritt am wirksamsten befördern und nicht bloß theoretisch freisinnig sind, erschienen mir nach und nach als die besten und allein wünschenswerthen.

Uebrigens war mein Liberalismus gewiß auch schon damals ein so gemäßigter, daß mich meine Parteigenossen schwerlich so recht zu den Ihrigen zählen zu können glaubten und nicht einmal versuchten, mich zu den höheren Graden der Weihe zu führen. Nur so viel wurde mir hin und wieder anschaulich, wie sonst so klare, geistreiche Männer von Parteileidenschaft in einem Grade geblendet werden und sich Hoffnungen und Erwartungen hingeben können, deren man sie wirklich nicht hätte fähig glauben sollen. Es dauerte auch nicht lange, so war in den Zeitungen von einem *foyer de revolution* die Rede, der sich in Chur gebildet habe, und es wurde von dem Fürstencongresse in Töplitz wirklich bei'm Vororte Beschwerde erhoben, daß unsere Regierung Carbonari und gefährliche Leute im Cantone aufnehme und dulde. In dieser von Metternich und Hartenberg unterzeichneten Akte waren von Fremden W. Snell, de Prati[274], Folen und Völker als solche bezeichnet, von Einheimischen *ich* und Christ, weshalb es zweifelhaft blieb, welcher der beiden Brüder, Paul oder Ludwig[275], gemeint sei.

Glücklicherweise befand sich gerade damals Herr Bürgermeister Fr. von Tscharner in der Regierung. Er verhörte daher die Fremden freundschaftlich und nahm ihnen ihr Ehrenwort ab, daß sie in unserem Kantone nichts Revolutionäres beabsichtigten oder etwas zu betreiben und einzuleiten suchen würden, was die Ruhe anderer Staaten gefährden und zu jenen Klagen gerechten Vorschub leisten könne. Nachdem er von ihnen diese Zusicherung erhalten, schilderte er ihren Character und ihr Betragen im Kanton der Wahrheit gemäß und vertheidigte sie in Folge dessen mit Zuversicht gegen die erhobene Anklage. Da dieser Bericht zu weitläuftig geworden war, und von Tscharner gerade aus anderen Ursachen nach Luzern kam, ersuchte ihn der Landammann der Schweitz, einen Auszug daraus zu machen, der dann dem Fürstencongreß eingesandt wurde. So offen und entschieden mag wohl selten den damaligen Weltgebietern entgegengetreten worden sein wie in dieser Akte, auf welche dann auch

nie eine Rückantwort erfolgte, so daß die Sache als abgemacht betrachtet werden konnte.
Aus Briefen und Inspectionen der Fremdenbücher gewisser Gasthöfe, die Herrn von Tscharner später vorgewiesen wurden, hatte er den Verdruß, sich überzeugen zu müssen, daß ein Theil dieser Flüchtlinge denn doch nicht so rein sein mochten, als er sie geglaubt und geschildert hatte. Späteren Insinuationen nach, die sich auf thatsächliche Beweise dieser Art gründeten, mußte den Herren Völker und Folen zugemuthet werden, unseren Kanton freiwillig zu verlassen, und so verlor die Schule an jenem ihren guten Turnlehrer, an diesem einen provisorischen Lehrer in der Geschichte, im Latein und Deutschen, für welchen alle seine Schüler die größte Achtung und Liebe gewonnen hatten. Völker ging nach England und machte zuerst in London großes Glück als Turnlehrer und später als Inhaber eines Institutes in Liverpool. Folen zog nach Basel, wo man sich alle Mühe gab, ihn zu schätzen; da dieß aber nicht glücken wollte, ging er von da nach Amerika, wo er zuerst Professor der deutschen Literatur an der Universität von Cambridge [Mass.] und später Prediger einer Unitariergemeinde in Boston wurde. Er kam auf einem Schiffe um, auf welchem Feuer ausbrach, und Channing, an dem er einen Freund gefunden, hat seinen Character auf eine ebenso wahre wie meisterhafte Weise in seiner Leichenrede «Ueber die Leiden in der Welt» geschildert und ihm dadurch ein herrliches Denkmal errichtet.[276]

Mein Liberalismus, wie gemäßigt er auch sein mochte, wurde indessen doch Ursache, daß manche alte Freundschaftsbande, wenn nicht gänzlich gelöst, doch gelockert wurden. Dieß war besonders auch einem sehr geliebten Jugendfreunde, Obrist Ulrich von Planta-Reichenau[277] gegenüber der Fall , mit dem ich in der Schule und zumal in Tamins so viele schöne Stunden getheilt und eine Zeitlang in sehr trauter Correspondenz gestanden hatte. Jetzt verstanden wir uns nicht mehr, sei es, daß er überhaupt verstimmt und hypochondrisch geworden war oder daß ich ihm nicht mehr genügte. Erst in späteren Jahren kamen wir uns wieder näher und besonders in der Verwaltungscommission der Hosangischen Stiftung hatte ich oft Gelegenheit, den alten Freund und seine redliche Gesinnung wieder zu erkennen und zu lieben.

In Bezug auf die Lehrmethode machte auch ich die sehr bekannte Erfahrung, daß man im Anfang leicht zu hoch fliegt und alles Schöne und Große, das man sich auf der Universität angeeignet hat, auch auf dem Gymnasium an den Mann bringen möchte. Verständige Lehrer befreien sich allmälig von solchen Mißgriffen und suchen sich mehr nach der Bildungsstufe und Fassungskraft ihrer Schüler als nach ihren eigenen Liebha-

Christian Tester (1784-1855) (Rätisches Museum, Chur).

bereien zu richten, und dann geht es gut. Wer das nicht kann, wird über den geringen Erfolg seiner Bemühungen zu klagen haben und nicht selten den Schülern zum Vorwurf machen, woran er allein schuld ist. Salzmann hat gewiß recht, wenn er behauptet: «Geht es in deinem Unterrichte schlecht, so glaube nur, daß die Hauptschuld an dir liegt, und bessere besonders an dir selbst.»

Nach einigen Jahren war es bei Sprechers öde geworden, und ich entschloß mich, den Mittagstisch in einem Gasthofe – bei'm «Freund» und später bei'm Steinbock – zu nehmen und ein eigenes Logis zu miethen. Ich bekam als Unterlocatair bei Freund Gengel in St. Margreth[278] die beiden schönsten Zimmer mit einer herrlichen Aussicht und lebte da wirklich, wenn auch einsam, doch sehr vergnügt. Im gleichen Hause wohnte der nachherige Staatscassier Nett[279], später auch Freund Salutz[280], der an der Kantonsschule angestellt worden war, und wir drei brachten als Hagestolze manchen Abend bei einem Glase Wein unter heitern Gesprächen höchst vergnügt zu.

Höhern Genuß und reichere Belehrung gewährte mir aber noch das Lesen unserer deutschen Classiker. Erst jetzt lernte ich Goethe besser verstehen und ihn gehörig würdigen. Ich betrachtete ihn jetzt nicht mehr bloß von der moralischen Seite, sondern von Seiten der Kunst und zwar als einen, dem es nicht sowohl darum zu thun ist, makellose menschliche Ideale darzustellen, als vielmehr die Menschen, wie sie nun einmal sind, ihrem eigenen Ideal anzunähern. Ich gestehe, wenn ich mir einige Menschenkenntnis erworben und mich gewöhnt habe, auf Charactere zu achten, so ist dieß hauptsächlich mit Hülfe Goethe's geschehen und am meisten durch sein so oft verschrienes Werk *«Wilhelm Meister's Lehrjahre»*.[281] In diesem fand ich eine Welt von Characteren, alle, von dem gemeinsten bis zu dem erhabensten, zwar idealisirt, aber dennoch leicht als menschliche Wesen erkennbar und besonders durch die meisterhaften Gegensätze in der Schildrung derselben so anziehend. So schon die beiden Freunde *Werner* und *Meister* als Kaufleute, dann die männlichen in ihren mannigfachen Schattierungen, von einem philiströsen Melina oder leichtsinnigen Friedrich bis hinauf zu dem großherzigen Lothario. Ebenso bei den weiblichen, von einer Philine bis zu der vortrefflichen Natalie, welcher Therese als Folie dient, wenn sie von bloß Verständigen ihr nicht gar vorgezogen wird.

Mit Jean Paul wurde ich auch jetzt erst vertraut und hatte an ihm unendlichen Genuß. Ja, es waren herrliche Abende, die ich allein in der Gartenhütte ob dem Weinberge in St. Margreth in dieser Gesellschaft der großen Todten zubrachte, während ich mich von Zeit zu Zeit nach dem herrlichen Gebirge des Oberlandes, das im Abendroth glänzte, hinwendete und so mich im Genusse dieser großartig herrlichen Natur schwelgte. An schönen Tagen brachte ich da meine frühesten Morgen- und spätesten Abendstunden zu. Zuweilen wollte es mich bedünken, ich sollte doch auch in Gesellschaft gehen, Freunde oder das Wirthshaus besuchen; wenn ich mich aber erinnerte, wie oft ich schon von dergleichen Besuchen kalt und leer zurückgekehrt war und welche Zeit es dann gebraucht hatte, um mich von ihnen auch nur einigermaßen zu erholen, so nahm ich lieber meine Flasche Wein oder Bier und einen Classiker und zog nach der lieben Hütte. So brachte ich denn in der Einsamkeit oft die schönsten Stunden zu. Mein Vademecum erinnert mich noch an einige der Stücke, die mich damals am meisten angesprochen und beschäftigt haben.

Ich habe schon oben bemerkt, daß ich von Jugend an wenig Freunde gefunden, mich aber mit um so größerer Innigkeit denjenigen angeschlossen habe, für die ich Sympathie fühlte. Natürlich: mein Wesen ist zu schroff, zu entschieden, um nicht auch da, wo ich schweige, den Mißmuth durchblicken zu lassen, den ich bei allem, was mir nicht zusagt, empfinde, und das beleidigt oft mehr als Tadel und Widerspruch. Wie mit den lebenden Menschen geht es mir aber auch mit den Büchern: sie sprechen mich entweder gar nicht an oder ergreifen mich mit einer Gewalt, wie sie vielleicht nicht häufig ist, und auch nur zu sehen, wie wenig dieß oft bei sonst guten, mir lieben Freunden der Fall war, hat mich nicht selten verdrossen.

Der erste Eindruck eines Menschen ist für mich immer sehr entschieden sympathisch oder antipathisch gewesen, aber besonders der Eindruck von Frauen, und ich erinnere mich nicht, daß ich, wenn ich ihm gefolgt, fehlgegriffen oder mich getäuscht hätte. Besonders durch Schleiermacher's «Monologe» und durch seine Predigten über den geistlichen Hausstand[282] hatte ich eine hohe Meinung von der Ehe gewonnen; weil es für mich aber schon so schwer hielt, mir die Freundschaft von Männern zu erwerben, so zweifelte ich um so mehr, daß ich je unter den Bündner Frauen eine finden würde, die mir durch ihre Bildung und ihren Character überhaupt, also durch innige Sympathie zusagen, und daß, wenn *ich* sie lieben, auch sie mich wollen könne. Im Bewußtsein dieser Schwierigkeiten hatte ich die Hoffnung auf das Eingehen einer Ehe sozusagen aufgegeben und begnügte mich damit, schöne weibliche Charactere kennen zu lernen, sie zu achten oder nur mit der allgemeinen Huldigung zu lieben und zu verehren. Von dieser Art waren Frau Podestätin von Albertini[283], Frau Menga Curò gewesen. In dieser Zeit lernte ich Frau Alberica von Planta, geborene Gräfin Christ[284], kennen und mußte ihre Schönheit und Liebenswürdigkeit bewundern. An ihren Augen wurde mir zuerst der Vers in dem berühmten Petrarcischen Gedichte klar, wo es von den Augen seiner Laura heißt: «Pietosi a riguardar, a muover parchi.»[285] Diese Dame wurde im Allgemeinen nicht sehr günstig beurtheilt; ich bin aber überzeugt, daß es besonders ihre Aufrichtigkeit und Geradheit war, wodurch sie viele abstieß; vielleicht ließ sie auch ihren Launen zuweilen den Zügel etwas zu sehr schießen. Bei alledem zählte ich sie zu den aufrichtigsten Frauen, die man kennen lernen kann, und besonders auch wegen ihres Gesanges, ihrer Bildung, ihrer Frömmigkeit und Natürlichkeit sowie der schönen Briefe wegen, die sie schrieb, war ich ihr von Herzen gut, und ihr Umgang und Briefwechsel haben einen wohlthätigen Einfluß auf mich geübt.

Eine sehr schätzbare Freundin wurde mir auch in dieser Zeit Frau U. Gengel, geborene Petzi.[286] Ihr frommer Sinn, ihre Herzensgüte und die Sorge, die sie für vernünftige Erziehung ihrer Kinder hatte, machten sie mir sehr achtungswerth.

Frau Landrichterin Anna Casutt, geborene Walther[287], von Kestris, meine Base, die ich erst in späteren Jahren kennen lernte, bewies immer ein so heiteres und selbst in herben Leiden so ergebenes Gemüth und so viel Herzensgüte, Wohlwollen und Zutrauen gegen mich, daß sie mir sehr lieb wurde und ich viele genußreiche Stunden in ihrem Familienkreise zugebracht habe.

Nicht während meines Aufenthaltes in Bergamo, sondern erst später fand ich eine sehr liebe Freundin an Frau Apollonia Curò, geborene Ganzoni, von Cellerina. Durch den Umgang mit Herrn Doctor Gündel und meinen Freunden Frizzoni hatte sie an Bildung und Gediegenheit des Characters sehr gewonnen und hatte eine große Sorgfalt für ihre hoffnungsvollen Kinder, von denen sie mir später einen Sohn zur Erziehung anvertraute. Sie erlag in ihrer achten Schwangerschaft einer Nervenkrankheit, noch in frischer Blüthe, und von ihren Kindern gingen ihr alle, bis auf zwei, im Tode voran oder folgten ihr bald nach.

Bei meiner Verehrung für edle Frauen, mußte sich mir natürlich auch der Gedanke an's Heirathen zuweilen aufdringen, aber ebenso oft mit einer gewissen Wehmuth zurückgedrängt werden. Im Kreise näherer und entfernter Freunde war es mir auch auf empirischem Wege klar geworden, daß zu einer glücklichen Ehe nicht hinreiche, daß Mann und Frau, wie man zu sagen pflegt, gute Leute seien. Ich hatte Ehen gesehen, von denen man hätte denken können, mit einem solchen Manne oder mit einer solchen Frau müsse der Ehegenosse glücklich sein, und sie waren doch nicht glücklich, paßten nicht für einander, waren durch keine innere Sympathie einander angehörig. Um so ängstlicher wurde ich in dieser Beziehung. Von Schönheit, Reichthum, Stand und was dergleichen Aeußeres betrifft, glaubte ich absehen zu müssen und zu können, mußte aber dennoch bezweifeln, diejenige zu finden, die sich durch ihre inneren Eigenschaften für mich eignete, und war entschlossen, nur unter letzterer Bedingung zu heirathen.

Bergün. Babette Juvalta[288]

Ich hatte früher eine entfernte Base ein paarmal, jedoch nur flüchtig und ganz zufällig auf Augenblicke gesehen, als sie im Institute der Jungfer Bavier und Niederer[289] war, und nachher wieder zufällig von einer alten Freundin, die sie näher kannte, mancherlei Gutes über sie gehört. Dieses Bäschen, das mir allerdings durch seine Schönheit erinnerlich geblieben war, dachte ich, mußt Du doch kennen lernen, und machte mich an einem schönen Herbsttag in aller Frühe zu Fuße auf über Parpan, die Lenzerheide und Filisur nach Bergün. Die wehmüthige Schönheit des Spätjahres, die Großartigkeit der Natur und mein Dante, den ich von Zeit zu Zeit hervorzog, hatten mich sehr gemüthlich gestimmt. In Bergün kehrte ich im Wirthshaus ein und machte dann einen Besuch bei dem Herrn Vetter, sah mich aber vergebens nach seiner schönen Tochter um. Sie sei hinaus auf's Feld, in einem Acker dort oben, hieß es. Wer Bergün in der schönen Jahreszeit gesehen hat, zumal gerade vom Bergünerstein heraufkommend, wem daher der Gegensatz doppelt aufgefallen ist, den jene schauerlichen Abgründe mit diesem großen grünen Bassin und seinem langen, schönen Dorfe bilden, wird begreifen, daß ein Spatziergang durch diese Wiesen, zumal wenn er einen solchen Zweck hat, sehr einladend ist, und ich verschob ihn nicht lange. Ich hatte, wie es sich ergab, auch die rechte Richtung genommen, denn als ich mich auf einem Feldwege einigen Leuten an der Halde näherte, kam mir gerade das gesuchte Mädchen in ihrer schlichten Kleidung, aber voll Heiterkeit und Anmuth mit der freundlichsten Begrüßung entgegen. Sie begleitete mich nach Hause zurück, und wir waren da in ihrer Wohnstube allein. Sie war wirklich eine der schönsten und lieblichsten Mädchen, die ich je kennen gelernt habe. Hier empfand ich zum erstenmale, was wahrhaft sympathische Liebe ist, und des Mädchens Schönheit, Natürlichkeit und Verständigkeit fesselten mich dermaßen, daß ich denken mußte: «Diese, gerade diese ist es, die ganz geeignet scheint, dich zu beglücken.» Ich muß sie nennen, dieß schöne Mädchen meiner ersten Liebe, es war Babette Juvalta, Tochter des dortigen Pfarrers, die Mutter eine Casparis, durch die sie mit uns verwandt waren. Nur wenige Stunden brachte ich bei ihr zu, aber seelenvergnügt, und kehrte dann in mein Wirthshaus zurück, welches mir, ungeachtet der zahlreichen Gesellschaft, öde schien, machte den nächsten Morgen früh einen Abschiedsbesuch und trat den Rückweg nach Chur an. Daß der Herr Vetter etwas von meiner Absicht gewittert und daß ihm diese nicht sehr recht war, konnte ich wohl daraus abnehmen, daß ich sowohl am Abend als am Morgen mehr aus Höflichkeit als mit Herzlichkeit eingeladen wurde, bei ihnen zu bleiben. Das dämpfte freilich meine Hoffnungen ein wenig, konnte mich aber nicht abhalten,weitere Schritte zu thun, um mit der Sache auf's Reine zu kommen. Es hatte in der Nacht geregnet und geschneit und Fräulein Babette lieh mir bei'm Weggehen einen rothen Regenschirm; dieß erschien mir als ein glückliches Zeichen. Wetter und Wege waren schlecht geworden, aber mit der warmen ersten Liebe im Herzen wurde dieß alles kaum beachtet, und ich habe bei so ungünstigem Wetter nie eine so angenehme Reise, obgleich immer allein, gemacht. Ist Heiterkeit im Gemüthe, so sind äußere Beschwerden leicht zu überwinden.

Zu Hause angekommen, war es denn auch schon am zweiten Tage mein angelegentlichstes Geschäft, dieser treuen Seele ohne Rückhalt alle die Gefühle auszusprechen, die ich für sie empfand, mit dem Wunsche, daß sie auch ihrerseits Aehnliches erfahren haben möge und daß kein Hindernis, weder von Seiten ihrer Eltern, noch ihres eigenen Herzens, unserer näheren Bekanntschaft fürdcrhin im Wege stehen möchte. Diese nähere Bekanntschaft, ohne welche ein Verhältnis, wie ich es wünschte, doch gewagt sein dürfte, da wir uns nur so kurze Zeit gesehen, würde dadurch für sie und für mich am besten ermöglicht werden, wenn sie sich entschließen könnte, noch einmal nach Chur in das Institut oder zu den gemeinsamen Freunden zu kommen, indem es mir sonst kaum möglich sein würde, sie oft zu sehen. Dieß war allerdings eine starke Zumuthung, wegen welcher mich meine Freunde oft getadelt haben und die ich auch später selbst bereuete. Nach meinem damaligen Gewissen in Bezug auf Schließung einer Ehe schien sie mir aber unerläßlich, nicht eigennützig, bloß für mich, sondern, meinen Begriffen nach, eben sowohl zum Besten des Mädchens. Sie antwortete in romanischer Sprache und so vernünftig, so naiv, so liebevoll, wie ich sie im persönlichen Umgange gefunden hatte. Sie habe auch alles andere gerade auf dieselbe Weise empfunden wie ich, könne es mir aber nicht so schön aussprechen; doch von der Idee, nach Chur zu kommen, wollten ihre Eltern nichts wissen, und ich möchte doch davon absehen, es sei auch wirklich nicht recht, und ein Professor sollte dieß selbst einsehn. Er sah es auch ein, aber zu spät. Diese, wie ich jetzt erkenne, wirklich thörichte Zumuthung von meiner Seite war der erste und wohl auch der eigentliche Grund, warum diese meine erste Liebe erfolglos blieb. Dazu kamen dann aber auch noch andere Gründe: die Eltern wünschten wohl ihre Tochter im Dorfe zu behalten und vielleicht noch mehr, sie an einen reichen Mann zu verheirathen, wozu sie schon Aussicht genug hatten. Dann kamen noch Zufälligkeiten hinzu, die mißdeutet werden konnten und die vom Vater wirklich und wohl nicht ohne Absicht mißdeutet wurden. Genug, als die Liebe auch in meinem Herzen ihre Rechte immer mehr geltend machte, und ich ihr einen neuen Besuch ankündigte und Aufschluß über die Mißverständnisse versprach, erhielt ich von ihrem Vater eine sehr kalte lateinische und von ihr eine sehr warme romanische Antwort, worin sie klagte, in der Hoffnung auf mich habe sie lange den Bewerbungen anderer widerstanden und sich erst dann entschlossen, ihre Hand demjenigen zu geben, den ihr der Vater empfohlen habe, als man ihr versichert, daß ich nicht mehr an sie denke, mich nicht um sie bekümmere: «*Tais Professer ha un bel buonder da tai*» [Dein Professor hat wirklich kein lebhaftes Interesse an Dir], sei ihr gesagt und ihr Herz damit tief verwundet worden. Diesen lieben Brief, so sehr er mich geschmerzt hat, habe ich noch immer aufbewahrt und vernichte ihn erst jetzt, indem ich ihn der reinen Flamme übergebe, damit er nie in unwürdige Hände komme.

Hatte ich der Liebe reine Freuden durch dieses theure Mädchen zuerst kennen gelernt, so erfuhr ich auch durch sie der Liebe erste Leiden. Ich sah sie nie wieder, weil sie wenig Jahre nach ihrer Heirath starb; Grüsse aber haben wir noch gewechselt, ihr Andenken ist mir theuer geblieben, und ihr Grab habe ich mehrmals mit heiliger Wehmuth besucht.

Es waren zwei furchtbare Tage für mich, die dem Empfange jenes Briefes folgten. So schöne Hoffnungen, auf einmal so unerwartet und so gänzlich zertrümmert! und zertrümmert hauptsächlich durch meine eigene Schuld, wie zum Theil auch durch sonderbare Eingriffe des Schicksals, wenn ich mich dieses heidnischen Ausdruckes bedienen darf. Es sollte, wie es scheint, nicht sein: nur daraus wird mir dic Macht von Zufälligkeiten und Mißverständnissen, die sich dazwischen legten, erklärlich.

In der frischen Blüthe meiner Jahre, als ich noch so einsam stand, wurde sie mir entrissen, diese holde Freundin meiner Jugend; aber ihr Bild ist mir in dankbarem Andenken geblieben, und mit zarter Freundschaft und liebevoller Erinnerung habe ich es festgehalten und bin vielleicht der letzte, der es in treuer Seele trägt.

Gerade in den Tagen, wo ich diesen lieben, traurigen Brief erhielt, war ich am Lesen der «Bekenntnisse einer schönen Seele», in Wilhelm Meister's Lehrjahren[290], und kam nach zwei Tagen zu der Stelle (Seite 202-

203)[291], welche also lautet: «Alles außer uns ist nur Element, ja, ich darf wohl sagen, auch alles in uns; aber tief in uns liegt die schöpferische Kraft, die das zu erschaffen vermag, was sein soll und was nicht ruhen und rasten läßt, bis wir es außer uns und in uns auf eine oder die andere Weise dargestellt haben. Sie, liebe Nichte, haben vielleicht das beste Theil erwählt, Sie haben Ihr sittliches Wesen, ihre tiefe, liebevolle Natur, mit sich selbst und mit dem höchsten Wesen übereinstimmend zu machen gesucht; indeß wir andern wohl auch nicht zu tadeln sind, wenn wir den sinnlichen Menschen in seinem Umfange zu kennen und thätig in Einheit zu bringen suchen... Hätten Sie, meine Freundin, deren höchstes Bedürfnis war, mit Ihrer inneren, sittlichen Natur auf's Reine zu kommen, anstatt der großen und kühnen Aufopferungen, sich zwischen Ihrer Familie, Ihrem Bräutigam, vielleicht einem Gemahl, nur so hin beholfen, Sie würden in einem ewigen Widerspruche mit sich selbst, niemals einen zufriedenen Augenblick genossen haben.»

In späteren Zeiten würde mir die Lehre Pauli den besten Trost gewährt haben, wenn er sagt: «Denen, die Gott lieben, müssen alle Dinge zum Besten dienen»[292]; damals aber ergriff mich die schöne Auseinandersetzung einer Wahrheit, die ich im Allgemeinen wohl kannte, mit eigenthümlicher Gewalt, und im Bewußtsein, daß, wenn ich auch meinen Freunden Unstatthaftes zugemuthet, ich es doch gut gemeint hatte und von keiner bloßen Selbstsucht geleitet worden war, wurde ich einer Ergebung in mein Schicksal und eines Vertrauens auf Gott, dessen Wege, wenn auch nicht die unsren, doch die besten sind, in einem Grade fähig, wie ich es kaum für möglich gehalten hätte, und die Ruhe kehrte wieder zusehends in mein Gemüth zurück.

Tod meiner Eltern

Ein anderes Ereignis, das mich ernst zu stimmen vermocht, war die Erkrankung meiner Eltern. Beide bekamen, nur wenig Stunden nach einander, eine Lungenentzündung, lagen gleichzeitig auf dem Krankenbette, starben nach acht Tagen auch wenig Stunden nach einander, und wurden gemeinsam neben einander begraben. Wie sehr es mich gefreut haben würde, ihren Lebensabend erheitern und, zumal wenn ich Pfarrer geworden wäre, sie zu mir in's Haus nehmen zu können, so mußte ich es dennoch als Güte Gottes betrachten, daß er sie abrief, ehe die Tage für sie kamen, von denen es heißt: «Sie gefallen mir nicht.» Sie hatten noch die Freude erlebt, ihre Söhne alle drei um sich zu sehen, was früher nicht möglich gewesen wäre. Mein jüngerer Bruder war zuvor in holländischen Diensten gewesen und ich nur seit einem und einem halben Jahre von der Universität zurück. Jetzt waren wir beide in ihrer Nähe.

Vermögensteilung

Die traurige Erfahrung, wie leicht Erbschaften und äußere Interessen die Familien spalten, mußten auch wir anfänglich machen: Mit dem festen Vorsatze, nicht nur billig, sondern auch großmüthig gegen meine Brüder bei der Theilung zu sein, hatte ich ihnen mancherlei ungetheilt überlassen. Gewiß wollten aber auch sie nichts Unbilliges von mir verlangen, und doch gingen die Ansichten so weit auseinander, daß wir einig wurden, die Entscheidung vertrauten Schiedsrichtern an heim zustellen. Ihrem Ausspruche zufolge hatte ich der Masse meiner Studienkosten wegen 1141 fl. 7 Kreuzer zu vergüten; Bruder Friedrich sollte von der Masse wegen der Dienste, die er der Familie geleistet, 264 fl. 40 Kreuzer beziehen und Bruder Beat 78 fl. für alles, was er in's Haus gegeben. Somit war denn der Streit zu allseitiger Zufriedenheit in einem halben Tage geschlichtet. Aber so stand ich nun auch von dieser Seite mehr allein und im Aeußeren, ohne reich zu sein, sehr unabhängig da. Meine ererbten liegenden Güter habe ich aus Pietät gegen die Eltern nicht verkauft, eine Tugend, die bei den Kindern immer seltener zu werden scheint. Alles wird nur nach Geldeswerth und dem davon zu erwartenden Einkommen geschätzt und geachtet und dabei nicht einmal bedacht, wie weit unzuverlässiger als Grundbesitz ein so schwebendes Gut ist, wie was man Geld nennt. Das Vermögen sollte nie bloß nach der Summe, sondern auch nach dem Princip der Pietät geschätzt werden, sowohl in Bezug auf die Familie wie für den Staat; dann würde man nicht nur darauf bedacht sein, die Masse zu vermehren, sondern auch den vernünftigsten Gebrauch davon zu machen. Denn wer auch nur geringes Vermögen hat, dieses aber gut verwaltet, steht sich in seinen Bilanzen besser, als wer bei großem Vermögen ohne Ordnung und Grundsätze wirtschaftet.

Obwohl ich in einem der ersten Gasthöfe zu Mittag speiste, ein schönes Zimmer hatte, gern einfache Gastfreundschaft übte, mir die nöthigen Bücher ohne Aengstlichkeit anschaffte und oft den größten Theil der Ferien auf Reisen zubrachte, konnte ich damals mit 500 fl. jährlich ganz füglich auskommen und also die Hälfte meines Gehaltes zurücklegen, was später allerdings auch dem sparsamsten Lehrer nicht so leicht geworden wäre, da die Wohnungen wenigstens weit theuerer wurden.

Besonders freue ich mich noch der vielen kleinen Reisen, die ich in den Ferien zu dieser Zeit immer zu Fuße gemacht habe. Zu dem Ende setzte ich mir nur die Zeit und die Richtung, nie aber das Ziel zum Voraus fest. Ich besuchte Freunde, weilte bei ihnen oder in schönen Gegenden, so lange es mir gefiel; merkte ich aber, daß die Freude schwand, so schüttelte ich den Staub von meinen Füßen und zog weiter. Auf diese Weise habe ich höchst angenehme Reisen in Bünden, nach dem mir immer so lieben Appenzell und Toggenburg, nach Zürich und auch nach Bergamo gemacht, manche alte Bekanntschaft befestigt und manche neue und sehr liebe angeknüpft.

Das gesellige Vergnügen, an dem ich damals die meiste Freude fand, war die sogenannte Donnerstags Gesellschaft, an welcher die Herren Bürgermeister J. F. und J. B. von Tscharner, Herr Bürgermeister von Albertini und einige Lehrer an der Kantonsschule Theil nahmen. Anfänglich wurde sie abwechselnd bei jedem Mitglied gehalten, welchem dann die Pflicht oblag, die Gesellschaft einfach zu bewirthen mit Wein, Brod, Käse und etwa Obst; später versammelte man sich im Wirthshause, und jeder genoß auf eigene Kosten, was ihm beliebte. In diesen Gesellschaften wurde das Bedeutendste, was im Vaterlande vorfiel, besprochen (Politisches, Scholastisches, Juridisches, Wissenschaftliches) und zuweilen auch interessante neuere Erscheinungen in der Literatur vorgelesen. Dieß war für mich immer eine anziehende, lehrreiche Gesellschaft. Sie dauerte viele Jahre und löste sich erst dann auf, als die politischen Ansichten der Mitglieder zu sehr auseinander zu gehen begannen, wurde indeß von Zeit zu Zeit wieder erneuert.

Jugendgesellschaften besuchte ich nicht regelmäßig, sondern nur bei Bällen oder Maiensäßpartien. Damals herrschte noch ein sehr vertraulicher Ton in diesen Gesellschaften, und obwohl man es im Gesange noch nicht so weit gebracht hatte wie jetzt, hatte man doch in der Regel größeren Genuß davon. Es gab eine Anzahl schöner, gemüthlicher Volkslieder, die fast allen bekannt waren und die einzelne Sänger und Sängerinnen auch gut sangen. Das erheiterte und erquickte das Herz mehr als die künstlichen Melodien, die später eingeführt wurden und von denen den meisten entweder der Text oder die Melodie unbekannt ist, weßwegen man sich auch nicht leicht zu einem gemeinsamen Gesange vereinigen kann.

Unsere großen Bälle wurden damals in der Biene, zuweilen auch in der Lache, in der Sonne zu Masans und im romantischen Waldhause gehalten. Ich war ein großer Freund des Tanzens, habe dieses Vergnügen für mich sehr unschuldig und edel gefunden und kann nicht glauben, daß es für andere, als sehr unreine Naturen, sittenverderbend sei. Das Tanzen allein genügte mir aber freilich nicht, und wenn nicht wenigstens einige Mädchen da waren, für die ich, wenn auch kein größeres, doch wenigstens ein freundschaftliches Interesse empfand, so befriedigte mich der Ball nicht, und ich entfernte mich um so früher. Die Mode, bis es Tag wird, zu tanzen, war mir überhaupt als unvernünftig zuwider, und am wenigsten sollte sie den Mädchen zusagen, wenn sie bedenken würden, wieviel sie im Vergleich mit dem Abend an Anmuth und Toilettenschmucke verlieren; denn auch die Schönsten, die am Abend dahin kamen, sahen doch am Morgen verstört und unordentlich aus.

In der Schule waren es die Turn- und Examenfeste, die uns zuweilen zum fröhlichen Male vereinigten. Rührend war mir besonders immer der Schlußact der Kantonsschule, zumal wenn Herr Bürgermeister Fr. von Tscharner die Rede hielt und so viel Wahres und Zeitgemäßes so schön und mit dem ihm eigenen Ernste sagte. Von diesen Reden sind einzelne Bruchstücke in seinem «Leben und Wirken» abgedruckt worden. Besonders schön und feierlich wurde dieser Schlußact im Rathhaussaale 1822 durch die Theilnahme unserer jungen Frauenzimmer. Herr Imler hatte ein Gedicht componirt, welches ich zu diesem Zwecke gemacht hatte. Da es das einzige ist, das von meinen wenigen poetischen Versuchen übrig geblieben ist, setze ich es hieher:

Zur freudigen Stunde, dem fröhlichen Bunde
Erschalle Gesang.

Vaterlandssöhne, Freunde der Jugend,
Nährer der Tugend durchströme der Klang.
    Milden Friedens schöner Segen
    Dir entgegen halle wieder
    Muntrer Chöre festlicher Gesang.

Wo theilnehmend zarter Frauensinn erheitert,
Wo bewährter Männer Lieb' begeistert,
Und der Jugend bunte Reihen strahlen,
Glühend Freundesherzen sich entgegen schlagen,
Hehr, fürwahr, ist da des Volkes Fest.

Heil den Vätern, die uns hier vereinet!
Reiche, süße Früchte diesem Freundschaftsbunde,
Ew'ger Freiheit. Segen Rhätien's Alpenlande!

Doch, was ist's, das ernst, geheimnisvoll sich reget,
Wohl und Weh im Herzen tief beweget,
Füllend, überströmend Jünglingsbrust?
Ist es Hoffnung? Holder Zukunft Wehen?
Ist's Erinnrung, Liebe, Freundschaftssehnen?

Schöner Jahre sel'ge Jugendlust?
's ist die Macht der heiligen Gefühle,
Süße Hoffnung, holder Zukunft Wehen,
Und Erinnrung, Liebe, Freundschaftssehnen,
Schöner Jahre sel'ge Jugendlust.

Heil den Vätern u.s.w.

(Zum Schlusse)
Lebt nun wohl, o Freunde, die Ihr von uns scheidet;
Bleiben wir im Herzen doch vereinet,
All' umschlingt dasselbe Vaterland.

Bessern Sinn geöffnet, emsig ihn geläutert,
Tiefergreifend unser Herz geweitet,
Unsre Kraft erhöht, den Muth begeistert.

Heil den Vätern u.s.w.

Wenn ich auf die Poesie dieser Strophen auch nicht viel halten kann, so freue ich mich wenigstens auch heute noch der Gesinnungen und Gefühle, die sich darin aussprechen.

Zu den Annehmlichkeiten, die ich in jener Zeit genoß, ist auch eine Reise zu rechnen, die wir mit den Kantonsschülern durch's Prättigäu nach Davos, zum Bergwerke in Bellaluna, von da durch die Züge nach Lenz und ein Theil über Parpan, ein anderer über Mutten nach Chur zurück machten. Auf dem Kirchhofe zu Schiers nahm ich Gelegenheit, meinen Schülern den Prättigäuer Aufstand[293] zu erzählen und zu Vazzerol[294] die Geschichte der Vereinigung der Drei Bünde. Diese Reise war sehr angenehm und lehrte mich besonders, wie wichtig es für Schulmänner sei, dergleichen Ausflüge mit ihren Schülern zu unternehmen. Die wenigen Tage dieser Reise haben mir eine klarere und sicherere Erkenntnis von der Gesinnung und dem Character mancher Schüler gegeben, als ich sie gewiß in Jahren, wenn ich dieß nur auf den Schulbänken gesehen hätte, erworben haben würde. Manche Schüler, die früher mein volles Vertrauen genossen, erschienen mir von Seiten ihrer sittlichen Gesinnung sehr zweideutig, und andere, auf die ich bis dahin nicht eben viel gehalten hatte, gewannen meine vollste Zuneigung. So z. B. ein älterer Schüler, Tischhauser[295], der sich der Kleineren auf so lobenswerthe Weise annahm, manchmal drei, vier Habersäcke trug und durch Aufmunterung und heitere Späße den Muth der Ermüdeten belebte, wodurch er mir seitdem immer achtungswerth und lieb geblieben ist.

Eine andere Reise machten wir im Jahre 1824 nach dem Oberlande zur Feier des Trunserbundes. Zur Einleitung und Verabredung dieser Feier war ich früher schon von der Lehrerconferenz nach Truns abgeordnet worden, und dieser Verabredung mit der Vorsteherschaft von Truns und Herrn Landrichter de Latour[296] gemäß wurde die Feier dann auch eingerichtet. Die Schwierigkeit der angemessenen Versorgung so vieler Leute und die Habgier der Wirthe, welche dergleichen Verlegenheiten zu ihrem Vortheile auszubeuten suchen, brachten manche Trübungen mit sich, dennoch war die Feierlichkeit im Ganzen befriedigend; und auch die Störungen, welche auf der Rückreise zwischen Völker und einigen seiner Turner eintraten, wurden in Reichenau bei einem Imbiß, den Herr Obrist von Planta der ganzen Schule gab, glücklich beseitigt. Am Tage der Feier, den 24sten Mai, verfügten wir uns, wenige Freunde und einzelne Schüler, abends noch einmal nach dem Festplatze bei'm Ahorn. Ich war in gehobener Stimmung und extemporirte eine Rede, in welcher ich meinen Schülern besonders an's Herz zu legen suchte, daß nicht der Ruhm bei Menschen unser Handeln bestimmen soll, sondern nur das Wohl unserer Mitmenschen und des Vaterlandes in der Liebe zu Gott. Von den auf dieser Stelle vor vier Hundert Jahren versammelten Vätern kennen wir sehr wenige auch nur dem Namen nach, nichts desto weniger waren sie die Gründer unseres Glückes; ihre guten Thaten werden ihnen nachgefolgt sein, und bei dem Allwissenden ist auch ihr Name nicht vergessen, fügte ich hinzu.

Als Vorbereitung zum Feste war das Büchlein «Trunserbund» von Professor Röder und mir ausgearbeitet und auch in's Romanische übersetzt worden.[297] Die Subscription zur Errichtung eines kleinen Denkmals wurde von mir befördert; dieses mußte sich aber auf die Mauer beschränken, welche zum Schutze des Ahorns und zur Sichrung desselben gegen die Unbilden der Spengler, die dort ihren Kochherd anlegten, errichtet wurde.

Jean Paul sagt irgendwo: «Ein Mann kann sechs und zwanzig Jahre kalt und seufzerlos in seinem Bücherstaube sitzen; hat er aber den Aether der Liebe einmal geathmet, so ist das eirunde Loch des Herzens auf immer zu, und er muß hinaus in die Himmelsluft und beständig nach ihr schnuppern.» Diese Erfahrung machte auch ich. Nach jener ersten Liebe und der gescheiterten Bewerbung konnte ich meine Einsamkeit nicht anders als empfindlich fühlen und somit ein größeres Bedürfnis in mir verspüren, diejenige zu finden, die mir Lebensgefährtin werden könnte. Ich traf auch auf verschiedene Frauenzimmer, die nacheinander mehr oder weniger auf dieselbe Weise wie das erstemal mein Herz eroberten. Ich blieb nämlich in dieser Beziehung immer uomo di prima impressione, und der geheimnisvolle Zug der Sympathie war für mich immer der entscheidendste.

Baldenstein

Wie schon oben bemerkt, war Rudolph von Baldenstein mein Schulgenosse in Chur und mein akademischer Freund in Bern gewesen. In Bern war auch seine Schwester, Fräulein Marie Magdalene, zwei Jahre, und Fräulein Margarethe Sophie hatte ich dort nur einmal auf der Plateform gesehen und gleich einen sehr angenehmen, starken Eindruck von ihrer Persönlichkeit empfangen. Beide Mädchen waren geistreich, nach meinem Geschmacke auch schön zu nennen und galten für stolz. Ich war daher auch bescheiden genug, um mir nicht einfallen zu lassen, dort an etwas weiteres zu denken, und dieß war zu einer Zeit leicht, wo ich auch kein Bedürfnis nach etwas weiterem fühlte. So waren Jahre vergangen, in denen ich diese Mädchen nicht mehr gesehen, und im Laufe dieser Jahre mochten auch manche Hoffnungen für sie entschwunden sein und manche Erfahrungen sie mehr auf die Entwicklung ihres geistigen Lebens und ihrer inneren Vorzüge hingewiesen haben. Genug, nach Jahren besuchte ich wieder Freund Rudolph in Baldenstein und fand da in der so schönen, romantischen Gegend eine schöne Familie und in ihr jene beiden Schwestern, mit denen sich das Gespräch durch alte Bernererinnerungen um so leichter anknüpfen und fortsetzen ließ. Sonderbar, ich fühlte im Ganzen mehr Achtung für Marie und mehr Sympathie für Sophie; beide wurden mir aber sehr schätzbar, sehr angenehm, und ich bedauerte im Herzen, nicht in Umständen zu sein, um Ansprüche auf eine von ihnen machen zu dürfen. Nichtsdestoweniger genoß ich in ihrer Nähe und jener schönen Gegend sehr angenehme Tage, durfte hoffen auch meinerseits dort willkommen zu sein und brachte daher gewöhnlich die Osterferien und einen Theil der Sommerferien bei ihnen zu. Noch gedenke ich mit Freuden an die Spatziergänge nach Campi und an die schönen Abende, wo wir auf dem Bänkchen vor dem runden Garten sassen, und das gemüthliche, jetzt würde man es sentimentale nennen, Lied sangen: «Willkommen, o seliger Abend», und andere ähnlicher Art . Es waren aber jetzt wirklich die beiden Frauenzimmer, die mich so oft dahin zogen und mich dort so glücklich machten, wenn sie auch durch ihr Betragen bei mir kein anderes Anrecht als das der Freundschaft begründeten. Ich war wirklich erstaunt, so viel Heiterkeit, so viel Gemüth, so viel Religiosität und geistige Bildung überhaupt bei diesen Bündner Frauenzimmern zu finden, und gewiß gab es bei uns wenig Mädchen, die soviel geistige Vorzüge in sich vereinigten. Ich fühlte lebhaft, wie es kein Unglück, sondern vielmehr ein Glück für Frauenzimmer sei, wenn sie sich nicht zu früh verheirathen, und wie, wenn sie nur gut sind, das um einige Jahre älter werden ihr Herz wie den guten Wein nur besser und edler macht. Wäre ich reich, angesehen, überhaupt in Umständen gewesen, unter denen ich hätte hoffen können, sie glücklich zu machen, so wäre meine Wahl entschieden gewesen. So wagte ich es aber nicht, mich in solcher Beziehung auch nur mit *einem* Worte an sie zu wenden, vertraute aber mein Herz ihrem Bruder Rudolph. Auf eine ausweichende, abschlägige Antwort war ich gefaßt; ich hatte diesen Schritt weniger in der Hoffnung auf einen zu wünschenden Erfolg gethan, als um aus der Ungewißheit heraus zu treten und meinem Gewissen jedenfalls Genüge zu leisten. Für das sogenannte Glück wagt man so vieles in der Welt, dachte ich, und ich sollte für das, was als das höchste Glück des Lebens betrachtet werden kann, nicht einen Korb nach Hause zu bringen wagen? Die Antwort war aber nicht nur abschlägig, sondern auf eine Weise stolz und unzart, wie ich sie nie gewärtig sein konnte, weshalb sie auch alles weitere sittliche Vertrauen zum vermeinten Freunde mit Recht auf immer aus meinem Herzen bannte.

Ich ging zur gewohnten Zeit natürlich nicht mehr nach Baldenstein. Sophie wurde die Braut des Herrn Landvogt von Jecklin[298], Marie verlobte sich einige Zeit später mit Herrn A. von Planta[299] in Dusch. Beide, in ihrer Ehe sehr glücklich, blieben auch nachher meine sehr geliebten Freundinnen, denen ich durch persönlichen Umgang und Briefwechsel viele schöne Tage und Stunden verdanke. Immer noch zähle ich sie zu meinen besten, achtbarsten und liebsten Freundinnen.

Bevor dieses geschah, erhielt ich aber, von einem kleinen sinnigen Andenken begleitet, folgende Zeilen, die ich zum Beweise der Gesinnung und Bildung meiner Freundinnen hierher setze:

«Warum ich die Feder für Sie, guter Freund, ergreife, weiß ich eigentlich nicht; gewiß ist es, daß ich dadurch weniger gewinne, als wenn eine mündliche Erklärung jedes Mißverständnis zwischen uns gehoben hätte. Ihnen dieses zu geben, warteten wir auf Ihren gewöhnlichen Besuch zu

Ostern. Sie kamen nicht – Sie konnten die verlassen, die nie auch nicht *einen Augenblick* aufgehört haben, Sie innig hochzuachten, recht von Herzen Ihre Freundinnen zu sein – konnten uns in Ihrem Blättchen (siehe unten) einen Vorwurf machen, den Sie, nach der Kenntnis, die Sie von unserem Character haben, nicht erwartet hätten, dem wir widerstehen müssen, um nicht mit dem gemeinen Haufen verdammt zu werden, aus welchem Sie uns so gütig herauszufinden wußten. Ach, sind es denn immer Vorurtheile, die gleichgesinnte, sich als gut kennende Menschen hier trennen? Und wären sie es – ist es nicht oft Pflicht, sie in denen zu schonen, die wir lieben, denen wir mehr schuldig sind als das Opfer eines schönen Gefühles, das für uns nicht verloren geht, weil es uns versagt ist, hier vereinigt zu leben. – Nein, sie geht nicht verloren, die schöne Ueberzeugung, einen Gegenstand gefunden zu haben, der sich die Mühe gab, uns näher kennen zu wollen, der das Edlere in uns, trotz der vielen Mängel, doch sah und seiner Aufmerksamkeit würdigte. O, verkennen Sie das, was Sie zu unserem Freunde machte, nie in uns, auch in Augenblicken nicht, wo wir anders handeln *müssen,* als Sie es erwarteten. Wir sind vielleicht in diesen Momenten Ihrer Freundschaft nicht am unwürdigsten. Bleiben Sie, o, bleiben Sie der Freund, an den wir uns so gern und mit vollem Vertrauen anschließen, an dem wir so gerne festhalten wollen, dessen Andenken uns immer theuer sein wird. – Auch wir zählen wenig Freunde, wollen Sie uns den frohen Glauben nehmen, in Ihnen einen wahren gefunden zu haben? Nein, Sie verlassen uns nicht, ich weiß es, und in diesem Vertrauen nennen auch wir uns Ihre aufrichtigsten Freundinnen

Marie und Sophie. Den 21sten April 1823.»

Das Blättchen, worauf hier angespielt wird, war ein Stammbuchsblättchen mit der schönen Stelle aus Schleiermachers «Monologen», und ich weiß nicht mehr mit welchem Zusatze: «Nach Liebe dürstet manches Menschenherz; es schwebt ihm deutlich vor, wie der geartet müßte sein, mit dem er durch den Tausch des Denkens und Empfindens zur gegenseitigen Bildung und zum erhöhten Bewußtsein sich verbinden, wie die Geliebte, der er sich ganz ergeben und volles Leben bei ihr finden könnte; doch wenn er nicht durch Zufall glücklich im gleichen Kreise des äußeren Lebens, auf gleicher Höhe der Gesellschaft sie entdeckt, so seufzen beide wohl vergeblich im gleichen Wunsch das kurze Leben hin. Denn noch immer fesselt den Menschen ja sein äußerer Stand, die Stelle, die er in jener dürftigen Gemeinschaft nicht sich erringen kann, eine, die ihm angewiesen wird, und fester hält der Mensch an diesen Banden, als an der mütterlichen Erde die Pflanze hängt. Warum? weil sie das höhere, geistige Leben hart bedrücken, um sicherer, wie sie meinen, das niedere zu genießen.»

Die guten Mädchen waren im väterlichen Testamente benachtheiligt und zu sehr der Direction ihrer Brüder überlassen worden, weßwegen ihnen eine äußere Unabhängigkeit, wie ich sie nicht bieten konnte, wünschbar sein mußte, abgesehen von den übrigen Gründen, die bewußt oder weniger bewußt mitwirken mochten. Wie viele Leiden hatte doch die arme Sophie in späteren Jahren zu ertragen, und wie recht hatte sie zu vertrauen, daß ich immer ihr und ihrer Schwester Freund bleiben würde!

Nufenen. Familie Hößli

Nur einen Feldzug eröffnete ich damals noch auf dem Felde der Liebe. Ich kam einmal in die zu jener Zeit durch Kinder und Wohlstand sehr blühende Familie des Herrn Podestat Hößli[300] in Nufenen. Ich hatte Hebels «Allemannische Gedichte»[301] mit und las sie der Familie vor, die dann auch höchst erfreut darüber war. Besonders glänzten dabei die Augen der Cäcilie, welche ganz entzückt war, so Schönes in einer der ihrigen verwandten Sprache zu vernehmen. Diese schöne Begeisterung zündete denn auch eine neue Flamme in meinem Herzen an, die ich nicht verhehlte; allein Cäcilie[302] war, was ich nicht wußte, schon halb oder ganz mit meinem Vetter, dem nachmaligen Obrist La Nicca[303], verlobt, den sie auch bald darauf heirathete. Daß, wenn dieses Band nicht schon so fest geknüpft gewesen wäre, meine Wünsche leicht in Erfüllung hätten gehen können, erfuhr ich auch von ihr.

So erfolglos blieben also meine Versuche auf dem Felde der Liebe, und dennoch habe ich sie nie bereut und besonders eine eigene Befriedigung darin gefunden, daß mein Herz mich nie auf unwürdige Gegenstände geführt, sondern sich nur Mädchen zugewendet hatte, die sich später als treffliche Frauen erwiesen und mit denen allen ich nachher in sehr wohlwollender und intimer Freundschaft gelebt habe. Es waren nicht äußere Vorzüge, sondern innere Eigenschaften, die meine Sympathie leiteten und ein gutes Zeugnis für den Tact derselben in allen späteren Zeiten ablegten. Auch diese Cäcilie blieb mir eine treue Freundin, und ich wurde später der Pathe einer ihrer Söhne.

Unglücksfall

Eines Unglückes, welches mir um diese Zeit begegnete, erwähne ich nur, weil ich eine große Gnade Gottes dabei zu erkennen und ihm dankbar für dieses zu sein, Ursache hatte. In St. Margreth führte eine sehr steile, acht bis neun Stufen lange Treppe, gerade der Hausthür gegenüber, in den Keller hinunter. Als ich eines Abends heimkam und die Thür geschlossen hatte, ging ich zu weit vorwärts und stürzte kopfüber diese lange Treppe hinunter. Wäre ich auf der einen oder anderen Seite mit dem Kopfe gegen die Mauer gefallen, so wäre der Tod oder vielleicht etwas noch Schlimmeres höchst wahrscheinlich die Folge davon gewesen. Dieß geschah aber, Gott Lob! nicht, und ich kam mit der Verrenkung des Knochens an der rechten Handwurzel davon, die aber leider von dem Doctor nicht erkannt wurde und mir also mein Leben lang blieb, ohne mir jedoch große Unbequemlichkeit zu verursachen.

Schleiermacher's Glaubenslehre. Rückkehr zum geistlichen Beruf

Bei dem Drucke vieler Unterrichtsstunden in der deutschen und italienischen Sprache waren neben den obenerwähnten belletristischen Schriftstellern Schleiermacher's «Reden über die Religion», seine «Monologe» und einzelne Collegienhefte meine besten Stärkungsmittel gewesen. Jetzt erschien seine Glaubenslehre im Drucke, und das war für mich ein bedeutungsvolles Ereignis und eine wahrhaft festliche Erscheinung. Es ist doch etwas anderes, eine solche Disciplin gedruckt im Lehrbuche oder sie nur aus dem Collegienheft zu studiren, und zur Besprechung über dieses so wichtige Collegium hatte ich leider unter den Commilitonen in Berlin keinen Koslovski oder Förster gefunden. Ich verlegte mich nun in Chur darauf, diese Glaubenslehre aus allen Kräften zu studiren, und wie vieles gab es da nicht zu denken, zu reinigen, zurecht zu legen, wenn ich sie mit der von Reinhardt und mit meinem alten Glauben zusammen stellte und nur über Religion, Sünde, Erlösung, Rechtfertigung, Erwählung u.s.w. mit mir auf's Reine kommen wollte. Mit diesem Studium erwachte aber auch der Wunsch, noch Pfarrer zu werden, immer lebendiger und reifte zum wirklichen Entschlusse. Ich suchte die Lücken, die in meinen theologischen Studien geblieben waren, durch Privatstudien einigermaßen auszufüllen, und meldete mich dann wirklich für's Examen pro ministerio vor der Synode 1824 zu Chur. In meinem lateinischen curriculum vitae schilderte ich mehr mein inneres Leben als meine äußeren Verhältnisse, nur von meiner Tante Engadina und von meinem Großvater sagte ich, wie schon früher erwähnt, mit Rührung und dankbarer Liebe: «Illa mihi mater, hic pater mihi fuit», und auch die verschiedenen Phasen der religiösen Entwicklung und des Ganges meiner Studien stellte ich treu und der Wahrheit gemäß dar. Herr P. Voneschen[304] wollte bemerkt haben, daß seit der Zeit die curricula vitae der Candidaten etwas anziehender und gemüthlicher geworden wären, was ich in späterer Zeit wenigstens nicht gefunden habe; denn oft mußte ich bedauern, mit welcher Anmaßung sich auch beschränkte Köpfe herausnahmen, lieblose Urtheile über Gymnasial- und Universitätslehrer zu fällen, und wie wenig sie den Zuhörern in ihr eigenes Innere zu blicken vergönnten.

Meine deutsche Rede war über 1 Cor. 1, 30, in welcher ich ebenfalls mit aller Offenheit meine theologischen Ansichten in wichtigen Puncten der Glaubenslehre entwickelte, und wie mir nachher versichert worden, haben beide Abhandlungen einen sehr befriedigenden Eindruck auf Synode und Zuhörer gemacht, wiewohl ich nachher selbst einsah, daß meine Erklärung der Rechtfertigungslehre, an den gewöhnlichen dogmatischen Prüfstein gehalten, in mancher Beziehung nicht ganz stichhaltig sein dürfte. Beide Reden sind in der Sammlung meiner Aufsätze aufbewahrt worden. Auch die mündlichen Prüfungen fielen so aus, daß ich einstimmig in die Synode aufgenommen wurde, während mein Genosse, ein gewisser Candidat Caflisch, das Unglück hatte durchzufallen.

So sah ich denn die früheren Wünsche meiner Jugend nach langen Irrsalen doch in Erfüllung gehen und mußte nur bedauern, diese Freude nicht mehr mit meinen guten Eltern theilen zu können.

Haldenstein

Auch für die practische Wirksamkeit als Geistlicher bot sich mir gleich in dem ersten Jahre eine Gelegenheit dar. Ich erhielt den Ruf, mit einem anderen Colloquialen, dem Pfarrer von Trimmis, Herrn Monsch[305], Haldenstein zu providiren. Ich predigte einen Sonntag um den andern und hielt dann auch die Kinderlehre; er besorgte dagegen die Casualien und Wochenpredigten und functionirte ebenfalls einen Sonntag um den anderen. Dieses gewährte mir eine sehr angenehme und nützliche Abwechslung bei meinen vielen Sprachunterrichtsstunden. Ich predigte mit vielem Vergnügen und aus vollem Herzen, wiewohl manche meiner Haldensteiner nicht eben die eifrigsten Zuhörer zu sein schienen; denn nicht selten begegnete ich, wenn ich hinaus ging, um zu predigen, mehreren von ihnen, die Chur zuwanderten, vermuthlich nur, um ihre ökonomischen Geschäfte da zu besorgen. Besonders unangenehm war mir der Eindruck, den ich am Neujahrstage gleich nach meiner Ankunft bei meiner eigenen festlichen Bewegung von der wohllöblichen Obrigkeit erhielt. Die Herren waren gerade im Wirthshause, meinem Absteigequartier, versammelt, um dem Wirthe, der in jenem Jahre Ammann war, Glück zu wünschen. Einzelne von ihnen hatten ohne Zweifel etwas zu tief in's Schnapsgläschen geguckt und waren weder des Gebrauches ihrer Füße noch ihrer Zunge ganz mächtig. Schon diese Wahrnehmung stimmte in keiner Weise mit der festlichen Rührung überein, die einem jungen Prediger natürlich war, und ebenso wenig befriedigend und erbaulich wollte sich das Gespräch gestalten, das ich herbeizuführen suchte.

Herr Freiherr von Salis

Für das Mittagsessen war ich aber ein für allemal zu dem Freiherrn Joh. Luzius von Salis[306], dem sogenannten gnädigen Herren, eingeladen, und bei ihm brachte ich denn auch jedesmal einige sehr angenehme Stunden zu. Er war bereits ein achtzigjähriger Mann, dessen Hände und Füße noch starke Spuren von den Schmerzen trugen, die ihm Chiragra und Podagra verursacht hatten. Auch schwere Gemüthsleiden waren über ihn ergangen: seine, wie man sagte, sonst sehr gute und achtbare Frau, die er sehr liebte, war vor zwanzig bis fünf und zwanzig Jahren mit einem französischen Hauptmanne davongegangen. Eine Nichte, die ihm früher auch Verdruß genug gemacht und die er jetzt mit ihren beiden Mädchen wieder bei sich aufgenommen hatte, führte ihm die Haushaltung und that allerdings jetzt ihr Möglichstes, um ihm sein Alter zu erheitern. Er war ein feiner, gebildeter Mann, dabei sehr religiös und in hohem Grade gemüthlich, und was ich früher an Herrn Obrist Fischer in Bern wahrgenommen hatte, wurde mir nun auch an Herrn von Salis anschaulich, daß nämlich auch das Alter seine großen und schönen Vorzüge hat und edle Seelen nur erhebt, nicht wieder beugt.

Haldenstein. Chur. Ruf nach Puschlav

Im Herbste 1824 war der alte Pfarrer von Puschlav, Herr Vulpius[307], gestorben. Er hatte den dortigen Pfarrdienst zwei und vierzig Jahre, sein Vorgänger, Herr Olgiati[308], hatte ihn fünf und vierzig Jahre versehen. In einer so abgelegenen paritätischen Gemeinde, zumal sie italienisch ist, war es nicht leicht, einen Pfarrer zu bekommen, der diese Sprache konnte, und, was man jetzt dort besonders wünschte, für die Erziehung und den Unterricht der Jugend geeignet war. Der Vorstand der Gemeinde wandte sich daher mit der Bitte an Herrn Decan Benedict, einen Mann zu vermitteln, der den Bedürfnissen ihrer Kirche und Schule entsprechen könnte, und er wies sie an mich. Den Italienern traute man ehemals diesseits der Berge nicht viel, und dieses Vorurtheil theilte auch ich im Allgemeinen mit meinen Landsleuten. Von Puschlavern kannte ich nur Pozzi und Tosio[309], die meine Schüler in der Kantonsschule gewesen waren, und Herrn Podestat Olgiati[310], den ich einigemal an der Wirthstafel im «Steinbocke» gesprochen hatte. Meine Stelle in Chur aufzugeben, um nach einer Gemeinde zu ziehen, die so weit entfernt lag, in der ich so wenig Personen und die Verhältnisse des dortigen Wirkungskreises ebensowenig kannte, während ich mich auf jeden Fall von Heimath und Freunden losreißen und gemüthlich allein stehen müßte, dieß war ein Entschluß, der auch dem Leichtsinnigsten zu ernstem Nachdenken und reiflicher Ueberlegung Veranlassung bieten konnte.

Präsident des Kirchenrathes in Puschlav war damals Herr Giuseppe di Fr. Samadeni[311], und was die Persönlichkeit oder der Character eines einzigen Mannes bei wichtigen Angelegenheiten des Lebens vermag, welcher Einfluß ein solcher auf unsere Entschließungen haben kann, erfuhr ich bei dieser Gelegenheit. Der Briefwechsel wurde mit ihm, dem Präsidenten, geführt, und dieser Mann legte einen solchen Eifer für die Religion und für die evangelische Kirche seiner Gemeinde an den Tag, schilderte die Lage und die Bedürfnisse derselben mit so lebhaften Farben und mit solcher Gemüthlichkeit, daß mir diese Stelle kaum anders als die eines Missionärs an den Grenzen des Vaterlandes erscheinen konnte. Damit hatte er mein Herz schon halb für dieselbe gewonnen, und nur die Frage konnte mich noch in meiner Entscheidung schwankend machen, ob ich daselbst wirklich einen wohlthätigeren Wirkungskreis als in Chur, an der Kantonsschule, haben würde. Verglichen mit der Stelle, die ich damals bekleidete, war mir die Sache kaum zweifelhaft. Ich hatte nämlich alle italienischen Classen und zwei deutsche, für die Romanischen also so viele Stunden Sprachunterricht, und nur in dem Falle, daß man mir Stunden zuertheilt hätte, die meinem Geschmacke und meinen Bestrebungen angemessener gewesen wären, hätte sich meine diesfallsige Ueberzeugung anders gestalten können. Ich machte also dem Schulrathe von dem Rufe Anzeige, den ich nach Puschlav erhalten hatte, und zugleich von meinem Entschlusse, ihn anzunehmen, insofern mir nicht einige Unterrichtsstunden in der Religion und in der Theologie angewiesen würden. Ich gebe zu, daß ich bei weitem nicht alle die Kenntnisse besaß, die für den Unterricht in den theologischen Fächern wünschbar gewesen wären; aber ich darf dennoch glauben, daß ich sowohl diesen als auch den Religionsunterricht mindestens auf eben so anregende und fruchtbare Weise hätte ertheilen können, als er damals von Andern ertheilt wurde. Die Behörde war daher etwas verlegen, und aus dieser Verlegenheit befreiten sie, wie ich später erfuhr, nur Herr Director Hold, dem ich nicht fügsam genug war, und Herr Professor Kind, der meiner Theologie und wohl auch meiner Gelehrsamkeit nicht genug traute. Auf beider Bemühung hin erhielt ich eine sehr kluge, diplomatische Antwort. Sie lautete: [Antwort fehlt]

Ein solches Zeugnis von sich selbst abzulegen, würden wohl auch weit gelehrtere und in jeder Beziehung tüchtigere Professoren Bedenken gehabt haben; ich reichte also mein Entlassungsgesuch ein und sagte den Puschlavern die Annahme ihres Rufes zu, fest entschlossen, wie ich mich auch privatim gegen Herrn Samadeni äußerte, wenigstens sechs Jahre bei ihnen auszuharren, und wenn Puschlav mir auch als halbe Hölle erscheinen sollte. Die einzigen Bedingungen, die ich der Gemeinde stellte, waren:

1. Reduction einiger Amtsfunctionen, z.B. des zweimaligen täglichen öffentlichen Gebetes auf *eines* an jedem Abend oder weniger und der Sonntagsfunctionen auf Predigt und Kinderlehre.
2. Vereinigung der bisher von verschiedenen Lehrern gehaltenen Schulen in *eine* Gemeindsschule.

Als Wunsch fügte ich bei, daß mir eine anständige Amtswohnung gegeben werden möchte, und überließ die Bestimmung des Pfrundgehaltes der Gemeinde selbst.

Es gibt wenig Acte in meinem öffentlichen Leben, auf die ich seitdem mit mehr Befriedigung hätte zurückblicken können; nicht allein, weil die Puschlaver sich meines Vertrauens in dieser Beziehung so würdig bewiesen und die Vorsehung meinen Gang auf ganz unerwartete Weise segnete, sondern auch ganz besonders, weil ich mein diesfallsiges Verfahren nur recht und gut finden konnte.

Auch der Schulrath drückte in seinem Entlassungsschreiben nicht nur Zufriedenheit mit meinen Bestrebungen und Leistungen, sondern auch den Wunsch aus, daß ich, früher oder später, wieder an die Kantonsschule zurückkehren möchte.

Meine letzten Jahre in Chur brachte ich, wie schon früher bemerkt worden, im Hause befreundeter Familien als Miethsmann zu, genoß bei ihnen den Caffeh und zuweilen das Abendbrod, speiste aber zu Mittag im Wirthshause, zuerst im «Freunde», später bei Denz im «Steinbock». Zwei Jahre war ich bei Obrist Gengel in St. Margreth, dessen Frau mir so schätzbar war und später so unglücklich wurde; im letzten bei Herrn Doctor Eblin[312], meinem engeren Freunde, dessen zahlreiche liebe kleine Familie mir Freude machte, die ihre gute Erziehung besonders einer sehr verständigen und gemüthlichen Mutter verdankte, für die ich große Hochachtung gewann. Als Zeichen unseres guten Vernehmens wurde ich auch mit beiden durch Gevatterschaften verbunden, indem ich Pathenstelle bei Lina Gengel, jetzt Frau von Planta[313], und bei Carl Eblin[314], später Doctor Medicinae, vertrat.

Die letzte Zeit meines Aufenthaltes in Chur verwandte ich besonders auf die Ausarbeitung von Kirchengebeten oder einer italienischen Liturgie[315], wobei ich mich auch der englischen bediente. Die bekannte rhätisch-italienische kannte ich nicht, und sie ist auch sehr selten geworden und allzu beschränkt in ihrem Umfange. Was mir in derselben besonders wohl gefallen hat, ist der erste Wunsch, bei einem Krankenbesuche als Anfangsgebet: «La grazia del Signore sia sopra questa casa e sopra questo nostro confratello in Gesu Cristo.» Dieses Einleitungsgebet habe auch ich adoptirt und nie ohne herzliche Rührung bei meinen Krankenbesuchen ausgesprochen. Meine Arbeit erstreckte sich auf eine Sammlung oder Zusammenstellung von Gebeten für alle vorkommenden Fälle. Die Zürcherische deutsche Liturgie benutzte ich dabei besonders, aber mit einer Freiheit, wie sie wohl nirgends als in Bünden gestattet worden wäre. Viele unter ihnen waren aber auch eigene, so dasjenige für Wahltage und ein allgemeines Gebet an Wochentagen. Beide sind auch in die gegenwärtige Rhätische Liturgie[316], welche 1829 angefertigt wurde, übergegangen.

Abgang von Chur nach Puschlav

Anfangs Juni verließ ich nun das mir in vielen Beziehungen so lieb gewordene Chur. Fast alle Lehrer und Schüler gaben mir das Geleite bis Thusis, wo in der Krone gemeinschaftlich zu Mittag gespeist wurde. Nicht sowohl die Toaste als die innere Bewegung und der Abschied von so vielen lieben Freunden machten mir diesen Tag zu einem sehr rührenden, und die Thräne glänzte im Auge, und das Herz wollte fast brechen, als geliebte Mitlehrer und Schüler mit herzlichem Händedruck Abschied von mir nahmen. Es war mir wahrlich nöthig, in die reine Luft des Heinzenberges hinauf zu kommen und in der Einsamkeit meinen Gefühlen und Gedanken nachhängen zu können, um der Wehmuth loszuwerden, die sich meiner Seele bei diesem Abschiede bemächtigt hatte. Nur einen Tag noch kam ich nach einem zweiwöchentlichen Aufenthalte in der Heimath nach Chur, um von da aus in Gesellschaft von Freunden die Reise nach der Synode anzutreten, die in jenem Jahre in Bruck[317] im Oberengadin gehalten wurde. Ich kam ungern dahin zurück, weil es mir überhaupt unangenehm ist, jemanden wieder zu sehen, von dem ich schon Abschied genommen habe, und nach einem so feierlichen Abschiede vollends mußte mir diese Rückkehr unbehaglich sein.

Ponte

Die Reise nach Ponte oder Bruck machte ich aber mit einem mir sehr lieben Schüler aus dem Münsterthale, Dom. Moggi[318], der auch wegen Unbilden, die ihm der Director angethan hatte, aus der Schule trat. Ich bedauerte ihn noch mehr in der Folge, wo es sich zeigte, daß diese Unterbrechung seiner Studien in der Kantonsschule, wie ich glaube, ihm so nachtheilig wurde. In Ponte logirte ich bei Frau Bundspräsident von Albertini[319], deren Mann gerade zum Großen Rath in Chur war. Schon von der Schule her und durch nachherigen vielfältigen Umgang mit ihm ein mir lieber Freund, hatte er mich eingeladen, in seinem Hause zu logiren, in dem mich seine noch nicht lange mit ihm verheirathete junge Frau aufnahm. Es war ein kleines, sehr liebenswürdiges Weibchen, bei der auch schon Herr Vicedecan Andeer[320] eingerückt war, und ich wurde in kurzer Zeit in dem Hause so heimisch, so vergnügt, daß ich wohl nirgends zufriedener hätte sein können.

Es mag eine Schwachheit von mir sein und ist zweifelsohne eine Schwachheit, daß mir viele Leute durch ihren Eindruck, wenn sie mich auch nicht gerade abstoßen, doch eine recht herzliche Annährung unmöglich machen, während mich andere mit so siegender Gewalt für sich einnehmen, daß ich nicht anders kann, als mich ihnen mit vollem Vertrauen und unwiderstehlichem Wohlwollen anzuschließen. Dieß ist besonders bei Frauen der Fall und trat auch hier ein, und ich freute mich herzlich, wieder eine von ihnen mit so vielem Rechte in mein goldenes Buch eintragen zu können. So nannte ich das freilich nur ideale Buch, in dem die mir schätzbarsten, durch höhere, rein sittliche Sympathie mit ihnen verzeichnet waren. Wir waren als ganz Unbekannte zusammengetreten und schieden nach acht Tagen als aufrichtige Freunde im edelsten

Sinne des Wortes, und ich freuete mich im Voraus, wie manche angenehme Stunden ich auf meinen Hin- und Herreisen von Puschlav bei diesen Freunden würde zubringen können. Denn das ist doch die schönste Würze der Reisen zu Fuß, wie ich die meinigen machte, wenn man bei Freunden vorbeikömmt, bei denen man mit herzlichem Wohlwollen und Zutraulichkeit einkehren und weilen kann. Es wurde mir zur Pflicht gemacht, recht bald zu schreiben, wie es mir in Puschlav, das mir selbst noch so unbekannt war, gehe, eine Pflicht, die mir aber so anziehend wie natürlich erscheinen mußte.

XII. Poschiavo, 1825 - 1837

Reise von Ponte nach Puschlav

Bei der Synode von Ponte waren auch Herr J. Samadeni und L. Matossi[321] von Puschlav erschienen, theils um da um meine Bestätigung anzuhalten, theils um mir das Geleite auf der Reise zu geben. Herr Decan Benedict wurde nun eingeladen, seinen Besuch in dem ihm so lieb gewordenen Puschlav zu wiederholen und mich daselbst zu installiren, und Herr Decan Truog bot sich an, ihn dahin zu begleiten, was denn auch geschah. Man fuhr Mittwoch Abend bis Pontresina, um den nächsten Tag morgens früh die Reise über Bernina zu Pferde anzutreten. Ich trennte mich aber für jenen Abend von der Gesellschaft, um die Nacht in Cellerina, bei der guten Duonna Mengia Curò zuzubringen, die ich während der Synode nie hatte besuchen können. In aller Frühe des folgenden Tages machte ich mich aber nach Pontresina auf, wo die geistliche und weltliche Ritterschaft sich auch allmälig zur Abreise vorbereitete.

Es war einer der schönsten Sonntage, und der frühe, einsame Morgengang hatte mich sehr ernst gestimmt, wußte ich doch kaum, wohin ich kam und zu wem ich kam und was mir alles an einer so kritischen Stelle bevorstand. Die geistliche Cavalcade und die Sorgen und Zufälligkeiten, die mit ihr verbunden waren und nicht selten Anlaß zum Lachen gaben (denn Geistliche sind bekanntlich in der Regel keine der geschicktesten Reiter), zerstreuten bald diese ernstere Stimmung, und die anmuthige Gegend durch die Ebene von Pontresina bis Plattas und die Aussicht auf die herrlichen Gletscher von Rosseig und ihre Fortsetzung gegen Bernina, die besonders in den Stunden von acht bis neun an schönen Sommertagen wie der reinste polirte Stahl glänzen und sich auf der Höhe so fein zuspitzen, daß sie der Schneide eines Messers gleichen und wohl deßwegen im Romanischen den Namen *fil* erhalten haben, erfüllten die Seele mit den wohlthuendsten Gefühlen, wie sie bei'm Anblick einer schönen Alpengegend gewöhnlich und natürlich sind. Diese erhebenden Gefühle steigerten sich immer mehr, als wir die ersten Höfe erreichten, wo die Athmosphäre schon eine kühlere, reinere, belebendere wird und wir bei den majestätischen, verwitterten Vorgebirgen vorbei kamen, die gleichsam den Kopf zu den Gebirgsriesen von Val del Fieno bilden, zu den Seen gelangten, wo die Waldvegetation aufhört und nur hier und da noch ein alter dürrer Stamm an die Zeit erinnert, wo der Wald sich so weit hinangezogen hat, der vermuthlich nicht allein der Rauheit des Climas, sondern auch der schonungslosen Habsucht der Alpenhirten weichen mußte. Besonders anziehend ist aber der obere Theil der Bernina bei den Seen, wovon der eine mit dunkelreinem, der andere mit Molken farbigem Wasser den größten Theil der Ebene füllt, während auf der einen Seite die Berge mit üppigen Weiden prangen, auf der anderen der Bernina Gletscher majestätisch zu den Wolken emporsteigt und aus seinem Schoose dem weißen See die acqua Cambrena zusendet.

Zu La Motta wurde nun in zahlreicher Gesellschaft zu Mittag gespeist, und das nationale und wirklich ebenso angemessene wie schmackhafte Gericht der Puschlaver – die polenta in flur[322] – zum erstenmal von mir genossen. Es ist dieß eine Polenta von Haiden- oder Buchweitzenmehl, wozu aber, statt des Wassers, fetter Rahm genommen wird; auch Weinbeeren, d.h. große Rosinen, kommen hinein, wenn man sie gut machen will. Dazu ißt man dann gewöhnlich geräuchertes Fleisch oder Würste. Was den Italienern die Vögel sind, den Bündnern diesseits der Berge ihr Birnenbrod ist, ist den Puschlavern ihre polenta in flur. Schon hier sah sich die Reisegesellschaft durch Zuzügler, die sich überall angeschlossen, bedeutend vermehrt, und immer größer wurde sie im Vorrücken gegen Puschlav, zumal bei'm Angelo custode, wohin viele Wagen und Fußgänger entgegengekommen waren. In St. Carlo wurde der Zug geordnet: voran die beiden Decane, dann der neue Pfarrer und der Präsident des Kirchenrathes und so paarweise weiter.

Einzug in Puschlav

Auf der Höhe bei der Brücke von Privilasc angekommen, fing man an, im Borgo die Glocken zu läuten, und bald gewahrten wir eine lange Reihe von Schulkindern, deren Anblick mein Gemüth auf's tiefste ergriff und mir heiße Thränen entlockte. War es die Erinnerung an meine Kantonsschüler auf der Abschiedsreise nach Thusis, war es das Bewegliche, was der Anblick einer großen Kinderschaar hervorruft oder war es eine Ahnung, daß in diesen Kindern das vorzüglichste Arbeitsfeld meines Wirkens in Puschlav liegen werde; genug, diese Wahrnehmung erfüllte mein Gemüth mit der tiefsten Rührung. Nun ging der Zug durch die Hauptstraße vom Borgo. Auf den Gassen und an den Fenstern, wo er vorbei kam, waren eine Menge Leute, und ein feierlicherer, ehrenvollerer Tag ist mir im Leben nie zu Theil geworden. Erst später erfuhr ich, daß an einem dieser Fenster ein junges Mädchen stand und neugierig herabblickte, als sie aber den Signor ministro ansichtig wurde, sich von einem Etwas durchzuckt fühlte, das sie fast verlegen machte, so daß sie sich alle Mühe geben mußte, diese innere Bewegung vor den Anwesenden zu verbergen.

Mein Absteigequartier war bei Herrn Podestat Olgiati, bei welchem ich auch einige Monate Tisch und Logis bekam. Hier trat nun der Kirchenrath in corpore zu meinem Empfange ein. Der Vicepräsident, Herr A. Steffani[323], hielt eine sehr verbindliche Rede, und ich war genöthigt, aus dem Stegreife zu antworten, was mir bei solcher inneren Bewegung auch nicht schwer wurde. Der Tag sollte mit einem großen Nachtessen bei Herrn R. Ragazzi beschlossen werden, zu dem der Kirchenrath und die Notabilitäten des Ortes eingeladen waren. Ich ließ die Herren Decane dahin gehen, nahm aber für mich die Einladung nicht an: mein Gemüth war zu bewegt, und außerdem schien es mir, mein erstes Auftreten sollte durchaus in der Kirche, bei der Eintrittspredigt stattfinden. In diesem Gefühle wies ich auch alle Einladungen der folgenden Tage bis zum Sonntag zurück und freue mich immer noch, darin der inneren Stimme meines guten Genius' gefolgt zu haben. Die Reise der beiden Decane wurde später von Herrn Decan Truog beschrieben und zum Drucke befördert[324], fand aber nicht die Theilnahme, die der jugendliche Greis sich davon versprochen hatte.

Aufenthalt in Puschlav

Meinem Vorsatze gemäß trat ich erst am Sonntage in meiner Antrittspredigt öffentlich auf. Vor der Predigt hatte ich noch den Besuch zweier meiner Zuhörer, die ich noch gar nicht kannte, von denen mich aber der eine durch seine zwar einfache, aber aufrichtige Frömmigkeit hauchende Rede wirklich rührte und sehr erfreute. Es war ein Schuhmacher, Thomas

Passini, der sich auch nachher als ein sehr braver, frommer Mann bewährte und einer meiner liebsten Zuhörer wurde.

In der Predigt benutzte ich gleich meine Liturgie für die Predigt und für die Taufe, und sie soll einen guten Eindruck gemacht haben. Mein Text war 1. Tim. 1, 5 «Die Hauptsumme des Gebotes ist Liebe von reinem Herzen und von gutem Gewissen und von ungefärbtem Glauben», welche drei Puncte ich mich in ihrer Verschiedenheit und Zusammengehörigkeit anschaulich zu machen bemühte und, wie es hieß, nicht ohne Erfolg. Besonders rührend fand man die Einleitung, in der ich auseinander setzte, wie ich, als Unbekannter unter Unbekannten, nur im Vertrauen auf Gott und auf dessen Beistand auftrete, und was allein unsere gegenseitige Hoffnung beleben und aufrecht erhalten könne.

Nach der Taufe, die der Predigt folgte, nahm mir ein junges Mädchen, das ich gar nicht kannte, den Täufling ab, und bei der Berührung ihrer Hand durchzuckte mich eine eigenthümliche Bewegung, auf die ich weiter nicht achtete oder mich gewissermaßen darüber ärgerte, hier etwas zu empfinden, das, wenn auch ganz unwillkürlich, doch nicht den geistlichen Character zu haben schien. Es war dasselbe Mädchen, welches am Tage meiner Ankunft unbemerkt und unwillkürlich an jenem Fenster eine seltsame Bewegung empfunden und geheim zu halten gesucht hatte. Jungfrau Maria Mini[325], Tochter des Podestat Joh. Andr. Mini, die nach einigen Monaten meine Frau wurde.

Das Thal Puschlav mit einer Bevölkerung von ungefähr vier Tausend Seelen liegt vom nächsten Engadiner Dorfe, Pontresina, immer noch acht Stunden entfernt und ist italienisch und paritätisch. Sowohl in Puschlav wie in Brusio, dem zweiten Dorfe dieses Thales, machen die Reformirten nur den dritten Theil der Bevölkerung aus und haben deßwegen seit drei Hundert Jahren immer viel von den Katholiken zu leiden gehabt. Eine Zeitlang bildeten sie die Mehrheit, wurden aber durch den boromäischen Bund in ihrem Fortschritt beschränkt, und im Jahre 1624 wurden viele entweder umgebracht oder verjagt, so daß sie erst Jahre nachher durch Vermittlung des Bundestages wieder zurückzukehren wagten und einzelne Familien auch dann lieber im Engadin, wohin sie sich geflüchtet hatten, zurückblieben und sich da niederließen. So bildeten die Puschlaver eigentlich die ecclesia pressa des Protestantismus mehr als vielleicht irgend eine in der ganzen Schweitz. Herr Pfarrer G. Leonhardi, einer meiner Amtsnachfolger in dieser Gemeinde, hat eine umständliche Beschreibung des Puschlavermordes[326] mit seinen Vorgängen und Folgen im Monatsjournal *«Der wahre Protestant»* herausgegeben, welche über die Verhältnisse der Reformirten in diesem Thale viel Licht verbreitet. Gerade

Poschiavo (Kantonsbibliothek Graubünden, Chur).

dieser Druck von Seiten der Catholiken bewirkte aber eine nur um so innigere Anhänglichkeit an die Reformation und eine Liebe für Kirche und Religion, wie sie diesseits der Berge kaum anzutreffen sein möchte. Herr Pfarrer Vulpius, mein Vorgänger, war, wie schon bemerkt, zwei und vierzig und dessen Vorgänger fünf und vierzig Jahre Pfarrer in Puschlav gewesen. Dadurch waren denn auch alle Cultusformen sehr stabil, ja beinahe stereotyp geworden, und wieviel man auf Kirchenfunctionen hielt, mag davon abgenommen werden, daß jeden Sonntag Predigt, Kinderlehre und noch eine Gebets- oder Erbauungsstunde gehalten wurde, in der Charwoche jeden Tag Predigt war und an den Festtagen und Nachfesten zwei; dann auch jeden Tag zweimal öffentliches Gebet, morgens und abends, und zwar waren immer die beiden gleichen Gebete von Herrn Vulpius und Olgiati in diesen Andachtsstunden gelesen worden. Nur daß ich hierin eine Aenderung eingeführt hatte und mein eigenes vorlas, erregte hin und wieder Unzufriedenheit. Die Leute konnten die alten Gebete auswendig und waren, wie sie sagten, dadurch im Stande, viel andächtiger zu beten, was wohl möglich ist. Vertraggemäß wurde von jetzt an nur am Abend öffentliches Gebet gehalten, die dritte Function am Sonntag und die zweite Predigt an den Nachfesten oder zweiten Feiertagen abgeschafft. Aus der alten italienischen Liturgie behielt ich nur die obenerwähnte schöne Stelle für Krankenbesuche bei.

Bei Herrn Olgiati hatte ich ein sehr gutes Logis, wurde bald in der Familie einheimisch, und vor allen gefiel mir die gute Frau Podestätin A. Barbara, geborene Jenatsch von Samaden, die ich immer achtungswerth gefunden und lieb behalten habe. Auch die Kinder schlossen sich mir damals freundlich an, und so war ich wieder, wie in der letzten Zeit in Chur, ohne eigene Familie zu haben, doch wie ein Glied dieser Familie.

Der Vorschlag, den ich dem Kirchenrathe machte, alle Familien im Orte, nach der in anderen Kantonen üblichen Weise zu besuchen, wurde nicht gebilligt; indem man mir sagte, die Leute würden mißtrauisch werden, wenn ich das thäte, es sei daher besser, wenn dieß nur gelegentlich geschähe. Ich ließ mich also davon abhalten, weiß aber nicht, ob jenes nicht vielleicht besser gewesen wäre.

An Geschäften fehlte es mir in Puschlav aber dennoch nicht. Man war eben mit dem Bau des Pfarrhauses und eines Schulhauses beschäftigt, die beide recht schön und bequem wurden, ja, beide ohne Zweifel zu den besten gehörten, die man damals in Bünden hatte. Das schätzbarste und ganz ungewöhnliche dabei war aber, daß die Baukosten aus einer Vermögenssteuer bestritten wurden, zu welcher sich die Gemeinde, besonders auf Antrag der Reichen, vereinigt hatte. Diese Kosten beliefen sich auf eine Summe von fünfzig bis sechszig Tausend Lire, und von dieser hatten zwölf Familien die Hälfte, sechzehn andere ein Viertel und 144 andere das noch fehlende Viertel bezahlt, was einerseits allerdings die Gemeinnützigkeit der Reichen in ein schönes Licht stellt, andererseits aber auch ein trauriger Beweis für das Mißverhältnis in dem ökonomischen Zustande der Familien war. Zum Ruhme der Reichen muß aber noch gesagt werden, daß sie nicht allein ihre Quote durchgängig gern bezahlten, sondern daß auch mehrere von ihnen die der ärmeren Familien über sich nahmen, und nachdem dieß alles geschehen, die schönsten Opfer zur Gründung eines Schulfonds freiwillig brachten.

Mit der öffentlichen Schule stand es in Puschlav damals noch sehr übel. Jeder, wer da wollte, konnte Schule halten und den Preis bestimmen, der ihm, außer den sechs Liren, die die Kirche für den ganzen Winter zahlte, monatlich entrichtet werden mußte. Daher kam es, daß auch Weiber zuweilen Schule hielten, und die wohlfeilsten, wenn auch untüchtigsten Lehrer, gewöhnlich die meisten Schüler hatten.[327] Dieß sollte nun anders werden durch Einführung einer gemeinsamen Dorfschule nach pädagogischen Grundsätzen und die Anstellung tüchtiger Lehrer, die auch von der Gemeinde salarirt werden sollten. Schulhaus und Schulorganisation wurden bis zum November oder bis zum Beginne der Schule fertig, und beides war keine leichte Arbeit. Schon in Bezug auf den Bau des Schulhauses waren die Ansichten getheilt, und nicht geringer waren die Schwierigkeiten, welche bei der Organisation des Schulwesens überhaupt und bei der Entwerfung des Planes zu überwinden waren. Da gab es jede Woche Versammlung des Kirchenrathes und nicht selten ernste Debatten. Im Ganzen herrschte aber damals in den Behörden wie in der Mehrheit der Gemeinde ein sehr guter Geist und bei vielen eine eigentliche Begeistrung für das gemeine Wohl. So wurde denn auch jedes Opfer gern gebracht, und jede Verleumdung (denn auch daran fehlte es nicht), leicht verschmerzt.

Wie schwer es den Fürsten werden muß, es den Völkern recht zu machen, und wie leicht Unwahres über sie verbreitet werden kann, wurde mir schon in einem so kleinen Gemeinwesen, wie Puschlav ist, recht anschaulich. Die häufigen Versammlungen des Kirchenrathes fielen auf, da verbreitete sich das Gerücht: «Ja, die Herren beziehen für jede Sitzung ein Taggeld», und diese Verleumdung wurde geglaubt. Einer der sonst verständigeren und besseren Bürger erzählte es mir eines Tages, freilich mit der Einleitung: «Ei disen». Ich fragte ihn: «Aber glaubt Ihr es?» «Ma mi so minga», war seine Antwort. Der gute Mann hatte nicht das Bedürfnis, die Wahrheit zu erfahren, um ihr Zeugnis zu geben und Böswilligen die Mäuler zu stopfen, was ihm so leicht gewesen wäre, sondern begnügte sich ohne alle Sichtung mit dem: «Ei disen» und trug dadurch bei, eine böswillige Verleumdung zu verbreiten, obwohl er die Sache im Herzen selbst nicht glaubte.

Wenn die Entstellung des Wahren in einer so kleinen Gemeinde so leicht wird, wie oft mag sie in großen Städten und ganzen Reichen eintreten, und welchen Glauben mögen manche Nachrichten über Regierungen und Regierungsbeamte verdienen, die von der Presse oft mit so großer Keckheit verbreitet werden! Im Ganzen war aber diese Zeit der Begeisterung, des ernsten Schaffens und der gemeinnützigen Opfer wohl seit lange her die schönste und erfreulichste Periode der reformirten Gemeinde in Puschlav. Ihr verdankte sie ein erweitertes und bequem eingerichtetes Pfrundhaus, ein von Grund auf neu aufgeführtes schönes Schulhaus, beide in der Nähe der Kirche, in einer sehr angemessenen Gegend des Dorfes, nebst schönem Garten und Grasgarten, eine neue Schulorganisation, wie ich noch jetzt keine angemessenere in Bünden kenne, indem sie den Bestand einer Schule sichert, die für Arme und Reiche auf eine deren Verhältnissen angemessene Weise sorgt, und ohne bedeutende Störungen dadurch zu verursachen, jedem den Besuch der Schule je nach seinen Umständen vier, sechs oder neun Monate jährlich ermöglicht. Dann einen ganz neuen, aus freiwilligen Beiträgen zu Stande gekommenen Schulfond: a) einen allgemeinen, b) einen Armenfond für die Armen der Winterschule und c) einen Armenfond für die Armen der Jahresschule, alle zusammen auf nicht weniger als vierzig Tausend Lire ansteigend und bewirkend, daß den Armen mit Hülfe der an den hohen Festen gesammelten Kirchensteuer der ganz unentgeltliche Besuch der Schule gesichert wurde. Ferner die Anlegung einer Schulbibliothek, die aus Geschenken der Brautleute bei Gelegenheit ihrer Verbindung gegründet und in wenig Jahren zu einer ordentlichen Ausdehnung gebracht wurde. Dieß waren die Früchte der gemeinsamen Anstrengungen, die in jenen Jahren mit so löblichem Gemeinnützigkeitssinne gemacht und ausgeführt wurden. Im Aeußeren haben sie freilich den dabei gehegten Hoffnungen nicht in jeder Beziehung entsprochen, in der Hauptsache konnten sie aber nicht ohne gute Früchte bleiben, und ich hoffe zu Gott, daß sie sich immer wieder erneuern und sich auch auf die künftigen Geschlechter verbreiten werden.

*

Mein erster und im ersten Augenblicke wirklich sehr empfindlicher Schmerz in Puschlav war so eigenthümlicher Art, daß ich ihn nicht übergehen kann. Versprochenermaßen hatte ich Frau von Albertini in Ponte, bei der ich an der Synode logirt hatte, geschrieben und von meinem Leben Nachricht ertheilt. Bei seiner Rückkehr vom Großen Rathe brachte mir nun Herr Olgiati in einem von der Hand ihres Mannes adressirten, versiegelten Couvert diesen meinen Brief, in tausend Stücke zerrissen, ohne alle weitere Bemerkung zurück. Ich weiß nicht, hatte ich in meiner Natürlichkeit wirklich zutraulicher geschrieben, als es sich einer solchen Dame gegenüber schickt, oder war es üble Laune und unzeitige Eifersucht des Herrn Gemahls, die ihn zu so abnormen Schritten verleitet hatten: genug, statt die Hoffnung befestigt zu sehen, die alten Bande mit dem Freunde und seinem Hause verschönt zu erneuern, sah ich sie auf eine so rohe Weise abgebrochen, daß ich nicht einmal daran denken konnte und mochte, sie wieder anzuknüpfen. Ich betrat sein Haus nie wieder und näherte mich ihm nur auf eine Weise, wie man sich gleichgültig gewordenen alten Freunden nähert, obwohl er seitdem zu hohen Ehren stieg, fühlte aber inniges Mitleid mit ihm und seiner Familie, als er sein Leben einige Jahre später auf gewaltsame Weise im Rheine endigte.

Der Eindruck, den Jungfer Maria Mini bei meinem Einzuge in Puschlav von mir und den ich einige Tage später eben so unwillkürlich von ihr erhalten hatte, würde wohl geheim geblieben sein, wenn sie nicht später meine Frau geworden wäre; daß dieses aber in nicht gar langer Zeit geschah, wurde unstreitig auch durch das in solchen Dingen immer so geschäftige Gerede der Leute bewirkt. Sie war zu jener Zeit das gefeiertste, von zahlreichen Bewerbern umjubelte Mädchen von Puschlav, und ich lasse es dahin gestellt sein, ob, weil sie das reichste oder in Gesellschaft das angenehmste Mädchen war. Von ihren Eltern und anderen Freunden in's Haus geladen, lernte ich sie auch kennen, und wenn der Eindruck ihrer Persönlichkeit für mich ihrer Schüchternheit und Bescheidenheit wegen anfangs auch nicht überwältigend war, so war er doch ein sehr wohlthuender, und ich freute mich jedesmal, sie zu sehen, ohne daß ich mich jedoch unberufener Weise bei ihr zugedrängt hätte, oder daß sie eine entschiedene Zuneigung für mich hätte durchblicken lassen. Vater und Mutter aber, dieß entging mir nicht, bewiesen eine Güte und Zuvorkommenheit gegen mich, die wohl auf tiefere Gedanken schließen ließen. Was aber die Entscheidung so bald herbeiführte, war, wie oben gesagt, vorzüglich das Gerede der Leute, an dem sich manche wohl mehr aus Besorgnis, andere mehr aus Wohlwollen betheiligen mochten. Genug, das Gespräch, daß der neue Pfarrer die Jungfrau Maria Mini heirathe, wurde in wenig Wochen so allgemein und so zuversichtlich, daß mir ein entscheidender Schritt auch von meiner Seite unerläßlich schien.

Ich zählte bereits sieben und dreißig Jahre, sie war erst achtzehn; ich war Pfarrer, und für die meisten reichen Mädchen jener Gegend gibt es weit höhere Zielpuncte, als Frau Pfarrerin zu werden. Was mich betrifft, so hätte ich auch die schönste und reichste von ihnen nicht heirathen mögen, ohne Sympathie und sittliche Achtung für sie zu fühlen und eines bestimmten Grades von Zuneigung von ihrer Seite versichert zu sein. Ich kannte aber dieses Mädchen durchaus nicht näher, wußte nur, daß sie von mehr als einem ernstlichen Bewerber belagert war, keinesweges aber, ob sie einem von diesen ihr Herz bereits zugewendet, ihm eine Aussicht eröffnet, ihr Wort gegeben hätte, und ebensowenig, ob sie mir im Herzen gewogen wäre. So befand ich mich in einer höchst wichtigen Angelegenheit in der kritischen Lage, aus der ich sowohl aus Rücksicht für das Mädchen als für mich selbst herauszutreten für Pflicht hielt. Ungewißheit war mir auf die Länge überhaupt immer lästiger als das Gefürchtete selbst, und von der Ungewißheit in der fraglichen Lage konnte ich nur Nachtheiliges für uns beide befürchten. Ich schrieb ihr also einen Brief, in dem ich ihr sagte, wie das Gerede der Leute mich sowohl in ihrem als auch in meinem Interesse zu diesem Schritte getrieben habe, bezeugte ihr mein Wohlwollen, aber auch meine Unkenntnis ihrer Verhältnisse, verhehlte ihr keinesweges die Bedenklichkeiten, die sie in der fraglichen Beziehung haben könnte, und bat sie nur, mir offen zu sagen, ob sie vielleicht schon durch anderweitige Bande gebunden und gegen eine nähere Bekanntschaft mit mir zum Voraus abgeneigt sei. In beiden Fällen würde ich meine Besuche in ihrem Hause nach und nach einstellen, und wir würden gute Freunde bleiben, ohne dem Heirathsgerede Vorschub zu leisten. Sollte aber von oben Erwähntem weder das eine noch das andere der Fall sein, was ich wohl wünschen möchte, so liege es mir allerdings daran, sie näher zu kennen und von ihr näher gekannt zu werden, und dann würde ich – was auch die Leute schwatzen möchten – meine Besuche in ihrem Hause fortsetzen, im Fall auch ihre Eltern damit zufrieden wären, und wenn wir uns näher kennengelernt hätten, solle dann nach einigen Monaten das Weitere besprochen werden. Die Antwort, die ich nach drei Tagen einzuholen versprach, fiel günstig aus, und so setzte ich meine Besuche fort, las aus Hebels Allemanischen Gedichten – ein Prüfstein für Mädchenherzen – und anderes mit ihr, und so begann und entwickelte sich wieder, ganz unerwartet für mich, ein Leben der schönsten und wärmsten Liebe, das nur hin und wieder durch kleine Schauer durchzuckt war.

Im October am bestimmten Tage hielt ich nun um ihr Jawort an und erhielt ich sie in der oberen Stube des väterlichen Hauses von Vater und Mutter unter deren Glück- und Segenswünschen zu meiner Braut. Der Tag und die Stunde, Ort und Umstände bleiben mir unvergeßlich.

Und so tritt noch einmal vor meine Seele, theures Bild der Gefährtin meines Lebens in der bedeutendsten Periode meiner Wirksamkeit auf Erden, daß ich dich wenigstens in allgemeinen Umrissen hinzeichne zur Anschauung und Erweckung der Liebe seitens ihrer Kinder, zumal ihres Johann Andrea[328], welcher sich ihrer nicht erinnern kann, und vielleicht auch für einen oder den andern ihrer späteren Nachkommen.

Obwohl klein von Gestalt, war doch das Ganze ihres Körpers in vollkommener Proportion. Ein reiches, glänzend schwarzes Haar war zu schönen Zöpfen geflochten, und auf beiden Seiten des Gesichtes fielen liebliche Locken herunter. Wenn auch nicht eine Schönheit zu nennen, zeigte sich in ihrer Gesichtsbildung etwas höchst Interessantes, Anziehendes, allgemein Einnehmendes, zumal wenn sie lachte und ihre großen schwarzen Augen in tieferer Glut strahlten und auf beiden Wangen sich liebliche Grübchen bildeten. In feinem, zarten Bogen zogen sich die schwarzen Brauen fast zum Räthsel zusammen. Von seltener Zartheit war ihre Haut, mit lieblicher Mischung des Weißen und Rothen, melodisch und von höchst anziehendem Klange ihre Stimme.

In dieser Liebe und durch sie lernte ich erst genauer die italienischen Dichter verstehen, Petrarca, Ariosto und Tasso, und erkennen, wie ganz passend die Metaphern sind, wenn die Augen «due stelle»genannt werden, «onde amor l'arco non tendeva in fallo»[329]; oder wenn er sagt:

Non sa come amor sana e come ancide,
Chi non sa quanto dolce ella sospira,
E come dolce parla e dolce ride.[330]

Es ist nicht nur in der äußeren Welt und Natur, daß man sich durch Reisen, Versuche und Erfahrungen Kenntnisse verschaffen muß, auch für die innere Welt des Geistes ist das nöthig, und daher danke ich Gott immer, daß ich das Leben der Liebe an so edlen, besseren Naturen kennen gelernt habe, und daß meine Geliebten alle auch nachher bewiesen, daß sie nicht nur physische, sondern noch mehr sittliche Schönheit besaßen und mir besonders durch diese so theuer wurden.

*

Der Vater dieser meiner Maria, Herr Podestat J. A. Mini[331], war ein noch in seinem Alter sehr schöner, lebhafter, verständiger Mann. Aus einer ganz armen, besonders durch die Wassergüsse von 1772 – «anno delle disgrazie», wie die Puschlaver es nennen – heruntergekommenen Familie, war er ohne Schulbildung geblieben. Durch Engadiner Verwandte, die Mutter war aus Silvaplana[332], veranlaßt, früh schon als Konditor nach Rußland zu gehen, von wo er sich dann nach Warschau begab, hatte er im letzteren Orte ein eigenes Etablissement gegründet und dann auch seine beiden Brüder, Jeremias und Jacob[333], zu sich gezogen und ihnen Antheil an seiner Handlung gegeben. Das Geschäft ging gut, bekam unter seiner Leitung großen Aufschwung, wurde eine der berühmtesten Konditoreien Warschau's, und erhob diese Branche der Familie Mini zu bedeutendem Reichthum. Diesem seinem natürlichen Verstande und dem Ansehen, das er in Folge beider unter seinen Mitbürgern genoß (nicht seiner Bildung oder Tüchtigkeit im Rechtsfache), verdankte er die Ehre, einmal zur Stelle eines Podestats in seinem Gerichte erhoben worden zu sein. Daß sein Reichthum sich zu dem Grade vermehrt hatte, war ohne Zweifel eine Folge seiner Thätigkeit und Einsicht in der Verwaltung seines Vermögens. Er war dabei ein rechtschaffener, wohlthätiger und heiterer Mann.

Seine Gemahlin, die Mutter meiner Maria, war Frau Orsola, geborene Olgiati[334], Tochter meines vorletzten Vorgängers im Predigtamte zu Puschlav. An Arbcitsamkeit und Verständigkeit in Verwaltung des Hauswesens suchte sie ihres Gleichen, und auch in sittlicher und religiöser Beziehung konnnte sie wenigstens nach der früheren Art als Muster einer guten Hausfrau gelten.

Die Familie Olgiati muß eine der ältesten adeligen Familien von Puschlav gewesen sein. In der katholischen Kirche hat sie noch eigene Kirchenstühle, und das sogenannte Castell, eine Ruine unter den Bergen von Campell, soll den Olgiati oder, wie sie in alten Urkunden heißen, Olzal oder Olzadi gehört haben. Dermalen ist die Familie sehr zahlreich, doch wird der Unterschied gemacht, daß die Nachkommen sich in zwei Linien theilen, die Anverwandten meiner seligen Schwiegermutter und die sogenannten «Magari» sich Olgiati schreiben, die anderen, ärmeren im allgemeinen «Olzà» genannt werden und sich nur nach Maßgabe ihrer Zunahme an Ansehen und Reichthum dann auch Olgiati nennen.

Der Vater des Pfarrers Olgiati war noch katholisch, seine Frau aber, die bei der Familie von Salis-Soglio gedient hatte und eine fromme, vortreffliche Frau gewesen sein muß, reformirt. Ueber die Richtigkeit der folgenden Notitzen über diese Familie Olgiati kann ich aber nur insoweit bürgen, daß ich sage, sie genau wie ich sie hier mittheile, aus dem Munde meiner seligen Schwiegermutter erhalten zu haben:

Nach der Heirath der obgenannten Franca[335] mit dem katholischen Olgiati wurde kein Mittel unversucht gelassen, auch sie zur katholischen Kirche hinüber zu ziehen; aber in ihrem Glauben, gestützt auf ihre Bibel, die immer offen auf ihrem Tische lag, blieb sie fest und erzog auch ihre drei Knaben Rudolph[336], J. Jacob[337] und N., soweit möglich im Glauben ihrer Kirche, wenn sie sich auch äußerlich zu der katholischen bekennen mußten.

Es rückte jetzt die Zeit heran, wo die Knaben confirmirt werden und zum Abendmahl gehen sollten, und diese war für Ostern festgesetzt. Dieser Akt war das Schwere, Traurige, was ihr schon lange auf dem Herzen gelastet hatte, und sie fand kein anderes Mittel, ihn abzuwenden, als zu einer geheimen List ihre Zuflucht zu nehmen. Sie hatte ihrer früheren Herrschaft, der Familie von Salis, ihre diesfallsigen Bekümmernisse mitgetheilt und bei ihnen Trost und Rath gesucht, der ihr dann auch zu Theil wurde. Heimlich vor ihrem Manne, aber mit Zustimmung der Knaben, bereitete sie das Nöthige vor, um sie von Puschlav zu entfernen. Dieß sollte am Charfreitag geschehen. Für diesen Tag hatte sie daher jedem von ihnen sein Kleiderbündel zurecht gemacht und unten im Stalle in der Krippe versteckt; dann nahm sie von den Kindern Abschied und ging in die Kirche. Letzteres that auch der Mann in der Erwartung, daß ihm die Kinder in die katholische Kirche folgen würden. Statt dessen nahmen sie verabredetermaßen ihre Bündel und machten sich auf den Weg nach Bernina. Als die Eltern aus der Kirche kamen und der Vater sich ängstlich nach den Knaben erkundigte, die nicht da waren und nach denen er sich vergebens in der Kirche umgesehen hatte, bekannte die Mutter, nachdem sie sie weit genug entfernt hoffte, um nicht eingeholt werden zu können, das Geschehene. Es sei ihr, sagte sie, immer ein unerträglicher Gedanke gewesen, ihre Kinder katholisch zu sehen; die Herren von Salis hätten ihr versprochen, sie mitzunehmen und gehörig schulen zu lassen; dieser Hoffnung und diesem Troste habe sie sich hingegeben, und es möge nun kommen, was da wolle; wenn nur ihre Kinder gerettet wären, fürchte sie nichts. Entrüstet über dieß Verfahren schlug der Vater anfangs Lärm und schickte sogleich Leute aus, um die Knaben zurück zu holen, allein sie hatten unterdessen das Engadin glücklich erreicht; die Verfolger kehrten unverrichteter Sache zurück, und so ergab sich auch der Vater, der durch die Bibel, aus der ihm seine Frau öfters Stellen vorgelesen oder angeführt hatte, schon etwas unfest in seinem Katholizismus geworden sein mochte, in sein Schicksal und trat später selbst zum Protestantismus über, weßwegen er hart bedrängt wurde und eine Zeit lang steter Lebensgefahr ausgesetzt blieb. In einer Nacht fiel ein Schuß in sein Zimmer, die Kugel fuhr hart über sein Bett hin, berührte ihn aber glücklicherweise nicht. Der Hauptgrund seines Uebertrittes scheint gewesen zu sein, daß er von keiner anderen Religion sein wollte als Frau und Kinder.

Die Knaben wurden unterdessen von dem Herrn von Salis-Soglio väterlich versorgt, der älteste, Rudolph, wurde Maler, der zweite, Johann Jacob, Geistlicher, und der dritte Officier in Holland. Alle drei kamen in späteren Jahren wieder nach Puschlav, und Rudolph machte als Kaufmann gute Geschäfte, stieg zu den ersten Gemeindsämtern empor, und von seinen Nachkommen, die sehr zahlreich sind, stehen noch dermalen mehrere in hohen Aemtern und Würden. Der zweite wurde Pfarrer zu Soglio und später fünf und vierzig volle Jahre zu Puschlav. Er hatte zwei Frauen, die erste, eine Bergellerin, deren Nachkommen die Gianotti von Soglio und Castasegna sind, später eine Puschlaverin, von welcher er zahlreiche Familie bekam, die alle mehr oder weniger gut versorgt wurde und deren Nachkommen noch in Ansehn stehen. Eine Tochter von ihm war auch, wie schon erwähnt, meine Schwiegermutter. Sie hatte acht Kinder, von denen vier in zarter Jugend, zwei Töchter dagegen, beide sehr schöne Mädchen, schon erwachsen, die eine Franca, an ihren Vetter, Rudolph Mini[338], verheirathet, die andere, Orsola, schon in der Blüthe ihrer Jahre gestorben waren. Am Leben waren nur noch Anna Maria, mit Podestat L. Matossi verehelicht, und Marie, die jüngste, sechs Jahre jünger als das jüngste ihrer Geschwister und auch wohl schon deßwegen der Liebling von Vater und Mutter, und von ihnen nicht wenig verzärtelt, so daß, wenn die Gefahren, denen sie dadurch ausgesetzt war, ohne böse Folgen für sie vorüber gingen, dieses mehr ihrem harmlosen, reinen Gemüthe, als der zweckmäßigen Erziehung und Leitung ihrer Angehörigen zuzuschreiben war; denn von ihnen darf man wohl sagen, daß sie ordentlich wetteiferten, das Mädchen durch allerlei Putzsachen zu erfreuen, und sich ihre Zuneigung zu erwerben, was denn von manchem dieser Spendenden wohl auch zu Gunsten eines seiner Verwandten geschehen mochte.

Der dritte der drei oben erwähnten Brüder starb kinderlos.

Wenn nun die Eltern meiner Marie auch großen Werth auf Reichthum setzen mochten, so schienen sie auf der anderen Seite dennoch überzeugt zu sein, daß – wie sie sich ausdrückten – das leibliche und Seelenwohl ihrer Tochter gerade durch eine Verbindung mit dem neuen Pfarrer am besten gesichert sein würde, und es war kein großer Scharfsinn nöthig, um diese ihre Herzensmeinung zu durchblicken, zumal wenn man annehmen darf, daß diesfällige Gedanken der Herrschaft sich besonders durch Kinder und Dienstboten kund gaben. Kinder waren freilich nicht im Hause, allein die Magd, ein lautes lebhaftes Mädchen von Bergün, konnte ihre große Freude nicht verbergen, wenn der *Sciur Reverendo* sich irgendwo in der Nähe zeigte. Unter solchen Umständen war es denn auch kein Wunder, daß die in solchen Dingen immer übergeschäftige Fama sich so schnell und entschieden verbreitet hatte und mich zu dem obenerwähnten Schritte hindrängte.

Der nähere und öftere Umgang mit diesem Mädchen, der nun von ihren Eltern und von ihr gern gestattet wurde, zeigte mir freilich bald, daß hier noch manches zu wünschen übrig wäre; allein der offene, heitere Sinn, der natürliche Verstand, das lebensfrohe, lebhafte Wesen und die sich überall kundgebende Gemüthlichkeit und Herzensgüte, neben ihren physischen Eigenschaften, weckten und unterhielten in mir eine volle und sehr beglückende Sympathie, die meine Neigung, je genauer ich sie kennen lernte, bald zur Liebe steigerte.

Daß sich ihrerseits ein wirklich leidenschaftliches Entgegenkommen kundgegeben hätte, kann ich nicht behaupten; dieß ließ aber auch weder mein Amt, noch mein Alter von einem achtzehnjährigen Mädchen erwarten. Dazu kam das Bedauern, welches sie fühlte, die Hoffnungen so mancher naher und ferner Bewerber auf einmal und so unerwartet niederschlagen zu müssen. Doch fühlte auch sie sich in meinem Umgange wohl und verrieth dieß am deutlichsten gerade in den aufgeregtesten Augenblicken, wo sie ihrem Herzen seinen Lauf ließ. In späteren Jahren hat sie die Ueberzeugung oft ausgesprochen, daß unter allen ihren früheren Bekannten keiner gewesen sei, der sie in der Ehe hätte glücklicher machen und größeren Segen für sie hätte bereiten können, weßwegen sie auch der Vorsehung innig dankbar sei.

So verstrich mir ein schöner, herrlicher Sommer, in welchem wir uns näher kennen lernten. Diese schöne Brautzeit hätte ich meinerseits gern verlängern mögen; ihre Eltern und besten Freunde waren aber sehr entschieden dagegen, denn sie fürchteten die Klätschereien und Verleumdungen böser Zungen, denen man, wie sie sagten, den Riegel ziehen müsse, denn Neider und Feinde könnten bei solchen Verbindungen nicht ausbleiben. Manche sahen sich durch die unsrige in ihren Hoffnungen getäuscht, andere konnten nicht begreifen, wie die junge, lustige Jungfrau Maria sich habe entschließen können, einen Pfarrer zu heirathen, und manchen anderen that es nur darum Leid, weil ihr großes Vermögen nicht an einen Puschlaver kam. Wir aber lasen, sangen schöne Lieder und hörten wohl auch abends zwischen Tag und Nacht der Orgel zu, die an der großen Wanduhr angebracht war.

Indeß war das neue Pfrundhaus fertig geworden und die Schwiegereltern hatten es auf's Beste möblirt. Am vierzehnten December 1825 feierten wir unsere Hochzeit auf sehr glänzende Weise, und ich führte meine Braut am Hochzeitstage zur Weihe des neuen Pfarrhauses heim. Eine sehr geschickte Magd hatte ich vom Heinzenberge kommen lassen, Fida Graß von Flerden. Sie blieb mehrere Jahre bei uns und erleichterte durch ihren Eifer, ihre Treue und Geschicklichkeit der jungen Frau die Haushaltung.

Wohl selten hat es sich ein Bräutigam in Puschlav bei seiner Hochzeit und allen häuslichen Einrichtungen leichter machen können als ich. Die gute Schwiegermutter sagte wohl auch zuweilen, wenn wir Brautleute auf der Ofenbank saßen und unsere Lieder sangen, während sie wie eine treue Martha beschäftigt war: «Ja, Ihr mögt wohl singen, während andere unterdessen so geschäftig für euch sorgen müssen.»

Wie sehr aber mein Herz an jenem Hochzeittage von Dankbarkeit gegen Gott und die guten Eltern bewegt war, kann ich kaum sagen. Hatte doch der himmlische Vater in dieser Beziehung meiner Lage eine so gütige Wendung gegeben, wie ich sie mir nie hätte träumen lassen oder erwarten dürfen: Der Fremdling und an Jahren schon über die Mitte des Lebens vorgerückte Mann, der nach so vielen fehlgeschlagenen Versuchen in dieser Beziehung kaum mehr zu hoffen wagte, führte nun ein liebenswürdiges Bräutchen als seine Frau heim und sah sich in Vermögensumstände versetzt, die ihm möglich machten, seine Kinder, wenn ihn Gott damit segnen wollte, gehörig zu erziehen und seinen dürftigen Mitmenschen thatkräftig beistehen zu können.

So sah ich wieder an einem recht auffallenden Beispiel, wie der himmlische Vater für alle Entbehrungen und Leiden, durch die er uns zuweilen lange hindurch führt, auf einmal, und oft gerade wo wir es am wenigsten erwarteten, entschädigen und segnen kann.

An Neidern fehlte es freilich nicht, aber bei solcher Freude und Dankbarkeit gegen Gott im Herzen, wie hätte es nicht leicht werden sollen, dergleichen Kränkungen mit Gleichmuth hinzunehmen und mit liebevoller Nachsicht entgegen zu kommen? Dieß geschah denn auch wirklich, und die kleinen Pasquille, die theils abschrecken, theils Rath ertheilen sollten und bald auf diese, bald auf eine andere Weise in's Haus kamen, wanderten sogleich und zum Theil ungelesen in's Feuer.

Auch die boshaften Verleumdungen, die in Puschlav und jenseits der Berge ausgesprengt wurden, als sei unsere Ehe nur eine von den Eltern meiner Frau erzwungene, unglückliche, kamen uns erst spät zu Ohren und kümmerten uns jetzt um so weniger. Erst Monate später erfuhren wir, im Engadin werde sogar erzählt, die Frau sei dem Herrn Pfarrer schon in den ersten Tagen förmlich davon gelaufen, und meine Freunde in Chur konnten sich über die falschen Vorstellungen, die man ihnen über Person und Character meiner Frau beigebracht hatte, nicht genug wundern, als ich sie zum erstenmal dahin führte und ihnen Gelegenheit verschaffte, sie persönlich kennen zu lernen. Ihr heiteres, gemüthliches Wesen gewann auch ihre Herzen, und sie selbst schämte und ärgerte sich gewissermaßen, als sie bei'm Abschied von ihnen allzu bewegt zu sein glaubte und sich der Thränen kaum erwehren konnte.

*

Nicht nur in meinem ehelichen Leben, auch durch die vielen Beweise der Achtung und Liebe Seitens meiner Zuhörer fühlte ich mich sehr glücklich. Der Text zu meiner ersten Predigt nach meiner Heirath war aus Josua: «Ich und mein Haus wollen dem Herren dienen», und damit war es mir auch voller, heiliger Ernst. Schade nur, daß ich es nicht in dem Grade vermocht, wie ich gern gewollt und gesollt hätte.

Ich predigte mit Freude und Begeisterung. Anfangs machte mir das Italienische doch Mühe, und sehr verdrüßlich war es mir, wenn ich zuweilen an einen deutschen Text dachte, ihn dann in der Diodatischen Uebersetzung[339] aufschlug und fand, daß in ihr gerade die Pointe, der Nachdruck und die Lutherische Schärfe fehlte und er also zu meinem eigentlichen Zwecke dadurch oft unbrauchbar war. Deßgleichen daß manche im Deutschen ganz populäre, kräftige zusammengesetzte Hauptwörter und seelenvolle Beiwörter sich im Italienischen entweder gar nicht wiedergeben oder nur durch lange Umschreibungen ausdrücken ließen. Doch ging es mit der Zeit auch darin immer besser, und einen schönen Ersatz für diese Mängel fand ich in der Partizipial- und Gerundialconstruction der italienischen Sprache, die durch diese, im Vergleich mit der deutschen, so sehr an Wohlklang und Kürze der Rede gewinnt.

Als Pfarrer gereichte es mir vorzüglich deßwegen zur großen Befriedigung, zu den Reichen gezählt zu werden, weil ich jetzt, ohne Argwohn zu erregen, daß es aus Mißgunst oder anderen unlauteren Gründen geschähe, aus Herzenslust über den Luxus, den unsicheren Werth des Reichthumes und die Gefahren desselben losziehen konnte. Es erging mir dabei gerade wie Alfieri mit dem Adel, und ich verstand diesen jetzt vollkommen, wenn er sagt, es freue ihn nur deßwegen adelig zu sein, um die Fehler und Mängel des Adels in ihrer ganzen Schärfe zeichnen zu dürfen, ohne daß er in Verdacht komme, es aus bloßem Neide zu thun.

Eine meiner Hauptsorgen war aber die Schule und der Jugendunterricht. Ich hatte immer die Ueberzeugung, daß der rechte Grund, um empfängliche Zuhörer heranbilden und die Gemeinde der Erwachsenen erbauen zu können, durch den Jugendunterricht gelegt werden müsse. So widmete ich denn auch meine Thätigkeit vorzüglich und mit großer Vorliebe dem Religionsunterrichte in der Schule und der Kinderlehre.

Auch in den Predigten machte ich oft die Erziehung zu meinem Thema. Deßwegen hatte ich von einem Mitgliede des Kirchenrathes in diesem gleich anfangs einmal eine Bemerkung zu hören, die eben nicht schmeichelhaft war. Er war von Privilasc, ein ehrlicher, guter Mann und mir keinesweges übelwollend; aber er sagte, die Privilasker klagten: «Quel scior Minister predica sempre di educaziun», und sie mögen daher bald nicht mehr heraus zur Kirche [ins Dorf]. Ich nahm es dem ehrlichen Manne nicht übel, und die Privilasker wurden bald meine wohlwollendsten und eifrigsten Zuhörer.

Derselbe ehrliche Collegiant hatte später das Unglück, bei'm Steinsprengen übel getroffen zu werden, und erzählte nachher, zuerst habe er mit beiden Händen nach dem Kopfe gegriffen, und als er den noch fand, sich damit getröstet, daß er ihn noch habe.

Eine andere Klage, die von einer Frau in der ersten Zeit über meine Predigten erhoben wurde, war, daß ich immer von der Liebe predige; sie hätten gute Pfarrer gehabt, die aber nie so viel von der Liebe gesprochen und gepredigt hätten, sagte sie. Die Töchter dieser Frau gehörten bald zu meinen eifrigsten und liebsten Schülerinnen.

Das Glück unserer Ehe wurde am fünften April 1827 zwischen zehn und eilf Uhr durch die Geburt eines Töchterchens erhöht, welches den Namen Orsola erhielt. Die Geburtsschmerzen meiner lieben Frau waren mehrstündig und heftig, und das Leben der Neugeborenen glaubte ich, nächst Gott, fast der liebevollen Sorge der jungen Hebamme, Giacomina Samadeni, verdanken zu müssen. Das Kind konnte anfangs nicht athmen, da sog diese mit ihrem eigenen Munde die Unreinlichkeit, die sich in seiner Kehle gesammelt haben mochte, heraus, und von diesem Augenblicke an erholte es sich sogleich und gedieh auf höchst erfreuliche Weise.

Das Schätzbarste, was man von seinen Kindern in deren Kindheit hat, ist die Anschauung der menschlichen Entwicklung, von der paradisischen Unschuld bis zu den ersten Sünden hinan.

Die kleine Lina war sehr lebhaft und entwickelte sich leiblich und geistig auf erfreuliche Weise. Auch in der Sprachbildung zeigte sie Erfindungsgabe, um abstracte Begriffe durch concrete zu ersetzen. So nannte sie das Weiße «colur dell'öef» – Eifarbe –, und das starke Wehen und Brausen des Windes ahmte sie mit dem Munde und auch dadurch nach, daß sie ihr Kleidchen mit beiden Händen so weit ausbreitete, wie ihr dieß möglich war. Der auf sie folgende Bruder schien auch etwas von diesem Sprachgenie zu besitzen: Die Taschenuhr öffnen, nannte er «romper» und das Taschenmesser öffnen «far lung».

Eine wundersame Freude an meiner Lina hatte ich, als sie so gern zum Monde empor schaute und sich gemüthlich in dieser Betrachtung zu ergehen schien. Besonderes Vergnügen zeigte sie auch an der Musik, und im achtzehnten Monate sprach sie schon vieles ganz deutlich.

Am 10ten October 1828, abends um neun, wurden wir nach bloß zweistündigen Geburtsschmerzen meiner Frau mit einem Sohn[340] erfreut. Es ist doch eigen, daß wir für Söhne so parteiisch sind. Ich kann dieß nur damit entschuldigen, daß die Mädchen das schwächere Geschlecht und manchen Leiden und Krankheiten unterworfen sind. Ich weinte Thränen der Freude, als seine Ankunft verkündet wurde. Es war aber auch ein sehr frischer, schöner Junge und so gutartig, daß er des Nachts bis zwölf Stunden zu schlafen im Stande war und am Morgen bei'm Erwachen sich dennoch ruhig und heiter in seiner Wiege hielt, lächelnd, wenn man ihn anblickte.

Am Christabend, den 24sten December 1829, zwischen neun und zehn Uhr, erschien, ehe noch die herbeigerufene Hebamme anlangen konnte, eine zweite Tochter, die die Namen Catharina Sophia erhielt, jenen nach meiner Mutter, diesen als den mir sehr lieben poetischen. Sie zeigte eine Feinheit des Geistes und des Gefühles, die mich oft in Erstaunen setzte, und wurde dadurch auch bald der Liebling der Eltern und aller ihrer Geschwister. Sie litt schon früh an Scrophelübeln und starb schon am sechsten Merz 1838 in Chur. In meinem Tagebuche finde ich darüber folgende Stelle:

Am Christabend geboren, zeigte sie sich durchgängig auch als ein Christkind. Mit äußerster Feinheit der Sinne verband sie auch eine seltene Feinheit und Selbständigkeit des Geistes. Sie war eine Seele voll Grazie und Liebe, so daß sie der Liebling ihrer Geschwister und aller, die sie umgaben, wurde. Diese seltene Anmuth und Schönheit der Seele ließ mich schon früh ahnen, daß sie nicht lange für diese Welt bestimmt sei, was ich auch meiner seligen Frau oft sagte. Ihr Uebel verschlimmerte sich in Chur auffallend und endete mit Anschwellung und Wassersucht unter schweren

Leiden. Am Morgen ihres Todes, als ich sie so leidend und still sah und sie fragte: «A che pensi, mia cara Tina?» antwortete sie: «A mia bunna mamma», das waren ihre letzten Worte. – Ich misse Dich schwer, sagt das Tagebuch, mein theueres Kind, Liebling meines Herzens; aber ich ergebe mich gelassen in des Herren Willen; überhaupt, daß auch hier das Beste für Dich geschehen sei, und sage also: «Der Herr hat's gegeben, der Herr hat's genommen, gelobet sei der Name des Herren!» Ja, gelobet sei der Name des Herren, der mir an Dir bei vieler Mühe so süße Lust gegeben, mich das Menschliche von einer so schönen Seite anschauen ließ und mir in der Hoffnung der Wiedervereinigung mit Dir das Scheiden aus dieser Welt erleichtern wird.

Zu schön für dieses unvollkommene Leben,
Sehn wir die zarte Knospe sich entfalten.
Zur Himmelsblume will sie sich gestalten,
Drum wird sie Engeln jetzt zur Wartung übergeben.
Und so wird sie uns einst, wo ew'ge Palmen winken,
Verklärt und selig in die Arme sinken.

Diese drei Kinder wurden uns noch zu Lebzeiten meiner guten Schwiegereltern geboren und trugen nicht wenig dazu bei, ihre Hoffnung zu beleben, ihren Lebensabend zu erheitern und ihr Glück zu erhöhen. Aber auch sie schieden von uns, ehe die Tage für sie kamen, von denen wir sagen: «Sie gefallen uns nicht.» Im Jahre 1830 wurde zuerst der Schwiegervater und einige Monate später auch die Schwiegermutter abgerufen. Beide bis dahin noch stark und kräftig, unterlagen einer Brustentzündung. Reicher Lohn möge ihnen folgen für das viele Gute und die innige Liebe, die sie auch mir und den Meinigen erwiesen haben!

Den Eltern zur Ruhe vorangegangen war auch schon ihre ältere Tochter Matossi[341], welche vier Kinder hinterlassen hatte, denen sie den Verlust der Mutter durch Liebe zu ersetzen bemüht waren. Den ältesten Sohn, Joh. Jacob, und die älteste Tochter, Orsola[342], hatten sie seit dem Tode der Mutter in's Haus genommen und erzogen.

Wenige Tage nach dem Tode der Schwiegereltern schenkte uns Gott noch eine Tochter, Anna Maria, welche den 17ten October 1831 geboren wurde und uns nach so schweren Sorgen und Bekümmernissen sehr erfreute. Ihr folgte nach drei Jahren auch noch ein zweiter Sohn, Johann Andrea, welcher nach kurzen Umständen und wohlgemuth das Licht der Welt am 14ten Mai 1834 erblickte. Mein Tagebuch fügt diesem Geburtsverzeichnis meiner Kinder den Wunsch bei: «Gott segne sie alle!

Sein guter Geist mache Wohnung in ihren Herzen und führe sie auf ebner Bahn!» Auch jetzt wüßte ich für die noch lebenden nichts besseres, als diesen Wunsch zu bestätigen oder sagen: Amen.

XIII. Grundsätze und Erfahrungen in meiner Amtswirksamkeit zu Puschlav

1. Predigen

Bei aller Hochachtung und Verehrung, die der Prediger für das göttliche Wort haben muß, dünkt es mich, daß auch etwas anderes nie aus dem Auge gelassen werden dürfe, wenn die Predigt, ja das göttliche Wort selbst, wirksam werden soll: ich meine die schuldige Rücksicht auf die Bildungsstufe, Denkweise und Gemüthsverfassung der Zuhörer oder, kürzer zu sagen, auf die *menschliche Natur*, wie der Prediger sie an *dem Orte* und *unter den gegebenen Umständen* erkennen kann oder voraussetzen muß.

Bei solchem Verfahren werden die Predigten entstehen, die ich am liebsten als *psychologische* bezeichnen möchte und von denen ich glaube, daß sie im Ganzen, wenn der Prediger seinen Lehrstoff zu individualisiren versteht, die fruchtbarsten und erbaulichsten werden. Es ist wahr, nicht alle Zuhörer werden Lust haben und sich die Mühe nehmen, denselben aufmerksam zu folgen; für diejenigen aber, die dessen fähig sind, werden sie ansprechend, anregend und von nachhaltiger Wirkung sein.

Dieser psychologischen Predigtweise gegenüber sind mir zweierlei besonders aufgefallen:

a) Diejenige, welche sich vorzugsweis in genialer Auffassung des Hauptsatzes, in Anbringung schlagender Wörter und Bilder sowie in blumenreicher Schildrung einzelner Theile des Ganzen gefällt. Bei einer zahlreichen Classe von Zuhörern machen dergleichen Predigten das meiste Glück; ich zähle aber diese Zuhörer im Allgemeinen nicht zu den besten, wiewohl einzelne von ihnen doch gerade auf diese Weise am sichersten angeregt werden mögen.

b) Die *orthodox dogmatische*, die sich besonders in Lobpreisung Gottes, des Heilandes Jesu Christi und in *beredter, plastischer Schildrung der Sündhaftigkeit und Nichtswürdigkeit der Menschen* gefällt und ergeht. Es ist nicht zu leugnen, daß solche Predigten, von einem lebhaften Mann vorgetragen, die geeignetsten sind, eine Classe von Zuhörern tief zu rühren und hinzureißen. Dagegen besorge ich, daß sie viele andere nur um so mehr in ihrer Heuchelei bestärken und nicht nur nicht dazu beitragen, sie zur Rückkehr von ihrer Unsittlichkeit zu bestimmen, sondern sie sogar in dieser einwiegen dürften. Nach meiner Erfahrung sind diese Art von Predigten der Mehrzahl der Zuhörer in unserer Zeit nicht nur von Herzen zuwider, sondern auch mehr geeignet, Aerger und Widerwillen als reuige Erkenntnis ihres Seelenzustandes und Sehnsucht nach Erlösung zu erwecken, sie zur Umkehr anzutreiben. Vielfache Wahrnehmungen dieser Art habe ich gerade an solchen gemacht, die ich weder zu den Unsittlichen noch zu den Unfrommen zählen konnte und die mir im Gegentheil für das Bessere sehr empfänglich und nach dem Heil begierig schienen.

Auch ich bin überzeugt, daß man die Sünde den Menschen nie ernst genug vorhalten könne und eben an der Sünde die Schwachheit und Gebrechlichkeit unserer Natur zeigen müsse; ferner, daß nur aus dieser Erkenntnis das Bedürfnis nach dem Erlöser und die rechte Liebe zu ihm hervorgehe, aber eben so fest bin ich überzeugt, daß dieses auf sichrere Weise und mit weit besserem Erfolge erzielt werde, wenn wir das Gute, wozu die menschliche Natur bestimmt ist und wozu der himmlische Vater sie mit so herrlichen Kräften ausgestattet hat, anschaulich zu machen suchen, und die Sünde dann als den Mangel, als die Entartung vor die Seele führen – als die Verfinstrung jenes wunderbaren Lichtes, als die Verdunklung des Ebenbildes Gottes, nach welchem wir erschaffen sind und dessen Eigenschaften alle sich auch in uns bis zu einem gewissen Grade offenbaren können und offenbaren sollten. – Ich meine, die Erkenntnis und der Abscheu vor der Sünde müsse auf diese Weise weit lebendiger und das Gefühl und die Anerkennung der Unvollkommenheit und Sündhaftigkeit unserer Natur viel inniger und fruchtbarer werden als durch bloße noch so pathetische Schildrung der Sünde an und für sich. Eben auf diese Weise finde ich aber auch den Weg und die Liebe zum Erlöser am besten angebahnt.

Wird das Auge geschärft für's Gute, wie es sich in jedem Menschen mehr oder weniger offenbaret, aber auch in jedem Menschen und oft auf die abschreckendste Weise verdunkelt und in finstere Sünde verkehrt erscheint, dringt das Gefühl hervor und erstarket, daß man das Gute lieben und das Böse verabscheuen müsse; lernen wir dann *den* kennen, der nicht nur das gewöhnliche menschliche Gute in weit höherem Grade besaß, sondern auch von allem Bösen frei war, wie sollten wir uns da nicht freuen, ihn mit höherer Liebe lieben und endlich auch erkennen, daß das Gebot: Gott über Alles zu lieben, von ganzem Herzen, von ganzer Seele und mit ganzem Gemüthe, durchaus kein bloß willkürlich aufgestelltes, sondern ein aus der Natur der Sache, aus innerer Nothwendigkeit hervorgehendes Gebot ist, dem wir uns nicht entziehen könnten, wenn wir es auch wollten, sobald die Liebe zum Guten in unserm Herzen angefacht ist und wir wie in der Erkenntnis des Vollkommenen auch in der Liebe zu demselben fortschreiten.

Bei alledem sehe ich wohl ein, daß, weil die Denk- und Sinnesweise der Menschen so mannigfaltig und verschieden ist, auch die Lehr- und Predigtweise eine verschiedene sein muß, wenn das Reich Gottes vollständig angebahnt werden soll. Ich ehre daher auch jeden Prediger, von dem ich die Ueberzeugung gewinnen kann, daß, *was* er sage und *wie* er's sage, seiner Natur analog sei und ihm aus vollem Herzen komme. – Ein sehr entscheidender Maßstab hierfür war aber für mich immer besonders die Art, wie er die Liturgie liest und das Vaterunser betet.

Was die Predigten, die mir nicht zusagen, betrifft, so theile ich sie, aus einem anderen Gesichtspuncte betrachtet, in *zu hohe* und *zu niedrige* ein. Zu den letzteren zähle ich diejenigen, welche sich nur in allgemeinen durchgängig bekannten Begriffen und Lehren bewegen, seien sie auch mehr supernaturalistischer oder mehr rationalistischer Art. Daß die Tugend im allgemeinen und jede einzelne für sich gut und Pflicht, die Sünde bös, strafwürdig und zu meiden, daß Gott gerecht, allmächtig, gütig, der Erlöser zu unserem Heile gesandt sei, daß er gelitten und gestorben zu unserer Erlösung, daß wir ihm folgen, Gott verehren und ihm vertrauen sollen und dergleichen, wem wäre das nicht hinreichend bekannt? Und doch, wie viele Prediger ergehen sich nicht lediglich hierin, ohne irgend einen neuen, eigenthümlichen Gedanken oder eine anregende Zusammenstellung zu bieten! Solche Predigten erscheinen mir als *zu niedere*, und sich in solchen zu gefallen ist die Gefahr, welcher vorzugsweis ältere Geistliche ausgesetzt sind.

Zu hoch nenne ich aber Predigten, wie sie gewöhnlich von heimkehrenden Studenten und Hochstudirten überhaupt gehalten werden. Sie bewegen sich meist in den Formen ihrer philosophischen Schule oder ihrer theologischen Systeme und werden daher der größeren Zahl der Zuhörer, wenn nicht durchaus unverständlich, doch unerbaulich und dieses je länger je mehr.

Dieser doppelten Gefahr zu entgehen, ist es wohl von der größten Wichtigkeit, daß der Pfarrer sich lebendig bewußt bleibe, daß der Geistliche für die Gemeinde da ist, nicht die Gemeinde zur Anhörung von wissenschaftlichen oder rhetorischen Redeproben und Uebungen des Pfarrers. *Kenntnis des intellectuellen, sittlichen und religiösen Zustandes seiner Gemeinde ist dasjenige, was dem Pfarrer als Grundlage zu er-*

baulichen Predigten noth thut. Wird das der Gegenstand seines Nachdenkens und Forschens, belebt ihn das innige Verlangen, jedesmal, wenn er auf die Kanzel zu treten hat, seine Gemeinde zu erbauen und im christlichen Leben zu fordern, so ist auch der Hauptbestimmungsgrund für die Wahl seines Themas und Textes jedesmal schon gegeben. Ich meine: er wird jede Predigt besonders darauf anlegen:

a) entweder eine christlich religiöse Wahrheit, die von seinen Zuhörern noch nicht genug erwogen wird, zu unbeachtet bleibt, aus diesem Dunkel hervorzuziehen und ihnen tiefer zu Gemüthe zu führen, wodurch er eine *verbreitende Thätigkeit* in der Kirche übt, oder der Prediger wird es darauf anlegen,

b) eine durch Unwissenheit und Aberglaube entstellte, mißverstandene christliche Wahrheit näher zu beleuchten, in ihrer Reinheit und Klarheit herauszustellen und auf diese Weise eine *reinigende Thätigkeit* in der Kirche üben. Und es ist wohl dieses, was in unserer Zeit besonders noth thut, geschieht es nach den echten Regeln der Logik und Rhetorik. Hiermit meine ich nur, von der unter den Zuhörern gewöhnlichen Auffassungsweise der betreffenden Lehre ausgehend; dann zur Nachweisung des Unhaltbaren, Unrichtigen, vielleicht Verkehrten und Unchristlichen dieser Auffassung übergehend und diesem Negativen dann das Positive – das Rechte, Wahre und Fruchtbringende dieses Lehrsatzes anfügend: so wird cinc solche geistliche Rede für den größten Theil der Zuhörer wohl nur selten unerbaulich oder fruchtlos bleiben. Und wie viele Lehren des Christenthumes, oder welche von seinen Hauptsätzen, könnten nicht nach dieser Verfahrungsweise behandelt werden! Darin liegt wohl auch die Macht und der Zauber, welcher z.B. Schleiermachers Predigten[343] auf so viele üben. Der Zuhörer wird zuerst gleichsam genöthigt, sich seine Ansicht, seinen Glauben über den betreffenden Glaubenssatz zu vergegenwärtigen und sich desselben klar bewußt zu werden, und das ist für ihn immer eine Befriedigung, eine Freude. Dann sieht er sich aber auch gleichsam genöthigt, seinen Posten zu vertheidigen, also selbstthätig zur Rettung seiner Meinung in die Schranken zu treten, und wenn er nur die Wahrheit liebt, was wir doch bei jedem Christen voraussetzen müssen, so wird es ihm am Ende, wenn er eines anderen belehrt wird, keine geringere Freude sein, sich besiegt zu sehen, als das Feld zu behaupten. Jedenfalls wird ein solcher Kampf für ihn anregend sein, das eigene Nachdenken wecken, ihn aus der gewöhnlichen Indolenz und Lethargie – dem vielleicht allgemeinsten und verderblichsten Uebel unserer protestantischen Kirche – aufrütteln. Denn es gibt nichts Traurigeres als die entsetzliche Langeweile und Passivität, in der wir so oft die Zuhörerschaft einer protestantischen Kirche so unverkennbar versunken erblicken, und hieran haben unstreitig die Prediger selbst die Hauptschuld: Ich habe so oft Predigten gehört, gegen deren Vortrag, Christlichkeit und Wichtigkeit ihres Inhaltes ich durchaus nichts einzuwenden hatte und von denen ich mir doch sagen mußte – was man auch an der Theilnahmlosigkeit der Zuhörer deutlich genug sah –, daß sie nicht zu Herzen drangen, nicht erbaueten. Warum nicht? Nur weil sie sich bloß in abstracten Begriffen bewegten, ohne diese durch concrete Fälle und Erfahrungen, wie jeder Zuhörer sie gewiß auch schon gemacht hatte, zu individualisiren, wodurch allein wahre Theilnahme und selbstthätiges Nachdenken geweckt wird.

Nur daraus erkläre ich mir die ziemlich durchgängige Erfahrung, daß Casualpredigten, zumal Censurpredigten, am meisten erbauen, wenn sie auch nur einigermaßen erträglich sind.

Am meisten entscheidet aber allerdings der Umstand, daß der Prediger von seinem Gegenstande recht durchdrungen und es ihm heiliger Ernst sei, seine Predigt nicht nur zu absolviren, sondern die ihm vorschwebende Wahrheit lebendig und nachhaltig in die Gemüther seiner Zuhörer überzutragen. Denn

«Wenn Ihr's nicht fühlt, Ihr werdet's nicht erjagen!»
...

Und wie Goethe weiter eben so wahr sagt:

«Ja, eure Reden, die so blinkend sind,
In denen ihr der Menschheit Schnitzel kräuselt,
Sind unerquicklich, wie der Wirbelwind,
der herbstlich durch die dürren Blätter säuselt.»

Man ist aber, dieß ist eine Erfahrung, die sich in meinem Pfarrdienste oft wiederholt hat, nicht immer gleich aufgelegt und zuweilen aller Begeisterungsfähigkeit baar und bloß. Dieß begegnete mir am leichtesten, wenn am Sonntag Morgen verdrüßliche Geschäfte oder häusliche Unannehmlichkeiten, überhaupt Störungen dazwischen kamen. Diese bösen Geister zu bannen, habe ich dann zweierlei Mittel angewandt, die ihre gute Wirkung nur selten versagt haben: ich nahm entweder Schleiermacher's Predigten oder das Evangelium Johannes her und las mir das erste beste Stück laut daraus vor und in Folge dessen hatte ich oft das Glück, die gewünschte Stimmung vor dem Eintritte in die Kirche wiederkehren zu sehen.

Umständliche Parentationen bei Leichenpredigten zu halten war in Puschlav nicht Sitte, und Lobsprüche oder harte Urtheile über die Hingeschiedenen auszusprechen, war meinem sittlichen Gefühl zuwider. Die Todten stehen ja schon vor dem höheren Richter, und billig können wir ihm das Urtheil über sie überlassen. Wir sollen das um so mehr, weil wir durch das unsrige schwerlich jemanden bessern, gewiß aber durch solche Aburtheilungen die Anverwandten beleidigen, zum Zorne reitzen und gewissermaßen an den Pranger stellen. Ganz gleichgültig darf aber der Prediger eben so wenig sein; die Gerechtigkeit fordert auch hier, einen Unterschied zu machen. Mit welchem Geschick oder Ungeschick dieß von mir geschehen sei, muß ich andern überlassen; grundsätzlich aber verfuhr ich so, daß ich das Gute oder Böse, welches von den betreffenden Personen hervorgehoben werden sollte, möglichst generalisirte, dieses Allgemeine aber so theilte, daß verschiedene coordinirte und subordinirte Arten desselben Guten und Bösen mit ihren Gegensätzen durchgeführt wurden. So ergab sich dann eine Behandlung des Guten und Bösen, die nicht allein die Todten, sondern sehr verschiedene von den Lebenden betraf, und so blieb denn jedem überlassen, welche Anwendung er davon auf's Allgemeine und auf's Einzelne machen wollte.

Wo Grabreden üblich sind, und ich wünschte, daß sie überall üblich wären, hat der Prediger eine treffliche Gelegenheit, tröstend und bessernd zum Gemüthe zu sprechen, und daher sollte er eine ganz besondere Sorgfalt auf die Abfassung derselben verwenden. Nirgends ist der Boden für den Samen des göttlichen Wortes gelockerter und empfänglicher, nirgends dringt dieser in der Regel tiefer und treibt sicherer Frucht.

Unter die mir selbst bewußten natürlichen Mängel als Prediger muß ich, was mich betrifft, zählen, daß ich eine schwache Stimme habe und zu leicht gerührt werde, was in einzelnen Fällen wirklich störend wird. Als sittlichen Mangel und Fehler bedauere ich, daß ich nicht lange genug meine Predigten ganz geschrieben, sie nie vollkommen ausgearbeitet und streng nach dem Concepte auswendig gelernt habe.

2. Religions-Unterricht und Kinderlehre

Nach der hergebrachten Gewohnheit bestanden beide vorzüglich im Auswendiglernen und Hersagen des Katechismus. Daß die oben rücksichtlich des Predigens angeführten Grundsätze – Hervorziehen und Belebung religiöser Wahrheiten, wo sie mir allzusehr zurückgedrängt oder durch Vorurtheile und Aberglauben verunreinigt schienen – auch für den

Religionsunterricht in Kirche und Schule maßgebend und leitend werden mußten, ist wohl natürlich. Hierzu wollten mir aber die vorhandenen Lesebücher nicht sehr geeignet scheinen. Das moralische Element war in diesen, wie in den Religionsbüchern der älteren Zeit im allgemeinen und Einzelnen nicht genug berücksichtigt, und das Religiöse dünkte mich der Läuterung vielfältig zu bedürfen. Ich legte mir daher einen eigenen Plan zu diesem Unterrichte an und verfolgte denselben ohne Leitfaden, überzeugte mich aber bald, daß dieß auch große Inconvenienzen hatte. Der gedruckte Leitfaden bei'm Religionsunterricht wirkt auf zwei Sinne, auf Auge und Ohr, und ist ein guter Anknüpfungs- und Haltpunct für's Gedächtnis. Ich hoffte, Besseres schaffen zu können, und übersetzte die Biblische Geschichte und später auch den Katechismus von Hebel[344] in's Italienische. Beide, besonders erstere, waren in sprachlicher Beziehung sehr unvollkommene Werke; indeß zu jener Zeit thaten sie wohl vielen verdankenswerthe Dienste. Zum wörtlichen Auswendiglernen der Geschichten und des Katechismus habe ich aber die Schüler nie angehalten und deßwegen auch keinerlei Anfechtung Seitens der Behörde gehabt. Was auswendig gelernt wurde, waren einzelne Bibelsprüche – nicht alle – auch diese aber erst, nachdem die Fragen und sie selbst erklärt waren. Erst wenn das Gemüth der Schüler religiös angeregt und bewegt, ich möchte sagen, die rechte Fassung, der Rahmen vorbereitet ist, macht der Bibelspruch als das trefflichste Gemälde seinen höchsten Eindruck. Er wird dann nicht nur für spätere Zeit – für's Alter – gelernt, sondern für die Gegenwart, [und so] auf leichtere Weise und bleibt auch für die Zukunft am sichersten unverloren.

Die Kinderlehre in der Kirche und die Religionsstunden in der Schule waren auch im Ganzen meine liebsten Amtsfunktionen. Auch haben mir fromme Bauern bekannt, daß sie im Grunde in der Kinderlehre mehr Erbauung fänden als in der Predigt, und es war eine meiner niederschlagendsten Erfahrungen, daß gerade einzelne Lehrer, U. Olgiati und P. Pozzi[345], die Pflicht zu lästig fanden, die Schüler in corpore in die Kinderlehre zu begleiten. – In den Religionsstunden und in der Kinderlehre habe ich durchgängig Freude gehabt, ganz besonders aber an den Mädchen, deren viele, viele aus allen Jahren vorzüglich durch ihre Theilnahme am Religionsunterricht und der Confirmation mir bis auf diesen Tag theuer geblieben sind. Es gereichte mir auch zu nicht geringem Vergnügen, wenn sie mich meistens mit *Scior Maestro* begrüßten und diesen Namen auch in späteren Jahren beibehielten, wenn ich nach Puschlav kam, und nicht zugeben wollten, daß ich sie Sie nenne.

Die feierlichste Funktion war aber nicht nur für mich, sondern auch für weitaus den größten Theil der Bevölkerung unstreitig die Confirmation der Katechumenen am Charfreitag. Kraft der trefflichen Presbyterialverfassung der reformirten Kirche von Puschlav ist daselbst das gesetzliche Alter für die Confirmation nach erfülltem sechzehnten Jahre festgesetzt, und es ist nicht selten geschehen, daß gute Familien wünschten, daß ihre Söhne und Töchter noch ein Jahr länger damit warten sollten. Für solche, die die Gemeindeschule ein Jahr versäumten, wurde gesetzlich angenommen, daß sie ein Jahr später zum heiligen Abendmahle zugelassen würden.

Den Confirmandenunterricht beschränkte ich auf eine allgemeine kurze Wiederholung der christlichen Lehre nach dem Leitfaden des Katechismus und auf die vollständige Erklärung des Capitels «von der Kirche», welches in dem gewöhnlichen Religionsunterrichte auf der Seite gelassen wurde.

Für die Prüfung der Confirmanden versammelte sich der Kirchenrath am Donnerstag nach der Predigt eigens im Schulhause, und dazu wurden während meiner Amtsführung auch die Eltern und Pathen der Confirmanden eingeladen. Nach vollendetem Examen wurde vom Collegium – und nöthigenfalls auch mit Berathung der Eltern und Pathen – über Aufnahme oder Nichtaufnahme der Betreffenden entschieden. Nur einmal ist es mir begegnet, daß ein Knabe, der nicht einmal das gesetzliche Alter hatte, gegen meinen bestimmt ausgesprochenen Willen zugelassen wurde. Es ist ein eben so allgemeiner wie verderblicher Gebrauch in Puschlav und im Engadin, daß die Knaben confirmirt werden sollen, ehe sie in's Ausland gehen[346], wenn sie auch weder das gesetzliche Alter noch die geistige Reife dazu erreicht haben. Gegen diesen Mißbrauch habe ich mich immer auf das entschiedenste erklärt, und in der That, was ist das anders, als diese wichtige kirchliche Handlung dem materiellen Nutzen auf unverantwortliche Weise hintenan setzen, und in den Augen der Confirmanden selbst die Confirmation als eine mehr äußere Ceremonie, als ein opus operatum erscheinen zu lassen? Es gehört gewiß in der Regel schon ein reiferes Alter dazu, den Religionsunterricht überhaupt und die Wichtigkeit gerade dieses Aktes gehörig zu fassen und der Seele einzuprägen, als daß man sich berechtigt glauben dürfe, damit zu eilen, und ich habe mehr als einmal Gelegenheit gehabt, mit Freuden zu beobachten, wie weit fruchtbarer Religions- und Confirmandenunterricht für diejenigen wurden, die ein Jahr später confirmirt wurden, als das Gesetz es zugegeben hätte. Weit besser also, daß junge Knaben unconfirmirt als zu unreif confirmirt in's Ausland gehen; denn im letzteren Falle sind die leichtsinnigen [unter ihnen] in Gefahr, sich von da an nur um so weniger um die Religion zu bekümmern, während sie sonst daran denken müssen, daß ihnen noch etwas Wichtiges fehle, und sie später nach den Erfahrungen, die sie gemacht, vermuthlich nur um so empfänglicher für die Belehrungen des Christenthums durch einen tüchtigen und gemüthlichen Pfarrer werden.

Zu der Confirmation – und das schon war mir jedesmal rührend – versammelten sich die Catechumenen mit ihren Eltern und Pathen bei'm Schulhause und das Collegium im Pfarrhause, von wo aus der Zug nach der Kirche ging, der Kirchenrath paarweis voran, dann folgten ebenso die Confirmanden und zuletzt die Eltern und Pathen, und bei der weichmüthigen Bevölkerung von Puschlav blieb denn auch bei der Einsegnung dieser jungen Christen meist wohl kaum ein Auge ohne Thränen.

Auch das wurde Gegenstand meiner Sorge, daß die Catechumenen zwar reinlich und anständig, aber nicht in auffallendem Putz irgend einer Art erschienen. Ebenso war es mir höchst widerwärtig, wenn Frauen in goldenen Ketten und mit Diamantringen bei'm heiligen Abendmahl erschienen, wogegen ich es natürlich und löblich fand, wenn die einfachen Bauersfrauen ihr Brautkleid zu dieser Feier anlegten und ihren schwersten goldenen Brautring trugen.

Auch ich habe den Confirmanden den kleinen Denkspruch, den ich bei ihrer Einsegnung gesprochen, schriftlich gegeben, später aber erst zu Hause, weil dieß mechanische Geschäft mir störend für die Feier und Andacht schien; selbst dann aber nur auf einem unbemalten kleinen, weißen Papier, und es stimmt mit meinem Geschmacke immer noch keinesweges überein, wenn ich diese Denksprüche bisweilen nicht bloß mit Lithographien und Malereien umgeben, sondern selbst in Rahmen gefaßt an der Wand der Wohnstuben aufgehängt sehen muß. Eine Freude war es für mich aber allerdings, als einer meiner Catechumenen mir noch nach vielen Jahren den ihm von mir gegebenen Denkspruch auf seiner Carte gedruckt vorzeigte. –

3. Wochengebete oder allgemeine Gebete

Obwohl ich dasjenige allgemeine Gebet, welches ich verlas, selbst ausgearbeitet – es ist später auch in die gedruckte Liturgie übergegangen und kann durch Auslassung oder Wechsel in den Fürbitten leicht abgekürzt werden –, habe ich mich doch nicht überzeugen können, daß die Erbauung durch derartigen Gottesdienst sehr gefördert werde. Hätte ich wieder eine Pfarrstelle zu übernehmen, so würde ich statt dieser allgemeinen Gebete durchaus etwas anderes, fruchtbareres einzuführen suchen. Von allen Funktionen unseres Cultus halte ich das allgemeine Gebet, bloß aus einer Liturgie vorgelesen, für die unfruchtbarste.

4. Krankenbesuche

Ich kann bei einer gewissen Voraussetzung Geistliche auch ehren, die diesen Theil der Seelsorge zu einem Hauptgeschäfte machen: Ich selbst konnte es nicht. Es leistet dem Aberglauben zu viel Vorschub, ist für viele zu sehr der Rest katholischen Aberglaubens; an ihrem Orte dagegen und zur rechten Zeit sind diese Besuche unstreitig sehr wohlthätig. An ihrem Orte nenne ich sie aber da, wo der Geistliche die Ueberzeugung hat, durch sein Erscheinen dem Kranken Trost und Erleichtrung zu bringen oder ihn zur Reue und Bessrung veranlassen zu können, namentlich wenn der Kranke den Beistand seines Seelsorgers wünscht, Bedürfnis danach fühlt und man Segen für seinen Zustand davon hoffen darf. Keine allgemeine Regel, sondern meine diesfällige Ueberzeugung vom Seelenzustande des Kranken wurde hierbei für mich maßgebend. Das erstemal ließ ich mich rufen, von da an kam ich zuweilen auch ungerufen; doch wurden bei meiner Ansicht von der Sache diese Besuche nie zahlreich.

Die Sitte, daß, wenn der Pfarrer zu einem Kranken geht, auch Verwandte, Nachbarn und Freunde dahin kommen, hat Puschlav mit anderen reformirten Gemeinden Bünden's überein, eigenthümlich ist ihm aber meines Wissens die Sitte, daß dort während des Gebetes am Krankenbette der Pfarrer und die Zuhörer niederknien. Der erste Eindruck, den ich davon hatte, war für mich eher unangenehm und befremdend; es schien mir darin Katholisches zurück geblieben zu sein. Diese Ansicht trat aber nachher immer mehr zurück, und ich gestehe, daß mir diese Sitte später sehr lieb und anziehend wurde. Sie hat etwas Demüthiges, Ergreifendes und erleichtert gar sehr die Erbauung. Ich würde sie an einem Orte, wo ihre Beibehaltung vielleicht Anstoß gäbe, sicher vermissen.

Ein Zweites, was ich von Puschlav aus überall hin verbreiten möchte, ist der Anfang des Gebetes, den ich, wie schon früher gesagt, in der alten italienischen Liturgie gefunden und mir sogleich angeeignet habe. Er lautet: «Der Herr sei mit seiner Gnade und mit seiner Barmherzigkeit über diesem Hause und diesem unserem Mitbruder (dieser unserer Mitschwester) in Christo Jesu. Amen.» Diese Anrede, mit Rührung gesprochen, scheint mir sehr geeignet, alle Schleusen der Phantasie und des Herzens zu öffnen, und wenn noch ein paar Accorde auf den Saiten des Lebens des Kranken mit einiger Kraft und Geschick angeschlagen werden, so ist die Rührung unausbleiblich und damit der Weg zu Trost und Beßrung geöffnet. Wo meine Besuche vorzüglich auf letztere hinwirken sollten, war meine Einleitung ebenfalls stereotyp: «Habt Ihr jemanden, dem Ihr noch Unrecht oder Beleidigungen zu verzeihen habt, oder jemanden, der Euch Unrecht und Beleidigungen zu vergeben hat und mit dem Ihr Euch noch aussöhnen möchtet und solltet?» Ich könnte nicht sagen, daß mir in Folge dieser Fragen wichtige Eröffnungen gemacht worden wären; ein solcher Zuspruch blieb aber doch nicht ohne Wirkung. Jedenfalls wüßte ich nicht, was man Sterbenden sonst Wichtigeres zu Gemüthe führen könnte: Gnade und Vergebung Gottes ist, was uns allen am meisten Noth thut und wir alle, Lebende und Sterbende, am meisten wünschen müssen. Würde das klarere Wort Jesu Christi, statt des dunkleren der Schrift, häufiger und nachdrücklicher vorgehalten: «So Ihr euerem Nächsten seine Fehler vergebt, so wird euch euer himmlischer Vater auch vergeben, und so Ihr euerem Nächsten seine Fehler nicht vergebet, so wird euch euer himmlischer Vater auch nicht vergeben.» Ich sage, würde das geschehen, so würden vielleicht im Leben und auf dem Sterbebette leichter und mehr Fehler vergeben werden, und auch der Trost würde nicht geringer sein als nur durch Vorhalten der Gnade in Jesu Christo.

5. *Wirksamkeit durch geselligen Umgang*

Die gemeinen Künste, sich Popularität zu erwerben, sind meinem Character wie meinen sittlichen Grundsätzen gleich sehr zuwider. Nie hat sich einer meiner Zuhörer in öffentlichen oder Privatangelegenheiten um Rath oder Auskunft an mich gewendet, ohne daß ich ihm gern, von ganzem Herzen und nach bestem Wissen und Gewissen entgegengekommen wäre und seinen Wünschen entsprochen hätte. Allein bei jeder Begegnung still zu stehen und mit einem Jeden auf alltägliche und gewöhnlich nichtssagende Dinge einzutreten war nicht meine Sache. Ich mußte daher auch schon die Klage vernehmen: «Quel Scior Ministro va sempre con tanta pressa, che non si rischia di dirgli una parola.» Auf Reisen dagegen ging ich gern mit jedem Bauer zusammen, und es war mir Genuß, mich mit ihm über mancherlei zu unterhalten. Wir Romanischen bezeichnen einen sittlich oder religiös ernst strebenden Mann mit dem Ausdruck «in hum da bien discuors» (ein Mann von guter Unterhaltung), und hierin mag allerdings der Hauptunterschied zwischen dem sittlich ernsten und dem frivolen Menschen am unverkennbarsten hervortreten. Wie durch innere Nothwendigkeit getrieben, wird der bessere Mensch überall für's Gute das Wort sprechen, während sich der frivole in Gemeinheiten ergeht und in Wort und Miene den Unrath des Herzens zu erkennen gibt. In dem Grade, wie mir jede gemeine Gesellschaft und Unterhaltung unerträglich wird, ist mir die gesunde, heitere und für etwas Höheres gestimmte theuer. Diese Stimmung zu fördern oder hervorzurufen war denn auch ein Hauptbestreben in allen meinen geselligen Verbindungen. Die Puschlaver sind ein lebhaftes, heiteres, gastfreundliches Völkchen und gesellige Zusammenkünfte bei ihnen sehr an der Tagesordnung. Da gibt es mancherlei Schmausereien – Familiengastmahle, Neujahrsgastereien, «merende dei consoli del Podesta» u.s.w., und dazu wurde dann auch der Pfarrer oft gezogen. Er nahm auch gern Antheil daran, aber gewiß weniger wegen der Freude an gutem Essen und Trinken als wegen der herrlichen, unbezahlbaren Stimmung, welche sich, wenn er neben Personen zu sitzen kam, die ihm lieb oder achtungswerth waren, regelmäßig bei ihm einstellte. Bei solcher Stimmung ist dann der Uebergang zu ernsten Dingen bei wohlgearteten Seelen leicht und natürlich, und die Herzen sind dabei auch für das Gute empfänglicher. Solche Gelegenheiten für's Bessere zu benutzen, habe ich mir stets angelegen sein lassen. In Puschlav werden die Hochzeiten noch mit einer Predigt gefeiert; allein über das viele, was der Gaumen, die Augen und die Eitelkeit da zu genießen bekommen, darf man kaum hoffen, daß die Predigt große Theilnahme finde. Ich wenigstens glaube, öfters auch in sittlich religiöser Beziehung auf viele Hochzeitsgäste mehr durch die Unterhaltung bei und nach der Mahlzeit gewirkt zu haben. Besonders dürfte dieß bei manchen Bauernhochzeiten der Fall gewesen sein, wo gute, fromme Männer und Frauen waren, die, mit ihrem Pfarrer enger zusammen, ihm ihre Sorgen, Bedenken und Zweifel mittheilen und vertraulich mit ihm darüber sprechen konnten, sich auch nicht scheuten, ihre Ansichten mit Gründen beharrlich zu unterstützen und gegen diejenigen anderer ihre Einwendungen zu machen. Das sei etwas ganz anderes, meinte einer, als in der Kirche, wo nur der Pfarrer sprechen dürfe und alle anderen schweigen müßten. Wie oft habe ich da die Gelegenheit wahrgenommen, nicht sowohl über Tugend und Sünde im Allgemeinen, als über einzelne specielle und zumal über Aberglauben, Mißbräuche und schlechte Sitten zu sprechen, die in der Gemeinde herrschten.

Ich schmeichle mir keinesweges, die gesellige Gabe zu besitzen, welche mit Leichtigkeit und durchgängig die Herzen einnimmt; aber davon bin ich doch überzeugt, daß ich gerade bei solchen Gelegenheiten vielen meiner Zuhörer näher gekommen bin als durch meine Predigten. Viele andere lernte ich selbst auch erst bei solchen Anlässen genauer kennen und schätzen. Ich preise jeden Geistlichen glücklich, dem die herrliche Gabe eines einnehmenden Umganges in höherem Grade verliehen ist als mir; er hat dadurch ein höchst wirksames Mittel in Händen, durch geselligen Umgang vielleicht nicht weniger wohlthätig zu wirken als durch seine förmliche Amtsthätigkeit.

Nur ein Beispiel der Vertraulichkeit, die zuweilen bei solchen Gastereien herrschte, möge hier angeführt werden. Sie hat mich zu sehr gefreut und ist mir auch für die Folge zu maßgebend geworden, als daß ich sie mit Stillschweigen übergehen könnte.

6. Hochzeiten

Ein Stoff, über den ich mich gern und oft aussprach, war, meinen Zuhörern die Einfachheit zu empfehlen und namentlich auch den Aufwand bei Hochzeiten zu beschränken. Wir waren an der Hochzeit von eher armen Leuten, die Braut war jene Hebamme, die meiner Lina das Leben gerettet und die mir sehr befreundet war. Es war schon lange und viel gegessen worden, und ich schlug daher vor, nun den Spaziergang anzutreten, der jetzt bei solchen Gelegenheiten Sitte geworden war, als die Wirthin rief: «Aber die Fische, es sind noch Fische da!» «Ach, was Fische!» sagte ich, «wir haben genug gegessen », und wollte aufstehen. Da erhob sich ein Oheim der Braut, der gute Maestro Tom. Passin und sagte: «Scior Reverend, tai puo mangiar pesci quand el völ, ogni di a casa sua; ma mi non g'ho minga, e mi mangio ancor bontin un pescin.» Man lachte natürlich über diese Offenherzigkeit, und ich freuete mich auch darüber, und sagte: «Bravo Maestro Tom, avete ragione, scia cò pesc.» So wurden sie dann nicht nur von ihm, sondern auch von anderen «e con amore»genossen, und ich merkte mir von diesem Ereignis für die Zukunft so viel, daß ich kein geeigneter Repräsentant der Hochzeitgenossen in puncto «gastrologia» sein durfte, und überließ von da an den Gastgebern, aufzutragen, was ihnen beliebte.

Was ich für's gesellige Leben und zu seiner Verschönrung mehr oder weniger beizutragen vermocht habe, war zweierlei:

a) Daß sich an den sogenannten Marenden, Nachtessen und Caffehs beide Geschlechter mehr gemeinsam betheiligten, die Gesellschaft also eine gemischte wurde. Die Frauen, wollte es mir scheinen, wenn allein, schwatzen zu viel, ihre Gespräche zerstückeln sich zu sehr und geben gewöhnlich kein Resultat. Die Männer, wenn allein, gerathen zu leicht auf die Politik, oder wenn sich rohe Elemente unter ihnen vorfinden, die selten fehlen, lassen sie leicht ihre Gespräche in's Frivole hinüber gleiten und reißen Zoten, wobei ebenfalls kein Segen für Verstand und Gemüth entsteht. Die gemischte Gesellschaft, in sofern man bedacht ist, die Unterhaltung auf Dinge zu leiten, die alle interessiren können, ist unstreitig für beide Theile so wie die anregendste, [wie] auch die unterhaltendste, belehrendste. Der Scherz wird leichter und würziger, der Ernst findet in der Regel mehr Theilnahme, und alte Erinnerungen werden lebendiger und nachhaltiger. Daher war ich immer der entschiedenste Freund von gemischten Gesellschaften, machte mir aber auch zur Pflicht, so viel wie möglich dazu beizutragen, daß Heiterkeit und Anstand darin herrsche.

b) Als meine Stiftung betrachte ich auch die Sitte des Spatzierengehens an Hochzeitstagen.

Für Leute, die auf Essen und Trinken nicht einen allzu großen Werth legen, ist ein Hochzeitstag in Puschlav ein schwerer Tag. Vor der Kirche schon wird in dem Hause der Braut zu Caffeh und Schocolade so viel köstliches Backwerk servirt, daß man nur zu sehr versucht ist, sich schon daran für den ganzen Tag satt zu essen. Was wird aber nicht erst nach der Predigt und bei dem Mittagsmahl alles aufgetragen! und das geht so fort bis gegen Abend, so daß dadurch auch dem ärgsten Gourmand zuletzt des Guten zu viel wird. Ich schlug daher vor, bei schönem Wetter gegen vier Uhr einen Spatziergang zu machen, an welchem dann die ganze Gesellschaft, voran der Pfarrer mit der Braut am Arme, Theil nahm, und zwar zum großen Ergötzen der Gäste – weil jeder sich seine Gefährtin nach Wunsche wählen konnte – und der schaulustigen jungen und alten Bevölkrung. Da ging es nach la Rasga oder Privilasc; an einem geeigneten Orte wurde wohl auch ein Lied gesungen, und so kehrte man dann physisch und gemüthlich gestärkt zu Caffeh und Dessert zurück. Man verwunderte sich anfangs allerdings, daß der Pfarrer an solchen Vergnügungen so heiter Theil nahm, freute sich aber doch darüber, und ich habe nicht gefunden, daß dieß auf irgend eine Weise dem pfarrlichen Ansehen Abbruch gethan hätte.

Wieder auf die Hochzeiten zurück zu kommen, muß ich doch dasjenige noch hervorheben, was mir an diesen in Puschlav lobenswerth erscheint und ich auch anderswo eingeführt sehen möchte.

1. Am Abend vor der Verkündigung (dem Aufgebot) gehen Braut und Bräutigam bei'm Zunachten zum Pfarrer, um ihm ihren Wunsch auszudrücken, am folgenden Tage verkündet zu werden. Es ist bei dieser Gele-

genheit, daß der Pfarrer einen sehr geeigneten Anlaß hat, die Sinnesart seiner Leute kennen zu lernen, die sinnlich frivolen und die sittlich ernsten, und mehr vielleicht als in der Predigt, wo das Hochzeitsgepränge das Gemüth zu sehr zerstreut, und mehr als bei der Trauung, wo es zu bewegt ist, wird hier die Gelegenheit geboten, Worte des Ernstes mit Beziehung auf die ihnen eigene Lage an die Brautleute zu richten. Ich habe mir davon immer mehr Wirkung als von den nachfolgenden Functionen versprochen. An jenem Abend empfahl ich ihnen dann auch, ihre Dankbarkeit gegen die Schule durch ein Geschenk an diese zu beweisen, und so kam denn der schöne Fond für die Schulbibliothek zu Stande, den zu stiften, ich bei meiner Hochzeit den Anfang gemacht hatte. An der Hochzeit wird die Braut von zwei ihrer Pathinnen oder in Ermanglung derselben von ihren nächsten Freundinnen, Padoleggie genannt, und der Bräutigam von zwei männlichen Pathen oder Freunden in die Kirche geführt.

2. Bei der Trauung tritt der Pfarrer zuerst vor die kleine Bank, auf welche die Brautleute zu knien haben; dann tritt der Bräutigam ihm gegenüber an diese heran, worauf dann der Vater der Braut oder, wenn dieser fehlt, ihr nächster Verwandter zu ihr hintritt, und sie an die Seite des Bräutigams führt. – Dieß schien mir immer als das schönste Wahrzeichen, daß eine Heirath nur mit Einwilligung der Eltern geschlossen werden solle und daß der Vater die Tochter selbst ihrem Bräutigam zu übergeben habe, indem er dadurch zugleich gleichsam sinnbildlich erklärt, daß er auf seine bisherige Autorität verzichte und nach der christlichen Fordrung die Billigkeit anerkenne, daß die Braut Vater und Mutter verlasse, um fürderhin ihrem Manne anzuhangen.

3. Bei'm Ausgang aus der Kirche, hält die Braut an der Thüre still, worauf dann der Bräutigam zu ihr tritt, sie an der Hand zu dem Pfarrer führt und sie diesem zur Begleitung nach Hause übergibt. An der Thüre des Hauses oder an der Treppe empfängt sie dann die Mutter oder die nächste Verwandte des Bräutigams aus der Hand des Pfarrers, der sie ihr als neue Tochter übergibt und ihrer Liebe empfiehlt. Mit mütterlichem Kusse wird sie empfangen, und diesem Beispiele folgen dann die übrigen Verwandten und Freundinnen. Eine Scene, die, wo Glück zu hoffen war, mich immer sehr bewegt und ergriffen hat.

Zweiter Pfarrer

Zu dem Verdienstlichen, was ich für Puschlav thun konnte, ist unstreitig zu rechnen, daß ich meinen Freund Georg Battaglia[347] als zweiten Pfarrer dahin zog. Er war mir als Schüler schon durch seinen Fleiß, seine angenehme Persönlichkeit und seinen biedern Character lieb geworden. In Erinnerung, welchen großen Dienst mir Herr Bürgermeister Fr. von Tscharner durch Vorschüsse des nöthigen Geldes zu meinen Studien geleistet hatte, war es mein Vorsatz geworden, ein Gleiches für unbemittelte Studenten zu thun, im Fall ich in Umstände käme, es thun zu können, und hierzu hatte sich mir bei Battaglia während seiner Universitätsjahre Gelegenheit dargeboten, und ich hatte es mit Freuden gethan.Durch den vertraulichen Briefwechsel, der sich dadurch zwischen uns entspann, hatte ich ihn von immer vortheilhafterer Seite kennen gelernt und mich überzeugt, daß er der geeignete Mann zur Hebung der Schule von Puschlav sei und daß durch seine Anstellung und seine Nähe der dortige Aufenthalt auch mir weit angenehmer werden müßte, zumal auch dadurch, daß mir auf diese Weise zuweilen eine zeitweilige Entfernung ermöglichet würde. Ich machte also den Vorschlag, einen zweiten Pfarrer neben mir anzustellen, und zwar in solcher Art, daß wir dann gemeinsam eine Lehrstelle an der Schule übernähmen und uns in den Kirchendienst theilten. Zugleich erbot ich mich, auf zwei Hundert Gulden von meinem auf neun Hundert Gulden festgesetzten Pfarrgehalt zu Gunsten des zweiten Pfarrers zu verzichten, um ihm auf diese Weise mit Ueberlassung des ganzen Lehrergehaltes ein anständiges Einkommen zu sichern. Es mußte jedem klar sein, daß ich dadurch nicht allein meine Einkünfte schmälerte, sondern auch die Mühe sehr vermehrte, und dennoch hielt es schwer, die Zustimmung der Gemeinde oder eigentlich eines Matatoren, der aber großen Einfluß hatte, zu erhalten. Ja, ich erhielt sie erst dann, als ich mich noch verpflichtete, falls der Lehrergehalt nicht hinreiche, um mit den von mir zugesicherten zwei Hundert Gulden Herrn Battaglia fünf Hundert zu sichern, ich das Fehlende aus meiner Kasse ergänzen wolle. Der Mann, der sich meinem Vorschlage besonders entgegen setzte, war Herr Augustin Steffani, Oheim meiner Frau, gegen mich wohlwollend, und der sich wirklich früher und auch in der letzten Zeit große Verdienste um die Kirchgemeinde Puschlav erworben hatte, dennoch aber ein eigensinniger Mann war, den Neuerungen überhaupt abhold und besorgt, daß Jalousien unter den Pfarrern entstehen könnten, die dann zum Nachtheil der Gemeinde ausschlagen und zu Parteiungen in derselben führen würden. Indessen ging die Sache doch durch, Herr Battaglia ging noch ein halbes Jahr nach Italien, um sich im Italienischen zu vervollkommnen, und trat dann als Pfarrer in Puschlav ein. Die Schule erhielt durch ihn einen kaum erwarteten Aufschwung: wir hatten in einem Jahre sieben und zwanzig fremde Schüler; beide Pfarrer wirkten in der schönsten Eintracht zusammen, verschönerten sich gegenseitig das Leben, und alle Erwartungen, die ich mir von diesem Zusammenwirken versprochen hatte, gingen auf die erfreulichste Weise in Erfüllung. Ohne Sorge konnte ich mich jetzt vom Hause entfernen, was ich auch zu einem Besuche bei meinen Freunden in Bergamo benutzte, wohin ich mich im Jahre 1829 mit meiner Frau, den beiden ältesten Kindern und der Magd auf mehrere Wochen begab, bei welcher Gelegenheit ich ersterer dort und in Mailand viel Schönes zeigen konnte und sich die Freundschaft und Güte der beiden jüngeren Brüder Frizzoni wieder im herrlichsten Lichte zeigte.

Aber schon im Jahre 1830 erhielt Herr Battaglia den Ruf als Professor an die Kantonsschule in Chur, und wie sehr mich auch sein Verlust schmerzte, konnte ich doch nicht übelnehmen, daß er ihn annahm, da er ihm finanzielle Vortheile gewährte und einen schöneren und größeren Wirkungskreis eröffnete. So stand ich denn wieder allein, und die Schule sah sich mehr den Willkürlichkeiten, deren sich einzelne Lehrer schuldig machten, bloßgestellt. Die liebe Erinnerung ist mir indeß geblieben, daß ich meinem Freunde seinen Aufenthalt in Puschlav nicht allein durch den Umgang mit meiner Familie nach Kräften zu verschönern gesucht habe, sondern mir auch ansehnliche Geld[ein]bußen gefallen ließ und daher diesfällige Verleumdungen oder Mißverständnisse mit heiterem Muthe ertragen konnte, in welchen ich, ich weiß nicht auf welche Weise, später selbst einen meiner liebsten Freunde, Herrn Rudolph Ragazzi, befangen sah.

Nach Entfernung des Herrn Battaglia, der auch ferner einer meiner liebsten und geschätztesten Freunde und mir durch traulichen Briefwechsel immer nahe blieb, beschloß die löbliche Deputation – vista la generosità del Signor Reverendo ed il suo interessamento al bene della chiesa – ohne mich auch nur diesfällig darum begrüßt zu haben, mir die zwei Hundert Gulden in der Folge vorzuenthalten. Nicht die Entziehung dieser Summe, sondern diese willkürliche und schonungslose Verfahrungsweise beleidigte mich im Innersten: es wollte mir allzu rücksichtslos scheinen, daß diese Herren die Stirne hatten, den Pfarrergehalt so mir nichts, dir nichts um zwei Hundert Gulden zu schmälern, ohne daß ihnen eingefallen wäre, wenn ein Opfer zu Gunsten der Kirche zu bringen nöthig, auch in die eigene Tasche zu greifen.

Evangelischer Schulverein [348]

Von einer Wirksamkeit in weiteren Kreisen während dieses meines Aufenthaltes in Puschlav ist wenig zu sagen. Mit besonderer Freude habe ich mich immer der Gründung des evangelischen Schulvereines erinnert, zu welchem ich den Grundstein durch eine Auffordrung, die ich im Churer Wochenblatte im Mai 1827[349] veröffentlichte, gelegt habe. Es zeigte sich auch hier, wie leicht das Gute ausführbar ist und gelingt, wenn das Bedürfnis danach lebendig geworden und Empfänglichkeit dafür vorhanden ist, wie man sich dagegen vergebens abmüht und Zeit und Geld verschwendet, wenn man von einem regen Streben angetrieben wird, da etwas Gutes durchzusetzen, wo für dieses Gute die angemessene Zeit noch nicht gekommen ist. Wohl mit Recht macht der Erlöser seine Zeitgenossen tadelnd darauf aufmerksam, daß sie die Zeichen der Zeit nicht erkennen.

Obengenannte kurze und schlichte Auffordrung zur Gründung eines Schulvereins reichte hin, um denselben kurz nachher an der Synode zu Thusis in's Leben zu rufen und eine Wirksamkeit für's Schulwesen in Bünden zu eröffnen, die sich mit gutem Rechte allgemeine Anerkennung erwarb. Drei und sechzig Mitglieder traten gleich bei der ersten Unterzeichnung diesem Vereine bei, und ihre Zahl vermehrte sich von Jahr zu Jahre. Es ist nicht nöthig, die Leistungen dieses Vereines auch bei sehr geringen Mitteln zu beschreiben, da seine Berichte von 1827 bis 1852[350] im Drucke erschienen sind. Aber mein tiefes Bedauern muß ich auch hier aussprechen, daß der nachher eingeführte Erziehungsrath die Wirksamkeit dieses Vereines so sehr beschränkte, ohne sich die Grundsätze desselben anzueignen und von ihm dasjenige zu lernen, was zu lernen so nahe gelegen hätte, ich meine die Kunst, mit geringen Mitteln vieles zu leisten. Denn da geschah gerade das Gegentheil. An die Stelle der unbezahlten Schulinspectionen traten unter dem Schulrathe Inspectionen ein, die mit schwerem Gelde bezahlt wurden und im Allgemeinen nicht besser waren; die alten Vereinsschulbücher wurden durch andere, gewiß nicht immer bessere verdrängt, die mit bedeutenden Honoraren angefertigt und so wohlfeil gegeben wurden, daß die Schulcasse starke Einbußen erlitt; die unter dem Schulverein eingeführten Schulprämien, welche von diesem nur armen, kleinen Gemeinden verabreicht wurden, wenn sie sich auch ihrerseits Behufs der Schule gehörig anstrengten, wurden auch fürderhin vom Erziehungsrathe ausgetheilt – aber nicht nur armen, sondern auch den größten und reichsten Kirchgemeinden, und was dabei das Schlimmste ist, ist dieses, daß nicht sowohl die Armuth, als die Gegenleistung zu der sich die Gemeinde verpflichtet, zum Maßstab der Größe des Prämiums gemacht wird, woher es dann kommt, daß die großen und wohlhabenden Gemeinden das meiste erhalten, während die kleinen und ärmeren oft leer ausgehen oder doch jedenfalls bei solcher Concurrenz nicht die Unterstützung finden, die sie wirklich nöthig gehabt hätten.

Ich will damit nicht sagen, daß der Erziehungsrath nicht gute, redliche Absichten gehabt oder nicht auch einzelne gute Schulbücher in's Leben gerufen und den Schulen um einen geringen Preis verschafft habe; allein die unentgeltlich Arbeitenden wurden durch jene Einführung paralisirt und alle Leistungen, von welcher Art sie sein mochten, nur auf Bezahlung abgestellt. Das meines Erachtens allein wahre und rechte und in Bünden bisher befolgte Princip, sich überall nach unserer eigenthümlichen Lage, nicht nach Theorien und Gesetzen, die für ganz andere Länder und Verhältnisse berechnet sind, zu richten, wurde verlassen und dafür Organisationen eingeführt, die, anders woher entlehnt, deßwegen schon hier nie recht festen Boden gewinnen und unseren Verhältnissen und Bedürfnissen nie ganz gerecht werden können. Daher mußte sich auch die Wirksamkeit der neuen Behörde in den ersten Jahren vorzüglich auf's Geben beschränken, und eine strenge Durchführung des auf dem Papiere in Aussicht gestellten würde nie möglich geworden sein. Im Erziehungsrathe saß nicht *ein* Mann von pädagogischer Bildung; dem Rector der Kantonsschule wurde das Stimmrecht genommen, und ein Mann wie Herr Landvogt Vincens von Planta, der durch seine Einsicht, Treue und Lust an dergleichen Geschäften, die er auch als stetes Mitglied des Vorstandes des Schulvereines mit Eifer und Beharrlichkeit bewährt hatte, ganz dazu befähigt gewesen wäre, wurde nie in die Erziehungsbehörde gewählt.

Es war ohne Zweifel ganz recht, daß eine Behörde dasjenige in die Hand nahm, was früher von einem freien Vereine angebahnt und geleistet worden war; nur hätte diese bei ihren größeren Mitteln nicht wähnen sollen, daß sich mit Geld allein alles machen lasse; sie hätte sich vielmehr die durch Vernunft und Erfahrung erprobten Grundsätze des Vereines mehr zur Richtschnur nehmen sollen. Für mich ist der Verein immer ein Gegenstand des größten Interesses geblieben, und ich darf wohl sagen, daß ich für ihn mehr als jeder andere gethan und gearbeitet habe, was jedoch in eine etwas spätere Periode fiel, wo ich in dem Vorstande viele Jahre zu der Präsidentschaft des Vereines kam.

Liturgie

Im Jahre 1829 sollte eine neue rhätische Liturgie im Auftrage der Synode ausgearbeitet werden. Eine Commission, zu der auch ich ernannt war, sollte diesen Auftrag ausführen, was auch im Herbste jenes Jahres in mehrtägiger Sitzung geschah. Mit meinem Freunde, Carl Raschèr[351], damals Pfarrer in Chur, wurde mancherlei gefördert, was aber in der Minderheit blieb; doch sind verschiedene Gebete nach meinem Entwurfe angenommen worden, so das erste allgemeine Gebet, das dritte Trauungsformular, das Gebet an Wahltagen und andere in einzelnen Theilen wenigstens. Worauf wir drangen, war besonders, daß die Gebete nach der Predigt kürzer sein sollten, und daß man Tautologien und Ausdrücke, die manchen besonders salbungsvoll erschienen, mehr ausmerzen möchte. Umsonst! wir blieben in der Minderheit, und mit welchem Unrecht dieß geschehen, habe ich in der Folge oft gefühlt. Es will mir scheinen, daß, wie wir uns zur Pflicht machen, bei der Unterhaltung mit Menschen logisch und mit möglichster Genauigkeit und Ordnung zu sprechen, dieses auch in unseren Anreden an Gott geschehen sollte. Da meinen aber viele, je schwülstiger und verworrener alles durch einander liege, desto salbungsreicher und frommer sei das Gebet. Diese revidirte Liturgie habe ich dann später in's Italienische übersetzt, und weil der Kanton nicht gerne den Verlag übernahm, auf eigene Kosten drucken lassen und um ein Drittel weniger als das Original verkauft. Das Gebet für Nothtaufen und dasjenige für die Vorbereitung auf die hohen Feste habe ich, jenes neu hinzugefügt, dieses in der Form modificirt, in der es sich jetzt findet.

Synoden und Colloquien

Synoden und Colloquien habe ich noch von Puschlav aus fleißig besucht. Jene nicht allein, um meine Freunde diesseits der Berge zu sehen, sondern recht eigentlich, um bei der Opposition zu sein, die mich wünschte und auch nöthig war. Herr Antistes Kind hat unstreitig große Verdienste um die Synode und um die bessere Ordnung, die in derselben eingeführt worden ist; ihm und Herrn Professor Schirks[352] hatte sich aber eine zahlreiche Partei angeschlossen, die eine theologische Richtung verfolgte, die nicht die meinige und der etwelche Schranken zu setzen nicht überflüssig war. Als Examinator und öfters auch im Kirchenrath lag mir die Pflicht des Besuches der Synode um so mehr ob. Das Colloquium aber besuchte ich, weil es der Reorganisation des Oberengadiner Colloquiums wirklich sehr bedurfte, ich auch zum Präses gewählt worden war und mich auch in der Versammlung der letzten Jahre, wo neue Elemente hierin gekommen waren, wirklich wohl befand. Wer das Gute nur auf uneigennützige Weise will, findet überall, wenn er auch nur einige Geschäftstüchtigkeit hat, Anerkennung und Einfluß.

Dann bekam ich bei diesen Gelegenheiten auch die gute Frau Mengia Curò zu sehen, bei der ich mich immer körperlich und geistig so wohl befand. – Zu den gefährlichsten Reisen, die ich je gemacht habe, gehörten einige über den Bernina, die ich im Herbst selbst bei schlimmer Witterung amtshalber wagen mußte. Andere über diesen Berg zähle ich dagegen zu den angenehmsten, obgleich ich sie meist nur stückweis zu Pferde und größere Strecken zu Fuß ausführte. Der Gang über den majestätischen Bernina im Herbst, wo die erhabenen Gebirgsmassen so herrlich hervortreten, die Sonne schon melancholischer scheint und die ganze Gegend verlassen ist, so daß man stundenweit gehen konnte, ohne andere Leute als vielleicht hin und wieder einen Brusasker oder Veltliner mit seinem Esel anzutreffen oder einige Raben, die um ein Aas her krächzten und flatterten, erfüllte durchgängig meine Seele mit jener seligen Wehmuth, die sich bei'm Anblick des Großen des Gemüthes so leicht bemächtigt. Es waren diese von den schönsten Stunden meines Lebens, in denen mir alles Gute, das mir die Vorsehung je erwiesen, und alles Wichtige, was auf mein Leben Einfluß gehabt hat, Menschen und Ereignisse, der Reihe nach durch die Seele ging und sie mit Verehrung und Dankbarkeit erfüllte. Es waren dieß auch wirklich erbauliche Stunden, in denen ich die Nähe des Allmächtigen und Allgütigen lebendiger und inniger empfand als sonst im gewöhnlichen Leben. «Auch die Berge sind sein», haben wir an der Kanzel zu Selva angeschrieben; und in der That, in solch erhabenem Tempel der Natur bei so vielen Erinnerungen, so seelenvollem Verlangen zu Frau und Kindern zurück zu kommen, die nie liebenswürdiger waren als nach kleinen Abwesenheiten, ist es leicht, sich zu einer innig frommen Stimmung emporzuschwingen, und diese ist mir denn auch auf jenem Wege fast jedesmal, wann ich allein war, zu Theil geworden.

Correspondenz [353] *und Besuche*

Zu den angenehmsten Genüssen auf dem Lande gehören die Besuche von lieben Freunden und ihre Briefe. Jene [Besuche] erhielt ich vorzüglich von meinen lieben Bergamaskern von Zeit zu Zeit, den beiden Brüdern Johann und Friedrich Frizzoni, mit ihrem Lehrer Herrn Doktor Gündel, Herrn

Hosang, einmal selbst von Frau Apollonia Curò, Frau Wagner und Jungfrau Pernisch. Dieß waren für uns höchst erfreuliche Erscheinungen. Mit ihnen, den lieben Freunden, wurde auch ein lebhafter Briefwechsel unterhalten, darin gegenseitig alles Wichtige offen mitgetheilt und so eine schöne Lebensgemeinschaft auch in der Ferne unterhalten. Ich kann auch sagen, daß ich für meine eigenen leiblichen Kinder keine größere Liebe empfunden habe als für diese beiden jüngeren Frizzoni. Sie gehören zu den reinsten, wohlthätigsten und bescheidensten Menschen, die ich kennen gelernt habe, und auf ihre Freundschaft und Liebe konnte ich in allen Verhältnissen des Lebens mit Zuversicht bauen. Mit großer Freundlichkeit schrieb auch Frau Apollonia, und die Tage, die ich in ihrer Familie zubrachte, wenn diese nach dem Engadin kam, waren mir immer sehr erfreulich. Sie hatte allerliebste Kinder, mit denen wir oft nach St. Johann[354] zur alten Kirche gingen, und da sangen dann die Kleinen so lieblich:

Du, du liegst mir am Herzen,
Du, du liegst mir im Sinn;
Du, du machst mir viel Schmerzen,
Weißt wohl, wie gut ich dir bin!

Diese Verse drücken so ganz die Gefühle zarter Eltern aus, daß auch ich sie später tiefbewegt mit meinen Kindern sang.

Auch Freund Hosang schrieb mir oft und theilte mir die wichtigeren Veränderungen im Hause Frizzoni und die Ereignisse von Bergamo mit. Ebenso wurde ein lebhafter Briefwechsel mit Freund Battaglia unterhalten, der mit großer Offenheit und Biederkeit alles mittheilte, was in ihm vorging, und besonders über die Collegien von Schleiermacher entzückt war. Gehaltvolle Briefe mit Gedanken wie Blitze kamen auch zuweilen von Orelli. In einem früheren unter dem 11ten August 1825 sagt er: «Zweifle nicht an mir, wir waren ja im frohen Zusammenleben so innig und nach dem Besseren trachtend, vereint.» ... Dann am Ende: «Bearbeite deine Seele so viel wie möglich für's Bildungswesen, für eine freie Auffassung der ewigen, religiösen Ideen, an denen ich auch in meiner Freiheit unverbrüchlich festhalte, weil ich sonst nicht mehr leben könnte in der Welt des Scheines, und für Dich, sterbliches Individuum, [halte Dich] immer an den Götterspruch: 'Heirathe im Jahre 1826'.»

Ueber den Gang der Kantonsschule theilten mir Röder und Tester das Wichtigste mit und letzterer auch manchen Scherz nach seiner Weise in Prosa und Versen. So klagt er über meinen Weggang in einem humoristischen Gedicht in Knittelversen:

Dumpf und schwer sind mir die großen Hallen,
Und die Worte des Gefühls verhallen,
Und mein Wunsch bleibt unerfüllt!

Denn nicht mehr, o frommer Hirte, rühren
Mein Gemüthe solche Wahrheitslehren,
Wie sie gab Dein Wort.
Nicht mehr zeigst mir nach dem Stern, zum Leben,
Wo der Mensch zum Gott sich muß erheben;
Denn, Du mußtest fort.

Ach, daß alle Thoren Weisheit liebten!
Alle Frömmler Gotteswahrheit übten,
Welche leider alle Heuchler fliehn!
Aber was hilft all' mein feurig Sehnen!
Doch, wo sich umarmen bessere Seelen,
Da wird uns die Myrthe blühn.

Durch einen ausgebreiteten Briefwechsel, der mir die städtische Gesellschaft mehr als hinreichend ersetzte, wurde ich in naher Verbindung mit allen innigeren Freunden erhalten und über mancherlei belehrt, was in der Welt vorging. Die Brüder Frizzoni machten mir Mittheilungen über ihre Reisen und Studien, und die meisten Briefe wurden von 1824 an mit ihnen gewechselt. Freund Hosang gab mir Nachricht über die politischen Verhältnisse in den verschiedenen Schweitzer Kantonen und über sein eigenes Leben. Nach dem Tode seiner Mutter, den 14ten März 1829, sagt er:

«Ihr Schreiben war Balsam für mein zerrissenes Herz. Ihre freundlichen wohlwollenden Worte haben mich zu Thränen gerührt. Ich habe mich noch nicht an den Gedanken gewöhnen können, daß ich die gute Mutter hier auf Erden nicht mehr sehen werde.»

Die äußeren Verhältnisse der Gebrüder Frizzoni waren allerdings der Art, daß ihr Vater und auch Herr Hosang wünschen konnten, daß sie sich dem Handelsstande widmen möchten. Theils durch ihr Naturel, theils durch die poetisch-ästhetische Erziehung, die sie genossen, war aber dieser Beruf den beiden jüngeren Brüdern zuwider. Daher entstanden denn mancherlei Reibungen und Mißhelligkeiten, die wegen der verschiedenen Principien bei aller gegenseitigen Anerkennung des guten Willens nie auf befriedigende Weise gehoben werden konnten. Darüber grämte sich

Hosang und schüttete sein Herz gegen mich aus. «Wo es sich um Grundsätze handelt», sagte er den 9ten Oktober 1829, «da bin ich unbeugsam. Positive Grundsätze und strenge Ordnungsliebe sind unerläßliche Bedingungen für jede gute Verwaltung. Es ist Thorheit, sie zu verschmähen.».... «Gar zu oft muß ich die Eitelkeit der jungen Leute verletzen und zugleich auf der anderen Seite gegen die Mißgriffe und Inconsequenzen des Vaters ankämpfen, und so entsteht bei jenen Abneigung und bei mir Mißmuth und Bitterkeit. Ich sehne mich nach dem Ende meiner Dienstzeit; denn sowohl für meine wankende Gesundheit als zur Wiederherstellung eines harmloseren Verhältnisses ist es nothwendig, daß ich wenigstens für einige Zeit mich von hier entferne; und auch dann werde ich die Jünglinge lieben und mich freuen, wenn es ihnen wohl geht oder ich ihnen nützlich sein kann. Nur Liebe und treue Freundschaft konnten mich zu so langer freiwilliger Abhängigkeit bestimmen.»

Nach einem gemeinsamen Aufenthalte im Engadin bei Duonna Mengia Curò schrieb er mir den 30sten August 1833 über meine Frau: «Früher war sie mir hauptsächlich darum lieb, weil sie Ihre Frau ist und Ihr Lebensglück erhöht; nun aber, da ich Gelegenheit gehabt habe, sie näher kennen zu lernen, habe ich sie auch um ihrer selbst willen lieb gewonnen: wegen ihrer Herzlichkeit und Natürlichkeit.» ... «Für mein Gemüth war es sehr wohlthuend, so einige Wochen mit geliebten, freundlichen Menschen zusammenleben zu können – mit Ihnen, Ihrer Frau, Duonna Mengia, meinem Jugendfreund Curò, den beiden jüngeren Frizzoni und dann in Fettan mit dem lieben, schönen Greis und seiner Familie. Wenn mich dagegen die Kälte anderer verletzt hat, so lag doch auch darin eine Lection zur Menschenkunde, und auch der große Unterschied zwischen ächtem Gehalt und falschem Gepränge offenbarte sich mir deutlicher als je in Bezug auf Gastfreundschaft.»

«Auch in Zernetz machte ich einen Besuch im Schlosse, wo man mich auf's gastfreundschaftlichste empfing und einige Tage behalten wollte.» u.s.w.

In einem früheren Briefe vom 3ten Januar 1830 sagt er: «Ihr liebes Schreiben war mir ein wahres Labsal und hat einen tiefen Eindruck auf mich gemacht. Ich sage Ihnen den herzlichsten Dank für alles das Wahre, Schöne und Freundliche, was Sie mir in Beziehung auf meine Verhältnisse sagen. Ich erkenne es als ein großes Glück, daß ich in Ihnen einen treuen und weisen Freund besitze, und mit vollem Herzen wünsche ich Ihnen einen langen, beglückten und beglückenden Lebenslauf.»

Auch von meinem alten, verehrten Freund und Lehrer Herrn Bürgermeister Friedrich von Tscharner bekam ich zuweilen einen traulichen Brief. So am 13ten Oktober 1828, in dem er sagt:

«Wie sehr mich Ihr liebreiches Andenken und dessen herzlicher Erguß in Ihrem freundschaftlichen Briefe erfreut und, ich darf wohl sagen, in einer fast trostlosen Mißstimmung über durchkreutzende Sorgen und Bitterkeiten aufgerichtet hat, möchte ich Ihnen umständlicher sagen und lebendiger ausdrücken können. Unser aller Leben ist mehr oder minder mit einem Dunkel durchwebt, das uns im Erkennen wie im Handeln nur allzuoft Plan, Zusammenhang, Folgerichtigkeit und Einheit raubt und sich wie ein mitternächtliches Gewölk über unser Dasein lagert. Hie und da zucken Blitze und brechen Lichtstrahlen durch diese Schatten und erhellen vorwärts und rückwärts den umnachteten Pfad, auf dem wir wandeln. Diese Mischung ist freilich verschieden. Es gibt glücklichere Geister, denen des Lichtes mehr zu Theil wird, andere, die sich erst durch dichtere Massen von Sturm und Nebelgewölk auf eine lichtere Höhe müssen hindurchführen lassen. So ging es und geht es auch mir, dessen redlich gemeintes Streben durch unerforschliche Rathschlüsse und zahllose Wirrungen und Hemmungen des äußeren Lebens auf die traurigste Weise gelähmt, zerrüttet, verkümmert und, wie ich oft meine, beinahe vernichtet wurde, so daß weder Wirksamkeit nach Außen noch befestigte und geordnete Einsicht nach Innen dabei gedeihen konnte, welches mich oft bei'm Rückblick auf so viele ohne meine Schuld verlorene Jahre äußerst wehmüthig und niedergeschlagen macht und um so mehr, als jene Verwicklungen (deren geringster Theil dem Publikum bekannt ist) noch immer fortdauern und wohl nur mit meinem Leben enden werden. In dieser Lage, wo mir alles so todt und trostlos vorkommen will, ist es gewiß eine Erheitrung für mich, wenn ich in fremden oder in eigenen Erfahrungen die Ueberzeugung finde, daß nicht alles, was wir im redlichen Kampf erstreben, verloren sei und daß, wie Goethe sagt: «Die gute That, das schöne oder doch lebendige Wort, unsterblich, wie wir sterblich fortwirke, auch wenn wir es längst aus den Augen verloren haben.» Freilich sollten wir diese Ueberzeugung nicht erst durch Erfahrung wieder auffrischen müssen, und eine höhere Autorität als die des Dichters sollte uns damit erfüllen, daß wir auch in der tiefsten, dunkelsten Mitternacht immer der Morgenröthe und des Tages gewiß bleiben, der sie einst wunderbar erhellen wird. Hier aber steckt die menschliche Schwäche, und das schöne Wort Fénelon's: 'Soyez fidèles dans l'action et indifférents sur le succès', ist wie manches noch schönere und größere für unsere

Kurzsichtigkeit, unsere Ohnmacht und Hülfsbedürftigkeit eine allzuschwere Aufgabe, wenn wir sie allein zu lösen unternehmen.»

«Gewiß machen auch Sie in Ihrem Amte und Standpuncte dieselbe Erfahrung; denn die Langsamkeit und Dürftigkeit des Erfolges wird wohl nirgends schmerzlicher als eben in der Wirksamkeit eines evangelischen Predigers empfunden werden müssen, der so gern Leben verbreitete, wo er geistigen Tod erblickt, und Fortschritte erzielte, wo er nur starres Stillstehen erfahren muß. Daraus und aus dem Mangel eigener innerer Befestigung ist denn das Rückschreiten und die Geistesdumpfheit mancher unserer eigentlich wohlmeinenden Pfarrer und jenes todte Formelwesen zu erklären, wozu allmälig die ganze erhebende Veranstaltung der geistlichen Kirche herabsinkt.» ...

Auch meine alten, so geschätzten und geliebten Freundinnen, Marie und Sophie von Baldenstein, diese an Herrn Landvogt St. von Jecklin in Rodels, jene an Herrn Albert von Planta in Dusch verheirathet, hatte ich seit meiner Heirath wieder besucht. «Alte Liebe rostet nicht.» Nein, sie hat sich nur verklärt und sowohl durch Besuche als durch Briefwechsel ist das Freundschaftsverhältnis mit diesen edeln Freundinnen seither immer genährt und verinnerlicht worden. Ich zähle beide zu meinen geschätztesten und geliebtesten Freundinnen.

Sophie schreibt 1831: «Die zutrauliche Art, womit Sie, mein theurer Freund, mich mit Ihrem Briefe anreden, gibt mir das Recht, Sie bei dem Namen zu nennen, den Ihnen mein Herz schon längst gab und den ich am wenigsten gegen Sie mit einem höflicheren vertauschen möchte. Mir scheint, von der Anrede hänge manchmal der Ton des ganzen Gespräches ab... Urtheilen Sie also selbst, wie lieb, wie heimelich es mir sein mußte, mich von Ihnen so angeredet zu hören! und wie angenehm durch den ganzen Inhalt Ihres Briefes diese Stimmung sich befestigte! Es waren so Töne aus der schönen fernen Vergangenheit. Ja, es ist wahr, die alten Freunde, sie werden uns lieber, je älter wir selbst werden. Mit vollem, innigem Zutraun wenden wir uns an sie und finden uns nie in unserer Hoffnung einer gütigen Aufnahme getäuscht. Nicht Entfernung, nicht Jahre lange Trennung schwächt dieß Gefühl; wir denken der fernen Freunde mit der frommen Anhänglichkeit, mit der wir unserer lieben Abgeschiedenen denken; doch nicht mit dem Schmerz, den uns ihr Verlust verursacht hat, denn wir haben die schöne Hoffnung, uns von Zeit zu Zeit wieder zu sehen, uns gegenseitig aufzumuntern auf dem Wege nach der Heimath, und jede kleine Berührung in der Zwischenzeit frischt die Farben an dem Bilde der Entfernten auf» ...

Später schreibt sie: «Das Freundschaftsgefühl, das uns seit Jahren wie gute Geschwister verband, wird nie und nimmer, unter keinen Umständen geschwächt werden, vielmehr nährt die Zeit die heilige Flamme; man denkt gern und mit wahrer Genugthuung: Diesen hast du lange gekannt und immer gleich gefunden. Dieß Gefühl, diese Ueberzeugung ist wahrlich unendlich wohlthätig und für mich die Bürgschaft ewiger, unveränderlicher Einheit. Auch wenn Sie ein ganzes Jahr nicht schreiben, wankt mein Glaube an Ihre Freundschaft nicht, und gewiß, Sie müssen der meinigen ebenso fest überzeugt sein....»

Rodels den 31sten December 1834.

«Nun noch eine Stunde zu Ihnen, mein theuerer Freund, die letzte des scheidenden Jahres. Frohe Sänger und Zecher, die seinen Abschied hier zu feiern zusammentraffen, hätten mich bald um diese Augenblicke des stillen Genusses gebracht. – Wenn ich sonst allen Fröhlichen meine Thür öffne, so hätte ich ihnen doch ein wenig gegrollt, wenn sie nicht aufgebrochen wären. Es ist doch sonderbar, daß eben die Sachen, die dazu veranstaltet wurden, uns zu erheben und zur Andacht zu stimmen, es oft gerade am wenigsten bewirken können. Mich z.B. zerstreuen solche rauschende Chöre, ich vergesse ihren Zweck ob der Sorge um die Bewirthung u.s.w. So ging's mir auch heute: ich sehnte mich nach dieser stillen Stunde, die ich mir den ganzen Tag unter aller Arbeit und Mühe, die der Jahreswechsel mit sich bringt, versprach. Und da wir nun da zusammensitzen, sagen Sie mir doch, warum ich bei jeder Gelegenheit, die das Gefühl besonders in Anspruch nimmt, gerade zu Ihnen eilen muß, das zwar mangelhaft und höchst unvollkommen auszudrücken, was in meinem Inneren lebt und webt. Warum ich so manche Briefe, die vor mir liegen, heute Abend nicht beantworten kann und nur mit Ihnen reden mag? Ist es nicht das schöne Gefühl des unbeschränkten Zutrauens, ich möchte sagen, der kindlichen Zuversicht, die da sicher ist, verstanden zu werden, auch wenn sie eben nicht im Stande ist, sich klar und deutlich auszusprechen? So ist's gewiß, und wohl ist keine Zeit geeigneter, das Wohlthätige eines solchen Verhältnisses fühlen zu lassen, als eben das Ende eines Zeitabschnittes und der Anfang eines anderen.» u.s.w.

So die Freundin in ihren heiteren, glücklichen Tagen, die später in so herbe übergingen, aber die Freundschaft zwischen uns nie wankend machten.

Familienleben

In den Jahren, wo Frankreichs Thron in Folge einer kaum erwarteten Erschüttrung fiel, die Schweitz auf so vielen Puncten in krampfhaften Zuckungen bewegt wurde, die alte und neue Familien- und Städtearistokratie den neuerwachten Bestrebungen nach Gleichheit der Rechte weichen mußte und die Volkssouveränität und gerechtere Kantonalverfassungen siegreich aus dem Kampfe hervorgingen, was auch mir freilich zu großem Troste gereichte, verlebte ich in Puschlav in meinem Amte und in meiner Familie und durch freundschaftliche Verhältnisse in der Nähe und Ferne sehr frohe, genußreiche Tage. Was meiner Frau allenfalls an Bildung abgehn mochte, ersetzte sie durch Bildungstrieb, durch ihre Thätigkeit, unverwüstbare Heiterkeit und durch eine Gemüthlichkeit und Herzlichkeit, die uns in hohem Grade beglückte. Auch meine Kinder, körperlich und geistig gesund, blühten und wuchsen auf so erfreuliche Weise heran, daß ich öfters fühlte, es sei des äußeren Glückes fast zu viel, und zu Gott betete, mir auch Prüfungen zu schicken, damit das Herz sich nicht allzu sehr an das Irdische kette und in der Bestrebung nach den höheren Gütern erschlaffe. Denn ich fühlte mich so glücklich in dem Besitze dieser lieben, alle Zeit heiteren und gemüthlichen Frau und im Umgange mit meinen Kindern, mit denen ich als zärtlicher Vater regelmäßig spaziren ging und sie am Abend angenehm zu unterhalten versuchte, während sie die Mutter natürlich durch ihre Milde und Heiterkeit noch mehr an sich zu fesseln wußte.

Prüfungen

Die Erfüllung meines Wunsches blieb nicht aus. Meine Frau fing an mehr oder weniger zu kränkeln, erholte sich aber wieder und erfreute uns am 14ten Mai 1834 mit einem zweiten gesunden, kräftigen Sohn, unserem Johann Andrea.

Am 27sten August desselben Jahres brach aber ein Tag über Puschlav wie über viele andere Thalschaften der Schweitz an, wie er, Gott Lob! nur selten ist und seit 1772, «l'anno delle disgrazie», dort nie gesehen war. In der Nacht vom 26sten auf den 27sten weckten uns Donnerschläge, wie sie kaum je gehört worden, und am Morgen, als ich früh hinaus eilte, zeigten sich in Privilasc die furchtbarsten Verheerungen, die die Val di Verona durch ihren Ausbruch verursacht hatte. Die Mühle und Sägemühle des Canonico Costa war fast ganz weggerissen und von meinem Piazzo sotto

Martino, drei der größten und werthvollsten Güter, die ich in der Ebene besaß, war die Hälfte mit theils mannshohem Schutte und Steinen wie Oefen bedeckt. Das war aber nur der Anfang des Unglücks an jenem Tage. Es regnete stromweis bis über die höchsten Berge, so daß man mit bloßen Augen einen ganzen Bach über den Gletscher von Verona stürzen sah, und nach demselben Verhältnis schwollen alle Waldbäche an und bedeckten ihre Ufer nach beiden Seiten hin mit Steinen und hohem Geschiebe. In dem engen Thale sah man gleichzeitig an drei bis vier verschiedenen Orten blitzen, der Regen fuhr fort in Masse herabzuströmen, so daß alle Waldbäche immer größer und wilder anschwollen und bald diese, bald die entgegengesetzte Richtung verheerend nahmen. So wurden Robbia und zugleich die Prese größtentheils verheerd, so die Güter Alle Acque, die an der Val di Gole und Pidnal fast ganz mit großen Steinen und unendlichem Geschiebe bis zur Straße und dem Poschiavino herunter bedeckt, und von meinem Piazzo sotto Martino wurde noch am Vormittag die andere Hälfte durch einen neuen Ausbruch der Val di Verona überschüttet, so daß von dieser Wiese von vier und dreißig Stere mir nicht mehr als etwa ein halber Ster ohne Geschieb blieb. Aehnliches war, wie man vernahm, in den Maiensäßen geschehen, in La Reit, Cavaglia u.s.w. Gegen Mittag riß der Poschiavino auch die Mühle und den Stall der Nonnen alle Pile Sur Ca gegenüber hinweg, und später schwamm der Heustock, der sich in jenem Stalle befand, ungetrennt zusammenhaltend, heraus, und weil er zu groß war, um bei der gewölbten Brücke auf Sommavilla durchzukommen, füllte er das Flußbett so aus, daß der Strom dasselbe verließ und sich in drei Theile theilte, von denen die beiden größten ihren Lauf durch die beiden Hauptgassen von Puschlav nahmen und sich dann auf dem Platze wieder vereinigten. Diese Richtung zu verhindern, war allerdings zu oberst im Dorfe alles mögliche versucht worden, aber vergebens. In beiden Straßen schwoll die Wassermasse gegen vier Uhr so an, daß es nicht mehr möglich war, von einer Straße zur andern zu gelangen, und so geschah es, daß eine oder mehrere Personen von ihren Familien ganz abgeschnitten wurden, sich weder mit ihnen vereinigen, noch sich gegenseitig Nachricht von einander geben konnten. Das Pfarrhaus von Puschlav liegt seitabwärts in der Mitte des Dorfes gegen den Berg hin, ganz in der Ebene. Nachmittag flüchteten sich schon Verwandte und Bekannte und Frauen mit ihren Kindern zu uns, weil ihre an der Straße liegenden Häuser bedroht waren; aber auch hier glaubten sie sich nach und nach nicht mehr sicher, und des Regens ungeachtet eilten sie auf die Berge. Ich suchte meine Frau zu beruhigen, daß in unserem massiven Hause keine Gefahr sei; allein die alarmierenden Gespräche der «comari» und deren ängstliches Entfernen übte eine Gewalt über die gute Mutter, daß auch sie auf den Auszug drang. Wir nahmen nichts mit als unsere Kinder, schlossen das Haus zu und zogen allmälig – sie mit dem drei Monat alten Säugling an der Brust – bis hinüber in den Stall des Canonico Chiavi, wo dann auch von anderen Seiten her Leute mit Laternen kamen, so daß der Stall und Heustall sich nach und nach ganz mit Menschen anfüllte, von denen einige klagten und weinten, andere böse Reden führten, wieder andere, sei es aus Leichtsinn oder um die Traurigen aufzuheitern, scherzten und über das alberne Benehmen ihrer Nachbarn lachten. Solche Gesellschaft konnte auf die Länge auch meiner Frau nicht zusagen, und sie willigte ein, lieber in unser Haus zurück zu kehren. Unser Viehstall, wie die meisten anderen in Puschlav, lag viel tiefer als die Gasse; ich befahl also der Magd, die Kuh heraufzuführen und in den Hof des Schulhauses zu lassen, und als dieß geschehen, schlossen wir unser Haus wie Noah die Arche und empfahlen uns der Obhut des Höchsten. Es war nur ein Augenblick, wo es mir etwas schauerlich zu Muthe wurde: man hörte nämlich das starke Rauschen des Wassers durch's Dorf immer näher, auch durch unsere Bureau herein dringen und dann halten. Es floß in den Viehstall, füllte ihn und drang dann durch ihn hindurch, durch die nicht ganz schließende Thüre in den Gang des Hauses und von da in den Keller. Diese Töne und der Gedanke, mich hier mit meiner lieben Frau, fünf kleinen Kindern und der Magd allein zu finden, ergriff mich auf ganz eigenthümliche Art. Doch es war ein Augenblick: ich ermannte mich und tröstete auch die andern. Die Kinder schliefen bald ein, da klopfte es am Hause; mein Schwager hatte sich mit seinen Kindern durch den Kirchhof gerettet und wünschte, sie bei uns untergebracht zu wissen, was auch mittelst gelegter Bretter geschah. Es kamen bald auch andere, und so wurden mehrere große Stuben, deren Boden wir mit Matratzen belegten, zur Herberge und den Flüchtenden eine Sicherheitsstätte. Gegen zehn Uhr heiterte sich aber der Himmel auf, es wurde kühler, und somit ließ auch das Wasser etwas nach. Aber welche Verheerungen zeigte der folgende Morgen! Alle Keller waren voll Wasser, von einzelnen Häusern die Façade eingestürzt, an anderen untergraben, die Hauptstraßen noch immer mit reißenden Strömen angefüllt, so daß künstliche Uebergänge von einem Hause zum andern, zum Theil von den Fenstern aus, angelegt werden mußten; die katholische Kirche war mit Wasser angefüllt, und die Leichen schwammen in ihren Grabgewölben; das sonst so tiefe Flußbett [war] ganz mit Schutt ausgefüllt, und der Fluß drohete zwischen den beiden Olgiati'schen Häusern durchzubrechen. Mit Macht wurde jetzt auf allen Puncten gearbeitet, ihm eine unschädliche Richtung zu geben und ihn vom Flecken abzulenken, was denn auch allmälig erzielt wurde. Steinplatten von einem halben Fuß Dicke und drei bis vier Fuß Länge und Breite, die sich zu oberst im Dorfe befunden hatten, fand man später in den «cortini», auf den Wiesen. Gewiß ist, daß, wenn Puschlav nicht so feste, massive Häuser hätte, das Unglück unberechenbar und die Verheerung eine noch weit schrecklichere geworden wäre. In unser eigenes Haus konnte ich erst später und nur durch das Bassische. Da fand sich Stall und Keller voll Wasser, die Weinfässer und alle Kellergeräthschaften schwimmend und ersterer also unzugänglich. Lange nachher noch mußten die Fässer durch feste Stützen an das Gewölbe hinauf gehoben, befestigt oder in Ruhe gehalten werden. Und wie sah es auf dem Felde aus! Die schönsten Güter mit dickem Schutt bedeckt, so daß man zu ihrer Herstellung, was man für den wohlfeilsten Weg erachtete, zuerst eine Grube, «il far provane», an der ganzen Länge des Stückes hin grub, diese mit dem Schutte der nächsten Strecke anfüllte, ihn zuletzt mit der unter diesem befindlichen Erde deckte und so der Reihe nach fortfuhr, bis das ganze Stück «provanirt» oder umgegraben war. Der Totalschaden, den das Dorf Puschlav durch diese Wassergüsse erlitten, ist nach amtlicher Schätzung auf drei Hundert achtzehn Tausend Gulden angeschlagen worden, und ich darf mit Zuversicht annehmen, daß er eher größer als geringer war. Ich allein erlitt einen Verlust von fünfzehn Tausend Gulden, und nur der Wohlstand Puschlav's, die Leichtigkeit, gute Veltliner Arbeiter zu bekommen, und der Mangel an Boden waren im Stande zu bewirken, daß alle diese Güter wieder hergestellt und zum Theil auch verbessert und verschönert wurden. Besonders zeichnete sich Herr Rudolph Ragazzi hierbei aus, indem er nicht allein seine eigenen Güter wieder herstellte, sondern auch diejenigen anderer zu unglaublichen Preisen an sich kaufte und urbarisirte. Gewiß nicht aus Speculation, sondern aus Interesse für das Thal, sonst wäre es allzu unvernünftig gewesen. So weiß ich, daß er für solche Schuttstrecken an gut gelegenen, aber keineswegs sicheren Orten zwei bis drei Hundert Lira per stare bezahlt hat.

Wie kurzsichtig und welchem schweren Irrthum unterworfen der Mensch in seiner Beurtheilung und Berechnung ist, davon habe ich gerade bei dieser Gelegenheit den schlagendsten Beweis gesehen:

In Puschlav war damals ein armer, leichtsinniger Schuhmacher, Armanask, der eine zahlreiche Familie hatte, die er meist andern zu ernähren überließ, und in den Tag hinein lebte. Dessen ungeachtet fiel es ihm ein, ein Haus zu bauen. Wer ihm das Geld dazu vorgestreckt hat, weiß ich nicht; aber daß er wie ein Thor bauete – nämlich hart an dem Flusse bei der Brücke zwischen dem Pontotale und dem Poschiavino, und zwar so, daß die nach dem Flusse zugekehrte Seite sich beinahe bis zum

Wasserspiegel senkte und ohne rechtes Fundament war, ist außer Zweifel. Menschlichen Ansichten nach hätte also bei einer starken Anschwellung des Flusses das Haus einstürzen müssen. Dazu kam aber noch, daß die kleinen Kinder auf der entgegengesetzten Seite immer in Gefahr waren, eine hohe, schlechte Treppe hinunter in den Bach zu fallen. Das Häuschen nahm meinem Hause einen Theil der Aussicht in's Freie, dem des Podestat Mengotti[355], der diesen Bau leicht hätte verhindern können und ihn hätte verhindern sollen, wenn seine Indolenz nicht zu grenzenlos gewesen wäre, die ganze Aussicht auf den Platz. Aus diesen verschiedenartigen, aber durchgängig triftigen Gründen ärgerte ich mich fast jedesmal, wenn ich das Haus ansah oder vorbeiging. Aber das Haus stürzte bei dieser großen Ueberschwemmung nicht nur nicht ein, sondern wurde durch die Ausfüllung des Flußbettes nur um so fester und dadurch auch ein heilsamer Damm für den ganzen unteren Theil des Fleckens Puschlav. Hier brach sich die Gewalt des Wassers, schwenkte rechts und ermöglichte dadurch die Ablenkung des Flusses, indem es zugleich verhinderte, daß er nicht zwischen den Olgiati'schen Häusern durchbrach, was ohne dieses Armanaskische Haus zweifelsohne zum Verderben vieler Häuser der dortigen Gasse geschehen wäre.

Eine Folge dieser Wassernoth war für den Flecken Puschlav die so solide Eindämmung des Poschiavino durch herrliche Steinwuhren; und es ist nur zu bedauern, daß Herr Ingenieur La Nicca[356] seinen Plan nicht genauer überlegte oder fester durchführte, in welchem Falle man zwei unverantwortliche Kurven vermieden hätte, die nicht allein in hydraulischer Beziehung, sondern auch in Bezug auf Sicherheit und Kostbarkeit des Baues kaum zu entschuldigen sind.

Dieses übrigens so verdienstliche Werk wurde besonders durch die reichen Steuern ermöglicht, die von der Eidgenossenschaft unter Leitung eines Komite's der schweitzerischen gemeinnützigen Gesellschaft flossen, an dessen Spitze der ehrwürdige Herr J. C. Zellweger[357] von Trogen stand. Es war dieß ein schönes Denkmal brüderlicher Theilnahme der näheren und ferneren Eidgenossen an unserem Unglücke. Die Armen konnten dadurch persönlich kräftig unterstützt werden, und sie wie die Reichen gelangten zu einem Werke, das allen gemeinsam wohlthätig und fast unerläßlich war, ohne jene Hülfe aber dennoch schwerlich zu Stande gekommen wäre.

Diese allerdings großen Verluste, die ich am Vermögen erlitt, haben mir jedoch, wie auch später in anderer Art erfolgte, auch nicht *eine* Nacht den Schlaf geraubt. Ich kann keinen Bogen, kein Blatt Papier unnütz beschreiben; für eine Zeche, eine Fahrt, ein Geräthe oder was es sonst immer sein mag, auch nur einen Kreutzer mehr auszugeben, als billig und recht ist, will mir nicht in den Kopf und geschieht nicht, ohne eine gewisse innere Unzufriedenheit; Verluste aber, die von meiner Seite unverschuldet, wenn sie auch noch so groß waren, haben mich immer in guter Fassung gelassen, und dieß ist mir ein tröstlicher Beweis, daß zwischen Sparsamkeit und Geldliebe ein himmelweiter Unterschied ist. Man kann, wie thätig so auch sparsam sein aus bloß äußeren, finanziellen Beweggründen; man kann beides aber auch aus sittlichen Gründen sein, und eben darin liegt der Beweis gegen jene materielle Ansicht, daß bloß die Noth die Geißel sei, die den Menschen zur Thätigkeit und zur Erfüllung seiner Pflichten bestimmen müsse. Nein, für jeden, auch für den geringsten Handlanger gibt es eben so starke sittliche wie materielle Motive, und wer diese nicht kennt, sie nicht durch eigene Erfahrung angeschaut hat, dem ist es freilich verzeihlich, wenn er an keine Tugend glaubt. Das aber, dieser Mangel an Glauben und Vertrauen, ist eben die scharfe Zuchtruthe, die schon hier auf der Welt den bloß irdisch gesinnten Menschen auf so entmuthigende Weise verfolgt und geißelt.

Prüfungen. Tod meiner Frau

Ein empfindlicherer und allerdings höchst schmerzlicher Verlust anderer Art wartete meiner nach kurzer Zeit. Meine liebe Frau fing an zu kränkeln, zog sich Ende Merz 1835, wo sie ein Kind zur Taufe trug, durch nasse Füße eine Erkältung zu, und daraus entwickelte sich in kurzer Zeit eine galoppirende Schwindsucht, die sie ganz abzehrte und im Zimmer hielt. Es waren Stunden der Ermattung und starken Fiebers, das jeden Tag eintrat; in der übrigen Zeit aber konnte sie mit uns und mit Freundinnen, die sie besuchten, so heiter sein und sich über allerlei unterhalten und lachen, als ob ihr nichts fehle. Welche beneidenswerthe Gabe der Vorsehung ist doch ein so heiterer Sinn und eine solche Ergebung! Wie traurig dagegen die Mißstimmung und Unzufriedenheit, in welche die meisten gerathen, wenn sie krank oder auch nur unwohl sind und durch die sie sich selbst und die Umstehenden quälen! Freilich sind auch hier die Staturen sehr verschieden, und es hängt vorzüglich vom gegenseitigen Vertrauen ab, das Pfleger und zu Pflegende zu einander haben. Fehlt dieses, so werden die Kranken jene des Mangels an Theilnahme und Sorgfalt beschuldigen, diese ihnen dagegen Wankelmuth, Launen und wer weiß was alles vorwerfen. Wie es mit der Achtung und Liebe steht, wird sich besonders in den Tagen der Prüfung zeigen, und wohl denjenigen, die gleichgestimmte Herzen gefunden haben: In ihrem Leiden besonders werden sie ihrer bedürfen und Ursache finden, dem himmlischen Vater zu danken, daß er ihnen solche Freunde gegeben hat.

Meine gute Frau, wie Abzehrende durchgängig, nährte immer noch einige Hoffnung auf Genesung. Zwei Tage vor ihrer Auflösung merkte sie aber, daß es mit ihr zu Ende gehe, und machte dem Doktor einen sanften Vorwurf, daß er ihr nicht gesagt habe, wie wenig Hoffnung für ein längeres Leben diesseits des Grabes für sie vorhanden sei. Sie wünschte dann von ihren Verwandten und Freundinnen Abschied zu nehmen, was sie denn auch von uns allen mit großer Rührung that. Bis zum letzten Augenblicke blieb sie ihrer selbst vollkommen bewußt und schlummerte gleich nach Mittag den 17ten Juli 1835 zum besseren Leben hinüber.

Wie es mir zu Muthe sein mußte ohne diese Gefährtin, die mir das Leben in Puschlav so sehr verschönert hatte, und mit fünf Kindern von acht bis ein Jahr zurück zu bleiben, kann man sich denken! So lange sie noch als Leiche dalag, blieb einiger Trost, und alles Gute, was ich je an ihr wahrgenommen, schien sich in ihren Zügen lieblich und verklärt abzuspiegeln. Aber das warme Herz schlug nicht mehr, die seelenvollen Augen drangen nicht mehr mit ihrem Feuer in die Seele; das Lächeln, welches sie so sehr verschönerte, zog ihre Züge nicht mehr in die einnehmenden Formen, die mich und andere so oft beseligt hatten, und es kam zum Scheiden. Ach, um so schwerer fiel mir dieses, weil nicht allein alle ihre nächsten Blutsverwandten, Vater, Mutter und Schwestern, ihr vorangegangen waren, sondern ihre Kinder den Verlust gar nicht zu ahnen vermochten, der sie mutterlose Waisen ließ. Besonders der Hinblick auf sie, auf ihre kindliche Sorglosigkeit wollte mir zuweilen das Herz brechen, obwohl ich Zeit genug gehabt hatte, mich auf diese Trennung vorzubereiten. Sie wurde den 19ten Juli unter allgemeiner Theilnahme an dem Orte bestattet, wo ihre Eltern und drei Schwestern begraben lagen, was ich auch auf ihrem Denksteine andeutete. Die Inschrift lautete: [fehlt]

Leider ist diese Inschrift, weil der Grabstein sich an einem schattigen Orte befand, schon sehr verwischt und schwer zu lesen.

Wir hatten zwar eine treue und sehr anhängliche Magd, Maria Pozzi von Brusio, allein für die Erziehung der Kinder eignete sie sich doch nicht hinlänglich, und so half zuerst eine Puschlaverin, Lardelli, aus, und später zog dann Jungfer Anna Zander von Bergün als Haushälterin zu mir.

Gemeinnützige Gesellschaft [358]

Ich bedurfte allerdings der Erholung; allein sogleich wegzugehen, wäre mir doch nicht möglich gewesen, und so predigte ich noch vier Sonntage und zog dann erst auf einige Wochen mit der ganzen Familie diesseits der Berge, wo ich Magd und Kinder im Rothenbrunner Bade ließ und in den letzten Tagen noch die Schweitzerische Gemeinnützige Gesellschaft in Trogen besuchte. Battaglia, Saluz und ich reisten zu Fuße dahin und sahen die Landsgemeinde zu Hundswyl, die uns ungemein ansprach, zumal das stille Gebet, womit sie eröffnet wurde und bei dem sich Tausende von Köpfen auf einmal entblößten, sich neigten und die Rechtdenkenden wohl Gott auch flehendlich um seinen Beistand zu guten Beschlüssen anriefen. In Teufen traffen wir mit Bekannten Herrn Zellweger, den ich in Andeer kennen gelernt hatte, wurden von ihm gastfreundlich bewirthet und wie andere Gesellschaftsglieder in der Kutsche nach Trogen geführt. Nicht nur durch diese unerwartet freundliche Aufnahme, sondern besonders auch durch die trefflichen Gesänge, die die verschiedenen Abtheilungen der Appenzeller Sänger der Reihe nach und abwechselnd zum Besten gaben, verlebten wir einen höchst gemüthlichen Abend im Wirthshause von Teufen. So herrlichen Volksgesang oder Männerchöre hatte ich noch nie gehört. Es war ein unvergleichlicher Genuß, der sich am folgenden Tage bei der Eröffnung der Gesellschafts-Sitzung erneuerte und an welchem sich dann die ganze Gesellschaft, vier Hundert sechs und fünfzig Sänger, in der Kirche betheiligte. Ich logirte bei der guten Frau meines seligen Freundes Professor Bänziger, ehemals Pfarrer in Bergamo und zu früh durch den Tod seiner Familie und der Kantonsschule in Trogen entrissen; zum Frühstück war ich aber bei dem Sohne des alten Herrn J. C. Zellweger eingeladen, der sich auch sehr freundlich gegen mich bewies und eine liebenswürdige Familie hatte. Die Rede des Präsidenten, Herrn J. C. Zellweger's, das Referat des Herrn Decan Frei[359], die Verhandlungen, die Toastc und Gesänge bei'm Mittagsessen, ein Spatziergang nach dem Gäbris, die vielen ausgezeichneten Männer, die ich da kennen lernte, alles war sehr erhebend für mich und gewährte mir gesellige Genüsse, wie ich sie als Landpastor seit vielen Jahren nicht mehr genossen hatte. Der Morgengang des folgenden Tages in Gesellschaft meiner beiden Freunde Saluz und Battaglia, des Herrn Krüsi[360] und des an der Universität zu Berlin angestellten Herrn Professor Steiner[361] war entzückend für mich. Hier erst lernte ich den mir später so lieb gewordenen schlichten Krüsi recht kennen. Mit kindlicher Naivität erzählte er lachend, aber doch mit heißen Thränen in den Augen, wie er Schulmeister geworden. Er hatte noch kaum schreiben, keine Orthographie und nur schlecht lesen gekonnt, und als bei der Prüfung ihm und seinen Concurrenten aufgegeben worden war, etwas beliebiges aus dem Kopfe zu schreiben, hatte er das «Vater unser» geschrieben. Rührend war besonders die Erzählung, wie er im Jahre 1801? auf Ansuchen des Gemeindevorstandes die armen Kinder, denen Verpflegung in Aussicht gestellt worden war, nach Burgdorf zu Pestalozzi geführt hatte. Mit vier und zwanzig [Kindern] war er von Gais ausgezogen, und zu diesen hatten sich noch andere auf der Reise gesellt. Wie ein Kinderhirt, sagte er, sei er mit ihnen gegangen, und erfreulich sei es ihm gewesen, wie sich in den Dörfern, durch die sie kamen, Mitleid und Wohlthätigkeitssinnn kundgegeben habe. Nicht nur Brod, Käse, Fleisch und andere Speisen brachte man ihnen aus vielen Häusern, sondern durch das sieche, bleiche, ausgehungerte Aussehen dieser kleinen Pilger gerührt, rief auch hin und wieder eine Frau eines der ärmsten und am übelsten aussehenden herbei, nahm es in ihr Haus und erklärte, sie wolle es behalten und das arme Würmchen mütterlich verpflegen, wenn man es ihr überlassen wolle. Besonders in der Stadt Zürich waren Proben solcher Menschenliebe häufig vorgekommen. So war namentlich auch seine spätere Frau, die unter einer ähnlichen Kinderschaar aus Glarus kam, aufgenommen und den acht Kindern der Familie gleich gehalten worden. So auch Ramsauer[362], der später Erzieher der Prinzen von Oldenburg wurde und welcher seine gütige Aufnahme in einem Züricher Hause hauptsächlich dem Umstande verdankte, daß er unbeholfener, ärmlicher und nothdürftiger aussah als die übrigen.

Rückkehr nach Puschlav

Was für ein halb gebrochenes Herz zur Erhebung geschehen konnte, wurde mir auf dieser genußreichen Reise zu Theil. In Chur traf ich nun wieder mit meiner Familie zusammen und führte sie nach Puschlav zurück. Ich schien gestärkt und aufgerichtet; aber unvergeßlich wird mir das Gefühl bleiben, das meine Seele bei'm Eintritt in das Haus erschütterte. Meine selige Frau war nie zärtlicher, nie seelenvoll liebenswürdiger, als wenn ich vom Hause ging oder nach Hause zurückkehrte. Wenn nicht früher, so empfing sie mich an der Thür, und in dieser Stellung hatte sie sich meiner Phantasie auch am tiefsten eingeprägt. Aber diesmal erschien die holde Gestalt nicht mehr; öde und leer fand ich die Hausflur, schreckend hallten die Tritte über die Treppe hinan, das Oeffnen jeder Thüre, und vergebens wollten sehnsüchtige Blicke sie noch irgendwo entdecken. Nur ein lange anhaltender Strom von Thränen vermochte dem gepreßten Herzen einige Erleichtrung zu verschaffen. Nie habe ich ihren Verlust tiefer, schmerzlicher empfunden, nicht einmal bei'm Scheiden, nicht bei'm Heraustragen, nicht bei ihrem Begräbnis, nicht in den Tagen, die darauf folgten und die doch auch geeignet waren, die Leere fühlbar zu machen, die sie im Hause gelassen hatte. Nur die Zeit vermochte diese Wunde zu heilen; die Narbe ist aber immer noch sehr empfindlich geblieben.

Noch eine andere Art von Leiden als die finanziellen Verluste und häuslichen Prüfungen sollte ich in Puschlav bestehen.

Das Drückendste in meinem Amte war mir immer gewesen, meine Gemeinde nie ohne Bedenklichkeit auf längere Wochen verlassen zu können. Dadurch war ich denn auch die meiste Zeit des Jahres wie abgeschlossen und von der Welt diesseits der Berge geschieden. Diese Einsamkeit mußte mir nach dem Tode der Schwiegereltern und meiner Frau natürlich noch weit empfindlicher werden. Ich mußte daher Verhältnisse herbeizuführen suchen, die mir zeitweilige Entfernung von Puschlav ermöglichten. Dieß konnte nur durch Anstellung eines zweiten Pfarrers geschehen, der dann, wie früher Herr Battaglia, mit mir zusammen eine Lehrerstelle an der Schule versehen und in meiner Abwesenheit den Pfarrdienst allein besorgen [sollte], was im Sommer und in den Ferien leicht geschehen konnte. Im Interesse der Schule hatte ich das früher gefordert, zu diesem Zwecke auf zwei Hundert Gulden des Pfrundgehaltes verzichtet und im Grunde damit nur mehr Arbeit und Mühe übernommen. So war es zu Battaglia's Zeiten gut gegangen, und so durfte ich hoffen, daß es auch in Zukunft den gehegten Erwartungen und den Bedürfnissen der Schule am besten entsprechen würde. Denn einzelne Lehrer nahmen es im Fortgange der Zeit mit ihren diesfälligen Pflichten nicht sehr genau. Die einen hatten zu viele Hausgeschäfte, die anderen liebten mehr die Jagd und das gesellige Leben als die Schule, und so that es Noth, daß wenigstens die erste Lehrerstelle gut besetzt sei. Ich forderte daher die Anstellung eines zweiten Pfarrers als Bedingung für mein ferneres Bleiben in Puschlav. Dieß allerdings auch im eigenen Vortheil, weit mehr aber zu Gunsten der Kirche und Schule. Dieß wurde nun bewilligt, und die Einleitung dazu im Jahre 1836 getroffen. Zwei von Puschlav gebürtige Geistliche konnten gewählt werden: Herr Joh. Pozzi, Pfarrer in Brusio[363], und Herr Tom. Steffani, Pfarrer in Cassacia[364], und es durfte voraus gesetzt werden, daß der eine wie der andere den Ruf als zweiter Pfarrer in seiner Heimathgemeinde gern annehmen werde. Ich erwartete, daß die Wahl auf Herrn Pfarrer Pozzi fallen würde, den ich für den tüchtigeren hielt und den ich, wenn die Wahl von mir abgehangen, ohne Zweifel vorgezogen hätte; das Collegium entschied aber zu meinem und nicht weniger zu anderer Erstaunen für Herrn Pfarrer Steffani. Als Hauptgrund dieser Wahl wurde von gegnerischer Seite nur die Rücksicht auf verwandtschaftliche Verhältnisse angegeben, und das Collegium oft großer Parteilichkeit beschuldiget; von der anderen Seite wurde aber behauptet, Pozzi gehöre einer sehr stolzen, anmaßenden Familie an und sei gewiß selbst von diesem Fehler nicht frei; käme er nach Puschlav, so würde er ohne Zweifel in Verbindung mit seinem Bruder, der Lehrer an der Schule war und sich schon manche Willkürlichkeiten erlaubt hatte, treten, nach eigenem Willen handeln, wohl auch gegen den ersten Pfarrer intriguiren oder ihm sonst Verdruß machen, damit dieser seine Stelle abgebe und er, Pozzi, dann allein bleibe. Dieser Gefahr dürfte man sich nicht aussetzen, und so sei es gerathener gewesen, Steffani vorzuziehen, wenn Pozzi auch allenfalls tüchtiger sein sollte. Soviel ist indeß gewiß, daß von dieser Wahl an Wühlereien in Puschlav begannen, die das Wohl der Gemeinde, das gute Vernehmen zwischen Vorstand und Bürgern, sowie unter diesen selbst auf traurige Weise erschütterten. Das sind immer die schwerer zu verwaltenden Gemeinden, wo die Bürger nicht in ihrer Mehrzahl dem Mittelstande angehören und der Gegensatz von Reichthum und Armuth unter ihnen allzu schroff ist. Es geschieht dann nur zu leicht, daß die Reichen zu selbstherrlich verfahren und die Armen allzuneidisch und mißtrauisch auf die Reichen hinblicken. Nach meiner innigsten Ueberzeugung war ersteres zu meiner Zeit in Puschlav nicht der Fall, und ich wüßte nicht, wie sich die Reichen großmüthiger hätten erweisen und somit mehr Anerkennung und Dankbarkeit von Seiten der Aermeren mit größerem Rechte hätten erwarten können als gerade in den letzten Jahren bei dem Bau des Pfarr- und Schulhauses und durch die großen Opfer, die sie für Kirche und Schule gebracht hatten. Gewiß stand das Beispiel, das sie in dieser Hinsicht gegeben, damals noch allein und einzig in Bünden da, und ich glaube nicht, daß auch in der Folge Aehnliches in so kurzer Zeit geleistet worden ist. Dieses alles wurde aber von einer nicht geringen Anzahl Bürgern, wenn nicht vergessen, doch nur mit einer gewissen Lauheit anerkannt. Es brauchte daher nur eines Mannes, der dieser Stimmung in Wort und Schrift Sprache zu verleihen im Stande war und weites Gewissen genug hatte, alles von den Reichen Geschehene möglichst in Schatten zu stellen und mehr selbstischen Motiven als echtem Bürgersinne zuzuschreiben, um auf diese Weise den Undank öffentlich zu proclamiren, Mißtrauen und Argwohn zu säen und die guten Errungenschaften der letzten Jahre auf's Spiel zu setzen. Dieser Mann erschien denn auch wirklich in der Person des Herrn Lehrers Peter Pozzi. Obwohl nicht als wirklicher Bürger der Gemeinde, sondern nur als Angehöriger, weil Abkömmling einer aus dem Veltlin vertriebenen protestantischen Familie, hatte ihn die Kirche von Puschlav drei Jahre in der Kantonsschule als Schullehrer studiren lassen; ich erinnere mich aber nicht, ob die damit verbundenen Kosten fast ganz oder nur zum Theil bestritten oder zinslos vorgeschossen worden. Er war mein Schüler und mir wirklich lieb gewesen. Auch als Lehrer hatte er sich in der Schule als sehr tüchtig bewährt und sich in den ersten Jahren wirklich Verdienste um diese erworben. Jetzt aber, als sein Bruder in der Wahl als Pfarrer übergangen und Steffani berufen worden war, bot er alles auf, diese Wahl zu hintertreiben und Unordnungen in der Gemeinde hervorzurufen. Da wurden geheime Zusammenkünfte veranstaltet, von den rohesten unter ihnen wurde geschimpft und gedroht, verleumdet und allem Schlimmen Thür und Thor geöffnet, was einzubrechen pflegt, wenn sich ein klarer, gescheidter Mann an die Spitze eines von sich aus oder durch demagogische Künste erbitterten und verleiteten Haufens stellt. Ich übergehe das Gehässige, was damals gegen mich, aber noch mehr gegen die Kirchenbehörde geschwatzt und gethan worden. Ich habe es nicht allein verziehen, sondern auch vergessen, weil ich von Anfang an mehr Mitleid mit dem irregeleiteten Haufen als Haß gegen denselben empfunden habe. Mehr als Pozzi's Verfahren bei dieser Gelegenheit habe ich dasjenige eines anderen Mannes bedauern und verachten müssen, ohne welchen diese Bewegung nie einen solchen Erfolg gewonnen hätte. Pozzi war verletzt worden, seine Empfindlichkeit ließ sich bis zu einem gewissen Grade entschuldigen; Bundspräsident Giuliani[365] aber hatte nur aus bloßer Eitelkeit und um sich wichtig zu machen diese Opposition gegen die Behörden, wenn auch nur lau, doch unterstützt und genährt und auf diese Weise der Partei einen Halt gegeben und Muth gemacht. Sie ging dann freilich viel weiter, als er gewollt; allein als dieß geschah und er hätte mitwirken sollen, den Strom, den er hatte anschwellen helfen, auch wieder einzudämmen, ging er nach seiner Weise wieder über Bernina nach dem Engadin zurück und ließ andere die Sache ausfechten, so gut sie konnten.

Giuliani war ein Mann, der unerwartet zu großem Reichthum und hohen Ehrenstellen in seiner Gemeinde und im Staate gelangt war, der für viele etwas Einnehmendes hatte und namentlich über meinen Schwager in allem einen Einfluß ausübte wie kein anderer und diesen auch recht gut zum eigenen Vortheil zu benutzen wußte. Er hatte auch bei Begründung des Schulfonds den größten freiwilligen Beitrag geliefert, zehn Tausend Lire bei alledem konnte ich aber nie ein rechtes Zutrauen zu ihm fassen, es wollte nur immer scheinen, daß selbst da, wo er Gutes that, das Bewußtsein davon zu stark sei, und daß die gute That mehr aus Eitelkeit und Ehrgeitz als aus wirklicher Achtung und Liebe für das Gute hervorgehe.

Ruf an die Kantonsschule

Unter solchen Umständen ist es wohl natürlich, daß mein Wirkungskreis in Puschlav in der letzten Zeit sehr getrübt war und den Gedanken an die Vertauschung desselben mit einem anderen um so leichter auftauchen ließ. Wirklich erhielt ich auch vom Schulrathe die vorläufige Anfrage, ob ich geneigt wäre, wieder eine Stelle an der Kantonsschule anzunehmen. Ich antwortete unter der Bedingung bejahend, daß mir Lehrfächer übertragen würden, die meinen Kräften und Neigungen angemessen wären. Im Allgemeinen wurde die Zusage ertheilt, daß man auf meine Wünsche möglichst Rücksicht nehmen würde, ohne sich jedoch zu etwas Bestimmtem im Voraus verpflichten zu können, und im gleichen Sinne erfolgte bald nachher der förmliche Ruf. Die endliche Entscheidung verursachte mir viele, viele unruhige Stunden und Nächte. Mich lockte die Nähe der alten Freunde in Chur und das Zusammenwirken mit ihnen; wichtig erschien mir auch, daß meine Kinder in früher Jugend schon deutsch lernten und mit den Kindern meiner Freunde bekannt und hoffentlich auch befreundet würden; denn gute Jugendfreundschaften schienen mir immer etwas höchst Schätzbares für das nachherige Leben; auch glaubte ich, daß eine Stelle an der Kantonsschule, wie ich sie mir wünschte, mir einen größeren und wohlthätigeren Wirkungskreis sichern müßte als die Pfarrstelle in Puschlav unter den damaligen Umständen. Dagegen aber sprachen oft bittend meine besten Freunde, dagegen auch die große Liebe, die ich zur Kirche, Schule und Gemeinde gefaßt hatte, in der mir so viele Freuden zu Theil geworden, an die mich so viele süße Erinnerungen fesselten. Auch die öconomischen Rücksichten fielen sehr in's Gewicht für's Bleiben – um das elterliche Haus zu bewohnen und zu genießen, das ich renovirt und so wohnlich eingerichtet hatte. Es war eine Zeit großer Aufregung und schmerzlicher Beunruhigung, die ich zwischen dem Einlaufen der förmlichen Berufung und der Antwort auf diese durchmachte. Doch entschloß ich mich endlich zur Annahme des Rufes und gab am 12ten November 1836 – der Tag ist mir tief in der Erinnerung geblieben – die schriftliche Zusage. Eine merkwürdige psychologische Erfahrung machte ich bei diesem Anlasse: die unruhigen Schwankungen und die unbehaglichen Gefühle, mit denen ich mich seit längerer Zeit herum getrieben, verschwanden mit allen Zweifeln und Mißstimmungen, wie von unsichtbarer Hand hinweggenommen, in dem Augenblicke, in welchem ich meinen Brief beendigt und gesiegelt hatte. Goethe sagt, das Buch (Werther's Leiden), welches andere zum Selbstmord getrieben habe, habe ihn vor der Verzweiflung gerettet, so rein habe sich darin sein Inneres abgelöst und herausgestellt. In einer ganz anderen Angelegenheit, aber auf ganz ähnliche, mich selbst überraschende Weise gewann ich durch diesen Schritt die Gemüthsruhe wieder, die ich so lange vermißt hatte.

Abschied von Puschlav

Bis zum folgenden September, wo meine Anwesenheit in Chur nöthig war, konnten die Vorbereitungen zur Abreise mit Muße gemacht werden. Dieß geschah auch. Meine Abschiedspredigt hielt ich über den Text Joh. 14, 17: «Meinen Frieden lasse ich euch. Nicht gebe ich, wie die Welt gibt. Euer Herz erschrecke nicht und fürchte sich nicht.»

Wie unvollkommen meine geistliche Wirksamkeit in Puschlav gewesen sein und wieviel mir im Uebrigen in dieser Beziehung zur Last fallen mag: das wenigstens kann ich mit Wahrheit sagen, daß ich diesen Wirkungskreis nicht aus den gewöhnlichen Gründen weder übernommen noch verlassen habe. Mehr als Missionair und mit Aufopfrung finanzieller Vortheile ging ich nach Puschlav und mit nicht geringen pecuniären Nachtheilen kehrte ich von da wieder an die Kantonsschule zurück.

XIV. Chur. Kantonsschule, vom September 1837 bis September 1850

Wohnung

Unsere Wohnung wurde nun im freundlichen, damals Appenzeller'schen, jetzt Janettischen Häuschen im Gäugeli[366] genommen. An den Familien Bauer und Christ in nächster Nähe sowie an der Familie Jenatsch in [dem Haus] Misolunghi[367] hatten wir freundliche Nachbarn, Platz hatten wir im Hause übrig genug, und die Lage desselben war sowie der Garten und Baumgarten sehr angenehm, und letztere boten den Kindern nicht nur einen sehr geeigneten Tummelplatz, sondern auch vorzügliches Obst von den verschiedensten Arten dar.

Kantonsschule

An der Kantonsschule fand ich von meinen alten lieben Freunden noch Battaglia, Saluz, Tester, Roeder sowie die alten Collegen Hold und Kind vor. Seit meinem Abgange waren daran angestellt die Herren Schirks, Hermann[368], Doktor Meyer[369], Kratzer[370] und Zeichenlehrer [Kraneck],[371] welcher Abbildungen von den alten Rhätischen Burgen[372] und von berühmten Männern Bündens[373] herausgegeben hat, im übrigen aber ein bedeutend leichter und abenteuerlicher Mann war. Mit mir zugleich traten neu ein die Herren Schällebaum[374], Früh[375] und Doktor Moller[376].

Das Erfreulichste für mich war, daß ich gerade diejenigen Lehrfächer erhielt, die ich am meisten wünschte, obwohl man sie mir im Voraus nicht zugesichert hatte: Italienisch in einer höheren Classe, die Religionsstunden, praktische Theologie und die Gebetsstunde, die damals noch am Samstag abend für alle Schüler gehalten wurde und an der auch die Lehrer hätten Theil nehmen sollen, was sie aber gewohntermaßen nicht thaten.

Andachtsübungen

Das ist gewiß ein pädagogischer Mißgriff, daß die jungen Leute in den Schulen zum Besuch des Gottesdienstes an Sonn- und Festtagen und an sonst angeordneten Andachtsübungen gezwungen wurden, ohne daß den Lehrern zur Pflicht gemacht wird, auch Theil daran zu nehmen. Die Gegenwart der Lehrer, wenn sie wäre, wie sie sein sollte, würde vielleicht mehr zu der Pflege des religiösen Gefühles bei den Schülern beitragen, als selbst recht warme und vernünftige Worte des Sprechenden. Die Abwesenheit der Lehrer bei diesen Uebungen spricht aber stillschweigend, wenn auch vernehmbar genug, aus, daß man keinen großen Werth darauf legt, und dieses böse Beispiel kann nicht anders, als auch die Schüler die ihnen auferlegte Pflicht als eine lästige fühlen lassen. Sie werden dadurch gegen die Andachtsübungen gleichgültiger und sich, dem Beispiel ihrer Lehrer folgend, diesen um so sicherer entziehen, sobald die äußeren Verhältnisse und die gewöhnlich schon sehnlich gewünschte Freiheit es gestatten. Ich meine, man könne kaum etwas Verkehrteres zur Pflege des Religiösen in den Schulen thuen, als die Jungen zum Besuche eines Gottesdienstes zwingen, an dem ihre Lehrer keinen Antheil nehmen und der für sie theils zu häufig und leider auch nicht immer angemessen sein mag. Eine gesunde Pädagogik wird gewiß entweder diese gezwungenen

Andachtsübungen abstellen oder sie zweckmäßig einrichten und den Besuch derselben auch den Lehrern nicht erlassen. Wann aber wird diese Zeit erscheinen?

Meine Gebetsstunden habe ich mit vielem Interesse gegeben und dabei, wenn nicht die Anderen, doch mich selbst oft erbaut. Ich sprach in denselben nach einer ausführlichen Disposition frei über einen Bibelvers oder eine christliche Wahrheit überhaupt, auch über Gegenstände des Lebens, wie sie sich gerade darboten im Lichte der Religion, zuweilen auch über einen Liedervers, so z.B.: «Ueber uns ein Gott, in uns ein Gesetz, vor uns die Unsterblichkeit, Kampf der Tugend» u.s.w.

Mein Bestreben war auch hier, religiöse Irrthümer zu berichtigen und zu wenig beachtete Wahrheiten dem Gemüthe näher zu legen und lebendig zu machen.

Religionsunterricht

Im Ganzen waren mir die Religionsstunden die angenehmsten. Bei diesem Unterrichte bewegte ich mich ganz frei und selbst oft innig gerührt. Mein Leitfaden war der bei vielen übelangeschriebene Katechismus von Hebel[377]. Das erste Kapitel, von Gott und seinen Eigenschaften, ist freilich das schwächste, aber auch hier sind wenigstens viele gute Bibelsprüche, und im Uebrigen habe ich in späterer Zeit die Eigenschaften Gottes genauer classificirt und nach dem System Schleiermacher's und A. Schweitzer's in seinem Katechismus[378] anschaulich und leichter zu machen gesucht. Was die folgenden Kapitel betrifft, Schöpfung, Erhaltung, Sünde und Erlösung und besonders Heiligung, habe ich bisher keinen Katechismus gefunden, der meiner Individualität besser zusagte. Freilich kömmt alles darauf an, ob man mehr darauf hinaus geht, seinen Schülern ein vollständiges theologisches System und Gedächtniswerk beizubringen oder mehr ihr religiöses Gefühl zu erregen und zu wecken, um auf diesem Grunde dann die Religionsbegriffe von Innen heraus zu entwickeln und auf Hoffnung hinzustellen, daß der höhere Geist das gute Werk in den Erwählten vollenden werde. Der letztere war mein Grundsatz. Durch die Sprüche suchte ich die Sittengesetze und die Religionswahrheiten dem Gemüthe meiner Schüler nahe zu bringen, und wenn ich sie auch grundsätzlich von diesen auswendig lernen ließ, so blieb ihnen doch die Wahl derselben überlassen. Ist das Interesse für die Sache geweckt, so sind die Bibelsprüche in der Regel der kürzeste, gediegenste, kräftigste Ausdruck dafür und leicht zu lernen. Aber jenes muß vorausgehen, sonst werden sie auch dem glücklichsten Gedächtnis in kurzer Zeit entfallen und ohne nachhaltigen Segen bleiben. Nirgends ist Maß zu halten mehr als bei diesem Unterrichte zu empfehlen, und nirgends wird viel-leicht mehr aus gutem Willen gesündigt als durch Nichtbeachten dieser Regel.

Höchst ehrenwerth scheint mir der Hebelsche Katechismus, besonders durch seine praktische Tendenz und durch einzelne plastische Ausdrücke für wichtige Wahrheiten und auffallende Gegensätze, unter welche er sie bringt. So ist z.B. die Sünde im Innern, in Gedanken, gewiß diejenige, welche von der Menge am wenigsten zu Herzen genommen wird, und ich erinnere mich der Zeit noch wohl, wo ich selbst so räsonirte: «Wie kann das, womit ich niemandem etwas zu Leide thue, Sünde sein.» Hebel aber sagt: «Welche Sünde ist die schlimmste von allen?» Antwort: «Die schlimmste und gefährlichste von allen Sünden ist diejenige, welche für die unbedeutendste gehalten wird, – die Sünde, welche inwendig, in Gedanken, geschieht; denn aus ihr entstehen die Sünden in Worten und Werken.» Kann man eine höchst wichtige Wahrheit auf einfachere und zugleich durch den Gegensatz auf schlagendere und einleuchtendere Weise sagen?

Meisterhaft ist gewiß auch, was er in dem Kapitel von der Heiligung auseinander setzt: wie die Liebe zu Gott das Erste und Höchste ist, worin sie sich kundgibt, wie nur aus ihr die Liebe zu den Menschen kommen und wirksam werden kann, wie sie sich in dcn verschiedensten Beziehungen bewähren muß (Leben, Besitz, Ehre des Nächsten) und wie viel weiter der Begriff der Gerechtigkeit ist, als es den meisten scheint. Deßgleichen ist die Liebe zu uns selbst in den natürlichen Grundtrieben aufgesucht und durch schlagende Gegensätze in ihrer Entartung und ihrer Wahrheit anschaulich gemacht.

In der obersten Klasse wurde dann Gelzer's «Religion im Leben»[379] zuweilen behandelt, abwechselnd auch eine gehaltreiche Predigt von Schleiermacher oder Channing in Bezug auf Inhalt und Form besprochen.

Praktische Theologie

Die für mich natürlich schwerste Stunde war diejenige über praktische Theologie in unserem mit der Kantonsschule verbundenen theologischen Seminar, welches dann wenige Jahre später zum großen Bedauern meiner beiden Collegen Kind und Schirks aufgehoben wurde. Ich kann mir wohl denken, daß dieses mein Collegium in wissenschaftlicher Beziehung gar ärmlich war, da es aber nur von sehr wenig Studenten besucht wurde und, wer es irgend konnte, seine theologischen Studien lieber auf einer Universität machte, so dürfte mein Bestreben, gerade für die praktische Amtsführung Anleitung zu geben und dieselbe zu erleichtern, Entschuldigung finden. Mein Unterricht beschränkte sich hier besonders darauf, die Würde und Verantwortlichkeit des Berufes klar zu machen, welchem sich der Geistliche widmet, und wie er seine Amtsfunktionen und Seelsorgergeschäfte fruchtbar zu machen streben sollte. Predigt und Katechismus, Dispositionen, Analyse von guten Predigten, die zugleich gehaltreich sein und wichtige Wahrheiten behandeln mußten, war hier die Hauptsache. An Predigten von Schleiermacher, Schwarz[380] und anderen dürfte doch so mancher meiner Studenten vielleicht eine klarere Uebersicht der Haupttheile und der Unterabtheilungen einer Predigt und des richtigen Verhältnisses der Logik und Rhetorik, das bei Ausarbeitung derselben nöthig ist, gewonnen haben, als dieß bei manchen anderen auf der Universität selbst der Fall gewesen ist. Denn von der richtigen Verbindung des Logischen und Rhetorischen hängt doch, soweit dieß durch die Form geschehen kann, der Eindruck einer Predigt auf das Gemüth der Zuhörer am meisten ab. Bei aller logischen Folgerichtigkeit kann sie nämlich sehr trocken und langweilig sein, und bei allem rhetorischen Aufwand von prunkenden Phrasen sehr unerbaulich. Nur wo das Rechte auch am rechten Orte und auf die rechte, eindringliche Weise gesagt wird, verfehlt keine Predigt, wenigstens für geistesverwandte Zuhörer, ihre Wirkung. Und dieses an hohen Mustern sowohl in Bezug auf ihre begeisterte Aussprache, als auch an ihrer schlichten, einfach-adäquaten nachzuweisen und meinen Studenten anschaulich zu machen, war mein Bestreben.

Sprachunterricht

Dieß Bestreben, überall auf's Innere einzudringen und von Innen heraus das Aeußere anziehend zu machen und in seiner Wichtigkeit erscheinen zu lassen, leitete mich auch bei meinem Sprachunterricht. Ich habe zwar gehört und zum Theil selbst gesehen, daß es andere durch ein mechanisches Verfahren in der Routine des Sprechens und Schreibens schneller weiter brachten. Mir wäre diese Verfahrungsweise nicht möglich gewesen. Ich las z.B. in einer Klasse Manzoni's Promessi Sposi[381], dieses bewundrungswürdige Buch der italienischen Literatur, und einzelnes von Silvio Pellico[382], den beiden, welche mir deutsche Gemüthlichkeit und Tiefe am glücklichsten mit italienischem brio und Farbenglanz zu verbinden scheine; aber ihren Werth auch Seitens der Sprache klar zu zeigen und recht lebendig fühlen zu lassen, schien mir nur dann möglich, wenn es mir gelänge, ein Interesse für Charactere und den Inhalt überhaupt bei den Schülern zu wecken. Nur dann kann ein Don Abundio und sein Gegenfüßler, Fra Cristoforo, nur dann ein Don Rodrigo und ein Azzeicagarbugli, eine Lucia gegenüber ihrer Mutter, Agnesia einer Perpetua, ein Federigo Borromeo und der Incognito in ihrer ganzen Bedeutsamkeit erscheinen und jedes Wort, jede Phrase als ein mehr oder minder bedeutsamer Pinselstrich in dem Gemälde. Da fühlt man so recht die Wahrheit von Jean Paul's Paradoxon: «Man muß die Grammatik durch die Sprache, nicht die Sprache durch die Grammatik lernen.» Und wie angenehm und lieblich wird dann auch nicht jedes Sprachstudium!

Tod meiner Catharina Sophia

Das erste schwere Leiden, das uns in Chur traf, war die ernstliche Erkrankung meiner lieben Catharina Sophia, welche dann auch bald im Alter von acht Jahren und zwei Monaten den 8ten Merz 1838 morgens sieben Uhr vom himmlischen Vater in's bessere Leben abberufen wurde. In der Christnacht geboren, hatte sie sich auch durchgängig als ein wahres Christkind gezeigt. Mit der bewundernswürdigsten Feinheit der Sinne verband sie, wie ich schon früher von ihr bemerkt, auch eine seltene Feinheit und Selbständigkeit des Geistes und eine Seele voll Zartheit und Liebe, so daß sie nicht nur der Liebling von Eltern und Geschwistern wurde, sondern auch Freunde für sich einnahm. Diese seltene Liebenswürdigkeit und Anmuth der Seele ließ mich schon früh ahnen, daß sie nicht auf lange für diese Welt bestimmt sein dürfte. Schon seit zwei Jahren litt sie an einem Eiterflusse am Fuße und auch früher schon an Scropheln, die sich bald hier, bald dort kundgaben. Bei allen diesen Uebeln war sie aber stets heiter und unverzagt, und ihren kranken Fuß verband sie jeden Morgen selbst nach Vorschrift und unter mancherlei Scherzen. Seit sechs Wochen wurde sie aber leidender, so daß der Arzt Einsprützungen in die Wunde für nöthig hielt. Darüber erkrankte sie immer ernstlicher, fing an aufzuschwellen, der Geschwulst dehnte sich mehr und mehr aus, bis er ihrem zarten Leben ein Ende machte. Ich mißte diesen theuern Liebling meines Herzens schwer; ergab mich aber in den göttlichen Willen, überzeugt, daß er auch hier nur gut sei, und kann dem Herrn noch immer danken, daß er sie mir gegeben hat, wenn er sie mir auch so früh schon wieder nahm. In ihr habe ich das kindliche Leben von einer so schönen Seite kennen gelernt. Als sie beklommen, aber ruhig in ihrem Bette lag und ich sie betrübt fragte, an wen sie denke, sagte sie, wie schon bemerkt, bewegt: «Alla bunna mamma!» Es waren ihre letzten Worte und tröstlich, insofern als sie auf Wiedervereinigung deuteten. An ihre Leiche habe ich die übrigen Kinder öfters geführt, mit ihnen vom Tode gesprochen und gebetet mit dem Wunsche, daß dieser Eindruck sich lange in ihrer Seele erhalten möge, und doch werde ich wohl jetzt der einzige sein, der sie noch warm im Herzen trägt und in Gedanken zu ihr zurückkehrt. Doch eine noch höhere Liebe wird sie umfahn, die des himmlischen Vaters. Heute aber fließt noch die Thräne der Liebe zu dir, meine theuere Tina, auch auf dieser Erde, und nur mit mir wird sie versiegen, und große Freude wird es für mich sein, dich wieder zu finden.

Gesellschaftliches Leben

Zu gleicher Zeit mit mir war Herr Doktor Moller an der Kantonsschule angestellt, dessen Frau ein sehr gebildetes, liebenswürdiges Weibchen und deren Stiefmutter eine Tochter Jung Stilling's[383] war. Erstere liebten beide die Geselligkeit und luden oft kleine Gesellschaften zum Thee ein. Man wurde einig, ein klassisch-dramatisches Stück zu lesen, und zwar mit Vertheilung der Rollen. Daran nahmen auch Antheil Freund Battaglia, dessen spätere Frau, Fräulein Rosina Bavier[384], Fräulein de La Grange und Fräulein Iduna Lenz[385], Enkelin des alten Salzmanns in Schnepfenthal. Letztere war Erzieherin der Kinder der Familie von Planta-Reichenau, eine hohe, schöne Gestalt, und obwohl schon tief in die dreißig, sah man ihr wohl an, daß sie sehr schön gewesen sein mußte, weil ihre Züge immer noch fein und bedeutsam waren. Auch in geistiger Beziehung verrieth sie Klarheit und Schärfe des Verstandes und Gewandtheit und Lebendigkeit in der Unterhaltung, in ihrem Kopfputz und sonstigem Anzuge die größte Einfachheit und Reinlichkeit. Ich fand an ihr nichts auszusetzen, das mir mißfallen hätte, mußte sie wegen mancherlei in meinem Innern achten und loben, mied aber dennoch die Unterhaltung mit ihr, theils weil ich Mühe hatte, ihrer schnellen, fein sächsischen Sprache zu folgen, theils auch, weil ich bei aller Anerkennung ihrer geistigen und körperlichen Vorzüge doch nicht die innere Sympathie für sie fühlte, die ich hin und wieder so schnell und so entschieden für Frauenzimmer gleich bei der ersten Bekanntschaft empfunden habe. Ich sah sie auch nur in dieser Lesegesellschaft bei Mollers, die im Herbst und Winter von 1838 bis 1839 fortbestand und die sie auch nur höchst selten besuchte, und zwar ohne sich mit am Lesen zu betheiligen. Im Merz dieses Jahres, am Todestage meiner seligen Sophie,

Iduna Carisch-Lenz, zweite Ehefrau Carischs (Ausfeld'sches Familienarchiv, Schnepfenthal/Thüringen [B], Nr. 103).

verfiel ich bei der Erinnerung an dieses liebe Kind in eine ungewohnte Wehmuth, sei es im Gefühl meiner Isolierung oder der Wahrnehmung wegen, wie schwer es einem Vater fällt, die Kinder ohne rechte Hülfe gehörig zu erziehen; denn das wird wohl eine allgemeine Erfahrung sein, daß, wie große Freude wir auch an unsern Kindern in frühester Jugend haben, wir nachher doch auch wahrnehmen müssen, wie sich die Sünde unter mancherlei Formen bei ihnen entwickelt, während es uns unmöglich wird, ihr auf wünschbare Weise Einhalt zu thun.

Zweite Heirath

In dieser trüben Stimmung befand ich mich, als mir Freund Moller eines Tages ein kleines Büchelchen: «Worte an deutsche Mütter und Erzieherinnen»[386] rühmte, welches jenes Fräulein Iduna, doch ohne sich zu nennen, für ihre zwei ehemaligen Elevinnen Schiffert aus Königsberg in Ost-Preußen vor mehreren Jahren geschrieben hatte. Auf meinen Wunsch hin verschaffte er mir ein Exemplar dieses Werkchens, welches mir sowohl wegen der darin ausgesprochenen Erziehungsgrundsätze als auch durch die einfache, schlichte Darstellung derselben so wohl gefiel, daß ich mich des Gedankens nicht erwehren konnte: «Eine solche Frau solltest du für die Erziehung deiner Kinder haben, und keine größere Wohlthat könntest du ihnen verschaffen als durch die Ermittlung einer solchen Mutter.» Rasch und entschieden, wie ich in meinen Entschlüssen zu sein pflege, theilte ich diesen Gedanken Freund Moller sogleich mit, hörte von ihm nur Gutes sowohl über Iduna als über ihre Familie und wandte mich sodann auch noch an meinen Freund, Herrn Obrist von Planta selbst, in dessen Hause sie war, indem ich ihm meine Lage und meine Gedanken mit der Bitte vortrug, mir offen und ohne Rückhalt seine Ansicht mitzutheilen und mir zu rathen. Gewiß hat er mir seine Herzensmeinung ohne Falsch ausgesprochen; aber, wie es in solchen Fällen zu gehen pflegt, in einer Weise, daß die Entscheidung dem Rathsuchenden nicht sehr erleichtert wurde, und weil ich nur zufälliger Weise diese Dame auch von Herrn Hauptmann Valair[387] in Reichenau, ohne daß er auch nur ahnen konnte, daß ich ein besonderes Interesse für sie hätte, sehr rühmen hörte, war mein Entschluß gefaßt.

Die

Erziehung des Kindes.

Ein Geschenk

für

junge Frauen und Mütter.

Von

Iduna de Carisch,
geb. Lenz.

Zweite vermehrte Auflage
der „Worte an deutsche Mütter u. s. w."

Jena,
Druck u. Verlag von Friedrich Mauke.
1853.

Bei meinen dermaligen Vermögensumständen, so dachte ich, ist mein höchstes Bedürfnis, eine angemessene Gehülfin zur Erziehung meiner Kinder und für diese ohnstreitig die größte Wohlthat, die ich ihnen erweisen kann und soll. Auf Vermögen brauche ich nicht zu sehen, und kann ich eine Enkelin Salzmann's glücklich machen, so ist auch dieß schon Erhöhung meines eigenen Glückes; und weit lieber eine Frau von neun und dreißig als von zwanzig und auch fünf und zwanzig Jahren, wenn nur die geistigen Erfordernisse der Achtung und Sympathie nicht fehlen. Für diese aber, woher die nöthige oder hinlängliche Bürgschaft nehmen als vom Beistand Gottes und vernünftiger Ueberlegung? Im Vertrauen, mich nicht in ihr geirrt zu haben, bot ich meine Hand dem Mädchen an, indem ich auf meine Lage, meine Bedürfnisse und Erwartungen und, ich glaube, auch auf meine Schwächen hinwies, erhielt die ihrige, und die Verlobung war in wenig Tagen geschlossen.

Es war dieß eine Heirath des Verstandes, durch keine Motive gewöhnlicher Verliebung bestimmt. Das Wohlwollen gegen meine Braut wuchs, je mehr ich sie kennen lernte und sie im Umgang mit meinen Kindern sah, und ich kann glauben, daß ersteres mir gegenüber auch bei ihr der Fall gewesen sei. Mein ganzes Vertrauen stand darauf, daß sie die beste Erzieherin für meine Kinder sein werde, die ich je zu finden hoffen dürfe; wie sie aber im Uebrigen sein werde, ob auch eine gute Hausfrau, verständig und haushälterisch in der Leitung des Hauswesens, ob sie, die in Verhältnissen gelebt hatte, wie dieß im Schiffertschen und von Plantischen Hause der Fall war, auch für einen so einfachen und in seinen Forderungen doch vielleicht nur zu schroffen Mann, wie ich war, passe, sich glücklich fühle und glücklich machen könne, daran, ich gestehe es offen, hatte ich gar nicht oder nur wenig gedacht, und in sofern konnte ich meine Heirath, die ich eben eine Heirath des Verstandes genannt habe, mit gleichem Rechte auch eine des Unverstandes nennen. Es gehörte auch gewiß das rasche Wesen meines Characters dazu, daß sie zu Stande kam; denn auch Seitens meiner Braut waren es gewiß mehr gute Hoffnungen als andere Motive, die sie so bald zu diesem Entschlusse zu bestimmen vermochten. Doch die Vorsehung hatte auch hier besser für uns gesorgt, als wir selbst durch langes Nachdenken und längere Bekanntschaft es zu thun vermocht hätten; denn, ich glaube fast, wenn wir bei unserem beiderseitig sehr entschiedenen Character und unserer ausgeprägten Individualität uns gleich anfangs recht genau gekannt hätten, es beiden wenigstens unendlich schwerer gefallen sein würde, in diese Ehe zu treten, während wir uns in derselben, da wir den guten Willen gegenseitig auch bei divergirenden Ansichten nicht verkennen konnten, immer, ich möchte sagen, je länger je glücklicher fühlten und ich der Vorsehung besonders jetzt nicht genug danken kann, daß ich an Iduna eine Frau gefunden habe, die mein Leben nicht nur in mannigfacher Hinsicht sehr verschönert und erheitert, sondern auch in mancher Beziehung zu meiner Besserung und Vervollkommnung viel beigetragen hat und meine Liebe dermalen gewiß in weit höherem Maße besitzt als im ersten Jahre unserer Ehe.

Familie meiner zweiten Frau

Die ersten und in der That großen Freuden, die ich während meiner Verlobungszeit genoß, waren diejenigen, die ich bei Durchlesung der vielen schönen Briefe empfand, die häufig von Schnepfenthal und von anderen Seiten her an meine Braut ankamen und die sie mir natürlich alle frisch mittheilte. Gebildete Verwandte zu besitzen, war immer ein heißer Wunsch meines Herzens gewesen, und dieser wurde jetzt in reichem Maße erfüllt.

Der alte Salzmann hatte nicht allein durch sein berühmtes Institut[388], das noch immer fortbesteht, sondern auch durch seine Volks- und Jugendschriften europäischen Ruf erhalten und stand auch bei mir seit vielen Jahren in hoher Achtung; eine Enkelin von ihm zur Frau zu haben, erschien mir nicht nur aus gemeiner Eitelkeit schmeichelhaft. Er hatte dreizehn Kinder hinterlassen, von denen eilf noch am Leben waren, die zahlreiche Nachkommenschaft hatten. Seine älteste Tochter, meine Schwiegermutter, war an den Director Lenz[389] aus Gera verheirathet gewesen, einen sehr gelehrten und edeldenkenden Mann, aber nicht ohne große Eigenheiten. Er war früher Lehrer an der Erziehungsanstalt zu Schnepfenthal, dann Director am Gymnasium zu Nordhausen und später fünfzehn Jahre am Gymnasium Weimar gewesen. Bei der Hochzeit dieser Brautleute lud Salzmann die ganze feiernde Gesellschaft vor dem Mittagsessen zu einem Spatziergange ein, führte sie auf eine Anhöhe, von der man die so viel Abwechslung darbietende Gegend rings übersieht, machte das Brautpaar auf die Reitze der Natur aufmerksam und fügte hinzu, diese schöne Natur bestimme er ihm zur Mitgabe in der gewissen Ueberzeugung, daß ihm dieselbe, so lange es seiner Bestimmung gemäß lebe und seine Unschuld bewahre, eine nie versiegende Quelle des reinsten, stärkendsten Vergnügens bleiben und ihm einen sichereren und bleibenderen Genuß gewähren werde als Reichthum und irdisches Gut, wenn er im Stande wäre ihm auch noch so viel von diesem mitzugeben. Aus dieser Ehe entsprangen zwölf Kinder, von denen zehn, drei Söhne und sieben

Töchter, noch am Leben und die meisten schon verheirathet waren. Da war eine Thusnelda, die Gemahlin ihres Oheims, des Hofrath Salzmann[390], welcher noch Director des von seinem Vater begründeten Institutes war: eine der lieblichsten Frauen, die ich kennen gelernt habe, noch in ihrem fünfzigsten Jahre, wo ich sie zum erstenmale sah, schön und höchst anziehend, wie ich sie mir schon aus ihren Briefen gedacht hatte. Da war Bertha[391], an Pfarrer Müller in Döllstädt verheirathet, einen durch seinen Character wie durch seine Thätigkeit und Erziehungskunst sehr schätzbaren Mann; dann Minnona, einst von reitzender Anmuth und Schönheit der Gestalt und des Geistes, die mir sehr theuer geworden ist; dann Theona[392], seitdem an Rein, einen früheren, verdienstvollen Lehrer in Schnepfenthal, später Pfarrer in Stazza und Adjunctus in Zella, verheirathet; Meta und Emma[393], letztere die Gemahlin des Regierungsraths von Blumröder in Sondershausen. Von den Söhnen ist Harald[394] durch seine Naturgeschichte und Forschungen über die Schlangen, seine Botanik u.s.w. in der literarischen Welt bekannt und berühmt geworden. Sehr schöne Kenntnisse besaßen auch Wodan[395] und Siegmar[396], von denen letzterer immer noch Lehrer und Bereiter am Institute ist, ersterer aber seit seiner Rückkehr von America schon viele Jahre an verschiedenen Bezirksschulen der Kantone Bern und Waadt angestellt gewesen ist. Unter den Vorfahren von väterlicher Seite finden sich berühmte Namen als eines früher angesehenen Geschlechtes, und aus der lateinischen Lebensbeschreibung, die Director Lenz von seinem Bruder, Professor in Gotha, herausgegeben hat, geht hervor, daß die Familie mit Lucas Kranach verwandt und daß der Kanzler des Churfürsten Friedrich von Sachsen, welcher die Augsburger Confession vor dem Reichstage daselbst mit Stentorstimme verlas, ein Vorfahre der Familie Lenz war.

Von den Kindern des alten Salzmann waren, neben meiner Schwiegermutter und meinem obenerwähnten Schwager, noch am Leben: Der Stallmeister des Herzogs von Gotha, Friedrich Salzmann[397]; Forstrath Ernst[398], ein sehr schöner und liebenswürdiger Mann; Philipp[399], der Africa und Brasilien bereist hatte und durch seine naturhistorischen Sammlungen bekannt und berühmt geworden ist; Gotthilf[400], ein gründlich gelehrter Theolog, früher Professor in Elbing, jetzt in Schnepfenthal privatisirend; drei Töchter, an drei Brüder Ausfeld vermählt: die Wittwe des Professor Weißenborn[401] in Schnepfenthal, diejenige des verstorbenen Märcker[402], Lehrers in Meiningen, und Sophie[403], Vorsteherin einer Töchterschule daselbst.

Auch mit fürstlichen Familien war meine Braut bekannt und vertraut, dieß namentlich mit der Hohenlohe-Langenburgischen, von der eine nahe

Angehörige, Gräfin Maria Reichenbach, in der Lenzischen Familie erzogen und ihrer speciellen Aufsicht übergeben worden war, und mit derjenigen des Fürsten Reuß-Schleitz, die ihren älteren, sehr schwächlichen Prinzen der Familie Lenz zur Erziehung und Pflege anvertraut hatte. Ihre Dankbarkeit zu beweisen, nahmen Fürst und Fürstin meine Braut auf eine Schweitzerreise mit, behandelten sie mit der größten Herablassung und Güte und besuchten sie auch später, aus Italien zurückkehrend, in Chur.

Neues häusliches Leben

Unsere Hochzeit feierten wir am 9ten Juni 1839, wie es sich gebührte, einfach und in kleiner Gesellschaft. Wir wurden früh morgens in der unteren Kirche von Freund Battaglia getraut, traten dann mit den beiden älteren Kindern eine kleine Reise über Toggenburg nach Zürich und von da nach dem Rigi an und kehrten nach acht Tagen heiter und wohlbehalten zurück.

Wie sehr ich einer solchen Gehülfin bedurfte, zeigte sich jetzt mehr und mehr; denn bei meinen beiden jüngeren Kindern hatte sich in der für solche Krankheiten besonders nachtheiligen Churer Luft ein hartnäckiges scrophulöses Augenübel entwickelt, welches aller der Verständigkeit, Mühe und Sorgfalt in Bezug auf Diät und Heilmittel bedurfte, die meine Frau zeigte, um die armen Kinder davon zu befreien. Ich bewunderte ihre Festigkeit, in der Durchführung des als zweckmäßig Erachteten und vom Arzt vorgeschriebenen, und auffallend zeigte sich besonders die Wirkung des Sitzens und Liegens in feinem, von der Sonne erwärmten Sande, von dem meine Frau ein paar Fuder in den Hof hatte führen lassen, nach zuvor genommenem Bade von Salzniederschlag. Wie sehr auch die Kinder in dieser Hitze glühten, schwitzten und aufgetrieben schienen, so zeigten sich doch bald die heilsamsten Wirkungen davon. Auch der Aufenthalt von einigen Sommerwochen in Churwalden diente sichtbar zur Stärkung der Kinder, und ich bin überzeugt, daß, wenn das Uebel sich allmälig verlor und Gesundheit und Heiterkeit wieder zurückkehrten, meine Kinder dieses nebst dem höheren Beistande ganz vorzüglich der sorgfältigen Pflege verdankten, die die Mutter ihnen widmete.

Krankheit

Doch im folgenden Jahre wurde auch ich von einem Halsübel befallen, welches zu heilen ich bei sonst voller Gesundheit begann und durch die dagegen angewendeten Medicinen in zwei Monaten so herunterkam, daß ich keine Viertelstunde weit mehr zu gehen vermochte und dem Tode ganz nahe schien. Eine Kur von Emserwasser, die mir nun verordnet wurde, verursachte so furchtbare Coliken, daß ausgesetzt werden mußte. Zuletzt rieth mir der Arzt Luftveränderung an und schickte mich nach Thusis, wo mich die freundlichen Frauen der Doktoren Veraguth[404] in ihr Haus einluden und mit der gütigsten Sorgfalt pflegten. Der junge Doktor nahm mich in die Kur, und in welche! Ohne zu mediciniren sollte ich Tag und Nacht so viel Thusner Wasser trinken, wie ich vermochte, und damit begann auch die sichtlich schnell fortschreitende Beßrung. Mit Freund Fr. Frizzoni und Gündel reiste ich dann nach Zürich, den erkrankten Hosang zu besuchen, und eine Kur in Gais, wo ich von Herrn Krüsi, bei dem ich meinen älteren Sohn hatte, freundlich in's Haus aufgenommen wurde, sowie eine spätere in Fidris stellten meine Gesundheit bleibend wieder her, und seit fünfzehn Jahren bin ich dann auch gesunder geblieben als sonst in irgend einer Periode meines Lebens.

Ansicht von der Ehe überhaupt und von meiner zweiten Ehe

Eine zweite Ehe war ich also eingegangen. Dieser Umstand hat mir später bei'm Studium der Kirchengeschichte und der Ethik, wo dieser Gegenstand so oft und so ernst zur Sprache kömmt, zu reiflichem Nachdenken Anlaß gegeben. Allerdings hat die Ehe und um so mehr eine zweite Ehe eine Licht- und eine Schattenseite, und auch hier gilt gewiß das alte Sprüchwort: «Duo cum faciant idem, non est idem.» Nur zu oft trennt man im Leben, was, um es richtig zu beurtheilen, von dem Ganzen, zu dem es gehört, nicht getrennt werden sollte. Wird die Ehe nur als erlaubte Gelegenheit und gebotenes Mittel aufgefaßt, die Sinnlichkeit zu befriedigen, wie dieß von den strengen Häretikern früherer Zeit und später von der katholischen Kirche geschehen ist, und ist die Sinnlichkeit in dieser Beziehung nur etwas Sündliches, Niedriges, wie es bei sehr vielen der Fall sein mag, nun ja, dann mag Enthaltsamkeit von der Befriedigung nicht nur außer der Ehe, sondern auch in der Ehe eine Tugend, ein Vorzug sein, und die Ehe selbst nur als ein Uebel zu betrachten, das zu gestatten, ist nur, um ein größeres Uebel zu verhüthen, der menschlichen Schwachheit wegen.

Das ist aber eine höchst einseitige Auffassung der Ehe, die in ihrem eigentlichen und vollständigen Wesen etwas viel Höheres und Weiteres ist, für die Läuterung und Erhebung des Geistes, für die Entwicklung mannigfacher geistiger Güter und Genüsse nicht weniger fruchtbar als für die Befriedigung der sinnlichen, die bei rechter Gesinnung auch die Seelen und zwar nachhaltig, fester und inniger vereinigen, das gemeinsame Leben und jedes Geschäft desselben erleichtern und dadurch Zufriedenheit und guten Fortgang befördern. Die Vorzüge der Ehe vor der Ehelosigkeit sollten daher nicht bezweifelt werden können, und die Frage, mit der sich die Gelehrten beschäftigen und die die Gesetzgeber und Religionslehrer in's Auge fassen sollten, kann meines Erachtens nur in subjektiver Beziehung entstehen, ich meine: Ist die Ehe für A. B. oder C. mehr als ein Gut oder mehr als ein Uebel zu betrachten?

Soviel über die Ehe im Allgemeinen und im Besondern von der ersten; denn je vollkommener diese gewesen, um so schwerer wird natürlich der Betreffende sich in Rücksicht, was ihn selbst betrifft, zu einer zweiten entschließen, wenn er nicht allzu sinnlicher Natur ist. Aber zur Schließung einer zweiten sind die Aufforderungen nicht selten noch gebieterischer als zur Schließung der ersten. Da ist zuweilen ein weitläufiges Hauswesen, da sind Kinder, die einer anderen Pflege bedürfen, als die er ihnen auf sonstige Weise zu verschaffen im Stande ist. Die eigentlich sittliche Frage kann also auch hier nur dic sein, ob die fragliche zweite Ehe eine geeignete sei und vernünftigerweise das hoffen lasse, was ein rechtschaffener Mann und Vater für seine Familie nicht weniger als für sich bedarf und damit bezweckt. Denn gewiß können die Motive zu einer solchen noch dringender werden und seine Handlung also auch eine durchaus sittliche und von der Sittlichkeit wirklich gebotene sein. Die rechte Ehe setzt aber die rechte Ausbildung der Individualität voraus, wie der vollkommene Mensch auch individuel ausgebildet sein muß. In je höherem Grade dieß aber der Fall ist, um so schwieriger wird demselben das Eingehen einer Ehe werden. Ehelosigkeit ist daher natürlich und zu entschuldigen, wo eine Individualität recht stark hervortritt, nur in einer ihr entsprechenden Individualität Befriedigung erwartet und eine solche, wie oft geschieht, nicht aufzufinden vermag.

Kinder aus dieser Ehe

Den 19ten September 1840 segnete der Herr unsere Ehe mit einem gesunden Töchterchen, Sophia Magdalena, und zwei Jahre später, bald nach unserer Ankunft in Schnepfenthal, wohin ich mit der ganzen Familie, Theodor ausgenommen, der noch auf der Schule war, reiste, um meine dortigen Verwandten auch persönlich kennen zu lernen, wurde meine Frau von einem Knaben entbunden, der aber gleich nach der Geburt starb und auf dem romantischen Gottesacker daselbst im Grabe seines Großvaters ruht. Sein Name ist nur im Himmel geschrieben. Dieß war eine wehmüthige Erfahrung und ergreifend war es mir besonders, als nur ich mit meinen drei Kindern und der Hebamme ihn zu seiner Ruhestätte begleiteten. So ist es dort in solchen Fällen Sitte. Todtengräber und Hebamme sprachen leise ein Gebet, und ich selbst einige Worte für mich und die Kinder.

Schnepfenthal

In Schnepfenthal, welches mir durch seine Lage und Einrichtung, letztere ein Werk des alten Salzmann, sehr anziehend wurde, und wo ich in Folge der früheren Niederkunft meiner Frau, als diese erwartet worden, drei Monate verweilte, um dann die Familie mit nach der Schweitz zurück zu nehmen, brachte ich im Uebrigen sehr angenehme Tage zu. Viele meiner Verwandten, die ich nun persönlich und durch häufigen Umgang kennen lernte, wurden mir von da an sehr theuer, besonders meine Schwiegermutter, eine Frau voll Thätigkeit und Liebe, die ihres hohen Alters ungeachtet im Umgang wie in ihren Briefen nicht nur Gemüthlichkeit, sondern auch einen gewissen poetischen Schwung zeigte, der jede Unterhaltung mit ihr sehr angenehm machte. Dann meine Schwägerin Thusnelda, obgleich bereits fünfzigjährig, mit ihrem seelenvollen Auge, ihrer wohltönenden, lieblichen Stimme und ihrem durch und durch freundlichen Wesen, eine für mich höchst anziehende Erscheinung und mit mir durch Aehnlichkeit des Sinnes und Denkens bald innig vertraut. Ferner meine Schwägerin Minnona, ein sehr liebliches Wesen, wenn auch bereits über die Blüthe der Jahre hinaus, und in allem ihrem Thun voll Grazie und Würde. Auch die Lebendigkeit meines Schwagers Harald mußte ich bewundern, wie er nur bei'm Wassertrinken einen ganzen Abend hindurch so heiter plaudern konnte, während uns Schweitzern das Wein- oder Bierglas für längere Unterhaltung fast unentbehrlich scheint. Sehr lieb wurde mir auch Girtanner, der alte, ehrliche Schweitzer mit seiner Originalität und seinen Eigenthümlichkeiten. Er war früher Zögling in Schnepfenthal gewesen, dann als Lehrer dahin zurück gekehrt, in welcher Stellung er, obgleich er nur noch wenig Stunden gab, noch war und da mit seiner schönen Familie aus Renten lebte.

Im Uebrigen waren alle den ganzen Tag hindurch so überaus in Anspruch genommen, daß man sie nicht leicht auch nur auf kurze Stunden zu sprechen bekam.

Kirschfest

Ein munteres Volk waren die Zöglinge in ihren rothen Jacken und ohne Hut und Mütze und auf Spatziergängen schnell wie Rehe dahinhüpfend, was ich auf einem Ausfluge nach dem Inselsberge zu sehen Gelegenheit hatte. Sehr gemüthlich und rührend erschien mir das Kirschfest. Der alte Salzmann hatte den Hügel, auf welchem die Institutsgebäude stehen, ebnen lassen, wobei ihm auch Lehrer und Zöglinge hülfreiche Hand leisteten. Auf den durch die abgegrabene Erde erweiterten Damm desselben, Schanzplatz genannt, wurden meist von den Institutsmitgliedern selbst Kirschbäume gepflanzt, jedes derselben erhielt einen davon zum Eigenthume, von welchem es, so lange es in Schnepfenthal anwesend war, die Früchte genießen durfte. Nachdem nun die Zöglinge am Kirschfeste einige große Wäschkörbe voll Kirschen gepflückt und wie die übrigen Gäste unter der großen Linde, die sich in Mitten der Kirschbäume auf dem Schanzplatze befindet, Platz genommen hatten, verlas Herr Wilhelm Ausfeld die Namen der noch lebenden und früheren Besitzer dieser Bäume nebst kurzen Notizen über ihren jetzigen Stand und Aufenthalt, wobei es natürlich von vielen hieß: «Im Lande der Seligen.» Dann wurde ein, wenn ich nicht irre, vom alten Salzmann selbst zu diesem Zwecke gedichtetes Lied gesungen und dazwischen die herumgereichten Teller mit Kirschen und Weißbrod geleert.

Auch an auswärtigen Besuchern fehlte es nicht: da kamen täglich Eltern und Verwandte der Zöglinge, Gäste aus der Umgegend oder solche, die früher im Institute erzogen worden waren, um Frau und Kindern den Ort zeigen, ev. ihn selbst nochmals zu sehen, wo sie so schöne Jugendtage verlebt und von dem sie ihnen so viel erzählt hatten, so ein russischer Graf, der wohl vor vierzig Jahren Zögling gewesen war, mit seiner Familie, ein von Berlichingen u.s.w.

Auch in Gotha wurden mir Onkel Ernst und seine Familie, besonders durch die Liebe, die sie meinen Kindern bewiesen, die sich mit mir bei ihnen so wohl befanden, sehr lieb; in Meiningen Tante Sophie und Diaconus Calenberg, Schwiegersohn der Tante Märcker. Daß mir auf diese Weise der Aufenthalt in Deutschland sehr lieb wurde und wir eine Menge sehr lieber Reminiscenzen mit nach der Schweitz zurückbrachten, ist natürlich. Er hat mir noch in der Erinnerung viel Vergnügen gemacht.

Tod unserer Sophia Magdalena

Im folgenden Jahre, 1843, gegen Mitte September, erkrankte unsere liebe Sophia Magdalena an der Ruhr, und ungeachtet der emsigsten Sorge und zartesten Pflege ihrer Mutter starb sie nach neun Tagen und heftigen Schmerzen den 22sten September. Ihr Tod ging auch mir sehr nahe, weil ich an ihrer Entwicklung Freude fand und so gern gezeigt hätte, wie sehr ich sie liebte, was einem Vater doch erst im Fortlauf der Jahre in höherem Grade möglich wird. Ein furchtbarer Schlag war das aber besonders für meine arme Frau. Doch gerade die Art und Weise, wie sie sich dabei benahm, flößte mir die höchste Achtung für sie ein, denn ich hätte es kaum geglaubt, daß sie im Stande sein würde, diese Prüfung mit so viel Ergebung zu bestehen.

Gleich nach ihrem Hinschiede legte sie die liebe Entseelte aufs Bett, setzte sich an den Tisch daneben und beschrieb den Verlauf der Krankheit und die Empfindungen, die dabei in ihr erwacht und sie bis zu diesem Augenblicke durchdrungen hatten. Dieß, wie sie sagte, um das Bild des geliebten Kindes um so treuer und nachhaltiger in der Seele zu bewahren. Und es ist wahr, nur zu leicht bleicht sich ein solches im Laufe der Jahre ab, und wenn es nicht in treuer, zarter Eltern Herzen erhalten wird, so verschwindet es allmälig ganz und gar aus der Erinnerung der Menschen dieser Welt. Hierauf wusch und kleidete sie selbst ganz allein das liebe Kind, legte es in sein Bettchen und gab keine anderen Zeichen des Schmerzes als solche, die der zarten und innigsten Mutterliebe natürlich sind und so, im rechten Maaße gehalten, allen Nahestehenden nur Achtung und Bewundrung einflößen können.

Mit der neuen Hochachtung, die sie auf diese Weise in meinem Gemüthe begründete, wuchs auch das Vertrauen und die Liebe, die sich in der seitherigen Vergangenheit immer klarer und bestimmter heraus gestellt und auch in die spätere Zukunft oder auf den Abend unseres Lebens vertrauensvoll zu blicken ermöglichet hat. Jetzt besonders und seit Jahren fühle ich, welche großen Wohlthaten mir die Vorsehung durch diese zweite Ehe zugewandt hat, und nur mit Schrecken kann ich daran denken, wie öde und leer mir die Welt ohne meine nun fünfzehnjährige Lebensgefährtin werden müßte. Möge sie mir Gott erhalten bis zu meinem

Lebensende und ihr auch nachher so angenehme Tage, wie sie durch ihren Wandel überhaupt und ihre zarte Sorgfalt für mich verdient, schenken!

Erziehung der Kinder

Ich habe schon an einem anderen Orte bemerkt, wie zärtlich ich meine Kinder in ihrer ersten Jugend geliebt und wie sehr ich mich in dem Gedanken gefreut, sie von den Uebeln befreit hoffen zu dürfen, die mich selbst in früher Jugend am meisten gedrückt haben; ich meine von oeconomischer Abhängigkeit und Mangel an Verwandten, die sie auf den Weg der Tugend zu Gott zu führen, nicht nur [den] Willen, sondern auch [das nötige] Geschick hoffen ließen. Durch den frühen Tod ihrer Mutter war ihnen allerdings das wirksamste Mittel entrissen worden, Gemüthlichkeit und Liebe in ihren Herzen auszubilden, und die Dienstboten, wie sehr sie sie auch liebten, waren doch nicht geeignet, diesen Verlust zu ersetzen, sondern vielmehr durch blinde Liebe und Wohlmeinenheit sie auf Abwege zu führen, indem sie ja gewöhnlich die Fehler der Kinder nicht allein nicht gehörig bestrafen, sondern diese auch verheimlichen und daher gefährlichen Samen in's Gemüth pflanzen. Ein Hauptgrund, warum ich mich entschlossen hatte, Puschlav zu verlassen und den Ruf an die Kantonsschule anzunehmen, war gerade die Hoffnung, ihnen hier eine bessere Erziehung geben zu können, und dafür sollte nichts gespart werden. So hielt ich in Verbindung mit anderen befreundeten Familien (von Tscharner, Hößli und La Nicca) für die beiden älteren Kinder einen eigenen Lehrer, Herrn Enderlin[405], damals Schullehrerzögling in der obersten Klasse der Kantonsschule, und gab selbst Religionsstunde in dieser kleinen Schule. Später nahm ich für die jüngeren den Schüler Hößli[406] von Hinterrhein in's Haus, der meine Kinder beaufsichtigen und ihnen für die Stunden in der Stadtschule nachhelfen sollte und der sich auch ihre Liebe erwarb.

Theodor

Später sandte ich den Theodor nach Gais zu dem berühmten Pestalozzianer Krüsi, den ich auch persönlich kannte und auch schon seiner Gemüthlichkeit wegen hochschätzte. Nachdem ich ihn hierauf ein Jahr in der Kantonsschule gehabt, entschloß ich mich, auf den Rath meines Freundes, des Herrn Landammann D. Schindler[407] von Mollis, ihn zu

Herrn Pfarrer J. Heer[408] in Matt zu thun, wo auch er drei seiner Söhne hatte und sich sowohl von dem Aufenthalte in einem so abgelegenen Thale als auch von dem Unterrichte und der Erziehung des Herrn Pfarrers das Beste versprach. Dieser, der Vater des berühmten Naturhistorikers und Professors in Zürich, war als ein sehr rechtschaffener Mann und tüchtiger Lehrer in der Schweitz bekannt, und ich mußte ihn in seinem ganzen Verfahren gegen meinen Sohn und andere hochschätzen. Bei ihm war Theodor drei Jahre, zuerst in Matt und später in Wedenschweil, und in der That hatte ich nie größere Ursache mit ihm zufrieden zu sein als in diesem Institute, wo auch Söhne von reichen und angesehenen Familien aus Glarus, Zürich und anderen Kantonen in Erziehung waren.

Nun galt es, sich für einen Lebensberuf zu entscheiden, und Theodor wünschte Landwirth zu werden. Er wurde also nach Kreutzlingen auf die Landwirtschaftliche Schule gethan und meinem sehr vertrauten Freunde, Herrn Wehrli[409], empfohlen. Auch in dieser Schule blieb er drei Jahre, ging aber später vom Landmann zum Kaufmann über.

Andrea

Da mir gerade an der gemüthlichen und sittlichen Bildung Andrea's für seine erste Jugend viel lag, schien mir das Institut meines Schwagers in Schnepfenthal, bis er in die Kantonsschule treten konnte, für ihn das geeignetste zu sein. Ich hatte es so rühmen hören und selbst gesehen, welch heiteres Leben die Knaben da führten und mit welcher Anhänglichkeit und Liebe sich früher ausgetretene Zöglinge desselben erinnerten. Es waren da Kinder aus den höheren und höchsten Ständen, von welchen zumal bei der beständigen Aufsicht, die ihnen zu Theil wurde, weniger Verderben zu besorgen war. Daß meine Schwäger und Schwägerinnen sich Andrea's besonders liebreich annehmen würden, darauf konnte ich mit Zuversicht zählen, und so sandte ich ihn schon in seinem neunten Jahre dorthin.

Als ich ihn nach drei Jahren wieder nach Chur zurück nahm, bestand er die Prüfung zur Aufnahme in die Kantonsschule mit großen Ehren und kam, obwohl so jung, in die zweite Klasse. Nach sechs Jahren machte er in seinem achtzehnten Jahre das Examen de maturitate und hätte also wie seine Comilitonen zur Universität abgehen können, und von den gelehrten Fächern schien er für die Jurisprudenz die meiste Neigung zu haben; da er aber auch physisch noch sehr klein war und ich nicht allein der gewöhnlichen sittlichen Gefahren, sondern auch des Studiums selbst wegen den Besuch einer Universität für so junge Bursche nicht rathsam finde und mich aus eigener Erfahrung hatte überzeugen können, wie wenig selbst begabte und wohl vorbereitete Studenten von der Universität in Vergleich mit dem haben, was sie davon haben könnten, wenn sie dieselbe etwas später und durch Jahre und Erfahrungen gereifter bezögen, glaubte ich ihn wenigstens noch ein Jahr in Chur behalten zu sollen, damit er sich an Selbstthätigkeit gerade in den Fächern, die ihm die anziehendsten wären, üben und seine Denkkraft stärken sollte. Nach Verlauf dieses Jahres erklärte er mir, sich lieber dem Kaufmannsstande als einem gelehrten Berufe widmen zu wollen, und wie weh mir dieses im Grunde auch that, wäre es doch ganz gegen meine Grundsätze gewesen, einen meiner Söhne zu einem Berufe zwingen zu wollen, zu welchem er nicht eigene innere Neigung fühlte. Ich gab meine Zustimmung mit der stillen Hoffnung, daß er vielleicht später seine Wahl noch bereuen und zum gelehrten Stande zurückkehren werde, mit der Ueberzeugung, daß er, sollte dieß auch erst nach drei bis vier Jahren der Fall sein, wenn er indeß rechte Liebe zu irgend einem gelehrten Fache bekäme, auch dann noch einen weit größeren Nutzen von der Universität haben müßte, als er bei seiner großen Jugend gleich bei'm Austritte aus dem Gymnasium gehabt haben würde.

Orsolina

Unsere Orsolina, später mit der poetischen Abkürzung des Namens Lina genannt, erhielt ihre Bildung nach dem Austritt bei Herrn Enderlin im Institute der Fräulein Friderike Eblin[410] und später in Aarburg bei Fräulein Schmidter[411], die ich als ein sehr achtungswerthes Frauenzimmer kennen lernte, die ihr Institut wirklich weniger aus finanziellen Zwecken als aus Liebe zur Jugend errichtet hatte und fortführte. Auch war die Wirkung dieses Schuljahres für meine Tochter sehr wohlthätig, und ich bin geneigt zu glauben, nicht weniger durch den Umgang mit guten Mädchen, mit denen sie dort zusammen traf, als durch den Unterricht, der ertheilt wurde und der wenigstens zum Theil viel zu hoch war. Lina war dort sehr gerne und begründete werthvolle, dauernde Freundschaftsbande mit Bernhardina Dosio[412] von Samaden, Maria Gilli[413] von Zutz und mehreren anderen Mädchen, die ihr liebe, treue Freundinnen geblieben sind. Auch im Hause meines Freundes, des Herrn Decan C. Schmidt[414], der damals dort in der Nähe Pfarrer war, genoß sie viel Freundschaft, und mit Freude und Dank hat sie seitdem stets an dieses in Aarburg zugebrachte Jahr zurück gedacht.

Andrea Carisch als Schüler in Schnepfenthal. (Ausfeld'sches Familienarchiv, Schnepfenthal [B] Nr. 104 [BV 3805]).

Um sie auf unserer 1842 unternommenen Reise nach Schnepfenthal mitnehmen zu können, woran mir viel lag, mußte ich sie einige Monate früher aus dem Institute zurücknehmen, als eigentlich mein Plan war, und gerade auf dieser Reise hatte ich Gelegenheit wahrzunehmen, wie sehr sie in gemüthlicher Beziehung in Aarburg gewonnen hatte, was sich auch aus ihren Briefen früher schon und immer noch auf erfreuliche Weise herausstellte. Schon durch ihre Aehnlichkeit mit ihrer seligen Mutter im oberen Theil des Gesichtes (Haare, Brauen und Augen) und geistig durch ihr heiteres Wesen, ihren leichten Sinn und ihre stete Fertigkeit zum herzlichen Lachen, war sie mir stets sehr lieb gewesen und wurde sie mir jetzt durch innere Vervollkommnung immer noch theurer, doch sollte auch sie, die zu Puschlav immer die größte Zuneigung hegte, nicht mehr lange im väterlichen Hause weilen.

Anna Maria

Meine jüngste Tochter, Anna Maria, war, wie schon oben bemerkt worden, seit unserem Aufenthalte in Chur oft unwohl gewesen und hatte viel an scrophulösen Augenübeln gelitten. Ihre Demuth und Sanftmuth, ihr Fleiß und Geist sowie ihr Sinn für Ordnung und Thätigkeit zeichneten sie vortheilhaft aus, machten mir viel Freude und ließen uns rücksichtlich ihrer auch gute Hoffnung für die Zukunft hegen.

Nachdem sie die fünf ersten Klassen der Stadtschule durchlaufen und auch das Institut der Fräulein Eblin zwei Jahre besucht hatte, sollte sie nun auch in ein [auswärtiges] Institut, wie sehr mir diese Mädchenanstalten auch im Ganzen zuwider waren. Dazu empfahl man mir das Institut der Frau Nagel-Heusi[415] in Zürich, in dem sie und ihre Töchter selbst den größeren Theil des Unterrichtes ertheilten und, soviel sich aus Briefen abnehmen ließ, gesunde Grundsätze befolgt wurden. Auch durch persönliche Bekanntschaft wurde diese Erwartung bestätigt: Frau Nagel erschien mir als eine sehr gebildete, achtbare Dame und ihre beiden ältesten Töchter nicht weniger, und so wurde denn meine Annina ihnen anvertraut. Im Winter des zweiten Jahres erkrankte sie aber ernstlich, und daß in dieser Beziehung alle Sorgfalt, die nöthig und Pflicht gewesen wäre, für sie gehegt worden, muß ich fast bezweifeln. Später fehlte es freilich nicht daran, allein ein Brustübel machte dem zarten Leben dieser theueren Tochter bald ein Ende, und am 20sten April 1847 wurde sie, statt nach Hause zurück zu kehren, in die wahre Heimath abgerufen, und ihre sterbliche Hülle ruht auf dem schönen Kirchhof von Neumünster, wo ein hoher Denkstein die Stelle bezeichnet, wo sie ruht. Von der Krankheit des lieben Kindes benachrichtigt, eilte meine Frau sogleich nach Zürich, sie zu verpflegen, und zwei Tage später ging auch ich dahin. Das liebe Kind schien ihren Tod gar nicht zu ahnen und unterhielt sich am liebsten von Chur und was sie bei ihrer Rückkehr dahin thuen wolle, um der Mutter zu helfen und sie zu erfreuen. Doch schon am dritten Tage nach meiner Ankunft entschlummerte sie sanft hinüber und ließ uns in Trauer und Thränen zurück.

Der Freundlichkeit, die uns bei dieser Gelegenheit viele dortige Familien, z.B. die des Herrn Doktor Locher-Balber[416], von Orelli, diejenige meines Freundes Landammann Schindler, Herrn Regierungsrath Pestalozzi[417] und andere erwiesen, erinnere ich mich dankbar. Gott lohne sie ihnen und bewahre alle Eltern vor ähnlichen Prüfungen!

Tod meines Freundes Joh. P. Hosang

Als eines der wichtigsten Ereignisse für mein äußeres und öffentliches Leben kann ich wohl den Tod meines alten Freundes J. P. Hosang anführen. Er war schon lange Jahre bei Herrn A. Frizzoni in Bergamo, als ich als Erzieher seiner Knaben zu diesem in's Haus kam, und nahm sich meiner bei jeder Gelegenheit mit Liebe und Wärme an. Obwohl nur in der Schule von Fettan gewesen, hatte er sich nachher durch Fleiß und Studium zu einem Kaufmanne ausgebildet, der an Bildung seines Gleichen in Bergamo und weit herum suchte. Er las und schrieb neben dem Deutschen auch sehr gut Französisch und Italienisch, hatte einen scharfen Verstand, war, der Hypochondrie ungeachtet, an der er in der Einsamkeit litt, in Gesellschaft sehr heitern Humors und wußte diese dadurch wie auch durch seine Belesenheit in der neueren Literatur und sein Interesse für die Politik, in der er in Folge seiner Beobachtungen und seines trefflichen Gedächtnisses wohl beschlagen war, stets zu beleben.

Wir schlossen uns gleich innig an einander an; den meisten, den belehrendsten und unterhaltendsten Umgang hatte ich in Bergamo mit ihm, und auch nach meinem Abgange von da, blieb ich durch Briefwechsel in beständigem freundschaftlichem Verkehr mit ihm. Er ist der Stifter unserer schönen Kantonalarmenanstalt in Plankis, indem er die Fonds zu dieser dem Kanton vermacht und die Verwaltungscommission ernannt hat, die über dieselbe verfügen, und festgesetzt hat, nach welchen Grundsätzen sie verfügen soll. Dieses sein Testament hatte er schon im Jahre 1825 niedergeschrieben, es nachher durch mehrere Codicille, je nach seitdem eingetretenen Umständen geändert oder modificirt, das Ursprüngliche aber in den Hauptsachen ganz beibehalten.

Hosangische Stiftung [418]

In diesem seinem Testamente hatte Hosang schon anfangs den Herrn Bürgermeister Fr. von Tscharner und mich als Glieder der Verwaltungscommission ernannt; erst im Jahre vor seinem Tode sprach er den Wunsch aus, daß Herr Bundspräsident B. von Bavier und Herr Bundspräsident Stephan von Pestalozzi[419] gleichfalls dazu genommen werden möchten. Den 27sten December 1841 starb er in St. Gallen, und so trat denn der Kanton in Besitz des Vermächtnisses und die Commission in Wirksamkeit. Das Protocoll gibt Auskunft über ihre Verhandlungen und einige Notizen über das frühere Leben Hosangs. Sein Testament habe ich im Monatsblatt No. 3 im Merz 1854 abdrucken lassen.

Die erste und wichtigste Frage, die entschieden werden mußte, war die: Was für eine Art von Stiftung soll aus dem Hosangischen Vermächtnisse gegründet werden, um dem Willen des Testators bestmöglichst zu entsprechen? Um über diese Frage mit um so größerer Zuversicht entscheiden zu können, wurde im November 1842 eine Aufforderung durch die Zeitungen veröffentlicht, Vorschläge einzusenden, welche milde Stiftung unseren Bedürfnissen nach die angemessenste sein möchte, wo sie errichtet und wie organisirt werden sollte.

Da die Ansichten, selbst in der Commission keineswegs entschieden waren und ziemlich von einander abwichen, mir aber die landwirtschaftliche Armenschule, schon seit vielen Jahren meine Lieblingsidee, vor allen anderen Anstalten den Vorzug zu verdienen schien, unterwarf ich in mehreren Artikeln, die unter dem Titel «Reflexionen» in der Churer Zeitung abgedruckt wurden, die von anderen gemachten Vorschläge einer möglichst gründlichen Beurtheilung und wies die Vortheile auf, die eine landwirthschaftliche Armenschule haben würde. Dieser Ansicht traten dann auch meine Collegen bei. So wurde die Gründung einer solchen beschlossen und das Frizzonische Gut in Plankis dazu angekauft, welches uns die beiden Brüder Johann und Friedrich Frizzoni zu diesem Behufe großmüthig um dreißig Tausend Gulden abtraten, die Gebäulichkeiten, und verschiedene gröbere Geräthschaften mit eingerechnet, und acht Tausend Gulden als ein Geschenk betrachtet haben wollten, das sie der Stiftung machten;denn ihnen war das Gut weit höher zu stehen gekommen

J. P. Hosang'sche Stiftung bei Chur (Stadtarchiv Chur)

und es ist außer Zweifel, daß sie durch Parzellierung desselben es auch um einen weit höheren Preis wieder hätten verkaufen können.

Die oben erwähnten Artikel der Churer Zeitung sind nachher den 11ten November 1842[420] eigens zusammen abgedruckt worden, und wie unvollkommen sie in sprachlicher Beziehung sind, zeigen sie doch, wie sehr mir die Sache am Herzen lag, zu dem vorgesteckten Ziele zu gelangen. So sah ich mich denn im Vorstande der besten Armenstiftung, die Bünden je gehabt hat, mit einigen meiner besten und geschätztesten Freunden vereinigt, vom Gründer selbst offenbar nur aus Rücksichten persönlichen Wohlwollens dazu ernannt. Man kann sich leicht denken, ob dieß nicht Auffordrung genug für mich war, mein Möglichstes zu thun, um das vom Freunde in mich gesetzte Vertrauen zu rechtfertigen und seinen edlen Zweck im möglichsten Maaße zum Segen für die betreffenden Armen zu fördern.

Diese Anstalt hat mir bereits viel Mühe, aber auch viel Freude gemacht, und wenn ich daran denke, welche Befriedigung mein seliger Freund empfinden müßte, wenn er, der so vereinzelt in der Welt stand, sehen könnte, wie er der leibliche und geistige Versorger einer so bedeutenden

Anzahl armer Kinder geworden ist und, so es Gott gefällt, bis in die späteste Zukunft für noch weit mehr andere werden wird, so hüpft mir jedesmal das Herz vor Freude. Doch, da Gott einem jeden nach seinen Werken lohnt, wird ihm der höhere und noch herrlichere Lohn der Ewigkeit nicht ausbleiben.

Rührend war mir besonders folgender Brief, der mir einige Wochen nach dem Tode des guten Hosang von Bergamo aus zugeschickt wurde, und der wörtlich also lautet:

Herrn Professor Otto de Carisch.

«Verehrtester Freund,

Wie aus meinem Grabe richte ich diese letzten Worte an Sie. In meinem Testamente habe ich Ihnen einen großen Beweis meiner Hochachtung geben wollen, indem ich Sie, nebst Herrn Friedrich von Tscharner, zum Vollzieher meines patriotischen Vermächtnisses ernannt habe. Ich zähle dabei ganz besonders auf Sie. Ihr Eifer und Ihre Vaterlandsliebe bürgen mir dafür, daß meine gute Absicht auf die gemeinnützigste Weise erfüllt werde und daß nach meinem wohlüberdachten Plane ein Werk von bleibendem Nutzen durch Sie gestiftet und vor Mißbrauch gesichert werde.

Mögen Sie dafür in einem langen, ehrenvollen, glücklichen Leben süße Belohnung finden. Mit diesem Wunsche nehme ich Abschied von Ihnen, bis zum frohen Wiedersehen im Elisium.

(ohne Datum) Ihr Freund J.P. Hosang»

(Siehe das Original im Original-Testamente.)

Armenanstalten

Armenanstalten dieser Art sind unstreitig die angemessensten Mittel, der Armuth zu steuern. Aber! aber! wohlmeinende Vorstände reichen dazu nicht hin, auch reiche Fonds reichen nicht hin, das Entscheidende, um Segen durch sie zu verbreiten und sie wahrhaft fruchtbar zu machen, sind die Leiter solcher Anstalten, welche, was sie heißen, auch in der That sein sollten und es aber nicht immer, ja vielleicht nur selten sind: *«Hausväter»*. Werden die Kinder nur ernährt, gekleidet, in den gewöhnlichen Schulkenntnissen noch so gut unterrichtet, gewinnen aber keine Liebe zu dem Vorsteher, zu den Eltern, wie sie heißen, und unter einander, wird zwar Ordnung und Thätigkeit erhalten, aber nur durch Furcht und Schrecken, nicht durch Achtung und Liebe, so bleibt der Segen solcher Anstalten immer noch ein sehr precärer. Und wie schwer ist es und muß es sein, geeignete Hausväter und Mütter zu finden! Der Vorsteher sollte nothwendig verheirathet sein, sonst fehlt ihm zu viel und fehlt den Kindern die Mutter, welche in sittlicher Beziehung auf das Herz der Kinder am meisten wirken sollte. Ist aber auch der Lehrer tüchtig und geeignet zur Leitung der Anstalt, so ist nicht selten die Frau nicht tauglich und durchaus nicht dafür gemacht. Und so wird es leider zu jeder Zeit sein. Meines Erachtens liegt weit weniger daran, daß die Hosangische Stiftung ihre Fonds erhöhe, als daß sie immer geeignete Hausväter und Mütter bekomme. Aber wie schwer ist das! Ich kann daher nur dasjenige wiederholen, was Herr Decan Häfelin[421] in seinem Referat über die Rettungsanstalten der Schweitz, 1853, Seite 44, als meine Worte anführt: «Das, wovon wohlthätige Wirksamkeit dieser Anstalten am meisten abhängt, sind unstreitig die Armenlehrer, und wir müssen wünschen, daß der geeigneten immer mehr herangebildet werden mögen, was in dieser lohn- und genußsüchtigen Zeit nichts Leichtes ist. Da sind nicht nur landwirthschaftliche Kenntnisse, sondern auch physische Kraft und energische Thätigkeit, nicht nur Schulkenntnisse, sondern auch pädagogisches Talent und eine Liebe und Aufopfrungsfähigkeit nothwendig, die nur aus einer gesunden, lebendigen Religiosität hervorgehen und alle geistigen Kräfte zu Werkzeugen des Glaubens erheben können, der in der Liebe thätig ist. Wohl ist die Ernte groß auf diesem Gebiete, und je lebendiger wir es fühlen, um so inniger wird auch unser Gebet sein, daß der himmlische Vater tüchtige und rechtschaffene Arbeiter in diese Ernte sende.»

Johann Peter Hosang

Von Hosang's Familie und seinen früheren Lebensverhältnissen habe ich das mir bekannte Wichtigste als Einleitung zu seinem Testamente im Monatsblatt No. 3, 1854 abdrucken lassen. Noch will ich hier einiges aus seinen letzten Jahren beifügen.

Wie schon anderswo bemerkt worden, hatte er manche der vortheilhaftesten Anerbietungen in Bergamo und anderwärts ausgeschlagen und war bei Herrn Frizzoni geblieben, obgleich dieser ihm nicht so vortheilhafte Bedingungen machte wie mehr als einem seiner früheren, weniger tüchtigen und für sein Geschäft eifrigen Comptoiristen. Allein Hosang hatte die Gedanken an's Heirathen schon von früh an aufgegeben, und obgleich immer sparsam, war die Anhäufung von Reichthum doch nie eine Leidenschaft bei ihm geworden. Das Entscheidendste aber, was ihn an das Haus Frizzoni band, war die große Liebe, die er zu den Söhnen oder eigentlich zu den beiden jüngeren Brüdern Johann und Fritz hegte, von denen er ebenso zärtlich geliebt wurde. Bei dieser gegenseitigen Liebe und bei den Hoffnungen, die sich bei ihm auf so natürliche Weise auch für sein späteres Alter an sie knüpften, hatte er sich immer von Neuem bestimmen lassen, seinen Accord mit Herrn A. Frizzoni zu erneuern und dem Wunsche seiner Mutter wie der Neigung seines eigenen Herzens zu widerstehen, welche beide laut forderten, noch eine Zeit lang vereint zu leben. Der letzte Vertrag sicherte ihm nebst dem früheren Honorar, wenn ich nicht irre, nach sechs Jahren freie Station im Hause nebst einer Leibrente von 2'000 L. jährlich. Allein ehe diese Zeit abgelaufen war, hatte sich doch eine gewisse Verstimmung in den Verhältnissen eingeschlichen. Die jüngeren Brüder hatten unter der Leitung des Herrn Doktor Gündel ihren Gesichtskreis erweitert, eine höhere ästhetische Erziehung genossen, für Wissenschaft und Kunst Geschmack und Liebe gewonnen und alle Neigung für den Handel darüber verloren. Nicht daß Hosang dieß nicht zu würdigen gewußt hätte; aber er glaubte und erwartete, daß den äußeren Verhältnissen mehr Rechnung getragen würde, und weil dieß nicht geschah, nicht geschehen konnte, entschloß er sich bei Ablauf seines Accordes, das Haus zu verlassen und sich selbst mit Verzichtung auf freie Station (unentgeltlichen Tisch und Logis im Frizzoni'schen Hause) lieber anderswo in der Schweitz nieder zu lassen und da unabhängig und ganz nach seiner Neigung zu leben. So geschah es denn auch. Kurze Reiseskizzen, die ich unter seinen Papieren gefunden und in der Hosangischen Stiftung niederzulegen denke, weisen nach, daß er von 1831 bis zu seinem Tode verschiedene Reisen durch die Schweitz und einmal auch wieder nach Bergamo gemacht hat, so an den Bodensee, auf den Rigi, in die kleinen Kantone, nach Genf und an den Genfersee. Ferner, daß er in Chur, St. Gallen, Zürich, Lausanne, Vevey, Rolle auf längere Zeit seinen Aufenthalt genommen, mit bedeutenden Männern der Schweitz bekannt geworden und mit mehreren seiner Kostgeber auch noch nachher in traulichem Briefwechsel gestanden hat, so mit Griot in Vevey, mit de Vallière in Lausanne, mit Balber[422] in Zürich und mit Landammann Zehnder[423], bei dem er dort zuletzt logirte. Sein größtes Vergnügen in diesen Städten war, den Verhandlungen der großen Räthe und den Tagsatzungen in jenen wichtigen Jahren beizuwohnen und sich ein Bild der darin fungirenden Staatsmänner zu machen. Eine kurze Characteristik von manchen derselben wie von Gelehrten und Predigern findet sich ebenfalls hin und wieder in diesen Reiseskizzen, und es ist interessant und erfreulich zu sehen, welche Bekanntschaften er auf diesen Reisen gemacht hat, wie freundlich er an vielen Orten aufgenommen worden und welche reichen Kenntnisse er sich auf diese Weise noch in den letzten Jahren seines Lebens erworben hat.

Als den vorzüglichsten catholischen Geistlichen, den er je kennen gelernt habe, schildert er Herrn Heinrich von Zug, Pfarrer zu Mosnang[424], den er 1840 im Fidriser Bade kennen lernte und der auch mir daselbst sehr wohl gefiel.

Den 27sten December 1841 starb Hosang in St. Gallen bei Frau Zollikofer, und ein einfacher Grabstein bezeichnet die Stelle auf dem Kirchhofe, wo seine sterbliche Hülle ruht. Sein schönes Denkmal ist die Hosangische Stiftung in Plankis und seine neue Wohnung – wir hoffen es zu Gott – im Lande der Seligen.

Herrn Frizzoni's Heirath

Eine der angenehmsten Erscheinungen in unserem geselligen Leben brachte uns die Verlobung des lieben Fritz Frizzoni mit Fräulein Helene von Salis-Seewis[425] in Malans. Lange schon waren seine beiden Brüder in den Ehestand getreten und glückliche Ehemänner und Familienväter; aber er, mit so vielen Eigenschaften ausgestattet, eine Frau glücklich zu machen und durch sie glücklich zu werden und mit einem Herzen voll Sehnsucht einen eigenen Hausstand zu begründen, reiste noch immer in der Welt herum, ohne die gefunden zu haben, der er sein Herz und seine Hand mit Vertrauen hätte anbieten können. Doch auch ihm schlug die langersehnte Stunde, und was tausend Gedanken, Zweifel und Rathschläge nicht hatten in's Leben rufen können, das krönte endlich mit dem besten Erfolge fast unerwartet ein heller Augenblick. Mit einem Frauenzimmer, welches durch Geist und Gemüth bei ihren Bekannten in hohen Ehren stand, verlobte er sich bei einem Besuche in Bünden kurz vor seiner Abreise, beiden selbst auf stark unerwartete Weise. Man denke sich die Freude dieses guten, gefühlvollen Mannes bei dem Bewußtsein, ein solches Mädchen sein nennen zu können, und man wird begreifen, daß er nicht allein die Nächsten, sondern auch entferntere Freunde mehr oder weniger in seinen Zauberkreis zog. Die Verwandten wollten das Brautpaar ehren, und so wechselten bei ihnen die Einladungen von Tag zu Tag, und die Freude war in diesen Zirkeln so innig, wie sie wohl selten in dergleichen Gesellschaften inniger und allgemeiner gewesen sein dürfte. Und sie, die Freude, hat das Eigene, daß sie zutraulich, aufrichtig und offen macht wie keine andere Gemüthsbewegung. Sie legt zu bleibendem Wohlwollen den besten Grund. So brachte sie auch hier manche sich bisher nur im stillen

Gefühl verwandt geglaubte Gemüther sich nahe und, wie einer scherzhaft sagte, zu offenen Liebes- oder Freundschaftserklärungen.

Diese Zeit vom Herbst 1843 bis Mai 1844, in der ich so viele schätzbare Angehörige der Braut näher kennen lernte, in deren Umgang mir seitdem so manche Stunden jedes Jahr so angenehm verflossen sind, und dieß in höherem Grade bei der Familie der Braut selbst, bei Herrn Major von Salis[426] in Malans, war der Glanzpunct meines geselligen Lebens in Chur, und zum Schluß wurde mir noch die Ehre zu Theil, diese lieben Brautleute zu trauen, was natürlich nicht ohne tiefe Bewegung und von ganzem Herzen geschah.

Carl und Mathilda von Raschèr

In demselben Jahre sollte ich jedoch noch ein anderes Ereignis feiern, das mir an und für sich und durch seine Folgen bisher manche schöne Stunde zuerst durch persönlichen Umgang, nachher durch höchst erfreulichen Briefwechsel verschafft hat: die Trauung meines Freundes Carl von Raschèr mit Fräulein Mathilda Meyer aus Neapel, zu Andeer den 15ten Juli 1844.

Raschèr war Feldprediger in einem Schweitzerregimente in Neapel und machte dort die Bekanntschaft mit einem der ausgezeichnetsten Frauenzimmer, die ich je gekannt habe. Mathilda war ein zartes, sinniges, durch Gemüth, Geist und Bildung ausgezeichnetes Wesen. Mit Fertigkeit sprach und schrieb sie vier Sprachen, italienisch, französisch, deutsch und englisch, spielte die Harfe sehr gut, das Clavier, zeichnete und mahlte sehr schön, war in der neueren Literatur sehr bewandert und verband mit diesen ausgezeichneten Gaben eine bewundernswürdige Sanftmuth und Herzensgüte. In ihr Album zeichnete sie die Portraits ihrer Freunde ein, wie wir deren Stammbuchsblättchen in das unsrige eintragen.

Mit ihr war Raschèr in Neapel bekannt geworden, mit ihr hatte er Dante und was es sonst Wichtiges zu lesen gab, gelesen, und es läßt sich denken, daß bei zwei Characteren dieser Art eine gegenseitige Neigung entstehen mußte, die sich mit keinem anderen Ausdrucke bezeichnen läßt, als mit dem innigster Liebe. Allein er war protestantischer Geistlicher, sie – wenn auch sehr tolerant – doch Katholikin, und in ihrer reinen Katholicität so fest, daß sie sich nicht leicht hätte entschließen können, dieselbe zu verlassen. Raschèr erhielt den Ruf als zweiter Pfarrer und Director der Stadtschule nach Chur, und aus Rücksicht für seine vortreffliche Tante, Frau Stadtrichter Rofler[427], nahm er ihn an und wurde in beiden Eigenschaften, zumal aber in der letzteren, bald in hohem Grade beliebt. Aber sein Herz war in Neapel, bei Mathilda, ihr Herz in Chur, bei Carl. Es waren herrliche Briefe, die ich von letzterer zu lesen bekam, so wahr, so rein, so natürlich und edel. Als Geburtstagsgeschenk sandte sie ihm einmal die Abschrift aller Stellen aus Dante, die sie bei ihrem gemeinsamen Lesen besonders angesprochen hatten, in einem niedlich gebundenen Duodezbändchen und von ihrer Hand so rein und mit so kaligraphischer Schönheit geschrieben, wie man nur selten Geschriebenes findet. Ich habe nie von einem Geburtstagsgeschenk gehört, das ich mir so sinnig und für den Empfänger so erfreulich hätte denken können.

Eine solche Liebe und eine solche gegenseitige Angehörigkeit durfte nicht gelöst werden, und in diesem Gefühle wurde das vielleicht Unerhörte gewagt, daß ein stationirter reformirter Pfarrer ein katholisches Mädchen heirathete und dazu ein reiches katholisches Mädchen, die in der Natur und den Kunstgenüssen Neapels aufgewachsen war, Italien verließ, einen reformirten Pfarrer heirathete und sammt ihrer Mutter nach Chur zog. So geschah hier wirklich das in doppelter Hinsicht Unglaubliche, und diese Ehe einzusegnen, wurde ich erkoren und that es von Herzen. Und wohl selten mögen zwei – ihrer verschiedenen Confession ungeachtet – eingesegnet worden sein, die einander mehr angehörten oder deren Ehe sichrer im Himmel geschlossen gewesen wäre als diese.

Obwohl in einer Zeitung die Verwundrung und mehr über diese anomalische Heirath nicht ausblieb, zeigte dennoch der Erfolg, daß es auch hier ein höheres Gesetz für ähnliche Verbindungen gibt als das gewöhnlich angenommene. Hiervon überzeugte ich mich auf sehr befriedigende Weise, obgleich ich grundsätzlich ganz gegen dergleichen Verbindungen eingenommen bin. Auch hierin gilt es also, daß keine Regel ohne Ausnahme ist. Das Haus unserer Neuvermählten wurde ein gastliches Haus des Friedens und der Freude, und wer es näher zu kennen Gelegenheit hatte, konnte sich über diese Verbindung nur freuen. Der Pfarrer erlitt durch seine Heirath nicht den mindesten Verlust an seinem Ansehen, und die katholische Frau Pfarrerin und ihre Mutter gewannen sich die Herzen aller, die in ihre Nähe kamen. Auch wir gewannen viel durch den Umgang mit ihnen, und mancher schöne Abend wurde in ihrer Gesellschaft verlebt.

Doch dieses Glück sollte nicht lange dauern: der guten Mutter konnte natürlich die Nähe so hoher Berge und das Churer Leben bei seinem Abstande von dem früher in Neapel geführten auf die Länge nicht behagen, und was noch schlimmer war, unser rauhes Klima übte einen sehr nachtheiligen Einfluß auf die schwachen, kranken Augen Mathilden's aus. So war meinem Freunde keine andere Wahl gelassen als die traurigste, die mir je bei einem meiner Bekannten vorgekommen ist: entweder einen Beruf aufzugeben, in welchem er die allgemeine Achtung genoß, mit Freuden und mit dem erfreulichsten Erfolge wirkte und immer mehr gewirkt haben würde, oder die Gesundheit so schätzbarer Personen, wie Schwiegermutter und Frau waren, auf's Spiel zu setzen. Er entschloß sich zu ersterem, so schwer es ihm auch fiel, und zog wieder nach Neapel, wo er freilich unabhängig leben konnte und sich später der Erziehung seines Neffen und einiger Kinder aus befreundeten Familien widmete. Ersteren, die solcher Pflege so sehr bedürfen, Vater und Mutter zu werden, ist dermalen die größte Sorge und das höchste Glück dieser edlen Freunde.

Aber auch dort mußten sie von hier aus verursachte herbe Leiden treffen, welche würdig zu tragen ihnen, wie er sagt, nur durch ihre gegenseitige Liebe und Unterstützung mit Gottes Hülfe möglich geworden ist.

Von seiner Schule sagt er an einem Orte, daß er in den elysischen Gärten des A.B.C. lustwandle, und macht dabei eine Beschreibung seiner Schüler, von denen ihn nicht alle zu großen Erwartungen berechtigen und [von denen manche] zum Theil doch kaum Glaubliches geleistet zu haben scheinen. «Mit diesen Elementen» fährt er fort, «bin ich nun alle Tage von neun bis zwei Uhr beschäftigt – eine eben sehr schwere und ermüdende Arbeit, welche das Einhalten eines strengen Planes und eine sehr genaue Vorbereitung erfordert, und doch bin ich mit Lust dabei; denn Schöneres gibt es doch kaum in der Welt, als aus solchen jungen Herzen heraus zu wirken, was als guter Keim in ihnen schläft, und zugleich ist es die trefflichste Turnübung für den Geist. Gewiß ist, daß ich in dieser Schule viel gelernt habe und noch lerne und daß ich jetzt ein ganz anderer Director an der Stadtschule sein würde, als ich früher war.» u.s.w.

Der Tag der Ankunft seiner Briefe ist in unserem Hause immer ein Festtag, theils weil wir den guten Leuten so wohl wollen, theils weil er immer Interessantes auf interessante Weise mitzutheilen weiß.

Literarische Beschäftigung. Rhätoromanisches Lexicon

In diese Jahre fallen auch meine Versuche, etwas für die romanische Sprache zu leisten: die Bearbeitung meines rhätoromanischen Wörterbuches und meiner romanischen Formenlehre. Den Hauptanstoß dazu erhielt ich von einem italienischen Gelehrten in Turin, Herrn Vegezzi Ruscalla[428], und die Freude, daß italienische Gelehrte ihre Aufmerksamkeit auf diese Sprache richteten, bestimmte mich um so mehr, ihnen ent-

Hochgeachteter Herr!

In Verbindung mit zwei Freunden aus dem Engadin arbeitet Unterzeichneter schon seit geraumer Zeit an einem **romanisch-deutschen Wörterbuch**, in welchem drei rhätoromanische Dialekte — Oberländer, Unterengadiner und Oberengadiner — berücksichtiget werden und neben einander erscheinen sollen. Zweierlei wird mit der Herausgabe dieses Werkes beabsichtiget: 1. die alten ächt romanischen Wörter und Redensarten möglichst vollständig zu sammeln und vor dem Untergange zu bewahren; 2. die Erlernung der deutschen Sprache auch durch ein Hülfsmittel dieser Art unsrer romanischen Jugend einigermaßen zu erleichtern. — Soll aber ein Unternehmen dieser Art nicht allzu lückenhaft und unbefriedigend ausfallen, so ist es unerläßlich, daß es bei recht Vielen unsrer romanischen Landsleute, in allen Gegenden des Kantons, kräftige Unterstützung und thätige Mitwirkung finde.

In der Ueberzeugung, daß auch Sie, Hochgeachteter Herr, für die Erforschung unsrer Sprache Interesse haben und zum Gelingen dieses Unternehmens gerne etwas beitragen werden, nimmt der Unterzeichnete zutrauensvoll Ihre Güte und Hülfe dazu in Anspruch. Selbst ein kleiner Beitrag von ein paar Dutzend Wörter der bezeichneten Art werden ihm willkommen sein. Um Sie aber in dieser Beziehung nicht zweifelhaft zu lassen, welcherlei Gaben ihm die verdankenswerthesten sein müssen, bemerkt er zum Voraus, daß er keine Wörter erwartet, deren Verwandtschaft mit lateinischen, italienischen oder französischen sogleich in die Augen springt; — dergleichen sind in jedem fremden Lexikon in Menge zu finden und mit bloßer Veränderung der Endung leicht nachzumodeln. — Nein, die Wörter, die er sich von Ihnen ausbittet, sollen Gegenstände oder Thätigkeiten bezeichnen, die gerade bei uns zu Hause und im Volke allgemein bekannt sind: Wörter also, die heimische Vorstellungen und Begriffe ausdrücken, ein ächt romanisches Gepräge tragen, und daher auch geeignet sind, sowohl eine Eigenthümlichkeit unsers Volkslebens, unserer Verhältnisse, Beschäftigungen, Sitten und Gebräuche &c., als auch unserer Sprache mehr oder weniger anschaulich zu machen.

Am willkommensten werden mir — auch ohne Beifügung des Deutschen — daher sein:

1. Namen einheimischer Thiere, Vögel, Insekten, Käfer &c., wie z. B. muntanialla, pichialenn, bulla, bau, luschard, puppenchietschen, pollischett, tschitta da nies Segner.
2. Namen einheimischer, weniger bekannter Holzarten, Sträucher, Kräuter, Gräser, Blumen und Beeren; wie lantagien, culeischan, figniclèr oder suratschèr, murlinna, tscharschettas, crestas chied oder cod.
3. Namen einheimischer Stein- und Erdarten.
4. Namen von Haus-, Küchen-, Keller-, Stall- und Feldgeräthsachften, z. B. puffet, cazzola, vanoun, pandalegia, krieg, fleua; oder Theile des Hauses, Stalles &c., wie pigiament, palinschalla, latteu, lattina, tarsena, mugrin, stallischeut, turrera etc.
5. Namen von Geräthschaften für Alpen- und Milchwirthschaft, Käserei &c., wie curtè, garmera, nettia, cul, culim, tarmanigl, miestra, strighel, panaznn, manada, penn.
6. Namen für Geräthe zum Spinnen, Weben, Färben, Nähen, z. B. spieul oder spuol, scav, plichiuira, frieni.
7. Namen, die Eigenthümlichkeiten, Vorzüge, Fehler, Krankheiten von Menschen und Vieh, innere oder äußere Theile, Glieder, Gefäße bezeichnen, z. B. lingier, malcureivel, macorta, palusa, tratt, mal leung, mal costas, dir, lom etc.
8. Romanische Redensarten und Sprichwörter, die etwas Eigenthümliches von unsern Sitten und Gebräuchen bezeichnen, z. B. dar bi a maun, ir a vitg, far cavals, dar or igl schliep oder schlop, ir plaun seu, star da parsei, far tarmaigls, ir a tarmaigl, far bialla stiva, far frachias.

Lassen Sie sich nicht reuen, manchen Winterabend, wenn die guten, redseligen Frauen zusammen spinnen und die Männer beim Tabaksdampf vom lieben Vieh erzählen, bei ihnen zuzubringen, und Sie werden gewiß in allen obigen und andern Beziehungen Wörter und Redensarten hören, die ächt romanisch, der Aufbewahrung würdig sind und in Büchern und bei Gelehrten vergeblich gesucht würden. — Der Mittheilung Ihrer Ausbeute bei diesen oder andern Gelegenheiten entgegenharrend, empfiehlt sich Ihnen ergebenst und dankbar

Chur, den 1. Dezember 1845.

Otto Carisch.

Aufruf Carischs zur Mitarbeit an seinem romanisch-deutschen Wörterbuch (Staatsarchiv Graubünden, Chur, A 705).

gegenzukommen, weil ihnen Unternehmungen solcher Art gewiß viel leichter und erfolgreicher werden müssen als den Deutschen, wie sehr diese auch immer an Fleiß und Gründlichkeit über jene hervorragen mögen.

Meine Wörtersammlung in allen drei Ausgaben war nur für Bünden, und zwar für romanische Schüler, bestimmt. Sie sollte ihnen die Erlernung der deutschen Sprache erleichtern, und dieß hat sie unstreitig ungeachtet ihrer Unvollkommenheit für viele, sehr viele, gethan und wird sie in der Hand eines geschickten Lehrers auch ferner thun.

Die Bearbeitung eines rhätoromanischen Wörterbuches war schon eine weit schwierigere und in der That bedenkliche Unternehmung. Leichter und den Forderungen der Zeit angemessener wäre sie geworden, wenn ich ein gewöhnliches Wörterbuch bearbeitet hätte, in welchem es jedermann leicht geworden wäre, die vorhandenen Wörter aufzufinden, wenn sich auch nicht alle wünschbaren Wörter darin zusammengestellt gefunden hätten. Dieser große und für die Menge unstreitig schätzbarste Vortheil mußte aber geopfert werden, sobald ich mich entschloß, ein etymologisches, sei es auch nur für das Oberländer Romanische, zu bearbeiten. Die Schwierigkeit und die Mühe wurden dadurch unendlich vermehrt, die allgemeine Brauchbarkeit und der Absatz in noch höherem Grade vermindert. Bereuen kann ich indeß dennoch nicht, diesen Plan befolgt zu haben, denn bei der Mannigfaltigkeit unserer Dialekte und bei der namenlosen Verwirrung in denselben, kommt es doch – wenn die Sprache noch Berücksichtigung verdient – hauptsächlich darauf an, jedes Wort nicht nur für sich, da es oft bis zur Unkenntlichkeit alterirt oder verstümmelt ist, sondern im Zusammenhange mit seiner Verwandtschaft zu sehen und dadurch genauer kennen zu lernen. Nur auf diese Weise läßt sich das Characteristische der Sprache erkennen, ein sprachliches Verfahren nach Principien ermöglichen und den so vielfachen Entstellungen durch Abschneiden oder Versetzung ganzer Sylben auf den Grund kommen.

Zu einer Arbeit dieser Art, hätte sie ihrem Zwecke vollständig entsprechen sollen, wäre unstreitig eine vollständigere Kenntnis unserer romanischen Dialekte wie der alten und der neueren Sprachen erforderlich gewesen und auch reichere Hülfsquellen, als mir zu Gebote standen. Ein wesentlicher Mangel dieses Wörterbuches ist gewiß der, daß ich die Stämme nicht (ohne Rücksicht ob oberländisch oder engadinisch) nur mit größerer Bestimmtheit gewählt und an einander gereiht habe, und was noch schlimmer ist, daß sie oft nicht gehörig gewählt worden sind. Auch hätte ein vollständiges Register aller Wörter, die nicht als Stämme hervorgestellt sind, nicht fehlen sollen. Wie aber in der Vorrede gesagt worden ist: es sollte dieses Werkchen nur Material sein für tüchtigere Bauleute, und wenn diese einmal erscheinen, so werden sie darin doch schon Besseres vorfinden, als mir zu Gebote stand, und auch für dieses Geringe dankbar sein.

Zwei Erfahrungen sind mir indeß bei dieser Arbeit zu Theil geworden, die ich hoch anschlage und sehr zu würdigen weiß. Erstens eine unangenehme, nämlich daß ich wahrnehmen mußte, wie schwer es fällt, auch bei den redlichsten Bestrebungen Leute zu finden, die nicht nur so obenhin, sondern mit Ernst und Liebe mit Rath und That die Hand zur Fördrung unseres Werkes bieten. Dieß ist eine Klage, die auch Goethe irgendwo ausspricht, indem er dieß als eine der Hauptursachen bedauert, warum wir keine vollkommeneren Menschen und Werke haben, als die meisten von ihnen sind. Würde der Einzelne in seinem Wesen und Thun gehörig und liebevoll unterstützt, er würde das, was er von der Natur zu werden bestimmt ist, ganz werden, anstatt daß wir es gewöhnlich nur halb oder in noch geringerem Maaße sind.

Die zweite Erfahrung dagegen ist eine sehr angenehme, und zwar die, daß jede Beschäftigung auch mit den scheinbar geringfügigsten Dingen, wenn wir nur tiefer in ihren Gegenstand eindringen, uns auch zur Quelle von Annehmlichkeiten wird, die wir kaum ahnen können. Zur näheren Kenntnis der Welt und zur tieferen Bildung des Geistes ist eingehenderes Studium in hohem Grade fruchtbar, ja selbst unerläßlich. Die Oberfläche bietet uns freilich zahlreiche Gegenstände, ihr eigentlicher Kern und ihre mannigfachen Verbindungen werden uns aber nur in der Tiefe und ihren Wurzeln klar und wahrhaft lehrreich. Vom Centralpuncte muß man zur Peripherie ausgehen, um jeden Gegenstand in seiner eigentlichen Bedeutung und Verbindung genauer zu erkennen und leichter zu erfassen.

Johann L[eonhard] Frizzoni

Von meinen Zöglingen in Bergamo, den Brüdern Frizzoni, war mir auch Johann durch seine Gemüthlichkeit und zugleich durch seine Entschlossenheit und sein entschiedenes Wesen immer besonders lieb gewesen, und bei meiner späteren Bekanntschaft mit ihm nahm er im persönlichen Umgange und durch langen Briefwechsel diese Stelle wieder ein und behauptete sie ununterbrochen bis zu seinem Tode und über denselben hinaus in meinem Herzen. Er war zwar klein von Gestalt, aber doch voll Muth, und seine Briefe beweisen nicht nur Tiefe des Gemüthes, sondern auch ein lebendiges Interesse für die höchsten Aufgaben des Lebens sowie für Wissenschaft, Kunst und Talente, Sprachen und Poesie. Dabei zeigte er dennoch eine Anspruchslosigkeit und Bescheidenheit, die man bewundern mußte. Zu geben und Menschen zu erfreuen war Seligkeit für ihn, und am liebsten that er es im Stillen oder auf eine Weise, daß er sich dessen selbst nicht bewußt zu sein schien. Dieser Wohlthätigkeitssinn mag oft genug gemißbraucht worden sein; aber er war zu tief in seiner Natur begründet und auch grundsätzlich ausgebildet worden, als daß er durch widerwärtige Erfahrungen hätte gedämpft werden können.

Von seinem enthusiastischen Naturell ließ es sich erwarten, daß, wenn er einmal ein Mädchen seiner Liebe würdig finden, er sich ihr mit der größten Innigkeit hingeben würde, und dieses Mädchen fand er in Fräulein Clementine Reichmann in Mailand. Ihre äußeren Verhältnisse waren zwar nicht von der Art, daß sie ihr vollständige Ansprüche auf eine solche Verbindung hätten geben können; aber ihre Schönheit, ihre Bildung und ihr Character, ihre leiblichen und geistigen Vorzüge überhaupt waren für einen Mann wie Frizzoni hinreichend, um ihn von allem bloß Aeußerlichen absehen zu lassen, ihn mit der entschiedensten Anziehungskraft zu ihr hin zu ziehen und an sie zu fesseln. Von seiner Seite war es auch gewissermaßen eine alte Liebe von Kindheit an: Clementine war als Kind in der Privatschule der Frau Wagner in Bergamo gewesen, hatte diese, zugleich mit den Töchtern der Familie Curò und anderer Kaufleute besucht und war dadurch auch oft in das Haus Frizzoni gekommen. Wohl erinnere auch ich mich noch der schmucken kleinen Clementine, an deren kohlschwarzen funkelnden Augen voraus zu sehen war, daß Amor einst seine Pfeile aus ihnen nicht vergebens senden würde. Und der angenehme Eindruck, den sie schon damals auf den Knaben Johann gemacht hatte, verwischte sich, wie er mir sagte, auch später nie ganz. Doch:

Vom Mädchen reißt sich stolz der Knabe,
Er stürmt in's Leben wild hinaus,
Durchmißt die Welt am Wanderstabe,
Fremd kehrt er heim in's Vaterhaus.

War dieß bei Johann wirklich der Fall gewesen, so war es das Folgende nicht weniger:

Und herrlich, in der Jugend Prangen,
Wie ein Gebild aus Himmels Höh'n,
Mit züchtigen, verschämten Wangen,

Sieht er die Jungfrau vor sich stehn.
....
O! zarte Sehnsucht, süßes Hoffen,
Der ersten Liebe goldne Zeit!
Das Auge sieht den Himmel offen,
Es schwelgt das Herz in Seligkeit.
O, daß sie ewig grünen bliebe,
Die schöne Zeit der jungen Liebe!

Doch hierüber lasse ich ihn selbst sprechen, weil diese Proben nicht allein schöne Beweise seiner Liebe, sondern auch seines poetischen Talentes sind.

An Clementine.

Wer ohne Liebe glaubt das Glück zu finden,
Der wird umsonst nach seinem Ziele streben,
Das höchste Glück kannst du allein empfinden,
Wenn einen Freund du suchst für's ganze Leben.

Doch wähle recht! Laß nie den Schein dich rühren,
Noch falsche Künste, die uns oft verleiten;
Dann wird ein Gott dir den entgegen führen,
Der dich durch Freuden soll und Schmerz geleiten.

Suchst du ein Herz, das dir in Lieb' und Treue
Ergeben sei, für jetzt und alle Zeiten,
Dem du vertrauen könnest ohne Scheue,
So wähle mich! Du findest keinen Zweiten.

Und wagt ich selbst, mich deinen Freund zu nennen,
So wirst du dieß dem Liebenden vergeben;
Denn keinen gleichen sollst du jemals kennen,
Und keinen fähiger, sich hinzugeben.

Phantasie

Wo fändst du den, der so dich lieben könnte,
Aus jedem Blick von deinen schwarzen Augen,
Aus jedem Kuß, den ihm dein Mund vergönnte,
Mit solcher Lust vermöcht', wie ich, zu saugen?

O, sei nicht karg mit solchen Liebesgaben,
Auf daß ich nimmer in dem Glauben schwanke,
Dein theures Herze ganz allein zu haben,
Mein schönster, liebster, einziger Gedanke.

Ward auch dem Menschen zu dem Erdenleben,
Auf daß von Eden etwas noch ihm bliebe,
Ein köstlicheres Gut von Gott gegeben,
Als dieses himmlische Gefühl der Liebe?

An die Entfernte
(Im Sommer 1834)

Mit schwerem Herzen mußt' ich dich verlassen;
Doch weilte lang' mein Geist in deiner Nähe,
Mir war's, als ob ich überall dich sähe,
Als könnte dieser Arm dich noch umfassen.

Wie hat so plötzlich mich allein gelassen
Das holde Bild, nach dem umsonst ich spähe;
Wie ich um diese jede Lust verschmähe,
Es ist umsonst, ich kann es nicht erfassen.

Wie will ich mich an deinem Auge laben
Bei'm Wiedersehn! Wie will ich mit Entzücken
Die theuren Züg' in meine Seele graben!

Und wird ein leises "Ja" mich einst beglücken,
Welch ein Gefühl! wie himmlisch, wie erhaben,
Dich liebend und geliebt an's Herz zu drücken.

Daß dieser feurige Freier auch ein zärtlicher, sinniger Ehemann wird, ist leicht voraus zu sehen. Zumal es unzweifelhaft ist, daß sich hier zwei gefunden hatten, die in den Hauptерfordernissen zu einer glücklichen Ehe übereinstimmten und sich in anderen, ebenfalls nicht unwichtigen zu ergänzen sehr geeignet waren. Die Hochzeitreise ging durch Italien und ganz Sicilien, und von Neapel aus begleitete sie ein Schützling des Barons Rumohr[429], der Maler Nerlich[430], welcher sich jetzt einen hohen Ruf in seinem Fache erworben hat und in Venedig, wo er als Ritter von Nerly darin arbeitet, in Ansehn steht.

Ernsteren Inhaltes sind andere seiner poetischen Versuche, so eines: «Nachtgedanken im Frühling», «Unsterblichkeit» u.s.w., die sich unter seinen Papieren nur im Entwurfe vorfinden und von denen er niemandem etwas gesagt hatte. Sinnig und dieses zärtlichen Ehemannes würdig erschien mir der Gedanke, den er auf seinem Landgute, Colli di Pasta, bei der Wiedergenesung seiner Frau von einer ernsten Krankheit ausführte; indem er hier und da an Bäumen oder Ruheplätzen einige Strophen angeheftet hatte, welche der geliebten Reconvalescentin seine Freude, seinen Dank oder Wünsche für sie bei ihrem ersten Ausgang in's Freie ausdrücken sollten.

Daß sein Wohlthätigkeitssinn einen der Grundzüge seines Characters bildete, daß er überall gern die Hand zur Hülfe bot und dieß am liebsten durch Freunde, um dem Empfänger unbekannt zu bleiben, ist schon oben erwähnt worden. Andere zu erfreuen, war für ihn eine Freude, und er that es auf so zarte, bescheidene Weise, daß die Gabe oder Gefälligkeit dadurch unendlich gewann. Unter den vielen Beweisen des Wohlwollens, deren ich mich von ihm zu erfreuen hatte, gedenke ich am liebsten unseres letzten Besuches in Bergamo 1847. Der schöne Ton in seiner schönen, lieben Familie, die Artigkeit, Bescheidenheit und Thätigkeitsliebe der Kinder, das Glück, das sich so sichtbar in ihr überall kundgab, und Frizzonis Unermüdlichkeit, uns in Bergamo, Mailand und Bellagio alles Sehenswerthe zu zeigen und uns unsren Aufenthalt angenehm zu machen, wird uns unvergeßlich bleiben und um so mehr eine Quelle süßer Erinnerung, als es das letztemal war, wo wir ihn sahen und uns seines Umganges und seines Glückes freuen konnten.

Welchen Genuß gewährte uns z. B. nicht die Fahrt von Como nach Bellagio, wo er ein Ruderschiff nahm, um uns alle die schönen Villen auf dem linken Ufer des Comersees zu zeigen, und welchen herrlichen Genuß der Aufenthalt auf seinem lieblichen Landsitze «Bellagio».

Ein Gegenstand seiner angelegentlichsten schriftlichen und mündlichen Unterhaltung mit mir war immer die Erziehung seiner Kinder, wobei er in einem großen Zwiespalt mit sich selbst war, welcher Nationalität er den Vorzug geben sollte. Aeußere Verhältnisse, la bella Italia, die Liebe für die Künste zogen ihn nach der italienischen Seite; sein durchaus schweitzerisch-deutsches Gemüth legte aber ein schweres Gewicht in die Wagschale des ursprünglichen Vaterlandes, des Sitzes der Freiheit, für die seine ganze Seele glühete. Er war von ganzem Herzen liberal; daher schon in früheren Jahren seine lebendige Theilnahme am Schicksal der Polen, daher auch sein Interesse an Bewegungen für die Freiheit aller Orten, und zumal in Italien, als Nurdi in Bergamo und Menin[431] in der Provincial-Congregation sich so entschieden und offen für billige Befreiung Italiens oder der Lombardei aussprachen.

Bei der Revolution in Bergamo 1848[432] und nach vertragswidrigem heimlichem Abzug der Garnison, die in der Stadt lag, war ein Bataillon Kroaten in der dortigen Kaserne zurückgeblieben. Dieses war von allen Seiten bedroht, natürlich aber auch entschlossen, wenn es sein müßte, sein Leben theuer zu verkaufen. Das Blutbad, das nothwendig entstehen mußte, wenn keine Kapitulation erfolgte, und das Mitleid, welches Frizzoni nicht allein mit den Opfern im Volke, die bei dieser Gelegenheit bleiben würden, sondern auch mit den Kroaten hatte, welche der Wuth der Italiener dennoch hätten erliegen müssen, bestimmte Frizzoni, sich zum Vermittler einer Kapitulation anzubieten und entscheidende Schritte für diese zu thun. Mehr von Menschenliebe als von kluger Vorsicht geleitet, wagte er sich zwei- bis dreimal in die Kaserne der Kroaten und stellte die Bedingungen fest, unter denen natürlich auch die war, daß alle gegenseitigen Feindseligkeiten bis zu einem gewissen Termine aufhören sollten. Aber wer hätte wohl in jener Zeit vermocht, eine Soldateska, wie die wuthentbrannten Italiener waren, in Zaum und Zucht zu halten? Während ihre Abgeordneten unterhandelten, ja in den Händen der Kroaten waren, schoß man auf diese. Empört darüber, hielten sie [= die Kroaten] die Vermittler als Geiseln in der Kaserne zurück, die Flinte mit gespanntem Hahn auf sie gerichtet, und in der beständigen Gefahr, augenblicklich niedergeschossen zu werden. Doch bewahrte sie die Vorsehung. Das Bataillon litt den größten Mangel an Lebensmitteln, die man ihnen doch zu liefern versprochen hatte. Von der Gefahr, in der Johann schwebte, benachrichtigt, beeilten sich seine Brüder eine Quantität Brod in die Kaserne zu schicken. Das war für die Hungrigen ein großer Trost und milderte ihre Stimmung. Dieß wahrnehmend, sagte Frizzoni zu dem Officier, jetzt könne er wohl gehen, da das gegebene Versprechen erfüllt sei, und ohne ein bestimmtes Ja oder Nein abzuwarten, machte er sich ungehindert davon. Wohl mag es sein treuherziges Wesen gewesen sein, daß ihm kein Schuß nachgesandt und er wie im Triumph seiner in der höchsten Angst schwebenden Familie wieder gegeben wurde. Ueber dieß Ereignis schreibt er mir am 29sten März 1848 folgenden Brief: «In mitten der politischen Stürme, von denen nun auch wir umgeben und fortgerissen wurden, schwebt der Gedanke gar zu gern über die Grenzen der Staaten und die hohen Mauern der Alpen hin zu unseren Lieben, die wohl mit lebhaftem Antheil dem großen Drama der Geschichte folgen mögen, wie dieses sich auf der hiesigen Bühne in den letzten Tagen gestaltet. Ja, liebe Freunde, die Reihe ist endlich an uns gekommen und, Gott gebe, nicht zur kläglichen Posse, aber ebensowenig zum beweinenswerthen Trauerspiele. Wir wollen indessen, da die theilnehmenden Freunde in der Ferne für uns doppelt besorgt zu sein Ursache haben dürften, eben darum nichts verschweigen, was uns besonders privatim näher betroffen in der Hoffnung, auch ihrerseits mit gleicher Münze bezahlt zu werden. ....

Obschon eine blutige Athmosphäre uns umgibt, o Theure, athmen wir doch frei und schöpfen trotz unvermeidlicher Gefahren und nicht zu beschwörenden Unglückeswolken, denen wir entgegen sehen, doch neuen Muth und neue Hoffnung für die Zukunft. Die barbarische Art und Weise, wie die gestürzte Regierung von dem Sitz und Mittelpunct ihrer hiesigen Besitzungen Abschied genommen, wie sie erst verrätherisch einige Hundert der Angesehendsten als Geiseln festgenommen, dann, nach ausgebrochenem Kampfe, sie theils grausam hinschlachten, theils fortschleppen ließ, wird Ihnen bekannt sein, deßgleichen, wie muthig und beharrlich die Mailänder den Kampf bestanden, wie menschlich und gemäßigt sie den Sieg benutzten, während die fliehenden Schaaren der Vandalen ihre Spuren mit der Asche der Wohnungen und dem Blute der Wehrlosen bezeichneten. Allein wenn Sie aus natürlichem Mitleid mit den besiegten Söldnern des Absolutismus und einem Gefühl der Sympathie für transalpinische Völker obiges zu bezweifeln geneigt wären, so mögen Sie geduldig einige Details von dem Abzug der Oesterreichischen Besatzung aus unserer Stadt mit anhören.

Als am Vorabend der Revolution hier wie überall eine Bürgergarde zur Erhaltung der Ordnung und des Eigenthumes entstand, machte sich der hier residirende Fürst, General und Regimentsinhaber Sigismund[433] noch anheischig, von seiner Seite an der Lage der Dinge und der Zahl der Truppen nichts zu ändern, und das gegebene Wort hinderte ihn nicht, in der Dunkelheit der Nacht Truppenabtheilungen zur Verstärkung der Mailänder Garnison abmarschiren zu lassen, zuletzt selbst mit einer starken Truppenabtheilung und einem anderen Generale aus den Stadtthoren zu entweichen und nur ein Bataillon Kroaten nebst einer Compagnie Italiener hier zurück zu lassen.

Die Erbitterung der Civilgardisten, die sich auf diese Weise zum einfachen Polizeidienst angewiesen sahen, der Behörden, die, auf des Fürsten Versprechen bauend, diese Corporationen von Bürgern zusammenberufen, und des Volkes, welches – mir das Verhaßteste – das verrufene Militair der Kroaten im Besitze des Platzes vermuthete, stieg auf einmal so sehr, daß von allen Seiten, an allen Orten Barricaden entstanden, die Fenster der Häuser mit Steinen versehen und [daß] derartige Mordanstalten im Großen angelegt wurden, um sich auch des Restes der verhaßten Fremdlinge zu entledigen.

Ein hiesiger Bürger, der des Deutschen mächtig war, den die Lage dieser Schlachtopfer eines wurmstichigen Systems dauerte und der auch voraus sah, daß diese Hartbedrängten, die an Zahl doch immer noch ein Tausend drei Hundert überstiegen, ihr Leben doch theuer verkauft haben würden, hatte indessen den ebenso natürlichen als freundlichen Gedanken, mit dem commandirenden Major Unterhandlungen anzuknüpfen, um ihn theils durch Drohungen von Seiten der Ueberlegenheit, theils durch Vorstellungen zum friedlichen Abzug zu vermögen. Nachdem er hierzu von den betreffenden Behörden die Vollmacht erhalten, setzte er sich mit dem Officierscorps in Verbindung und hatte nach drei gescheiterten Versuchen die hohe Befriedigung, die gewünschte Kapitulation zu Stande zu bringen. Allein die boshafte und endlose Dummheit jener Barbaren sollte die Sache, die zum beiderseitigen Heil eingeleitet worden war, wieder zertrümmern. Die Unterhändler wurden nämlich von den Kroaten festgenommen, das Geschriebene auf anderem Wege der Stadtbehörde übermacht. Dieser schreiende Bruch des Völkerrechtes empörte nun so sehr alle Gemüther, daß der größte Theil von dem Einverständnis nichts mehr wissen wollte und mit Preisgebung der allzu eifrig beflissenen Geiseln den Krieg nicht länger verschieben wollte. Die Barricaden mehrten sich, die Haufen der Bewaffneten rotteten sich zusammen und griffen von allen Seiten die Kaserne, welche hoch und einzeln stehend die Gegend beherrscht, mit ungewöhnlicher Todesverachtung an.

Ich schweige von der Noth der beiden Geiseln, dem Hunger, der Entbehrung, der Angst für sich, doch vielmehr für ihre Familien, die sie mehr als dreißig Stunden auszuhalten hatten, während allem Anschein nach das Schwert des Damokles nicht umsonst ihr Haupt bedrohte, sofern die Belagerten sich zum Aeußersten gebracht gesehen hätten. Lag doch in dem Gefühl, das Leben für die Sache der Menschlichkeit und des allgemeinen Besten zu opfern, etwas Tröstliches, ja Erhebendes, war auch ihre fast wunderbare Befreiung und Flucht, die sie den lieben Ihrigen zurückgab, mehr ein Triumph, als eine Entweihung zu nennen.»

So der edle, menschenfreundliche, bescheidene Freund. Was seine Familie, obwohl der wahre Stand der Dinge Frau und Kindern eine Zeit lang verheimlicht worden war, ausgestanden und mit welchem Wonnegefühl sie ihn wieder umarmt haben mag, ist wohl mit Worten nicht zu sagen.

Doch nicht lange sollte sie sich dieses theueren Besitzes mehr erfreuen. Seit Jahren hatte der geliebte Freund oft an Augenübeln gelitten, das eine Auge auch ganz verloren, weßwegen ihm das Lesen und Schreiben sehr schwer fiel, das seinem Gemüthe doch so sehr Bedürfnis war. Er entschloß sich daher, sich den Staar stechen zu lassen, machte im Sommer eine Vorcur in einem Bade am Comersee und ging im Herbste nach Mailand, um sich dort der Operation zu unterziehen. Diese war, wie man sagte, gelungen; aber wenig Tage darauf starb er[434], in Folge einer hinzugekommenen Entzündung oder, wie der Doktor sagte – denn ein Grund fehlt den Dienern Aesculap's zur Erklärung ihrer unglücklichen Operationen nie – des Typhus, der am Comersee herrschte, dessen Keim im Körper Frizzoni's gelegen habe, durch Kur und Diät zurückgehalten worden sei, sich aber jetzt, in diesem aufgeregten Zustande, entwickelt und dem theueren Leben ein Ende gemacht habe.

Mit Sehnsucht hatte er auf seinem Krankenlager der Ankunft seines geliebten Bruders Fritz entgegen gesehen, der durch Umstände in Zürich länger zurückgehalten worden war, als er beabsichtigte. An ihn richtete Johann in den letzten Tagen seines Lebens folgende Strophe:

Wenn Dir, von Deines Bruders Krankenbette,
Ein leiser Gruß willkommen ist,
So wisse, daß entfernt von dieser Stätte,
Du doch im Bild ihm nahe bist.

Es ward ihm nicht vergönnt, ihn wieder zu sehen. Er starb den 19ten November 1849 im vier und vierzigsten Jahre seines Lebens, und wurde zu Bergamo begraben. Friede seiner Asche!

Ueber ihn spricht das Giornale Provinicale di Bergamo No. 98 vom 7ten December 1849 Worte des Lobes, und im Alpenboten skizzirte ich ein kleines Bild seines Lebens (No. 95 von 1849)[435]. Ein umständlicher, ausführlicher Nekrolog (nur für Freunde, in wenigen Exemplaren) ist bei Mazzaleni 1850 von Doktor Venanzio[436], einem intimen Freunde des Verstorbenen, erschienen. Herr Venanzio sagt unstreitig viel Wahres und das Wahre auch in schöner Sprache; meinem Freunde hätte ich aber einen deutschen Biographen gewünscht, der sein Bild mehr in schlichten, characteristischen Zügen als in glänzendem Farbenspiele dargestellt hätte, was für Italiener freilich gewöhnlich die Hauptsache ist und von einem Italiener also auch kaum anders zu erwarten stand.

Die Anzeige seines Todes erschien von mir in der Bündnerzeitung No. 95, 1849[437].

Vegezzi und Lucian Bonaparte

Die bedeutenden Männer, mit denen ich in jener Zeit in briefliche Verbindung kam, waren Lucian Bonaparte[438], Oheim des jetzigen französischen Kaisers, und Vegezzi-Ruscalla, ein Gelehrter und hoher Beamter in Turin. Dieser war es, wie schon bemerkt, der den kräftigsten Anstoß zur Bearbeitung meines rhätoromanischen Wörterbuches gab, weil er sich sehr für unsere romanische Sprache interessirte; jener wünschte romanische Bücher und Aufschluß über einiges in der romanischen Literatur.

Doktor Freund

Mit einem anderen Gelehrten kam ich später in Verbindung, und zwar ebenfalls des Romanischen wegen, indem er wiederholt diesfällige Bitten oder Fragen an mich richtete und später nach Bünden kam, um diese Sprache im Lande selbst kennen zu lernen. Es ist dieser Dr. Freund[439] ein Jude, doch namhafter Gelehrter und ohnstreitig ein sehr gewandter, geistreicher Mann, der alle Mittel gescheidt in Bewegung zu setzen wußte, um zu seinem Zwecke zu gelangen. So hatte er zu diesem Behufe Unterstützung von der Ethnographischen Gesellschaft in London und der Academie der Wissenschaften in Berlin ausgewirkt und, in Bünden angelangt, Fragen drucken lassen und unter viele Bündner vertheilt, von denen man hoffen konnte, daß sie sie zu beantworten im Stande wären und dieß auch thun würden.

Wären diese Antworten von vielen Seiten richtig und vollständig erfolgt, so müßten sie allerdings einem Gelehrten solcher Art reichen Stoff zu weiterer Verarbeitung geboten haben. Noch ist aber diese Verarbeitung nicht im Drucke erschienen; und bei näherer Bekanntschaft mit Dr. Freund, wollte es mir doch scheinen, daß seine Bestrebungen zu sehr von finanziellem Interesse tangirt seien; und die Wissenschaft ihm allzu sehr als Milchkuh dienen müsse. Er wollte andern alle Mühe aufbürden und selbst den Nutzen davon ziehen. Seinerseits mit dem Urtheil zurückhaltend und sich in geheimes Dunkel hüllend, scheute er sich nicht, die Willfährigkeit Anderer rücksichtslos in Anspruch zu nehmen, ja zu mißbrauchen, wenn man sich mißbrauchen ließ, und zwar nicht bloß in wissenschaftlicher Beziehung, sondern auch in öconomischer, wie er dieß besonders bei Pfarrer Corai[440] und Herrn Palioppi[441] gethan haben soll.

Wehrli und Johann Caspar Zellweger

Einen größeren und reineren Genuß gewährte mir in diesem Jahre der Umgang, noch häufiger aber der Briefwechsel mit zweien unserer edelsten Schweitzer, die ich kennen gelernt habe: Herrn J. C. Zellweger von Trogen und Seminardirector Wehrli zu Kreuzlingen, der bei Fellenberg[442] die Armenschule zu solcher Höhe erhoben hat und Schulmeister in seinem Seminar bildete, wie unser Volk sie braucht, ich meine solche, die weder über dem vielerlei Wissen doch nichts wissen, dabei aber doch stolz und anmaßend werden, noch solche, die sich zwar durch Talent und Kenntnisse auszeichnen, darüber aber dem Volke, das sie bilden sollen, zu fern stehen und unglücklich werden, weil sie sich mit Dingen beschäftigen müssen, die ihnen viel zu gering scheinen, oder ihrer Neigung folgend, zwar manche Schüler in allerlei Wissen fördern, aber nicht im Stande sind, die Masse derselben auf stetige Weise sittlich und religiös, an Geist und Herz zu erheben.

Der Dorfschulmeister sollte nach Schleiermacher eigentlich Volkslehrer sein, zu dem Ende tüchtig genug und in allen Kenntnissen höher stehend als die Väter seiner Schulkinder, aber doch auf gleichem Grunde mit ihnen und nur auf diesem Grunde fortbauen. Er sollte dem Denken, Handeln und Streben des Volkes, das er erziehen soll, nicht fremd geworden sein, noch auf einer anderen Unterlage als einer wirklich volksthümlichen zu wirken versuchen. Denn auf fremdem Boden kann der rechte Volkssegen nie entsprießen, und gerade deßwegen glaube ich, daß Wehrli und seine Schüler bessere Volkslehrer oder Schulmeister waren als die weit kenntnisreicheren aus manchem anderen Seminar.

Herr J. C. Zellweger ist ein so weitbekannter und verdienstvoller Mann, daß es nicht nöthig ist, hier etwas Weiteres von ihm zu sagen. Nur so viel: Er war einer von denen, bei welchen mir das Greisenalter in seinen Vorzügen, seiner Schönheit und Würde recht anschaulich geworden ist, und unvergeßlich werden mir vorzüglich die gemüthlichen Tage bleiben, die ich zwei Sommer auf längerem Besuche in seinem Hause und in seinem Umgange zugebracht habe. Auch seine Briefe, die er wegen Abnahme seines Gesichtes zuletzt diktiren mußte, enthalten so manche Beweise von dem Edelsinn, den seine ganze Seele erfüllte.

Channing[443]

Meine erfreulichste Bekanntschaft dieser Jahre in Bezug auf Lektüre ist die mit dem Amerikaner Channing. Ihm verdanke ich vieles, sehr, sehr vieles. Nicht daß ich neue Ideen von ihm gewonnen hätte oder eigenthümliche Ansichten vom Leben in einer oder der anderen Beziehung, sondern weil er so viele Ideen und Zeitfragen, die für mich vom höchsten Interesse sind, mit einer Ausführlichkeit, Vielseitigkeit und Meisterschaft behandelt, entwickelt und in solcher Evidenz darlegt, wie ich sie in keinem anderen Schriftsteller, der seine praktische Wirksamkeit auf's sociale, sittliche und religiöse Leben beschränkt, gefunden habe.Und dabei, welche Reinheit, welche Wärme des Gemüthes, welche Objektivität, welcher Eifer für alles Gute und welche Unparteilichkeit und duldsame Weitherzigkeit in seinem ganzen Wesen! Dabei, welche Meisterschaft in der Anordnung und Durchführung alles dessen, was er behandelt; wie glücklich und schlagend die Bilder, womit er seine Ansichten anschaulich zu machen weiß! Mit oder bei ihm habe ich in den letzten Jahren meine angenehmsten Stunden zugebracht und von ihm so manches, was ich nur im Dämmerlichte sah, was mir unsicher, schwankend, unklar war, gelernt und zu einer Anschaulichkeit und Ueberzeugung erhoben, die mich in hohem Grade beglücken und nur [hat] bedauern lassen, daß ich nicht schon lange vorher das Glück hatte, ihn zu kennen, und keine Gelegenheit mehr habe, ihn bei meiner praktischen Amtsführung als Geistlicher zu benutzen. Mit den Kenntnissen bereichert, die ich ihm verdanke, zumal in Bezug auf Behandlung des Stoffes und der Vorstellungsweise, müßte ich, wie ich meine, ein weit besserer Prediger und Lehrer sein, als ich je werden zu können hoffte. Kann ich auch nicht überall, selbst im Sachlichen, mit ihm übereinstimmen, und ginge es bei uns nicht an, eine Predigt so erschöpfend ausarbeiten oder ihr mehr den Character der Abhandlung oder Vorlesung geben zu wollen, wie dieß bei ihm öfter der Fall ist, wie vieles wäre dennoch, mit ein wenig granum salis auch für unsere Zuhörer, unsere Verhältnisse und Bedürfnisse, aus ihm zu lernen, um fruchtbar und erbaulich zu predigen!

Dem Prediger Sydow und Schulze bin ich unendlich dankbar, daß sie diese Schätze – kostbarer als das californische Gold – in einer so vortrefflichen Uebersetzung[444] von Amerika nach Deutschland herüber geleitet haben.

Mit meinem Channing habe ich auch ordentlich Propaganda gemacht und die Freude erlebt, daß dieses Werk vielen meiner Freunde theuer geworden ist. Und wem, dem es wirklich um Wahrheit zu thun ist im Volke – und für's Volk, nicht für die Gelehrten ist doch zunächst die christliche Religion – sollten die Ansichten, die Channing über Gott als Vater, über den Menschen und sein Verhältnis zu Gott, über Christus, über die Liebe zu Christo, über die Nachahmbarkeit des Characters Christi, über Tod und ewiges Leben, über Selbstverleugnung, über die Leiden in der Welt, über Volksbildung, Erziehung, Kirche, Glaubensbekenntnisse, ja über alles, was er einläßlich behandelt, so einfach und doch so überzeugend und ergreifend ausspricht, nicht willkommen, nicht erbaulich, belehrend und tröstlich sein!

Ich werde es nicht erleben, und die gegenwärtige Richtung der meisten Geistlichen in Deutschland scheint es in der nächsten Nähe kaum erwarten zu lassen; aber ich lebe dennoch in der Ueberzeugung, daß die Zukunft der Kirche und die immer nothwendiger werdende Restauration der religiösen Bildung Geistlichen gehören wird, die in ihren Ansichten und der Behandlung ihrer Ansichten Channing verwandt sind. Selbst der Grundsatz wird mehr und mehr zur Geltung kommen, daß die religiösen Lehren, wenn sie für's Volk fruchtbar werden sollen, nicht mehr in banalen Phrasen, wie salbungsreich und blendend sie auch klingen mögen, bestehen, sondern zwar wahren, aber doch volksthümlichen Ausdrücken Raum werden lassen müssen. Und das wird geschehen, wird wenigstens immer mehr angestrebt werden, sobald die Geistlichen allgemein und lebendig fühlen und anerkennen, daß sie auf die Kanzel treten nicht sowohl, um eine glänzende, dogmatisch unanfechtbare Rede zu halten, sondern um das Volk auf der Stufe, auf der es eben steht, zu erbauen, das heißt bildend und tröstend auf dasselbe zu wirken und es mehr und mehr zu heben.

Divozione domestica

Um Channing auch den italienischen Reformirten zugänglich zu machen, habe ich mehrere seiner Predigten und Abhandlungen übersetzt und in meiner «Divozione domestica»[445] in Auszügen, wie ich sie dem Volke nützlich und angemessen glaubte, niedergelegt. Auch war die Aufnahme, die dieses Büchelchen selbst bei schlichten Bauern gefunden, für mich sehr tröstlich. Doch die Theologen, voran Pfarrer Leonhardi[446] in Puschlav, erhoben ein Zetergeschrei darüber, und es gelang ihnen, diese Begeistrung zu dämpfen, ja das Büchelchen in Verruf zu bringen. Vielen wird es aber dennoch lieb bleiben und vielleicht auch früher oder später eine ihm geneigtere Zeit erleben. Von katholischen Geistlichen in Puschlav soll es sogar bei'm Sturme auf Iseppi selbst zum Feuer verurtheilt worden sein, und irre ich mich nicht, so gilt eine Warnung des Erzbischofs von Mailand gegen Bücher, die versteckten Gift enthalten und die man in seiner Diocese zu verbreiten strebe – wenn nicht ausschließlich, doch hauptsächlich – meiner «Divozione domestica».

Austritt aus der Kantonsschule

Das für mein Leben bedeutsamste Ereignis, an welches ich eigentlich nicht ohne eine gewisse Bangigkeit denken konnte, war in dieser Zeit unstreitig mein Austritt aus der Kantonsschule. Allein mein etwas geschwächtes Gehör und das Bewußtsein, daß man mit älter werden auch weniger in die noch wachsende Generation, in ihre Richtung und Bestrebungen passe, bestimmten mich, im Jahre 1849 meine Demission für das nächste Jahr zu fordern.

Dem Ansuchen des Erziehungsrathes, noch ein Jahr wenigstens bei der Schule zu verbleiben, entsprach ich ohne Widerrede, und hierbei würde es auch geblieben sein, wenn sich nicht der Große Rath in demselben Jahre sehr unerwartet für die Vereinigung beider Kantonsschulen, der reformirten und der katholischen, ausgesprochen und die unmittelbare Ausführung dieses seines Beschlusses angeordnet hätte. Dadurch wurden mehrere Lehrer überflüssig und daher entlassen, und unter diesen war auch ich.

Gegen die Sache selbst hatte ich freilich nichts einzuwenden (ich hatte ja früher selbst diesfällige Wünsche ausgesprochen), wohl aber gegen die Art und Weise, wie es geschah, und über das zu rücksichtslose Verfahren, welches hier mir gegenüber wie früher gegen andere Lehrer seitens der Behörde eingehalten wurde.

Es ist ein Vorwurf, der nicht selten unsere Erziehungsbehörde trifft, daß sie etwas zu cavalièrement verfahre, was im Geiste der Zeit liegen mag, auf die Länge aber nicht ohne verderbliche Folgen bleiben kann. Die schlimmste Wirkung hat dieß, wenn nicht nur die Delicatesse, was doch mir gegenüber allein der Fall war, sondern wenn Gesetz und Brauch allzusehr vernachlässigt werden, was in der Folge oft geschehen sein soll und wovon mir selbst mehrere niederschlagende Beweise bekannt sind.

Studien

Was mich bei dem Gedanken, keine regelmäßige Beschäftigung mehr zu haben, am meisten erschreckte, war der Verlust der Freude, die jeder rechtschaffene Lehrer an seinen Stunden empfindet, und der fast noch größeren, ich meine derjenigen der heiteren, fröhlichen Stimmung, die uns begleitet und so herrlich lohnt, wenn wir unser Tagewerk treu und redlich vollendet haben. Das italienische Sprüchwort des dolce far niente ist mir immer als ein sehr falsches erschienen, und nicht allein süßer als Nichtsthun, sondern auch der beste Trost in trüben Stunden wird immer die Thätigkeit gewissenhafter Menschen sein. Doch wurde mir die so gewonnene Freiheit keinesweges drückend, sondern bald zu einer wahren Wohlthat. Ich verlegte mich auf das Studium der Geschichte und genoß schöne Tage bei'm Lesen von L. Ranke[447], Macaulay[448], Washington[449], Raumer[450], Bankroft[451] und anderen, die meine Seele ganz in Anspruch zu nehmen geeignet waren.

Wie habe ich mich über die Amerikaner gefreut, welche in Autoren und Characteren wie Channing und Washington für die Civilisation und Bildung, die sie von Europa aus erhalten haben, so reiche Zinsen entrichten. Beide gehören zu den achtungswerthesten Characteren, die ich in der Geschichte kennen gelernt habe, und Washington muß ich nicht allein wegen seiner Thaten, sondern eben so sehr wegen seiner Gesinnung als den größten und edelsten Mann der Geschichte betrachten. An ihm habe ich auch wie an keinem anderen so unzweideutig die providentielle Leitung wahrgenommen, deren manche große Männer sich zu erfreuen das Bewußtsein hatten.

Doch nicht bloß receptiv soll der Mensch sein; zum rechten Fortschritt ist es unerläßlich, daß er auch selbst producire, von innen heraus selbstthätig hervorbringe. In diese Jahre fällt die Bearbeitung des Anfanges zu meinem rhätoromanischen Wörterbuche[452] sowie desjenigen zu meiner Deutschen Formenlehre für Romanische; ferner die Bearbeitung der «Divozione domestica», die mir Veranlassung wurde, mich in wichtige Materien mehr zu vertiefen und die bewundernswürdige Methode Channing's und seine Meisterschaft im Style näher kennen und schätzen zu lernen.

B. Iseppi

Durch diese Arbeit wurde ich auch mit B. Iseppi vertraut, einem katholischen Geistlichen, wie ich von dem Puschlaver Klima nicht leicht einen erwartet hätte, und der mir auch deßwegen doppelt willkommen und schätzbar war.

Er war ein junger Geistlicher, der seine Studien in Como gemacht und daselbst durch Umgang mit dem Deutschen Sprachlehrer so viel von der deutschen Sprache erlernt, daß er sie lieb gewonnen oder doch der weiteren Pflege und Beschäftigung mit ihr würdig gefunden hatte. Hierdurch gerieth er auf die Werke Sailer's[453] und Wessenberg's[454], und so viel genügte seinem Wahrheit suchenden Gemüthe, um sich von manchem Wahne frei zu machen und einen heiligen Durst nach evangelischer Wahrheit und Freiheit in seiner Seele zu entzünden. Diesem Triebe folgte er, wie es der Jugend natürlich ist, ohne sich dabei allzusehr mit Fleisch und Blut zu berathen oder den äußeren Umständen Rechnung zu tragen, weckte dadurch bei seinen Obern zuerst in einem Grade Argwohn, daß ihm der Bischof von Chur[455] die Stelle als italienischer Lehrer und Moderator an unserer Kantonsschule nicht gestattete und er also, um nicht excludirt zu werden, auf einen Wirkungskreis verzichten mußte, der für ihn sowie der erwünschteste, auch der angemessenste gewesen wäre. An der Manzinischen Schule in Puschlav[456] gewann er aber die Achtung und Liebe aller seiner besseren Schüler im hohen Grade und ebenso auch der vielen Väter und Eltern derselben und der meisten Geistlichen, bis er mit seiner berühmt gewordenen Predigt «Der Fortschritt»[457] am Neujahrstag 1853 auftrat und durch sie ein Einschreiten von Seiten der geistlichen Behörde hervorrief, die ihm nicht allein unendliche Leiden und Verfolgungen, sondern auch den größten Schein des Unrechtes oder unverzeihlicher Schwäche zuzog (ich meine hier durch seinen Widerruf).[458]

Wer von seinen Freunden wird diesen nicht bedauern. Wie sehr aber der Mensch Ursache hat, Gott inständig zu bitten: «Führe uns nicht in Versuchung!» wurde mir an diesem Beispiele des guten Iseppi klar. Unerschüttert in seiner religiösen Ueberzeugung, durch alle über ihn ergangenen Leiden unentmuthigt, für den Kampf für die Wahrheit einzustehen, sofern es seine eigene Person betraf, wich er nur dem Mitleid, das ihm Eltern und Verwandte einflößten, an denen er stets mit der aufopferndsten kindlichen Liebe gehangen hatte und bei denen, je mehr sie ihn wieder liebten, und je stolzer sie bisher auf ihn gewesen waren, die Bemühungen der Geistlichen nicht umsonst bleiben konnten, sie der Schwermuth, dem Tiefsinn, ja der Verzweiflung in die Arme zu treiben.

Der Fortschritt.

Eine Volkspredigt,

gehalten in der katholischen Kirche zu Puschlav am Neujahrstage 1853,

von

Benedikt Iseppi.

Ins Deutsche übersetzt von O. C.

Chur, 1853.
Druck und Verlag von Pargätzi & Felix.

Fernstehende haben unbedenklich den Stab über Iseppi gebrochen; ich vermochte es nicht, und wer noch geneigt sein sollte, es zu thun, der lese wenigstens zuvor seine Verantwortung im «Grigione italiano» (No. 43, 1853)[459] sowie die vorhergehenden Nummern und folge dann seinem Gewissen. Mir erschien er weniger verdammungs- als bemitleidenswerth, und so wird es den meisten derer gegangen sein, die das Glück hatten, ihn näher zu kennen. Seine Predigt hat übrigens in Italien sowie in Deutschland durch meine und eine andere Uebersetzung große Verbreitung und innige Theilnahme gefunden, und die Folgen seines Wirkens in Puschlav erwiesen sich selbst noch nach seiner Entfernung von dort in mehr als einer Beziehung nur segensreich.

Der ziemlich lebhafte Briefwechsel mit ihm seit dieser Zeit war sehr genußreich für mich, und erfreulich ist es mir, daß er im St. Gallischen[460] eine befriedigende Anstellung, Ruhe und einen ihm zusagenden Wirkungskreis gefunden hat.

Uebersetzung des Neuen Testamentes in's Romanische

Eine zwar schwere, aber doch erfreuliche Arbeit – für den Abend meines Lebens wohl die angemessenste – fand ich in diesen drei letzten Jahren in der Uebersetzung des Neuen Testamentes in's Oberländer Romanische[461]. Zur Uebernahme dieser Aufgabe kam ich wirklich ganz unerwartet und, ich darf wohl sagen, nicht aus eigener Wahl, sondern durch äußere Umstände dazu gedrungen. Schon seit Jahren wurde über Mangel an romanischen Neuen Testamenten von verschiedenen Seiten geklagt und das Bibelcomité aufgefordert, eine neue Auflage dieses Werkes zu veranstalten. Herr Antistes M. Lutta[462] in Ilanz wurde mit der Besorgung dieser neuen Auflage vom Churer Bibelcomité[463] beauftragt, als ich noch nicht Mitglied desselben war. Er übernahm dieß Geschäft ohne Accord mit dem Buchdrucker und ohne Aufsicht Seitens des Comités. Allein der Buchdrucker klagte, daß er das Manuscript nie zur rechten Zeit erhalte, sich unendliche Correkturen müsse gefallen lassen und damit gar nicht vorwärts komme. Als die Arbeit nun näher untersucht wurde, fand es sich, daß der Buchdrucker sechzig bis siebenzig Gulden per Bogen (Auflage von zwei Tausend Exemplaren) forderte und daß Sprache und Orthographie in vielfacher Beziehung vom Herausgeber ganz willkürlich verändert und nur für Katholiken mundgerecht gemacht waren. Einige Pfarrer, von denen ein Gutachten über diese neue Ausgabe gefordert wurde, protestirten laut gegen so unglückliche und willkürliche Veränderungen, und so wurde dann der Druck, der erst bis zum neunten Bogen gelangt war, sistirt, die Druckkosten 478 fl. vom Comité bezahlt und die ganze Auflage, so weit sie gekommen war, dem Bearbeiter zur ferneren Verfügung gestellt. Dem Mangel an Neuen Testamenten war also durch diesen Versuch nicht abgeholfen; es sollte nun Rath geschafft werden, aber auf welche Art? Unter den romanischen Pfarrern kannte ich niemand, der diese Arbeit mit gutem Vertrauen hätte übernehmen können und wollen, und nur einen Abdruck der früheren Ausgaben heraus zu geben, erschien mir doch nicht allein dem Hauptzweck, sondern auch der Sprache selbst gegenüber als ein kaum verzeihliches Unrecht, wie sehr auch immer dieses Romanische als Regel und Norm für unsere Sprache gepriesen wurde. Denn während diesen Unterhandlungen hatte ich die alte Uebersetzung näher besichtigt, in Bezug auf Sprache und Inhalt geprüft und mich überzeugt, daß hier nicht allein Besseres möglich wäre, sondern auch nothwendig zu geben versucht werden sollte. Allein bei solchen Anfordrungen wollte sich niemand diesem Geschäfte unterziehen, und so mußte ich mich also zur Ausführung des Planes entschließen und mit Hülfe einiger junger Freunde selbst Hand anlegen. So habe ich denn auch zwei und ein Viertel Jahr wirklich sehr emsig und meist mehrere Stunden des Tages daran gearbeitet.

Neben vieler Mühe habe ich an dieser Arbeit denn doch auch große Freude gehabt. Ohne mich in tiefere, selbständige Forschungen einzulassen, was über meine Kräfte gegangen wäre, mußte ich doch über Inhalt und Sprache mehr nachdenken und gelehrte Comentare zu Rathe ziehen, was natürlich nicht ohne Nutzen und Segen blieb. Bewundern mußte ich besonders de Wette' s[464] Gelehrsamkeit und die Freiheit, mit der er auf Erforschung der evangelischen Wahrheit so bedacht ist, und wie auf diese Weise die Heilige Schrift, wenn ihre Erklärung auch viel Schales und Leeres hervorgerufen hat, was gewiß weniger geeignet ist, Segen zu verbreiten, als wie Ballast auf's Gemüth zu drücken, doch auch in intellektueller Beziehung und für die Entwicklung des Geistes überhaupt in allen Zeitaltern ein mächtiger Antrieb geworden ist.

Für den Glauben an die Inspiration im engeren und alten Sinne des Wortes war mir diese Arbeit nicht förderlich, desto mehr aber für den Glauben an Jesum Christum und an seine Sendung für das Heil der Menschheit. Denn, daß er nur der Unweisen, [der] in den gewöhnlichen Künsten und Fertigkeiten der Welt so wenig Erfahrenen bedurfte, um sein Reich fortzuführen und zu sichern, das ist doch wahrlich ein sehr augenscheinlicher Beweis für dessen höhere Würde und Göttlichkeit. Und in diesem Sinne hat meine Verehrung für die Heilige Schrift einen starken Zuwachs erhalten.

Daß ich indeß mit solcher Standhaftigkeit bei dieser Arbeit ausgeharret, verdankte ich unstreitig besonders dem Vertrauen, welches ich zu de Wette als Kritiker in Bezug auf den Text und als Uebersetzer in Bezug auf die Sprache oder auf das richtige Verständnis derselben hatte. Denn, wenn ich ihm auch nicht überall zu folgen wagte, so war es mir doch eine große Erleichtrung, überzeugt sein zu dürfen, daß er gewiß einem meistens correcten Texte gefolgt sei und das Original auch in seinen schweren Stellen ziemlich durchgängig glücklich wiedergegeben habe. Ohne einen solchen Führer und ohne dieses Vertrauen zu ihm, wäre mir ohne Zweifel der Muth zuweilen fast entschwunden.

Auffallend und, ich kann wohl sagen, sehr erfreulich war mir auch der Unterschied, der sich zwischen verschiedenen Lehren der theologischen Dogmatik und denen der Heiligen Schrift herausstellte. Letztere meist so einfach und dem religiösen Gemüth so einleuchtend, jene so künstlich, oft so widernatürlich und unbegreiflich geschraubt.

Wie einfach und leicht verständlich sind z.B. fast alle Aussagen der synoptischen Evangelien über Jesus Christus! Wie sehr dringt der Heiland überall auf die Sinnesänderung, die [folgt ?] auf die Liebe zu Gott und den Menschen, als das Hauptmerkmal eines christlichen Lebens! Wie klar und natürlich ist der Glaube, den er von den Seinigen an ihn fordert, und wie lebendig die Ueberzeugung bei ihm, daß wer nur thuen wolle nach seinen Worten, auch einsehen werde, daß er von Gott gesandt sei, daß er die Wahrheit erkennen werde und durch sie frei werde! Wie klar und wie passend ist nicht auch das Wort [Lücke] für das neue Princip, das er in die Welt gebracht oder geoffenbaret und das überall dem bloßen Gesetze gegenüber gestellt wird als der Wirkung eines anderen Geistes, des Geistes der Furcht, während der seinige nur durch die Liebe bewegt und wirkt! Wie klar und bestimmt wird da überall der schlichte, lebendige und also ungefärbte Glaube gefordert, und wie duldsam und milde ist die Beurtheilung derer, die ihn nicht haben, wenn sie sich ihm nur nicht mit Heuchelei entgegen setzen und sein Reich hindern! Mit welchen schlichten Worten wird da nicht von seinen bewundernswürdigen Ereignissen, Worten und Handlungen gesprochen – [von] seinem Leiden und seinem Tode, mit dem bestimmten Gefühle, daß es nach einem solchen Leben nicht anders sein konnte und geschehen mußte, um sein Werk zu krönen, wenn die Erlösung der Menschheit möglich werden sollte; und wie leicht erträglich erscheint alles dieses denjenigen, welche die Herrlichkeit bedenken, die an ihm (und den Seinigen) offenbar werden soll!

Wie weit gehalten sind alle wesentlichen Lehren des Evangeliums – die von der Sünde und der Erlösung, der Rechtfertigung und der Versöhnung – um jedem lebendig Glaubenden, wie verschieden sie auch nach Zeit, Ort, Alter, Bildung, Temperament und Naturel sein mögen, Raum zu lassen und die Möglichkeit, Ruhe und Befriedigung zu finden! Da sind noch keine künstlichen theologischen Distinktionen, die den meisten unerfaßbar sind und eben deßwegen um so mehr als äußerer Popanz festgehalten und zur Unduldsamkeit, zur Verachtung und Verfolgung Andersdenkender mißbraucht werden. Wie frisch und unmittelbar ist da alles, und wie genußreich und erhebend für denjenigen, der eben nur religiöse Nahrung und Versöhnung mit Gott und der Welt sucht und von der Form absehen kann, in welcher sie zuweilen dargereicht wird! Und auf diese Weise angeschaut, wird es dann auch erklärlich, wie so viele ausgezeichnete Gelehrte, so namentlich auch Wilhelm von Humboldt[465], täglich aus der Heiligen Schrift mit Vergnügen lesen und das Neue Testament als ihr Lieblingsbuch immer bei sich führen konnten.

Durch meine Uebersetzung habe auch ich mich von mancherlei losgemacht, was mir früher in materieller und formeller Hinsicht mehr oder weniger widerstrebte. Ich lese jetzt das Neue Testament mit weit mehr Unbefangenheit, Freude und Erhebung und werde es fortan als herrliches Buch zu meiner Erbauung und zu meinem Troste treulich nützen.

Aber auch in sprachlicher Beziehung muß ich mich über diese Arbeit innig freuen. Nicht nur weil ich durch sie im Romanischen vieles gelernt habe und auf Wörter und Formen der Sprache aufmerksam geworden bin, die mir früher entgangen waren, sondern auch in der zuverlässigen Hoffnung, daß ich damit mehr zur Vervollkommnung des Romanischen geleistet habe, als vielleicht durch alle meine früheren Bemühungen um diese Sprache geschehen ist.

Wohl fühlte ich und habe es in der letzten Zeit auch hin und wieder ausgesprochen, daß es kaum ein wirksameres Mittel zur Vervollkommnung unserer Sprache geben könnte, als ein in ihr geschriebenes gutes klassisches Werk; denn die Wichtigkeit des Inhaltes eines Buches ist im Allgemeinen auch die beste Empfehlung zur Beachtung und Verbreitung seiner Sprache.

Ich bin zwar weit entfernt, meine Uebersetzung für klassisch zu halten, und gewiß fühlt und bedauert es niemand mehr als ich selbst, daß sie nicht vollkommen ausfiel und mit so vielen mir wohl bewußten Mängeln behaftet blieb. Viele von diesen würden allerdings vermieden worden sein, wenn ich in der Sprache hätte freier und unabhängiger walten dürfen.

Allein in einem Buche solcher Art mußte der Grundsatz durchaus festgehalten und befolgt werden, von der alten Uebersetzung nur da abzuweichen, wo das richtige Verständnis des Sinnes, die Angemessenheit des Ausdruckes und der Genius der Sprache es erheischten und zur Pflicht machten. Auch trotz dieser mir selbst auferlegten Beschränkung ist allerdings doch mancherlei gewagt worden, immer indeß nur solches, wovon ich überzeugt war, daß es – wenn auch von den meisten unbeachtet, und verkannt – dem Genius unserer Sprache angemessen sei und alle Berücksichtigung verdiene.

Die Beseitigung vieler rein deutscher Wörter ist das geringste Verdienst dieser Uebersetzung in sprachlicher Beziehung. Gewiß höher angeschlagen wird die Einfachheit und Natürlichkeit der Construktion in sehr vielen Fällen von denjenigen werden, die hierin ein Urtheil haben. Freilich hat auch dieses nicht in dem Maaße geschehen dürfen, wie es hätte der Fall sein sollen; denn die Rection der Verba ist in unserer Sprache fast durchgängig der deutschen nachgeahmt, und dieß ist zu tief eingewurzelt, als daß man es so leicht umgehen dürfte; doch ist es da und dort geschehen und dem «tier» das «a» und dem «cun» das «da» substituirt worden. Statt des «parchei ca» ist für «denn» durchgängig nur «parchei» gebraucht worden. Ein Grund hiergegen ließe sich anführen, und zwar der, daß «parchei» auch Fragewort ist und daher an der Spitze eines Satzes ungewiß läßt, ob dieser ein Frage- oder ein Bestimmungssatz des Grundes sei. «Parchei ca» ist dagegen immer für die Ursache: «weil» gebraucht. Unbedenklicher ist auf jeden Fall die Beseitigung vieler «scha's» und der Gebrauch der Gerundia und Participia absoluta sowie auch der doppelten Negation nach französischer Art. Daß auch für die Orthographie hier eine bessere Bahn geöffnet und ein Grund zu naturgemäßer Entwicklung derselben gelegt worden, ist meines Erachtens außer Zweifel. Und dieß that wahrlich Noth, wenn wir nicht durch die Bemühungen des Herrn M. Lutta und Caviezel[466] in noch größere Verwirrung gerathen und noch weiter vom richtigen Wege abgeführt werden sollten. Gerade auch von dieser Seite aufgefaßt, erscheint mir diese Arbeit wichtig.

In diesem Neuen Testamente besitzen nun die Oberländer Romanischen das Werk ihrer Muttersprache, das sie am häufigsten lesen, aus dem sie dieselbe lernen und von dem ich hoffe, daß es geeignet sei, nicht allein einen Riegel gegen neue Verunstaltungen unseres Dialektes zu bilden, sondern daß es auch die besten Keime zur Ausbildung und Vervollkommnung desselben in sich trage. (Ein Bericht über diese Uebersetzung findet sich in No. [8 und 9] 1856 des Monatsblattes[467].)

Nina Camenisch[468]

Eine ebenso erfreuliche wie ganz unerwartete Erscheinung war mir in dem Leben dieser letzten Jahre die Bekanntschaft mit meiner Landsmännin Nina Camenisch, die mir eine sehr liebe Freundin wurde und manche Stunden dieser Jahre auf mehr als eine Weise sehr erheitert und verschönert hat. Gutes hatte ich von ihr als einem sehr verständigen Mädchen oft gehört, war aber nicht persönlich mit ihr bekannt geworden. Um so überraschender mußte es also für mich sein, anfangs September 1854 durch ihren Bruder ein Päckchen von ihr zu erhalten nebst einem Briefe, in welchem sie sagt: «Es wird Sie mein Brief und noch mehr das beigeschlossene Heft befremden. Möge sich dieses Befremden bald in freundschaftliches Wohlwollen für die Schreiberin verwandeln, mögen Sie nicht thöricht oder zudringlich finden, daß ein Sarner Mädchen wagt, einige selbstgemachte Gedichte Ihrer Beurtheilung zu übersenden. Man hat mir gerathen, sie drucken zu lassen; ich mochte es aber nicht thun, ohne vorerst das Wort eines Kenners darüber zu vernehmen, und wende mich deshalb schüchtern an Sie. Sollte es Ihnen aber zu viel Mühe machen, meine unleserliche Schreiberei durchzusehen, so wird mein Bruder das Heft zurücknehmen, und ich verbleibe, wie Sie auch immer in dieser Sache zu handeln belieben, mit hochachtungsvollem Gruß

Ihre ergebenste N.C.»

Ich gestehe, daß diese Ankündigung mich anfänglich mehr erschreckte als erfreute. Ich war schon lang eher kein Freund von den Gedichten unserer neueren Poeten; bei aller Vollendung in der äußeren Form schienen sie mir zu wenig nachhaltigen Gehalt zu bieten, und nun gar eine Sammlung neuer Gedichte beurtheilen und eine Entscheidung über Druck oder Nichtdruck abgeben zu sollen, erschien mir als eine gar zu kitzlige Aufgabe. Doch machte ich mich an ein flüchtiges Durchblättern und wurde allerdings durch die «Widmung» angenehm bestochen und in noch höherem Grade durch andere überrascht, deren Titel mich anzog. In dieser Freude eilte ich zu meiner Frau und las ihr einige vor, über die sie ihre Bewundrung mit innigster Rührung äußerte und einigemal sogar in Thränen ausbrach. Eine ähnliche Wirkung bemerkte ich auch bei anderen Freunden und Freundinnen, denen ich sie später mittheilte, und besonders erfreulich war es mir, daß sie gleichen Anklang bei Herrn Dr. Gündel[469] und Fritz Frizzoni fanden, denen ich schon ein competenteres Urtheil zutrauen konnte.

Es ist natürlich, daß ich die junge Dichterin nicht lange auf eine Antwort warten ließ, sie auch bald nachher besuchte, und so entwickelte sich denn ein lebhafter Briefwechsel mit ihr, der unstreitig der interessanteste wurde, den ich in diesem Jahre [1854] führte und [der] unter uns ein recht trautes, inniges Freundschaftsverhältnis herbeiführte. Ich ließ, diesmal indeß nicht nach eigener Auswahl, einige von ihnen im Alpenboten[470] abdrucken, rieth aber, den Druck der übrigen noch zu verschieben. «Es überraschte mich», sagt sie, «Die Begegnung» und «Das sterbende Mädchen» im Alpenboten gedruckt zu sehen: erstens kam es mir wie Prahlerei vor, in einem so allgemein bei uns gelesenen Blatte aufzutreten, zweitens schienen diese Gedichte aus eigener trauriger Erfahrung geschöpft zu sein, was zwar nicht der Fall ist, mir aber doch Bemerkungen zuzog»... «Die Verzögerung des Druckes ist mir recht», sagt sie in demselben Briefe, «denn es hat für ein weibliches Gemüth etwas so Peinliches, dadurch der Welt unser Inneres so offen darzulegen, was doch der Dichter thun muß. Nur meine feurige Liebe zur Dichtkunst und mein Verlangen, mich darin auszubilden, konnte mich bestimmen, meine Produkte dem Kennerblicke nachsichtiger Freunde darzubieten.»

Von dem interessanten Briefe nach meinem Besuche im November 1854 nur dieses: «Früher stand ich mit meinen Bitten und Gedichten vor dem hochverehrten, aber doch fremden Manne etwas beschämt und bettelhaft da, aber jetzt sind Sie mein Freund, und nicht wahr, einen Freund darf man doch etwas plagen? Dieses wohllöbliche Vorrecht der Freundschaft nahm ich mir denn auch früher reichlich heraus, ehe Sie die Vollmacht dazu gegeben. Aber mit väterlicher Güte haben Sie es geduldet und mich dadurch kühn gemacht, daß ich nun geradezu mit der Thür in's Haus falle und das einfältige Mädchen um die Freundschaft eines Herrn Professors bittet, was wohl naiv klingen mag.»

Den 24sten November [1854]: «Sind Ihnen meine Briefe freundliche Blumen auf einem Lebenswege, der Sie oft – wie Sie schreiben – am Grabe eines Freundes vorbeiführt, so sind mir die Ihrigen der Altar, auf den ich die tiefsten Gedanken und Gefühle meines Herzens niederlege, vertrauend und beruhigt. Es ist eine herrliche Sache um einen solchen Briefwechsel, wo man sich voll und warm aussprechen kann und verstanden und gehoben wird. Jeder Ihrer Briefe führt einen Schritt näher zu jener Seelenfreundschaft, die ich bisher nur geahnt habe, und wenn Sie mich erst 'Du' nennen (gern hätte ich Sie schon das vorigemal darum gebeten; wagte es aber nicht), dann wird die Schranke der kalten Förmlichkeit vollends fallen, die das Landmädchen vom Herrn Professor trennt. Fürchten Sie nicht, daß alsdann an deren Stelle von meiner Seite

Die Dichterin Nina Camenisch (1826-1912) von Sarn.

eine kindisch unpassende Vertraulichkeit treten könnte, wie dieß zuweilen der Fall sein mag. Ich werde nie vergessen, wie hoch Sie über mir stehen und wie viel ich Ihnen schuldig bin, aber freier und kindlicher soll mich Ihnen gegenüber das 'Du' machen, und Sie können mich auch besser zurecht weisen, wenn hie und da eine der unliebenswürdigen Seiten meines Characters hervortreten sollte.»
Den 31sten December [1854]: «Was mir Ihren Brief doppelt theuer machte, war die Anrede: 'Liebe Nina'. Hier möchte ich auch sagen: 'Wie heimelig bekannt.' Wohl nie ist mir mein Name schöner und poetischer vorgekommen, als da Sie mir ihn geben ... Mädchenfreunde sind gewöhnlich plauderhafte Gespielinnen und junge Bengel. Wenn dieß auch bei mir nicht der Fall ist, wenn Gott mir das Glück gewährt, im Kreise guter Eltern und Geschwister jede andere Gesellschaft entbehrlich zu finden, meine Freundinnen zwar wenige an der Zahl, aber bewährt sind, und ich mit jungen Herren, weder mit edeln noch bengelhaften, wenig zu thuen habe, mein Leben also wie eine Alpenquelle ruhig und klar dahinfließt, so ist mir doch Ihre Freundschaft, was der Alpenquelle ungefähr der Stern sein mag: himmlisches Licht in ihr ruhiges Wasser, sie hält es fest, als ob es ihr bewußt, daß sie dieses verschönere. – Was kann ich Ihnen dagegen bieten? Mein Vertrauen, sonst wohl nichts anderes, denn meine Achtung und Liebe haben Sie schon, meine Gedichte ebenfalls, und damit bin ich zu Ende. Also vertrauend wie ein Kind, will ich Sie in mein Gemüth blicken lassen, wo Ihnen jeder Gedanke ein freundliches 'Willkommen bei uns!' zuruft und es Ihnen behaglich machen möchte ... Ob ich besondere Schicksale in der Liebe gehabt? Ich erkläre feierlich, daß ein Romanschreiber in großer Verlegenheit sein würde, wenn er mich als Heldin in eines seiner Werke aufnehmen müßte, denn erstens hatte ich, zurückgezogen in trauten Familienkreis, keine Sehnsucht nach interessanten Bekanntschaften, zweitens hatten interessante Bekanntschaften keine Sehnsucht nach mir, und drittens bin ich etwas ungenügsam, in Betreff auf Geist und Gemüth eines Mannes. Vielleicht mit Unrecht, aber ich bin einmal doch so.»

Den 7ten Februar 1855: «Eine Dichterin hat vor anderen Mädchen ihre eigenthümlichen Freuden, Leiden, Hoffnungen und Besorgnisse, nicht etwa weil sie ein höheres Wesen ist, o nein, das ist sie gar nicht, aber ein mehr zu thörichten Träumen geneigtes, mehr sich ihrer wahren Bestimmung entfremdendes und darum weniger glücklich als das einfache Kind, dem ein Tand, ein Ballabend seine Welt ist. ... Es ist gefährlich, wenn ein Mädchen sich ein anderes Ideal träumt als stilles Familienglück, und hätte sie Geist und Thätigkeit wie Königin Elisabeth, so bliebe sie dennoch, wie

Schiller sagt, ein Kind mit eines Riesen Waffen. Aber es geht auf der anderen Seite auch nicht leicht, einen stolzen Geist und aufstrebende Talente in den engen Kreis und die oft sehr kleinlichen Kleinigkeiten des weiblichen Lebens zu zwingen. Man muß wahrlich selbst in einer solchen Lage gewesen sein, um ihre ganze Bitterkeit zu begreifen. Es ist Goethe's Adler mit dem verwundeten Flügel.»[471]

Den 7ten März [1855]: «Wie mir Hebel's Gedichte[472] gefallen? *Es weht e frische Meyeluft durch sie*, wie es in der 'Sonntagsfrühe' heißt. Wäre ich krank an's Bett gefesselt, würde mich dieß Gedicht noch kränker machen vor Sehnsucht nach einem solchen Sonntagsmorgen. Wie unnachahmlich kommt mir Hebel vor, wenn er die Natur sprechen läßt in der Sprache eines schlichten ländlichen Menschenkindes, auch da, wo so ein Menschenkind sie als seinesgleichen anredet wie im 'Morgenstern', der nach der 'Sonntagsfrühe' mein Lieblingslied ist. Seine Geschwister, Tabaksraucher und Liebesleutchen, sagen mir weniger zu, andere enthalten eine treffliche Moral, aber ich weiß nicht wie, die Moral liebe ich in Gedichten nicht. Sie scheint sich mit der Poesie nicht recht zu vertragen, oder sie müßte den Schwung des geistlichen Liedes annehmen, wie dieß bei frommen Dichtern der Fall ist. – Von Hebels Frische lebt etwas in meiner Seele, ich fühle das, ob sie aber auch in solche Blumen schießt? Sie lachen, Freund? Nur Geduld, ich lache vielleicht später auch, und wer zuletzt lacht, lacht am besten.»

«Karfreitag, den 1sten April [1855]:

'So gehst Du, liebster Jesus, hin, den Tod für mich zu leiden,
Für mich, der ich ein Sünder bin, dich oft vergaß in Freuden.'

So sagte mit dem frommen Dichter heute Herr Pfarrer Martin[473] in seiner geist- und gemüthvollen Predigt. Ein solches geistliches Lied, recht innig, recht zart und dabei voll Kraft und Wahrheit, wie wir deutsche [Lieder] einige besitzen, sind die schönsten Perlen der Poesie. Würde mir eines gelingen, ich wäre selig, aber ich wage mich nicht an den großen Gegenstand. In solchen Stunden der Weihe, wie sie der heutige Tag uns bringt, fühle ich lebhafter als je, wieviel mir noch fehlt, um den Namen einer Christin zu verdienen, und das Gelübde, das unsere jungen Confirmanden soeben abgelegt, erinnert mich an mein eigenes, welches ich gehalten, wie die meisten es pflegen: halb und halb. Es liegt zu viel Erdenstaub auf unserem Wege zum Himmel, wohin uns Christus so schön vorangegangen ist. Die bald lockenden, bald widrigen Ereignisse des Lebens ziehen uns davon ab. Ich spreche hier leider aus eigener Erfahrung. Man thut nicht gerade viel Böses, aber man unterläßt so manches Gute.

Zur Entschuldigung unserer Heinzenberger läßt sich doch auch etwas sagen. Der Materialismus, dessen Sie uns zeihen, ist eine gewissermaßen zu entschuldigende Sache, wenn man das ganze Jahr mit schwerer Arbeit zu thun hat. Wie ja bei den Gelehrten der Geist das Uebergewicht behält und der Körper deßwegen zuweilen darunter leidet, so behält bei unseren Bauersleuten der durch einförmiges, ermüdendes Tagewerk angestrengte Körper das Uebergewicht, und da vergißt sich's denn zuweilen, daß man einen Geist hat. Und was den eingewurzelten Schlendrian betrifft, so ist es freilich schön und leicht, ein Ideal häuslichen und bürgerlichen Glückes zu entwerfen, und so schwer, es in's Leben einzuführen! Dazu gehört eine Selbstverleugnung, die wahrlich nicht jedermanns Sache ist und also auch allerdings nicht die unserer Heinzenberger.»

Ich könnte aus fast allen und zwar sehr zahlreichen Briefen einzelne sinnreiche Stellen dieser Art herausschreiben, will mich aber nur noch auf wenige beschränken.

Vom 2ten August [1855]: «In wenig Tagen geht es auf's Maiensäß, meinen eigentlichen Parnaß, denn dort sind meine besten Gedichte entsprossen. Kein Wunder! Man ist dort ein Naturkind wie sonst nirgends. Alle Bequemlichkeiten und Förmlichkeiten des Lebens – auch unsere Heinzenberger haben die ihrigen – fallen da weg. Man schläft in den Kleidern auf dem Heustock, gut oder schlecht, wie man's eben kann, und der eisige Bergwind gibt Nachtconcerte, wenn er durch die offenen Spalten des Stalles pfeift. Und der Morgennebel ist der erste Gast, wenn man, am niedern Herde kochend, die Thüre offen lassen muß, des Rauches wegen. Und dann die Alp in nächster Nachbarschaft mit ihren klingenden Schellen und verspäteten Alpenrosen und purpurnem Heidekraut und freundlichen Thieren, die da kommen, ihre Freunde und Verpfleger des Winters zu begrüssen. 'Weiter unten, bei den braunen Ställen, hörst du wohl den hellen Sensenklang', wo die Sonne die weite Hochebene mit ihren fleißigen, in weißen Hemdeärmeln arbeitenden Leuten anlächelt und bei trübem Nebelwetter die seltsamen Nebelgestalten von der Erde aufsteigen wie Geister, die mit ihren wehenden Schleiern und Leichentüchern die Mähder und Recherinnen bedecken und ihnen allerlei zuflüstern, was sie aber nicht weiter erzählen dürfen. Das ist Poesie, und darum hat das Alpenleben auch schon hundert Dichter begeistert. Viele Alpenlieder haben wir ja, z.B.

Von der Alpe tönt das Horn,
Wie so traulich wunderbar,
's ist doch eine eigne Welt,
Nah dem Himmel u.s.w.

Doch auch so nah dem Himmel wird der Sänger dieses Liedes melancholisch, wenn er sagt:

Andre Blumen, andre Wolken, wie in einem Zauberreich,
Nur mein Sehnen und mein Lieben bleibt sich ewig, ewig gleich.

Ich denke, würde die Alpenluft allen Kummer weghauchen können, so würde sie wohl viele Kurgäste bekommen. Einen Kummer macht sie mir auch, wenn ich an meinen Aufenthalt droben denke, [nämlich] daß sie kalt ist, und die Kälte ist mir zuwider, sei's in der Luft oder in der menschlichen Umgebung.»

Im vorhergehenden Brief, vom 24sten Juni [1855], sagt sie vom Alter, da ihr ältere Personen zu Freunden geworden: «Es ist wirklich eigen, wie junge Leute, Knaben und Mädchen, und zwar nicht die gehaltlosesten, sich mehr zum Alter hingezogen fühlen als zur Jugend. Kein Wunder, wenn das Alter freundlich und weise ist. Wieviel kann es uns dann geben, und wie gehaltlos ist gewöhnlich jugendliche Gesellschaft. Ich weiß es zwar nicht, glaube aber doch, es sei so, auch in den höheren Ständen. Unser jugendliches Leben bewegt sich im Reiche der Dämmrung, der Träume; es fühlt sich selbst, kann sich aber nicht aussprechen, drum sucht es seine Klarheit in Euch, Ihr klaren, liebenden gerechten Seelen, und glücklich, wem sie so entgegenkommen wie mir. Ich verdanke die schönsten Erinnerungen meines Lebens meinen Großeltern und Ihnen und werde dankbar sein dadurch, daß, wenn Gott auch mir einen Herbst gibt, er ein freundlichster sein soll für jedes mir erreichbare jugendliche Gemüth. Ich werde mich bestreben, unerfahrenen Mädchen das zu sein, was Sie, geliebter Freund, mir jetzt sind. Gelingt mir solches, dann wird mein Herbst die schönste oder, besser gesagt, die segensreichste Jahreszeit sein. Von wieviel Jammer man auch hört und liest, aber die Tage des Alters, mir wollen sie – wenn nur Gesundheit und warmes Herz uns nicht verlassen, gar nicht schrecklich erscheinen.» ...

Den 3ten September [1855]:...«Unzählige glückliche Stunden haben Sie mir in diesem Jahre gegeben, und ich mag gar nicht daran denken, daß Jahre kommen sollten, wo ich diese vermissen müßte. Befangen und ängstlich über meinen etwas kühnen Schritt, trat ich Ihnen zuerst entgegen. Ein kaltes Wort von Ihnen hätte mich damals auf immer verscheucht. Aber wie warm und liebevoll reichten Sie mir die Hand! Ich habe sie festgehalten, und trotz des Unterschiedes an Alter, Bildung, Lebensverhältnissen u.s.w. u.s.w. ist es nicht eine bloße Protektion von Ihrer und Dankbarkeit von meiner Seite geblieben: das ist echte Seelenfreundschaft, wie nicht alle Menschen das Glück haben, sie zu kennen.» ...

Den 4ten November [1855]:... «Der Herbst war mir früher als Kind die liebste Jahreszeit wegen der Aepfelverkäuferinnen. Später, als ich selbstthätig in die Haushaltung eingreifen mußte, war er mir die unangenehmste wegen der sich drängenden Geschäfte. Es fiel mir damals noch nicht ein, daß in diesen oft langweiligen, mühsamen Arbeiten ein wundersames Leben wohne, das selbst einen feurigen, aufstrebenden Geist fesseln und befriedigen kann: das Leben der Liebe, die in Demuth und Geduld sich selbst aufopfert, um zu erfreuen, wo sie darf, zu trösten und zu lindern, wo sie kann, und mit jedem ihrer Dienste eine Blume mehr in den Kranz flicht, der die Weihe des Familienlebens ist und für alles keinen Ruhm, keinen Lohn verlangt, denn der höchste, dessen sie bedarf – Gegenliebe der Ihrigen – kommt ihr von selbst entgegen. Eine solche Liebe ist auch der Talismann gegen jeden unheiligen oder düstern Gedanken, und möchte sie doch jedem Weibe gegeben sein!» ...

Den 31sten December [1855]:... «Am heutigen Abend steigen wohl so manche stille Bitten, so mancher laute Wunsch für eigenes und fremdes Wohl zum Himmel empor. Es wäre interessant, jetzt einen Blick in die Herzkämmerlein zu thun, im ruhigsten selbst wird's wogen, und rosige und schwarze Wolken werden sich jagen. Wie das Kind vor der Thür, hinter welcher eben sein Weihnachtsbäumchen angezündet wird, so steht der Glückliche an der Schwelle des neuen Jahres, und der Leidende legt einen neuen Perlenkranz auf das Grab seiner Hoffnungen. Und ich – heiter hat es für mich begonnen, Weihnachtsbäumchen soll es mir werden. Nicht bunten Glanz, aber eine geweihte, ruhige Stimmung möge es mir bringen!» ...

Den 23sten März [1856]:... «Und Sie, mein Freund, wie geht es mit Ihrem Neuen Testament? Es muß doch wohlthuend sein, an so etwas zu arbeiten, die Worte des Erlösers gleichsam selbst zu denken, zu sagen und sie so recht innig, klar und tief den Seelen unserer romanischen Landsleute einzuprägen, Vermittler zu sein zwischen dem Göttlichen und ihrem einfachen Gemüthe und als wohlthuende Erinnerung einen geistigen Blick thun zu können in's trauliche Stübchen, wo das greise Mütterchen über ihrem Neuen Testamente die Hände faltet, daraus Trost und Hoffnung schöpfet für den nahestehenden Weg in ein anderes Leben und daneben mit großmütterlich verhätschelndem Schelten die muntern Enkel Sprüche lehrt. Solch ein Wirkungskreis, solche Rückblicke sind schön und können einen sanften Feierabend bereiten.»...

Den 15ten Mai [1856]:... «Was Ihre Bibelübersetzung betrifft, so fürchten Sie, unsere ehrwürdige romanische Sprache gehe, wenigstens bei unserer diesseitbergischen protestantischen Bevölkerung, ihrem Grabe entgegen. Das wäre doch recht schade! So wenig eigentliche Schönheit die gute Rhätierin besitzt, ein Immortellenkranz gebührt ihr doch. Lassen Sie Ihre Uebersetzung diesen sein!

Sie greifen meine Philosophie an und wohl mit gutem Grund, denn ich philosophiere nur, wenn ich bei schlechter Laune bin, und trage dabei verschiedene Brillen, die mir den gleichen Gegenstand bald rosenroth, bald dunkelgrün färben, doch in meinen Ansichten über Töchtererziehung glaube ich nicht – in Bezug auf unsere Landmädchen – so sehr aus dem Wege zu sein. Stellen Sie die beste Frau mit gebildetem Geist in den Kreis von sehr braven Leuten, die aber nicht das Glück hatten, mehr zu lernen, als gerade für ihren Beruf nöthig ist: dieser Frau muß es denn doch bei aller Hingebung und Pflichtentreue zuweilen langweilig werden, immer nur von Kühen und Feldarbeit, Spinnen und Weben zu hören, während eine andere, die mit ihrem Manne auf gleicher Bildungsstufe steht, in eben diesen Geschäften und ihrer treuen Erfüllung ihren Himmel findet oder jedenfalls ihrem Manne ein verwandteres und also auch wohl geliebteres Wesen sein muß. Denn was die Liebenswürdigkeit betrifft, so liegt sie bei einer Frau gewiß mehr im Gemüthe als im Geiste, und Geist und Gemüth kommen mir vor wie zwei Waagschalen: liegt in der einen zu viel, so flattert die andere wie leer in die Höhe.» ...

Anfangs August dieses Jahres [1856] erschienen nun, ohne Vorwissen der Verfasserin, die «Gedichte eines Bündnerischen Landmädchens»[474] im Druck. Die getäuschten Erwartungen, welche die Dichterin vor einem Jahre diesfalls betrübt hatten, bestimmten mich, ihr dieß Jahr um dieselbe Zeit eine unerwartete Freude zu bereiten. (Herr Stötzner in Schaffhausen[475] hatte sich nämlich gleich nach Erscheinung der beiden ersten im Alpenboten mit dem Anerbieten an die Dichterin gewandt, den Druck zu übernehmen. Sie waren ihm im Sommer auch wirklich zur Einsicht übersandt und ihm zugleich die Bedingungen gestellt worden, unter welchen man sie ihm überlassen wolle. Allein der Buchhändler, der vermuthlich auf diese Weise den Vortheil nicht fand, den er mit seiner Spekulation beabsichtigte, sandte sie mit der Bemerkung zurück, daß die geschriebenen den gedruckten zu weit nachstünden, und so unterblieb der

Druck.) Ich bestritt Druckkosten und Einband, mit dem Vorsatz, aus dem Erlös meine diesfälligen Auslagen zu decken und den Ueberschuß der Verfasserin gewissenhaft zuzustellen. Meine einzige äußere Belohnung für diese Mühe sollte die Freiheit sein, Exemplare davon nach Belieben an meine Freunde verschenken zu dürfen. Die zwei ersten Exemplare gingen aber das eine nach Sarn an die Dichterin, das zweite nach Bad Fidris an ihre Mutter, die sich gerade dort befand.

Nina's Antwort, den 11ten August [1856]: «Hier, mit meinem wackeligen Maiensäßtischchen, mit Schreibzeug kärglich versehen, spreche ich meinen innigsten Dank in einem Briefe aus, von dem ich nicht weiß, ob er Sie noch in Chur treffen wird. Ich war überrascht, ja fast entzückt über das gedruckte Bändchen, und in der Freude meines Herzens zeigte ich es gestern Sonntag mehreren mir befreundeten Sarnern, als sie uns auf den Grat begleiteten, wo wir Predigt und eine fröhliche Versammlung hatten, da jetzt alles wieder auf den Maiensäßen ist.» ...

Den 28sten August [1856]: «Ich habe mein wackeliges Maiensäßtischchen, meine frische Quelle und meine Nachbarin, die Alp, verlassen und sitze wieder hier an meinem alten traulichen Tische, an dem ich Ihnen schon so oft geschrieben und der Zeuge von so manchem herzlichen Gedanken an Sie gewesen ist, und beantworte Ihren lieben Brief. ... Aber es leben die Frauen! Wäre die liebe Frau Professorin nicht gewesen, Sie hätten doch vielleicht mit dem Drucke meiner Gedichte ein wenig gezaudert und ich ein wenig geschmollt. Mag auch das Ding seine Dornen haben – ich glaube daran und sehe sie im Geiste vor –, kann ihnen auch vielleicht nicht ausweichen und übernehme sie. Denn trotz dieser Dornen, vor denen Sie mich auch früher schon gewarnt haben, ist es mir, als wäre mir eine Zentnerlast von der Seele genommen. Diese Gedichte wollten an's Licht und ließen mir keine Ruhe. Nur wer es selbst erlebt, kann dieß begreifen. Es war ein eigenthümliches Gefühl, das mich seit einigen Jahren geplagt und dessen ich nun los bin. Ich wurde wie von einer fremden Macht getrieben, damit an die Oeffentlichkeit zu treten, was doch sonst meiner schüchternen, stillen Natur ganz zuwider ist. Denn ich zog mich ja sonst überall zurück und kannte so zu sagen keinen Ehrgeitz, kein Gefallenwollen. Dadurch bin ich nun aus meiner Verborgenheit getreten, und es mag nun gehen, wie es will, da ich es doch selbst gewollt habe. Mit getrostem, heiterem Blick schaue ich daher auch in die Ferne und hoffe, die Ruhe und Haltung mir zu erhalten, die ich mir vorgezeichnet hatte. ...

Noch muß ich Ihnen eine Schildrung von unserer letzten Fahrt nach dem Heinzenberger Grat am letzten Sonntag mittheilen. Sie kennen jene schöne, grüne Bergspitze. Denken Sie sich nun dazu auch einen reinen, tiefblauen Himmel (am 10ten August) und eine Sonne, die an diesem Tage unten im Thale so glühte und sengte, oben aber uns nur die lieblichste Wärme fühlen ließ. Der Einfall, da eine Predigt zu halten, kam von unserm Herrn Pfarrer Martin, und es war ein guter, denn unten in Sarn würde die Predigt weniger besucht gewesen sein als oben im herrlichsten Tempel, von höherer Meisterhand erbaut. Statt feuchten Steinbodens hatten wir da die weiche grüne Decke, duftend von frischen Alpenkräutern und Blumen, die Wände ein reicher Gebirgskranz, nach dem das Auge so glücklich hinschweift vom Erhabenen zum Lieblichen und überall entzückt.

Herr Pfarrer las zuerst den 104ten Psalm und hielt dann einen Vortrag, der wie alle seine Predigten klar, gedankenreich und blühend war. Psalm und Rede wurden durch die Umgebung auf eine eigene Weise verständlich und anschaulich. Dabei hielt er von Zeit zu Zeit inne, machte eine Pause und ließ unsere Jugend Lieder singen, die er selber bezeichnete. Um ihn her standen, hübsch gruppirt , viele meist junge Zuhörer. Hier die Sarner jungen Herren und *Damen* – ich nenne sie so – wegen ihrer Strohhüte und reichlich flatternden Bänder, ihrer weißen, steifen Halskrausen und kecken, stattlichen Haltung; dort ein Trupp demüthiger, baar häuptiger Savier Mädchen, die mit sichtbarem Respekt, vielleicht auch nicht neidlos auf diese herauf sahen; in einiger Entfernung noch eine andere Anzahl noch dürftiger aussehender Meiersleute und Taglöhner von Katzis und Domlesk und um diesen ganzen Kreis von andächtigen oder zerstreuten Menschen herum die Kühe, die heute ihre besten Schellen trugen, damit nicht selten Predigt und Gesang übertönten und nicht wegzubringen waren. Ueberall streckten sie in den Menschenkreis ihre langen friedlichen Gesichter und erregten dadurch Unmuth bei den Ernsten und Lächeln bei den Schalkhaften, und dieß besonders einmal, als zwei, die eine rechts, die andere links vom Pfarrer sich stellten und ganz feierlich darein schauten.»

...

Den 30sten September [1856]: «Seit einiger Zeit habe ich mich so zu sagen ordentlich in die Besitzung meiner Väter eingesponnen, da in Haus und Feld gearbeitet, [um] so viel sich mit Anstand thuen ließ, den Menschen auszuweichen. Ich bin wirklich ein wenig leutescheu geworden, so lange der Gedanke noch neu ist, daß meine innersten Gefühle nun das Eigenthum aller geworden sind und daß davon viel gesprochen wird. Denn daß dieses der Fall ist, weiß ich trotz meiner Zurückgezogenheit. Keine meiner ländlichen Freundinnen besucht mich, ohne darüber Geschichten zu erzählen, die für mich bald erfreulich, bald zu ernstem Nachdenken anregend sind. Die guten Leute können gar nicht begreifen, daß ich keinen Schatz gehabt, da ich doch so zärtliche Lieder gedichtet, und verwundern sich über die Maaßen, daß sie den Herrn Liebsten nie gekannt. Dem Himmel sei Dank, daß die Sonette weggeblieben sind! Wären nur auch die vielen Nonnen weg! Man fragte mich neulich, ob ich katholisch werden oder einen Katholiken heirathen wolle, daß ich so viel Liebe für die Klöster zeige. Allerdings sind auch diese vielen Klostergeschichten etwas wunderliche Gegenstände für die Muse eines protestantischen Mädchens aus dem neunzehnten Jahrhundert.

Die mir gesandten fünfzig Exemplare sind nun fast alle verschenkt. Sie flogen weg, ich weiß selbst nicht wie. Einige Leute wollten entlehnen, andere kaufen und sahen mich dabei so respektvoll und bittend an, daß ich in meiner Großmuth dachte, wer sich am meisten darum kümmere, sei dieses kleinen Geschenkes am würdigsten, und wirklich wurde mir von solchen am herzlichsten gedankt, von denen ich es am wenigsten erwartet hätte. Ein Scharanser schickte mir einen colossalen Kratten voll rother und schwarzer Kirschen mit hübsch dazwischen gelegten grünen Blättern und drückte in einem beigefügten Billet den Wunsch aus, diese möchten mir so viel Vergnügen machen, wie ihm meine Gedichte gemacht hätten.

Möchten wir Sie bald hier sehen, doch morgen wenigstens droht ein Regentag und vielleicht schon bald die silberne Grabesdecke der Flur, wenn man den Wetterpropheten glauben kann.

Du weinst, Natur, und läßt in stiller Trauer
Den langen Nebelschleier niederwallen,
Die Blumenkron', die deiner Stirn entfallen,
Ersetzt ein Silberreif, du fühlst's mit Schauer.

Das Gedichtchen läßt sich zum Sonett an, morgen den Schluß.» ...

Den 7ten Oktober [1856]: «Meine Briefe an Sie, mein Lieber, sind mir doch eine Art Tagebuch, worin ich mein Innerstes niederlege, und ich weiß, daß Ihr Lächeln, zuweilen vielleicht auch eine Thräne darauf weilen wird. Mein vergangenes und gegenwärtiges Leben zieht eben so deutlich an mir vorüber, wenn ich mich mit Ihnen unterhalte , wie wenn ich es nur bei mir selbst überschaue. Ich sehe das Ideal meiner Jugend, das darin bestand, meine Eltern nie zu verlassen und ganz ihnen und der Dichtkunst zu leben, wie ich mich dann in der Hoffnung, mich in letzterer auszubilden, anfangs so schüchtern Ihnen, mein Freund, nahete, wie dann das Schöne, das darüber gesagt wurde, auf kurze Zeit meinen einfachen Sinn bestrickte und andere Verhältnisse mich in eine weiche, reitzbare Stimmung versetzten und vorübergehend meine Ruhe störten, die sich aber durch Ihre Vermittlung wieder herstellte. Die Veröffentlichung meiner Gedichte hat mir schon viele heitere Stunden gewährt. Die Zurückgezogenheit meines Lebens, die Innigkeit, mit der ich für jedes mich umgebende Wesen, selbst für das geringste Thier fühle, machen mich natürlich gegen mancherlei Eindrücke fast wehrlos. Die zarte, sinnige Weise, mit der mir auch in dieser Zeit begegnet wurde, that mir unbeschreiblich wohl. Doch daß mich jetzt so viele hätscheln, was mich übermüthig machen könnte, wirkt nur, mich sanfter und bescheidner zu machen. ... Den Winter hindurch denke ich meine Freistunden angenehm benutzen zu können. Die Seelen allerliebster Lieder umflattern mich und warten nur auf günstige Zeit, sie in's Leben einzuführen. Ich freue mich deßwegen auf den Winter, so unangenehm er mir sonst auch ist.»

Aus diesen, dem Sinne nach *überall* und in der Form mit wenig Ausnahmen wörtlich gegebenen Auszügen aus den Briefen meiner jungen Freundin geht wohl sattsam hervor, daß das «Bündnerische Landmädchen», das durch die Erscheinung ihrer Gedichte so viel Aufsehn gemacht hat, nicht nur als Dichterin, sondern auch durch ihre innere Geistesbildung ein sehr merkwürdiges Mädchen ist. Ja, ich habe die Ueberzeugung, daß, wenn etwa bei einer zweiten Auflage ihrer Gedichte diese Bruchstücke aus ihren Briefen in dieselbe aufgenommen würden, sie der Verfasserin bei vielen nicht weniger Achtung und Bewundrung erwecken würden als die Gedichte selbst. Schon viele haben sich ja angelegentlich nach ihren Lebensverhältnissen erkundigt, und was könnte ihnen wohl willkommener und belehrender in dieser Beziehung sein als dieser treue Abdruck ihres Gemüthes in traulichen Briefen an einen Freund, dem sie ihr höchstes Vertrauen schenkt.

Ich kann kaum sagen, wie viele angenehme Stunden und wieviel Freude mir diese Gedichte und Briefe in den zwei letzten Jahren bereitet haben. Sind doch Zutraulichkeit und Liebe, von welcher Seite sie auch kommen, etwas gar Erfreuliches und Anziehendes, von um so höherem Werthe aber, wenn sie aus einer Seele fließen, auf die wir wohlthätig einzuwirken hoffen und der wir Hochachtung zollen können. In den älteren Jahren, wo es uns um so schwerer fällt, neue Freundschaftsbande zu knüpfen, sind uns Erscheinungen dieser Art doppelt angenehm, und so konnten denn die Reinheit der Seele, die schönen Talente und das volle Vertrauen, mit welchem dieses gute Mädchen mir entgegenkam, den erquickenden Eindruck auf mein Gemüth auch nicht verfehlen. Es entwickelte sich ein Verhältnis zwischen uns, welches man poetisch wohl platonische Liebe nennen könnte, die ich aber doch lieber meinerseits väterliche, ihrerseits kindliche Liebe nennen will und die eben, weil sie in meinen Jahren so unerwartet war, mir so wohl that und diesen Abschnitt des Lebens so sehr verschönerte.

Reflexionen

Die Muße, die mir die Vorsehung am Abend meines Lebens vergönnt hat, ist doch auch eine ihrer verdankenswerthesten Gaben. Im thätigen Geschäftsleben werden Zeit und Kraft so vielfältig und auch durch mancherlei kleine und widerwärtige Dinge in Anspruch genommen und verzehrt; für den denkenden, strebenden, dem Höheren zugewandten und um seine sittliche Ausbildung bemühten Geist ist die Muße – ich meine die Gelegenheit, die Gegenstände seiner Beschäftigung frei wählen und sich ihnen hingeben zu können – doch eine herrliche Sache. Und wenn die Sinne auch stumpfer werden durch das Alter, manche Täuschungen, die uns früher geschmeichelt, ihren Reitz verlieren, der Kreis der Freunde durch ihren Hinschied oder durch sonstige Lösung der Bande enger wird, so bleiben uns doch die Todten mit ihren begeisterten und begeisternden Werken als theure Freunde, in deren Gesellschaft es uns immer so wohl wird.

Und wie wunderbar hat doch die Vorsehung alles eingerichtet! Wie tritt uns dieses immer klarer entgegen, wenn der Geist nur auf die Menschheit, auf das Ewige hin sich richtet! Von seinem Geiste, sagt die Schrift, habe uns Gott einen Funken eingehaucht, und das ist genug, damit er sich im Menschen erhalte, entwickle, aus dem kleinen Sandkorn zu einem herrlichen Baume werde. Und daß er dieses in möglichster Vollständigkeit werde, dazu ist die Reihenfolge der Altersabschnitte für den Einzelnen und der verschiedenen Zeitalter für die Nationen vom himmlischen Vater geordnet. Nichts Wesentliches geht dem Einzelnen von seiner frühesten Kindheit an für den Geist verloren; aber jeder Zeitabschnitt, Kindheit, Jünglings-, Mannes- und Greisenalter, entwickeln vorherrschend in ihm diese oder jene seiner Seelenkräfte, damit ein möglichst großes Resultat erzielt werde. Wie einseitig und unvollkommen müßte das für seine Ausbildung bleiben, was ihm ein einzelner Abschnitt seines Lebens auch unter den günstigsten Umständen und in aller Fülle darbieten konnte! Und nicht anders ist es mit dem Leben der Völker und ihren Zeitaltern. Jedes Volk soll in seiner Eigenthümlichkeit ein Zeitalter finden, welches sich für seine Entwicklung besonders eignet. Lange geht es vielleicht unbewußt, aber dann auch mit Bewußtsein und entschiedenem Streben diesem Ziele entgegen. An der Grenze angelangt, ändert sich das Bestreben, und weil sich dann entgegengesetzte Tendenzen kund geben: eine mehr conservative, die vom Bisherigen nicht lassen will, und eine mehr bewegende, die auf neue Zielpuncte gerichtet ist, entsteht Kampf und Krieg.

Dieß das ewige Gesetz in der Weltregierung. Wohl dem, der die Zeichen der Zeit erkennt und gewissenhaft benutzt! Wer sie übersieht, dessen Streben und Abmühen ist gerichtet.

Schluß

Soweit der Verfasser, dessen Leben ein stetes Ringen nach eigener sittlicher und religiöser Vervollkommnung war und der keine Gelegenheit unbenutzt ließ, um beide auch im engeren häuslichen Kreise, in seiner amtlichen Wirksamkeit, ja auf jede ihm nur erreichbare Weise zu fördern und so in dieser wie in so mancher anderen Beziehung für das Wohl seines ihm so theueren Vaterlandes nach Kräften mitzuwirken. Von seinem Eifer und seiner unermüdeten Thätigkeit in seinem Berufe können seine gewesenen Schüler und Pfarrkinder das beste Zeugnis ablegen sowie seine zum Theil so mühsamen, schriftstellerischen Arbeiten für seine ausdauernde Thätigkeit auch in diesem Fache zeugen.

Mit jugendlicher Begeisterung begrüßte er, selbst noch in seinem höheren Alter, jedes neu erscheinende oder ihm selbst bis dahin nicht näher bekannte gediegene Werk der Literatur, vorzugsweis aber doch diejenigen, von denen er sich in obiger Beziehung einen günstigen Einfluß versprechen durfte. Die geschichtlichen Werke L. Ranke's und Macaulay's studirte er in den letzten Jahren seines Lebens mit hoher Bewundrung für ihre Verfasser; Channing war ihm ein lieber, fast unentbehrlicher Freund geworden, und die Schriften Bunsen's[476] wie verschiedene andere ausgezeichnete neuere Werke, die er, wie die oben erwähnten, nicht nur las, nein, recht eigentlich studirte, indem er Auszüge daraus machte und seine eigenen Bemerkungen und Urtheile über ihren Inhalt niederschrieb, versetzten ihn in den letzten Monaten seines Lebens in eine vorzugsweis gehobene, glückliche Stimmung.

Eines nur vermißte er dabei: den Freund, der als geistlicher Amtsbruder auf diese höheren Interessen gemeinsam mit ihm eingehen, mit dem er Ansichten und Urtheile hätte austauschen können. Nicht daß es ihm in Chur an lieben, aufrichtig von ihm geschätzten Freunden, die dessen fähig gewesen wären, gefehlt hätte; aber sie waren, als im Amte stehend, durch ihre Wirksamkeit anderweitig zu sehr in Anspruch genommen; er sah sie daher wenig und nur auf kurze Stunden.

Da erscholl die frohe Botschaft, Herr Pfarrer von Raschèr werde mit seiner Familie von Neapel zurückkehren. Wie sehr er diesen alten bewährten Freund und seine liebenswürdige Frau schätzte, geht aus dem, was er in seiner Lebensbeschreibung von ihnen sagt, deutlich genug hervor, und man darf sich daher nicht wundern, daß ihn diese Aussicht innig beglückte, und er sich die genußreichsten Stunden von ihrem Umgange versprach. Und diese wurden ihm auch, als Vorgeschmack der für den Winter gehofften Abendunterhaltungen mit ihnen noch einigemal zu Theil, da sie wenig Wochen vor seinem Tode eintrafen. Er zählte diese Wiedervereinigung mit ihnen zu den Segnungen, die ihm Gott während seines Lebens, das er soeben aufgezeichnet und so im Rückblick nochmals an sich hatte vorübergehen lassen, zu Theil werden ließ, und sprach sich noch am letzten Abend, wo er diese lieben Freunde zu sich geladen hatte, ihnen gegenüber mit dem gerührtesten Dank gegen die Vorsehung über die liebevolle und gnädige Führung seines Schicksales aus, indem er verschiedene Beweise für dieselbe namhaft anführte.

Ja, sie hat sich ihm bewährt, diese liebevolle und gnädige Führung, bis zu seinem letzten Athemzuge, indem er, ohne vorhergegangene schwere Schmerzen und Leiden sanft vom Glauben zum Schauen abberufen wurde.

Tod des Verfassers

Seine Brust war nie stark gewesen, er hatte den vorhergehenden Winter längere Zeit an Husten gelitten, sich seitdem weniger kräftig und namentlich bei'm Steigen einen Druck auf der Brust gefühlt, sonst aber über keine Symptome von Uebelbefinden geklagt, obgleich manches darauf hinzudeuten schien, daß er sein Ende nicht mehr fern glaubte. Eine kurze Brunnencur hielt er, wie er sagte, als Vorbeugungsmittel zur Stärkung seiner Brust für den nächsten Winter für zweckmäßig, und entschloß sich, eine solche in Fidris zu machen.

Am Morgen des 16ten Juli 1858 sollte er dahin aufbrechen. Wie er dieß täglich morgens und abends zu thun pflegte, las er zuvor noch aus dem Berliner Gesangbuche zum gottesdienstlichen Gebrauche für evangelische Gemeinden, und zwar diesmal das schöne Lied No. 799: «Lob sei dir, der den Morgen» u.s.w., dessen letzter Vers also lautet:

Getrost, mein Geist, ermüde
In deinem Kampfe nicht!
Dich stärket Gottes Friede
Mit Kraft und Zuversicht.
Ermuntre Dich und streite,
Des Sieges Lohn ist nah!
Getrost! vielleicht ist heute
Des Kampfes Ende da.

Die Schlußworte wiederholte er noch im Hinausgehen laut für sich. Als er die Thür geschlossen hatte, fragte die Magd, die der Andacht beizuwohnen pflegte, ihre Herrschaft: «Haben Sie nur bemerkt, wie zärtlich Herr Professor Sie bei'm Frühstück ansah? Es war, als wolle er sich Ihr Bild noch recht einprägen, um es mitzunehmen.»

Früher als nöthig hatte er sich zur Abreise bereit gemacht und setzte sich dann mit ganz besonderer Herzlichkeit neben seine Frau nieder, um, wie er sagte, dieß letzte Stündchen noch gemüthlich mit ihr zu verplaudern. Gegen neun Uhr nahm er, wie es schien, völlig wohl und heiter, von ihr Abschied, und den nächsten Morgen, fast um die gleiche Stunde, erhielt sie die ebenso unerwartete wie tief erschütternde Nachricht von seinem Tode.

Der 16te Juli war einer der schwülsten Tage jenes heißen Sommers, und in der Mittagshitze hatte er den mühsamen Weg nach dem Bade hinauf zu Fuß angetreten. Wohlgemuth, doch furchtbar erhitzt, langte er dort an und war hoch erfreut, seinen Freund Iseppi, Herrn Hauptmann Gubert von Salis mit Frau und Schwestern und andere liebe Gäste, worunter Herr Pfarrer [...] von Zizers, der sich später dort im Tode seiner auf das liebevollste annahm, da vorzufinden. Hierüber vergaß er Ermüdung und Hitze, wie ihn sein lebhafter Geist stets über sein körperliches Befinden zu erheben pflegte, hielt sich mit den lieben Freunden noch meist im Freien auf und begleitete die Familie von Salis am Abend unter heiteren Gesprächen und Scherzen ein Stück den Berg hinunter. Als diese ihn bei'm Abschied fragte, ob er etwas nach Hause zu bestellen habe, erwiederte er: «Sagen Sie meiner lieben Frau, daß, wenn ich so heiter und wohl, wie ich hierher gekommen bin, aus dem Bade zurückkehre, ich eine gute Kur gemacht habe.» Bis gegen eilf Uhr ging er hierauf, in ein begeistertes Gespräch über ihm wichtige moralische und religiöse Gegenstände vertieft, mit Iseppi vor dem Bade auf und nieder, bis sie ein heftiger Gewitterregen einzukehren zwang und er in das im dritten Stockwerk befindliche kleine Stübchen eilte, in das man ihn mit einem schätzbaren jungen Lehrer aus

Feldkirch zusammen gebettet hatte, um ihn nicht, aus Mangel an Platz, da das Bad überfüllt war, abweisen zu müssen. Dieser schlief schon und hörte nur noch halb im Traum seine Entschuldigung, daß er ihn doppelt stören werde, weil er seine Sachen noch zum Theil auspacken müsse. Um zwei Uhr erwachte besagter Herr wieder, weil er ihn, wie er glaubte, laut schnarchen hörte, und sah ein noch brennendes Licht, das er angezündet haben mochte, um, weil es ihm unwohl wurde, etwas aus seinem Koffer zu holen, neben seinem Bette am Boden stehen, wo er es vermuthlich hingestellt hatte, damit es seinen Nachbar nicht blende, der, als er sich überzeugte, daß dieser Ton doch mehr ein Röcheln sei, schnell zu ihm hin eilte, um zu fragen, ob ihm etwas fehle, doch schon keine Antwort mehr erhielt. Erschrocken sprang er an die nächste Thür, um Hülfe; da tönte es aber heraus: «Helft euch selbst, ich kann auch nicht helfen!» Da ging es an die zweite Thür. Hier schlief das durch Geist, Gemüth und Wohlthätigkeitssinn rühmlich bekannte Fräulein von Toggenburg aus Zizers[477], die den Verewigten persönlich kannte, gleich nach dem Arzte lief und ihn bat, sich mit allem zum Aderlaß nöthigen zu versehen. In wenig Minuten war dieser, von ihr, die nun überall selbst hülfreiche Hand leistete, begleitet, da; aber das Blut floß nicht mehr, und sein unsterblicher Geist hatte sich bereits zum Quell des Lichtes emporgeschwungen. Gott hatte auch hierin seine oft ausgesprochenen Wünsche erhört, ihm noch Kraft gegeben, seine Uebersetzung des Neuen Testamentes, die ihm so sehr am Herzen lag, zu vollenden, und ihn abberufen, ehe ihn die Abnahme seiner Geistes- und Körperkräfte an einer nützlichen Thätigkeit hinderte. Durch einen selten leichten und glücklichen Tod wurde er zu jener Herrlichkeit eingeführt, deren Vorschmack er schon hier ahnend empfand. Sein Sterbetag war der gleiche, an dem ihm seine ihm so theuere erste Frau vor drei und zwanzig Jahren vorangegangen war.

Anmerkungen

Abkürzungen

ADB	Allgemeine Deutsche Biographie, 55 Bände mit Generalregister, hg. von der Bayer. Akademie der Wissenschaften, Leipzig 1875-1912.
ASV	Atlas der schweizerischen Volkskunde, Basel 1950-1989.
BR	Bibliografia Retorumantscha (1552-1984) e Bibliografia da la musica vocala retorumantscha (1661-1984). Elavuraziun per incumbensa da la Lia Rumantscha ... entras NORBERT BERTHER ed INES GARTMANN, Chur 1986.
DRG	Dicziunari Rumantsch Grischun, hg. von der Società Retorumantscha, bisher 8 Bände (A-I), Chur seit 1939.
HBLS	Historisch-biographisches Lexikon der Schweiz, 7 Bände mit Supplement, Neuenburg 1921-1934.
StAGR	Staatsarchiv Graubünden.

1 «Der Schlüssel» aus den Tabulae votivae von Schiller und Goethe. Vgl. FRIEDRICH SCHILLER, Sämtliche Werke, Erster Band: Gedichte/Dramen I, 6. Auflage München 1980, S. 305.

2 Zur Einführung des gregorianischen Kalenders in Graubünden vgl. J.J. SIMONET, Der gregorianische Kalender und seine Einführung in Graubünden, in: Bündnerisches Monatsblatt 1935, S. 299-311, 346-352.

3 Fadrig (Friedrich) Carisch (1788–1863) war für die väterliche Landwirtschaft bestimmt. Wir begegnen seinem Namen in einem Brief des Vetters Anton Camenisch in Sarn vom 8. Oktober 1811 an Carisch, wo es heisst: «Dein Bruder Friedrich ist mit den Oberländern auf dem Lauiser Markt», und dies lässt vermuten, dass dieser Heinzenberger Bauer auf den bei den Bündnern damals so beliebten Viehmärkten von Lugano und Varese nicht nur eigenes Vieh verkaufte, sondern sich als Viehhändler betätigte. Vgl. BENEDICT HARTMANN, Professor Otto Carisch (1789-1858). Ein Bündner Zeitbild, in: Jahresbericht der Historisch-antiquarischen Gesellschaft von Graubünden 1947, S. 17; Originalbrief Camenischs StAGR B/N 374a. – Biet (Beat) Carisch (1791–1863): Nach seinem Weggang von Chur (1811) veranlasste Otto Carisch, dass man auch seinen Bruder wenigstens vorübergehend die Kantonsschule besuchen liess (Anton Liver an Otto Carisch, 4. September 1814, STAGR B/N 374a). Im weiteren schreibt BENEDICT HARTMANN in seiner Carisch-Biographie, S. 17: «[Carisch] bemühte sich darauf, ihn im holländischen Soldatendienst unterzubringen, selbstverständlich mit der Hoffnung auf baldiges Avancement. Zu diesem Zweck hatte

er sich an den mit ihm befreundeten Ulrich von Planta in Tamins (später Besitzer des Schlosses Reichenau) gewandt, der als Hauptmann im soeben zu organisierenden Regiment Jakob von Sprechers diente. Es war dann den Bemühungen dieses Freundes auch gelungen, Beat im Regiment Sprecher unterzubringen, nicht als gewöhnlichen Soldat, sondern als Kadett, d.h. als Offiziersaspirant.» Da er keine soldatische Begabung zeigte, bat General Sprecher ihn, um seine Entlassung zu fragen, was Beat auch tat. – Frena (Veronika) Carisch wurde, laut Tauf-, Ehe- und Sterbebuch Sarn (Mikrofilm im StAGR), 1794 geboren.

4 Duff Carisch wurde am 3. Oktober 1764 in Sarn getauft. Vgl. Tauf-, Ehe- und Sterbebuch Sarn, Mikrofilm im StAGR.

5 Der Name ist 1512 erstmals in Sarn bezeugt (Degarisch). Vgl. Rätisches Namenbuch, Bd. 3: Die Personennamen Graubündens mit Ausblicken auf Nachbargebiete, bearb. und hg. von KONRAD HUBER, Bern 1986, S. 222. – Als Podestat von Trahona amtete 1559 ein Peter Carisch. Vgl. FRITZ JECKLIN, Die Amtsleute in den Bündnerischen Unterthanenlanden, in: Jahresbericht der Historisch-antiquarischen Gesellschaft von Graubünden 1890, S. 33.

6 Fadrig de Carisch und Onna Cadisch heirateten im Juni 1761 in Sarn. Vgl. Tauf-, Ehe- und Sterbebuch Sarn, Mikrofilm im StAGR.

7 Christoph v. Albertini (1774-1848), 1819, 1821, 1826, 1828 und 1830 Bürgermeister der Stadt Chur. Vgl. Genealogie des Graubündnerischen Zweiges der Familie von Albertini, Chur 1884, Tafel XII.

8 Luvreu liegt auf Gebiet der Gemeinde Präz.

9 Es handelt sich nicht um Peter, sondern um Georg de Carisch, Landrichter 1539, 1548 und 1554. Vgl. AUGUSTIN MAISSEN, Die Landrichter des Grauen Bundes 1424-1799. Siegel-Wappen-Biographien, Laax 1990, S. 43.

10 Aus: «Lettere di Clori in risposta a Fille nobil figlia dell'Arno, che le ha richiesto il suo Ritratto», in: Avvertimenti di Augusta Caterina Piccolomini Petra duchessa del Vastogirardi ad Ugone suo figlio ed una lettera sopra se stessa, Firenze 1765, S. 42.

11 Catrina Capeder, getauft am 9. Dezember 1760, Tochter des Nutt Capeder. Vgl. Tauf-, Ehe- und Sterbebuch Duvin, Mikrofilm im StAGR.

12 Un cudeschet da soinchias historias pridas or d'ilg Veder Testament sco er anzaquontas canzuns spiritualas messas glu en rumonsch tras LUDVIG MOLITOR. (Unna uratiun faicchia ent ilg on 1652.) Basel 1656 (BR Nr. 580).

13 Stiafen Gabriel (gestorben 1638), u.a. evangelischer Pfarrer in Ilanz, gab einen bis ins 19. Jahrhundert vielgebrauchten Katechismus und andere religiöse Schriften in Sursilvan heraus. – Sein Sohn Luzi (gestorben 1663) wurde 1639 Nachfolger seines Vaters als Pfarrer von Ilanz und gab 1648 das Neue Testament in surselvischer Sprache heraus. Vgl. HBLS 3. Bd., S. 366f.

14 Auszugsweise und überarbeitete Publikation seiner Duviner Kindererlebnisse durch BENEDICT HARTMANN, Aus einem entlegenen Bündner Bergdorf vor 150 Jahren. Ein bis dahin unveröffentlichter Erlebnisbericht, in: Bündnerisches Haushaltungs- und Familienbuch 1942, S. 7-13.

15 Üna canzun davart la vischnaunca da Duvin. Kopie StAGR A 103. Der Autor ist wohl Pfarrer Lucius Cabalzar (1739-1818), gebürtig von Duvin und ebendort Pfarrer 1792-1818. Vgl. unten Anm. 39.

16 Zur Separation Duins von Vella (Pleif) vgl. EMIL CAMENISCH, Bündnerische Reformationsgeschichte, Chur 1920, S. 270ff.

17 Vgl. dazu *büman,* in: DRG Bd.2, S. 606.

18 Die Pfarrei Cumbel wurde damals durch italienische Kapuziner der sog. Rätischen Mission versehen. Vgl. CHRISTOPH WILLI, Die Kapuziner-Mission im romanischen Teil Graubündens mit Einschluss des Puschlav, o.O. 1960, S. 27-32.

19 Dieser Zustand dauerte bis in die zweite Hälfte des 20. Jahrhunderts hinein. Vgl. ASV Kommentar Teil I, 2. Halbbd., S. 465.

20 Zur schwierigen Situation des Handwerks in Graubünden des 18. Jahrhunderts vgl. J.A. VON SPRECHER, Kulturgeschichte der Drei Bünde im 18. Jahrhundert, bearbeitet und neu herausgegeben von RUDOLF JENNY, Chur 1976, S.121ff., 575ff.; VALENTIN JENNY, Handwerk und Industrie in Graubünden im 19. Jahrhundert, Chur 1991, S. 21ff.

21 Zum Wandel der Kinderspiele im 19. Jahrhundert siehe INGEBORG WEBER-KELLERMANN, Die Kindheit. Kleidung und Wohnen. Arbeit und Spiel. Eine Kulturgeschichte, Frankfurt/M. 1979, S. 192-229.

22 Bekannter unter der Bezeichnung «Kopf oder Zahl». Vgl. Von den Spielen des Gargantua. Geschichte und Anleitung von Brett-, Würfel-, Glücks- und Gesellschaftsspielen, wie sie von FRANÇOIS RABELAIS aufgezählt [...], bearbeitet von ARNOLD ISLER, Zürich 1965, S. 18f.

23 Kugelspiel, bei dem die Kugel wie beim heutigen Schlagball hochgeworfen und geschlagen wird. Vgl. J. B. MASÜGER, Leibesübungen in Graubünden einst und heute, Chur 1946, S. 51-67.

24 Vgl. dazu MATTHIAS HOLZAPFEL, Brettspiele – Zwischen Glück und Taktik, in: Volkstümliches Spektakulum, München 1980, S. 185-203; S. 196.

25 Zum Spiel mit Knöpfen vgl. MASÜGER, Leibesübungen, S. 88.

26 = Sauball. Vgl. MASÜGER, Leibesübungen, S. 125ff.

27 Vergleichsbeispiele von Begräbnisspielen bei INGEBORG WEBER-KELLERMANN (Hrsg.), Was wir gespielt haben. Erinnerungen an die Kinderzeit, Frankfurt a.M. 1981, S. 189, 190, 194, 196.

28 Zu Patengeschenken an Neujahr vgl. DRG Bd. 2, S. 606ff..

29 Zum Brauch des Eierlesens vgl. ASV Kommentar Teil II, 1. Halbbd., Basel 1962, S. 166f.

30 = Pfaffenbohnen. Vgl. DRG Bd. 6, S. 167.

31 Lärmbräuche und Lärmumzüge. Vgl. ASV Kommentar Teil II, 1. Halbbd., Basel 1962, S. 283f.

32 Vgl. DRG Bd. 3, S. 488.

33 Zur Strassensperre vgl. ASV Kommentar Teil II, 2. Halbbd., Basel 1979, S. 444; DRG Bd. 6, S. 577 (*fratga*).

34 *Vin da cavals* heisst der Brauch im Gebiet des Vorderrheins. Vgl. ASV Kommentar Teil II, 2. Halbbd., Basel 1979, S. 437f.

35 Über Soldatenspiele vgl. WEBER-KELLERMANN, Die Kindheit, S. 225f., 228.

36 Confessiun da la vera cardienscha. Quei ei unna einfaltia declaronza da la doctrina da la vera cardienscha ... [da HEINRICH BULLINGER, transl. da HANS CAPREZ ?], Chur 1776 (BR Nr. 1451).

37 STEFAN GABRIEL, Catechismo: Ausgaben von 1714, 1739, 1812 und Breve Catechismo: Ausgaben von 1768 und 1823.

38 Zur Imitation sakraler Handlungen durch Kinder vgl. WEBER-KELLERMANN, Die Kindheit, S. 202, 208, 210.

39 Lucius Cabalzar (1739-1818) von Duvin amtete von 1761–64 und 1767–72 in Sagogn, 1764–66 in Tamins, 1766–67 in Pitasch, 1772–92 in Zillis und von 1792-1818 als Pfarrer von Duvin, TRUOG, Evang. Pfarrer S. 167. Er verfasste das Andachtsbuch: Un antruvidament davart ilg pli grond kunst c'ei da morir beadameng cun anchinnas autras canzuns spiritualas, Chur 1792 (BR Nr. 806).

40 JOHANN HUEBNER, Zweymal zwey und fünfzig auserlesene Biblische Historien, aus dem Alten und Neuen Testamente, der Jugend zum Besten abgefasset. Neue und vermehrte Auflage, Chur und Lindau 1772. – Es ist bemerkenswert, dass in Duvin die deutsche Ausgabe benutzt wurde, obwohl eine ladinische im Jahre 1770 erschienen war. – Das Buch erreichte seit der illustrierten Ausgabe letzter Hand von 1731 vor allem im 19. Jahrhundert weit über 100 Auflagen und Neuausgaben. Zur Rezeptionsgeschichte: CHRISTINE REENTS, Die Bibel als Schul- und Hausbuch für Kinder. Werkanalyse und Wirkungsgeschichte einer frühen Schul- und Kinderbibel im evangelischen Raum: Johann Hübner, Zweymahl zwey und fünffzig Auserlesene Biblische Historien [...], Göttingen 1984.

41 In Surcasti pastorierte von 1790-1803 Pfarrer Christian Hansemann von Tersnaus. Er ist der Verfasser eines humoristischen Liedes: La canzun dil spass. Vgl. J. JACOB SIMONET, Die katholischen Weltgeistlichen Graubündens, Separatdruck aus Jahresbericht der Historisch-antiquarischen Gesellschaft von Graubünden 1919-1921, S. 127. Über Pfarrer Hansemann wurden viele Anekdoten erzählt, wovon einige im «Bündner Kalender» 1869 publiziert wurden.

42 Im Lugnez war diese Höflichkeitsform noch bis in die 1950/60er Jahre in Gebrauch.

43 General Demont war mit seinem französischen Detachement über den Kunkels-Pass nach Graubünden eingerückt und trieb die schlecht bewaffneten, sich ihm entgegenstellenden Bauern bei Reichenau auseinander. Vgl. PETER METZ, Geschichte des Kantons Graubünden, Bd. 1, Chur 1989, S. 50-60.

44 Zum Kinderbrauch am ersten März vgl. den Artikel *Chalandamarz*, in: DRG Bd. 3, S. 166-172.

45 Vgl. ASV Kommentar Teil II, 1. Halbbd., S. 155ff.

46 Vgl. ASV Kommentar Teil II, 1. Halbbd., S. 63ff.

47 Vgl. BRUNO WEBER, Henry de Rohan und der Heinzenberg. Überlegungen zu einem nicht vorhandenen Gemälde (1632/35), in: Jahresbericht der Historisch-antiquarischen Gesellschaft von Graubünden 1975 (1977), S. 1-128.

48 = Burg Hohenrätien.

49 Friedrich La Nicca von Sarn (1754-1811), 1772-1784 Pfarrer in Safien-Thalkirch, 1784-1811 Pfarrer in Flerden, 1803-1810 auch in Masein. Vgl. TRUOG, Evang. Pfarrer, S. 166.

50 Über das Seminar Haldenstein, das Philanthropin Marschlins, die bündnerische Nationalschule zu Jenins und das Seminar Reichenau vgl. A. RUFER, Vier bündnerische Schulrepubliken aus der zweiten Hälfte des 18. Jahrhunderts, Bern 1921; SPRECHER/JENNY, Kulturgeschichte der Drei Bünde im 18. Jh., S. 395ff., 651-656.

51 Über das Institut à Porta in Ftan vgl. die autobiographischen Aufzeichnungen von JOHANN ROSIUS À PORTA, publiziert von C. PLANTA, in: Bündnerisches Monatsblatt 1921, S. 18-22.

52 Vgl. BENEDICT HARTMANN, Johann Peter Hosang und sein Testament. Zum hundertjährigen Bestehen des Erziehungs- und Kinderheims Plankis bei Chur 1845-1945, Chur 1945.

53 Historia reformationis ecclesiarum raeticarum, Bd. I/1, Chur und Lindau 1772; Bd. I/2, Chur und Lindau 1774; Bd. II/1, Chur und Lindau 1777; Bd. II/2, Chur und Lindau 1776.

54 Pfarrer Jakob Johann Minar (1740-1809) von Tschlin, war 1762-64 Pfarrer von Feldis, 1764-78 von Lavin und 1778-1809 von Fideris. TRUOG, Evang. Pfarrer, S. 64. Er war Mitverfasser einer deutschen Grammatik für Rätoromanen: Principis da grammatica nel linguaig todaisc, Chur 1778 (BR 4002), nach der Methode der Grammatiken von Gottsched und Braun. Vgl. SPRECHER/JENNY, Kulturgeschichte der Drei Bünde im 18. Jh., S. 464f.

55 Jakob Cloetta (1752-1821) war 1777-97 Pfarrer von Bergün und 1797-1821 Pfarrer von Filisur. Vgl. TRUOG, Evang. Pfarrer, S. 17.

56 Leonhard Walther (1758-1840), 1783-1817 Pfarrer von Valendas, 1817-32 Pfarrer an der St. Regulakirche in Chur. Er übersetzte das Werk J. C. ORELLIS: Curta expositiun historica da la reformatiun, Chur 1819 (BR 3754); TRUOG, Evang. Pfarrer, S. 242.

57 Zum 1699 eröffneten Collegium philosophicum in Chur vgl. PAUL GILLARDON, in: Jahresbericht der Historisch-antiquarischen Gesellschaft von Graubünden 1942, S. 1ff. und FRITZ JECKLIN, in: Bündnerisches Monatsblatt 1914, S. 165ff. SPRECHER/JENNY, Kulturgeschichte der Drei Bünde im 18. Jh., S. 386-389.

58 JOH. ALPH. TURRETINO, Historiae ecclesiasticae compendium a Christo nato usque ad Annum MDCC, 2. Auflage Genf 1736.

59 JEAN FRÉDÉRIC OSTERWALD, Cathechismus, Frankfurt 1706; DERS., Abrégé de l' Histoire Sainte et du Catechisme, 2. Auflage Genf 1734; DERS., Compendio dell' istoria sacra. Trad. dal francese per uso della Bregallia, Lindau 1754.

60 Melchior La Nicca (geboren 1795) immatrikulierte sich 1816 an der Universität Tübingen, 1817 an der Universität Heidelberg. Vgl. FELICI MAISSEN, Bündner Studenten an der Universität Heidelberg 1386-1914, in: Bündner Monatsblatt 1985, S. 16; DERS., Bündner Studenten an der Universität Tübingen 1477-1914, in: Bündner Monatsblatt 1992, S. 473.

61 AD. FR. KIRSCH, Cornu copiae linguae latinae et germanicae selectum. Ed. novissima (2 vol.), Wien 1775.

62 Hier handelt es sich um die lateinische Grammatik Joachim L. Langes (1670-1744). Vgl. ADB 17. Bd., Leipzig 1883, S. 634.

63 Vgl. TRUOG, Evang. Pfarrer, S. 81: Beat Liver (1793-1864); S. 235: Georg Caminada (1787-1846); S. 241: Chr. Lanicca (1779-1855).

64 Zu den Knabengerichten vgl. GIAN CADUFF, Die Knabenschaften Graubündens. Eine volkskundlich-kulturhistorische Studie, Chur 1932, S. 112-115.

65 Zu den Rügebräuchen der Knabenschaft vgl. ASV Kommentar Teil II, 1. Halbbd., Basel 1962, S. 278-282.

66 Vgl. zum Kuhbauch als Spuk *buttatsch*, in: DRG Bd. 2, S. 753f.

67 In Manuskript StAGR B 2126 fälschlicherweise die Jahreszahl 1807 angegeben, in der Handschrift StAGR B/N 374b richtig 1806.

68 In der Matrikel für den Sommer 1806 ist Otto Carisch für das Griechische eingetragen. Unterstellt ist er nach der damaligen Schulordnung der besonderen Aufsicht von Professor Gautsch, der die alten Sprachen lehrte. Vgl. StAGR B 687. Verzeichnis der sämtlichen Lehrklassen und der sie besuchenden Schüler vom Dezember 1805 bis 1812. Vgl. HARTMANN, Professor Otto Carisch. Ein Bündner Zeitbild, S. 15.

69 Wie Anm. 62.

70 Biblia sacra ex SEBAST. CASTELLIONIS interpretatione eiusque postrema recognitione, 4 Bde., Leipzig 1728.

71 Johannes von Müller (1752-1809), schweizerischer Historiograph, sein Hauptwerk, «Geschichten der schweizerischen Eidgenossenschaft» (1780), hat das Geschichtsbild der folgenden Generationen geprägt. Vgl. HBLS, 5. Bd., S. 187f.

72 Christian Fürchtegott Gellert (1719-1769) war ein volkstümlicher Dichter der Aufklärung, dessen vom Pietismus gezeichnetes Werk eine grosse Breitenwirkung zeitigte. Zu seinen Jugendschriften siehe MARIE LUISE LINN, in: Lexikon der Kinder- und Jugendliteratur, hg. von KLAUS DODERER, 1. Bd. , 2. Auflage Weinheim und Basel 1977, S. 435f.

73 Christian Gotthilf Salzmann (1744-1811), evangelischer Pfarrer, Liturg und Religionslehrer am Dessauer Philanthropin, Gründer einer Erziehungsanstalt in Schnepfenthal, Verfasser zahlreicher pädagogischer und populärer Schriften, schrieb u.a. «Krebsbüchlein» und «Ameisenbüchlein» oder den Erziehungsroman «Konrad Kiefer». Vgl. HANS-HEINO EWERS, in: Lexikon der Kinder- und Jugendliteratur, hg. von KLAUS DODERER, 3. Bd. , Weinheim und Basel 1979, S. 250-254.

74 Joachim Heinrich Campe (1746-1818), Jugendschriftsteller, Verfasser von "Robinson dem Jüngeren", bedeutender Publizist der Pädagogik der Spätaufklärung, Sprachforscher, Theologe. Vgl. MARGARETE DIERKS, in: Lexikon der Kinder- und Jugendliteratur, hg. von KLAUS DODERER, 1. Bd. , 2. Auflage Weinheim und Basel 1977, S. 238ff.

75 CHRISITIAN GOTTLOB BRÖDER, Kleine lateinische Grammatik mit leichten Lectionen für Anfänger, Leipzig 1795.

76 Vielleicht K. L. SCHALLER, Handbuch der deutschen Dicht- und Redekunst aus Beispielen entwickelt, 2 Theile, Wien 1806.

77 Schreiber Beat Caflisch heiratete am 16. März 1806 in Masans Christina Denz. Vgl. StAGR, Mikrofilm Kirchenbuch St. Martin, Chur.

78 Zur Gründung der Kantonsschule siehe JANETT MICHEL, Hundertfünfzig Jahre Bündner Kantonsschule 1804-1954. Festschrift zur 150-Jahrfeier, Chur [1954], S. 17-23.

79 Vgl. J. BAZZIGHER, Geschichte der Kantonsschule nebst Beiträgen zur Statistik der Schule von 1850-1904, Davos 1904, S. 3, 8; W. B. GAUTZSCH, Lebensbeschreibung des sel. Prof. und Pfarrer P. Saluz, Bregenz 1809.

80 Wilhelm Benjamin Gautzsch aus Niedersachsen wirkte 1800-1804 an der obern Knabenschule in Aarau, wo er Pestalozzis Methode kennenlernte, seit 1803 auch an der dortigen Kantonsschule. Von 1804 bis 1816 lehrte er alte und neue Sprachen sowie Geschichte an der Kantonsschule in Chur, stand in Verbindung mit Pestalozzi in Yverdon. 1817 wurde Gautzsch für kurze Zeit Hauslehrer in Bergamo, 1820 zog er als Feldprediger nach den Niederlanden. Vgl. BAZZIGHER, Geschichte der Kantonsschule, S. 5, 199; CHRISTIAN ROEDEL, Pestalozzi und Graubünden. Ein Beitrag zur Pestalozziforschung und zur bündnerischen Schulgeschichte, Winterthur 1960, S. 142-145.

81 Heinrich Gutmann (1776-1854). Vgl. Zürcher Pfarrerbuch 1519-1952, hg. von EMANUEL DEJUNG und WILLY WUHRMANN, Zürich 1953, S. 311.

82 Vgl. BAZZIGHER, Geschichte der Kantonsschule, S. 7.

83 Christian Gottlob Richter (1759-1830), 1804-1830 Zeichenlehrer an der evangelischen Kantonsschule in Chur, Bildnismaler, Landschaftszeichner und Kupferstecher. Von ihm besitzt das Rätische Museum acht Oelbildnisse, zwei Guaschen und einen Kupferstich. Es sind Porträts von Bündner Politikern und von Lehrern der Kantonsschule.

Vgl. ULRICH THIEME und FELIX BECKER, Allgemeines Lexikon der bildenden Künste von der Antike bis zur Gegenwart, 28. Bd., Leipzig 1934, S. 287; Das Rätische Museum, ein Spiegel von Bündens Kultur und Geschichte. Redaktion: HANS ERB, Chur 1979, S. 234, 236, 250.

84 Ludwig Christ, bis 1820 Lehrer für Schreiben, zugleich Lehrer an der Stadtschule in Chur. Vgl. BAZZIGHER, Geschichte der Kantonsschule, S. 200.

85 Batrumieu Grass aus Lavin, 1777-1781 Pfarrer in Triest. Vgl. DOLF KAISER, Fast ein Volk von Zuckerbäckern? Bündner Konditoren, Cafetiers und Hoteliers in europäischen Landen bis zum Ersten Weltkrieg, Zürich [1985], S. 41.

86 Balthasar Bundi (1783-1869). Vgl. HBLS 2. Bd., S. 433.

87 Gemäss StAGR B 687, Matrikel der evang. Kantonsschule, war dies im Herbst 1807 und nicht 1808 der Fall, wie die Autobiographie fälschlicherweise angibt.

88 Frau Podestätin Cleophea von Misani geb. Suarz (1749-1829); Anna von Misani (1779-1839), Tochter der Cleophea und des Podestà Gaudenz von Misani. Vgl. StAGR, Mikrofilm Kirchenbuch St. Martin, Chur; zu Gaudenz von Misani siehe HBLS, 5. Bd., S. 119.

89 Johann Anton Camenisch (gestorben 1858), Landammann des Gerichts Heinzenberg. Vgl. HBLS 2. Bd., S. 478.

90 J. Beat Wazzau (geb. 1787) als Sohn des Schreibers Johann Wazzau und der Clara Lorenz. Vgl. StAGR, Mikrofilm Kirchenbuch Sarn.

91 Jakob Marugg (1784-1862) aus Präz immatrikulierte sich am 27. April 1808 an der Universität Heidelberg. Vgl. GUSTAV TOEPKE, Die Matrikel der Universität Heidelberg, 5. Teil, Heidelberg 1904, S. 16; bei FELICI MAISSEN, Bündner Studenten an der Universität Heidelberg 1386-1914, in: Bündner Monatsblatt 1985, S. 1-46 nicht aufgeführt. Vgl. auch TRUOG, Evang. Pfarrer, S. 33.

92 Karl Daub (1763-1836), spekulativer Theologe, seit 1795 ordentlicher Professor der Theologie in Heidelberg, Mittelpunkt der romantischen Schule, dann Vertreter einer vor allem von Hegel beeinflussten spekulativ-theozentrischen Theologie. Vgl. ADB 4. Bd., S. 768.

93 Christian Tester (1784-1855), Lehrer für Mathematik und Physik an der evang. Kantonsschule Chur 1810-1850. Vgl. HBLS 6. Bd., S. 703; CHRISTIAN ROEDEL, Pestalozzi und Graubünden, Winterthur 1960, S. 145-150, 168-175, 285-293.

94 «Fabeln und Erzählungen» des evangelischen Theologen und Pädagogen CHRISTIAN FÜRCHTEGOTT GELLERT (1719-1769). Sie predigten das Vorbild einer leisen Bescheidenheit und idyllischen Tugendhaftigkeit. Vgl. MARIE LUISE LINN, in: Lexikon der Kinder- und Jugendliteratur, Bd. 1, 435f.

95 Der Gang nach dem Eisenhammer. Vgl. FRIEDRICH SCHILLER, Sämtliche Werke, Erster Band: Gedichte/Dramen I, 6. Auflage München 1980, S. 382-389.

96 Chr. La Nicca (1779-1855). Vgl. TRUOG, Evang. Pfarrer, S. 241.

97 Es handelt sich um Jakob Ulrich Truog (1786-1829), Sohn des Dekans Leonhard Truog (1760-1848). Vgl. GAUDENZ TRUOG, Stammbaum der Familie Truog, StAGR IV 25 e 2 und Matrikel der evang. Kantonsschule 1805-1812.

98 Christoph von Albertini (1790-1809), Sohn des Georg (gest. 1798) und der Barbara von Salis-Sils (geb. 1764); die Schwester hiess Anna Veronica. Vgl. Genealogie des Graubündnerischen Zweiges der Familie von Albertini, Chur 1884, Tafel VIII.

99 Margreth von Planta-Samedan (1793-1812). Vgl. Stemmatographia [...] de Planta, o.O. 1872, Tafel XXIVc.

[100] Julia Hortensia Cleophea (1788-1849). Vgl. ANTON VON SPRECHER, Stammbaum der Familie von Salis, Chur 1941, Tafel 21 Nr. 64.

[101] Vermutlich Julie Roth, die 1812 eine «Lehr- und Erziehungs-Anstalt für Töchter» in Chur eröffnete. Vgl. URSULA JECKLIN, Fürsorge und Schulen, in: Churer Stadtgeschichte, Bd. 2: Von der Mitte des 17. Jahrhunderts bis zur Gegenwart, Chur 1993, S. 205 Anm. 108.

[102] Erhalten sind 19 Briefe Chr. von Albertinis an Otto Carisch. Vgl. StAGR B/N 374a, Briefwechsel Otto Carisch 1807-1825, Nr. 1-19.

[103] Vgl. EMIL KIRCHEN, Aus der Schulgeschichte von Tamins, Thusis 1966, S. 79.

[104] Pfeffel verfasste beliebte didaktische Fabeln und Verserzählungen: GOTTLIEB CONRAD PFEFFEL, Fabeln, der helvetischen Gesellschaft gewidmet, erschienen 1783. Vgl. BERND DOLLE, Gottlieb Konrad Pfeffel, in: Lexikon der Kinder- und Jugendliteratur, 3. Bd., Weinheim und Basel 1979, S. 32f.

[105] Die Autobiographie nennt fälschlicherweise das Datum 4. Juni 1809. Vgl. StAGR B/N 374a, Brief Nr. 19.

[106] In der Autobiographie steht der 12. Juni 1809 als Todesdatum. Gemäss Kirchenbuch von Tamins (Mikrofilm StAGR) wurde Albertini am 18. Januar 1809 begraben.

[107] Vincenz von Planta (1799-1851). Nekrolog in: Bündnerisches Monatsblatt 1851, 2. Jg., S. 206f.

[108] J. A. Kramer, Mailand, dessen Söhne C. und Franz Kramer die Kantonsschule Chur besuchten. Vgl. StAGR B/N 374a, Briefe Nr. 20 und 21.

[109] Otto Cantieni, 1807 Ratsherr. Vgl. M. VALER, Geschichte des Churer Stadtrates 1422-1922, Chur 1922, S. 135.

[110] J.B. Colani besuchte den Winter- und Sommerkurs 1809 sowie den Winterkurs 1810 an der evang. Kantonsschule in Chur. Vgl. StAGR B 687, Verzeichnis der sämtlichen Lehrklassen und der sie besuchenden Schüler 1805-1812.

[111] Barbara Rehsteiner geb. Otto (gest. 1821 im Alter von 63 1/2 Jahren), von Lindau, Ehefrau von Hauptmann und Baumeister Valentin Rechsteiner (gest. 1808 im Alter von 77 1/3 Jahren). Vgl. Kirchenbuch St. Martin, Chur, Mikrofilm im StAGR.

[112] Maria Barbara Rehsteiner (geb. 1792) heiratete 1814 Hieronymus von Salis (1785-1828), Oberst in sizilianischen Diensten und Bundespräsident. Vgl. ANTON VON SPRECHER, Stammbaum der Familie von Salis, Chur 1941, Tafel 18 Nr. 83; Kirchenbuch St. Martin Chur, Mikrofilm im StAGR.

[113] Zum Kadettenwesen vgl. JANETT MICHEL, Hundertfünfzig Jahre Bündner Kantonsschule 1804-1954, Chur 1954, S. 279-285.

[114] Vgl. JOSIAS SPRECHER, Johann Florian von Pellizari (1763-1810). Zum 200. Geburtstag des ersten bündnerischen «Kantonsobersten», in: Bündner Jahrbuch 1963, S. 111ff.

[115] Hieronymus von Salis (1785-1828), eidg. Oberst und Politiker. Vgl. ANTON VON SPRECHER , Stammbaum der Familie von Salis, Chur 1941, Tafel 18 Nr. 83.

[116] Stephan von Pestalozzi (1785-1867), Ratsherr, kantonaler Politiker. Vgl. HBLS 5. Bd., S. 404.

[117] Karl von Pestalozzi (1786-1839), eidg. Oberst. Vgl. HBLS 5. Bd., S. 404.

[118] Nachruf für Paulus Kind (1783-1875), in: Bündner Tagblatt 1875, Nr. 302-305. Vgl. auch HBLS 4. Bd., S. 492.

[119] ADAM FERGUSON, Geschichte des Fortgangs und Untergangs der Römischen Republik. Aus dem Englischen frey übersetzt und mit Anmerkungen und Zusätzen begleitet von C.D.B., 3 Bde., Leipzig 1784-1786.

120 EDUARD GIBBON, Geschichte der Abnahme und des Falls des Römischen Reichs. Aus dem Englischen [...] übersetzt von C. W. VON R[IEMBERG], 14 Bde. und Allg. Register, Wien 1790-1792. In diesem Werk vertritt der Autor die These von der Schuld des Christentums am Untergang Roms.

121 Die beiden Brüder traten 1809 in den Lehrkörper der Kantonsschule ein. Vgl. VINCENZ VON PLANTA, Joh. Friedrich von Tscharners Leben und Wirken [1780-1844], nebst einer Zugabe aus dessen schriftlichem Nachlasse, Chur 1848; HBLS 7. Bd., S. 71. Zu J.B. Tscharner (gest. 1857) vgl. BAZZIGHER, Geschichte der Kantonsschule, S. 199. Die Autobiographie Carischs diente als Quelle für: BENEDICT HARTMANN, Von den Anfangszeiten der bündnerischen Kantonsschule, in: Bündner Jahrbuch 1945, S. 33-44.

122 ALFRED RUFER, Johann Baptista von Tscharner 1751-1835, Chur 1963.

123 Johann Jakob Albertini von Zuoz; Wolfgang Killias von Chur; Ludwig Christ von Chur; Johann Sandri von Samedan. Vgl. StAGR CB III 478, Matrikel der evangelischen Kantonsschule 1811-1838.

124 Johann Jakob Engel (1741-1802). Vgl. ADB 6. Bd., Leipzig 1877, S. 113ff.

125 JOHANN CHRISTOPH ADELUNG, Grammatisch-kritisches Wörterbuch der Hochdeutschen Mundart, mit beständiger Vergleichung der übrigen Mundarten, besonders der Oberdeutschen, 4 Theile von A bis Z, 2. verm. u. verb. Auflage Leipzig 1793-1801.

126 JOACHIM HEINRICH CAMPE, Wörterbuch der Deutschen Sprache, 5 Teile, Braunschweig 1807-1811.

127 FRIEDRICH SCHILLER, Sämtliche Werke, Erster Band, 6. Auflage München 1980, S. 189.

128 Zu Domenic Simeon Benedict (1768-1820) vgl. HBLS 2. Bd., S. 96.

129 Jeremias L'Orsa (1757-1837) aus Silvaplana, schloss sich in Halle der Herrnhuter Brüdergemeinde an, wurde 1777 ordiniert, Hauslehrer bei den Salis-Malans und den Grafen von Hallwil, Pfarrer in Seewis im Prättigau 1798-1801, Dekan des Zehngerichtenbundes 1800, Pfarrer an der Nydeck-Kirche in Bern 1801-1832. Vgl. HBLS 4. Bd., S. 713; CHRISTIAN ROEDEL, Pestalozzi und Graubünden, Winterthur 1960, S. 36-52, 55ff.

130 Luzius Hold unterrichtete von Ende 1814-1850 Deutsch und alte Sprachen. Vgl. BAZZIGHER, Geschichte der Kantonsschule, S. 200.

131 Appollonia von Jenatsch, Tochter des Joh. Anton Jenatsch, starb am 19. Oktober 1815 im Alter von 21 Jahren und 6 Monaten. Vgl. Kirchenbuch St. Martin, Chur, Mikrofilm im StAGR.

132 Ursula von Raschèr (1793-1864) heiratete Zunftmeister Johann Baptista Cantieni. Vgl. ANTON HERCULES SPRECHER, Sammlung rhätischer Geschlechter, Chur 1847, S.135.

133 Anna Paula Hortensia Bavier (1791-1846). Vgl. ANTON HERCULES SPRECHER, Sammlung rhätischer Geschlechter, Chur 1847, S. 17.

134 Nekrolog für Johann Baptista Bavier (1795-1856), in: Bündnerisches Monatsblatt 1856, S. 197-200; HBLS 2. Bd., S. 58.

135 Nekrolog für Ludwig Christ (1791-1876), in: Bündner Tagblatt 1876, Nr. 16; Vgl. HBLS 2. Bd., S. 573.

136 Vielleicht Entfelden südlich von Aarau.

137 Konrad Herold (1779-1856), Lehrer für Deutsch, Geographie, Rechnen und Schreiben an der evang. Kantonsschule in Chur 1807-1816, später Stadtvogt in Chur. Vgl. BAZZIGHER, Geschichte der Kantonsschule, S.199; HBLS 4. Bd., S. 196.

138 Farigliano Louis Bassi war Kantonsschullehrer bis Ende 1811 und erteilte Italienisch- und Französischunterricht. Vgl. BAZZIGHER, Geschichte der Kantonsschule, S. 200.

139 Maria Barbara Rehsteiner (geb. 1792), heiratete 1814 Hieronymus von Salis (1785-1828), Oberst in sizilianischen Diensten und Bundespräsident. Vgl. ANTON VON SPRECHER, Stammbaum der Familie von Salis, Chur 1941, Tafel 18 Nr. 83; Kirchenbuch St. Martin , Chur, Mikrofilm im StAGR.

140 Rudolf Conrad von Baldenstein (1790-1886) studierte in Heidelberg, nachmaliger Landvogt des Gerichts Fürstenau. Vgl. HBLS 2. Bd., S. 614; FELICI MAISSEN, Bündner Studenten an der Universität Heidelberg 1386-1914, in: Bündner Montasblatt 1985, S. 16 Nr. 106. Vgl. auch StAGR B/N 374a, Briefe Nr. 27, 28, 59 Conrads von Baldenstein an Carisch.

141 Theodor von Mohr (1794-1854) wurde bedeutender Historiker in Graubünden, Herausgeber des Codex diplomaticus. Vgl. HBLS 5. Bd., S. 127f. StAGR B/N 374a, Briefe Nr. 104-117, 182-185 Mohrs an Carisch. Im Vorspann zu seinem Korrespondenzband schrieb Carisch über ihn: «Der Verfasser der nachfolgenden Briefe war mir ein sehr lieber Studiengenosse in Bern und später auch Freund in Bünden. Er hat seinen literarischen Ruf durch seine Ausgabe des Codex Diplomaticus für Graubünden und durch die Noten zu den geschichtlichen Uebersetzungen seines Sohnes begründet und sich unstreitig sehr große Verdienste um die Schweizergeschichte erworben. Schade, daß er in anderer Beziehung seinen guten Ruf weniger wahrte und auch durch seinen Uebertritt zur katholischen Kirche kurz vor seinem Tode und sein Abkommniß mit dem Sohne zur Beraubung seiner Creditoren selbst bei seinen besten Freunden großes Aergerniß gegeben hat.»

142 Mathias Walser (1792-1833) studierte in Heidelberg, wurde Mitglied des Appellationsgerichts, der Standeskommission, der Transitkommission, des Grossen und Kleinen Rates des Kantons Graubünden, Tagsatzungsabgeordneter. Vgl. JULES ROBBI, Die Standespräsidenten und Vizepräsidenten des Kantons Graubünden, Sep. aus dem Graubündner General-Anzeiger, o.J., S. 128; HBLS 7. Bd., S. 407; FELICI MAISSEN, Bündner Studenten an der Universität Heidelberg 1386-1914, in: Bündner Monatsblatt 1985, S. 16, Nr. 107.

143 Marie Magdalena Conrad von Baldenstein, vgl. unten Anm. 299.

144 Es handelt sich nicht um Gottlieb, sondern um Bernhard Rudolf Studer (1794-1887), von 1834 Professor der Mineralogie und Geologie in Bern, erster Erforscher der Geologie der Alpen, Begründer und langjähriger Präsident der schweizerischen Geologischen Kommission zur Herausgabe der Geologischen Karte der Schweiz (1:10'000). Vgl. HBLS 6. Bd., S. 582 und die Briefe Nr. 49-52 und 140 Studers an Carisch im Korrespondenzband StAGR B/N 374 a.

145 Carl Albrecht Reinhold Baggesen (1793-1873), studierte in Bern und Göttingen Theologie, 1815 ordiniert, 1860 Pfarrer am Münster in Bern. In seiner Jugend Vertreter einer im Sinn der damaligen Zeit modernen kirchlichen Richtung, später tätig auf dem Gebiet der Fürsorge, der Mission, der christlichen Jugendbildung und Philanthropie, wurde er mehr und mehr der Wortführer der positiven Partei in den kirchlichen Kämpfen der vierziger, sechziger und siebziger Jahre. Vgl. DANIEL

ALBRECHT RYTZ, Carl Albrecht Reinhold Baggesen, Basel 1884; HBLS 1. Bd., S. 538; StAGR B/N 374a, Nr. 29, 30, 144.

146 Mathias Richard, 1815-1816 Pfarrer in Biel. Vgl. CARL FRIEDRICH LUDWIG LOHNER, Die reformirten Kirchen und ihre Vorsteher im eidgenössischen Staate Bern, nebst den vormaligen Klöstern, Thun 1865, S. 473.

147 Johann Rudolf Wyss (1781-1830), seit 1803 Professor der Philosophie an der Akademie Bern, entfaltete neben seinem Lehramt eine grosse dichterische Tätigkeit. Vgl. HBLS 7. Bd., S. 608f.

148 Samuel Gottlieb Theophil Risold (1756-1827), Professor des Griechischen seit 1791, Dekan und erster Pfarrer am Berner Münster 1813. Vgl. HBLS 5. Bd., S. 645.

149 Q. HORATII FLACCI, Opera. Illustravit CHR. GUIL. MITSCHERLICH, 2 Bde., Reutlingen 1805/06.

150 HORATIUS' Dichtkunst, übersetzt und erklärt in Prosa, von K. W. ROMLER und in Versen von CPH. M. WIELAND, 2. mit dem Entwurf einer Dichtkunst nach Horaz vermehrte Auflage Basel 1789.

151 Karl Christian Jahn (1777-1854) von Oelsnitz (Sachsen), Professor der Literatur an der Akademie Bern seit 1804. Vgl. HBLS 4. Bd., S. 384.

152 Der Schüler hiess Emmanuel von Wattenwyl. Vgl. die Briefe Nr. 125-131 des ehemaligen Schülers an Otto Carisch in Bergamo 1814-1816 im Korrespondenzband StAGR B/N 374a.

153 Hartmann Bavier (1792-1841). Vgl. EDUARD VON BAVIER, Stamm-Tabelle der Adeligen Familie von Bavier aus Chur in Hohenrætien, Lausanne 1892, S. 30.

154 Brief vom 8. Juni 1811 aus Basel an O. Carisch. StAGR B/N 374a. Korrespondenzband O. Carisch Nr. 22 .

155 Val. K. Veillodter (gest. 1828), Anhänger einer rationalistisch-theologischen Richtung, Prediger. Vgl. Realencyklopädie für protestantische Theologie und Kirche, hg. v. A. HAUCK, 16. Bd., Leipzig 1905, S. 459.

156 Friedrich Albert von Fischer (1771-1837), Artilleriehauptmann, Oberamtammann von Burgdorf 1824-1829, resigniert wegen Blindheit, Besitzer von Eichberg, verheiratete sich 1792 mit Elisabeth von Sinner (1774-1814). Vgl. Burgerbibliothek Bern, Genealogie burgerlicher Geschlechter der Stadt Bern, Manuskript, 1950, Bd. 2.

157 Karl von Fischer (1734-1821), Offizier in Sardinien, Landvogt zu Yverdon, Oberst des 2. Infanterie-Regiments Thun. Vgl. HBLS 3. Bd., S. 163.

158 Johann Luzius von Salis (1746-1827). Vgl. ANTON VON SPRECHER, Stammbaum der Familie von Salis, Chur 1941, Tafel 14 Nr. 128.

159 Johann Kaspar Zellweger (1768-1855), Handelsherr, Philanthrop und Historiker; verfasste in mehr als 20jähriger Arbeit die Geschichte des appenzellischen Volkes, 3 Bde., 1830-1840, und begann mit der Publikation der dazu gehörenden Urkunden (3 Bde., 1831-1838). Vgl. HBLS 7. Bd., S. 641.

160 Silvain François Lacroix (1765-1843) schrieb Werke über Differential-, Integral- und Wahrscheinlichkeitsrechnung; er gab die «Anfangsgründe der Algebra», Berlin 1804 (Mainz 1811), heraus. – Adrien Marie Legendre (1752-1833) verfasste «Die Elemente der Geometrie», übersetzt aus dem Französischen, neue Ausgabe Berlin 1822. Vgl. JOHANN HEINRICH PESTALOZZI, Sämtliche Briefe, 7. Bd., bearb. von EMANUEL DEJUNG, 2. Aufl. Zürich 1980, S. 459, 460.

161 Anton Liver von Sarn (1782-1835), Landrichter des Oberen Bundes 1833. Vgl. HBLS 4. Bd., S. 693. Von Liver stammen die Briefe StAGR B/N 374a, Nr. 44 und 98 .

[162] Vincenz von Planta, Joh. Friedrich v. Tscharners Leben und Wirken, nebst einer Zugabe aus dessen schriftlichem Nachlasse, Chur 1848; StAGR 374 a, Briefe Nr. 53-58 und 141 .

[163] Samuel Gottlieb Hünerwadel (1771-1848), seit 1807 Professor für didaktische Theologie, 1833 Demission. Vgl. Die Dozenten der bernischen Hochschule. Ergänzungsband zu: Hochschulgeschichte Berns 1528-1984. Zur 150-Jahr-Feier der Universität Bern 1984, Bern 1984, S. 37.

[164] Johann Matthias Schroeck, Christliche Kirchengeschichte seit der Reformation, fortges. von Tzschirner, 19. Bde., Leipzig 1804-1812.

[165] Johann Jakob Schnell (gest. 1840), 1814 Pfarrer von Ligerz, 1834 Pfarrer zu Vinelz, 1836 Dekan des Nidau-Kapitels. Vgl. Carl Friedrich Ludwig Lohner, Die reformirten Kirchen und ihre Vorsteher im eidgenössischen Freistaate Bern, nebst den vormaligen Klöstern, Thun 1864, S. 502, 532.

[166] Johann Friedrich Flatt (1759-1821), Theologe der biblibsch-apologetischen Supranaturalistenschule, gründete 1796 das "Magazin für Dogmatik und Moral". Vgl. ADB 7. Bd., S. 103.

[167] Der Riese Prokrustes der griechischen Sage passte seine Gäste durch Strecken oder Abhacken dem Bett an. Vgl. Paulys Realencyclopädie der classischen Altertumswissenschaften, 45. Halbbd., Stuttgart 1957, Sp. 609-613.

[168] Dr. W. E. Channing's Religiöse Schriften. Aus dem Englischen übersetzt und herausgegeben von F. A. Schulze und Ad. Sydow, Erstes Bändchen, Berlin 1850, S. 108f.

[169] Die Entführung oder Ritter Karl von Eichenhorst und Fräulein Gertrude von Hochburg. Vgl. (G.A.) Bürger's sämmtliche Werke hg. von August Wilhelm Bohtz, Göttingen 1835, S. 52-55.

[170] Petrarca, Il Canzoniere, sonetto III. Vgl. Le rime di Francesco Petrarca, restituite nell'ordine e nella lezione del testo originario sugli autografi, col sussidio di altri codici e di stampe, e corredate di varianti e note da Giovanni Mestica, Firenze 1896, S. 7.

[171] Samuel Ludwig Schnell (1775-1849), Professor für bernisches Zivilrecht in Bern 1805-1843, vgl. Die Dozenten der bernischen Hochschule, S. 37.

[172] Wohl Rothenthurm, Kanton Schwyz.

[173] Oberstleutnant Johannes Rüsch kommandierte 1815 eines der beiden Ausserrhodner Bataillone. Vgl. Walter Schläpfer, Appenzeller Geschichte, Bd. 2: Appenzell Ausserrhoden, Herisau 1972, S. 332.

[174] Melchior Kirchhofer (1775-1853), 1808 Pfarrer in Stein am Rhein, Verfasser zahlreicher historischer und theologischer Aufsätze, bedeutender Schaffhauser Historiker. Vgl. HBLS 4. Bd., S. 498.

[175] Johann Georg Müller (1759-1819), Dr. theol., widmete sich nach politischer Tätigkeit seit 1809 wieder hauptsächlich der Erziehung und Wissenschaft, verfasste als Schriftsteller Arbeiten religiös-theologischen, philosophischen und historischen Inhalts. 1814 erhielt er den Besuch der Grossfürstin Katharina und des Zaren Alexander. Vgl. HBLS 5. Bd., S. 188.

[176] Stephan Braun wurde 1822 Ratsherr, starb am 26. Februar 1833 an Auszehrung, in London begraben. Vgl. M. Valer, Geschichte des Churer Stadtrates 1422-1922, Chur 1922, S. 71; Kirchenbuch St. Martin, Chur, Mikrofilm im StAGR.

[177] Die evangelische Kantonsschule Chur besuchten 1811 zwei Anton von Jenatsch , ein 16-, und ein 13jähriger. Vgl. StAGR CB III 478, Kantonsschulmatrikel.

[178] Heinrich Pestalozzi (1746-1827), bekannter Pädagoge. Vgl. HBLS 5. Bd., S. 404f.

[179] Daniel Etienne César François Chavannes (1762-1840), 1801 Pfarrer von Mont und Romanel, 1818-1840. Heiratete 1792 Anne Marie Louise dite Nanette Bugnion, Tochter des Pfarrers Charles Bugnion und der Marianne Levade. Der Familie entsprossen vier Töchter und ein Sohn. Vgl. Recueil de généalogies vaudoises, Bd. 1, Lausanne 1923, S. 314f.

[180] Louise Adrienne Henriette Chavannes (1795-1833) heiratete 1815 den Pfarrer Charles Louis Philippe Christinat. Vgl. Recueil de généalogies vaudoises, S. 318.

[181] Anne Marie Louise Charlotte Chavannes (1793-1865). Vgl. Recueil de généalogies vaudoises, S. 317.

[182] David Levade (1750-1834), Pfarrer in England, dann an der wallonischen Kirche von Amsterdam, Professor am Séminaire français von Lausanne 1783-1812, Professor der dogmatischen Theologie an der Lausanner Akademie 1810-1834, gründete 1814 die Bibelgesellschaft des Kantons Waadt und war ihr erster Präsident. Vgl. HBLS 4. Bd., S. 670.

[183] Anhänger der Erweckungsbewegung. Vgl. RUDOLF PFISTER, Kirchengeschichte der Schweiz, Zürich 1985, S. 176.

[184] Jean Daniel Alexandre Chavannes (1794-1855), einer der Gründer des Réveil 1821, für drei Jahre des Kantons verwiesen, lebte er in Paris, kam 1831 zurück, wurde 1840 Pfarrer in Ollon, 1850 Pfarrer der "Eglise libre" von Vevey, heiratete in zweiter Ehe die Engländerin Marie Greenalgh, starb in England. Vgl. HBLS 2. Bd., S. 554; Recueil de généalogies vaudoises, S. 317f.

[185] Jean Antoine François Chavannes (1777-1854), Stadtprediger 1815, heiratete Françoise Madeleine gen. Fanny Porta. Vgl. Recueil de généalogies vaudoises, S. 315.

[186] César Louis François Chavannes (1779-1839), Pfarrer, verheiratet mit Andrienne Charlotte Renz. Vgl. Recueil de généalogies vaudoises, S. 317.

[187] Louise-Jeanne-Françoise (1761-1823) verheiratet mit Jacques-Louis de Régnier de Vallière. Vgl. Recueil de généalogies vaudoises, S. 314.

[188] Louis Auguste Curtat (1759-1832), von 1800 bis zu seinem Tod Pfarrer in Lausanne, Professor an der Akademie Lausanne seit 1807. Schöpfer des patriotischen Liedes *Le canton de Vaud si beau*. Vgl. HBLS 2. Bd., S. 654f.

[189] Henri Vincent Carrard (1766-1820), Advokat, Professor des Naturrechts an der Akademie von Lausanne 1802. Vgl. HBLS 2. Bd., S. 499.

[190] Emmanuel Develey (1764-1839), Professor der Physik und Mathematik an der Akademie in Lausanne 1798-1833; veröffentlichte 1795 ein volkstümliches Werk, die *Aritmétique d'Emile*, der er seine Berühmtheit verdankte, ferner einen *Traité de mathématiques et de pédagogie* und zahlreiche wissenschaftliche Schriften. Vgl. HBLS 2. Bd., S. 706.

[191] Es handelt sich wohl um Henri Merle d'Aubigné (1794-1872), später Pfarrer in Hamburg, dann in Brüssel, 1830 von der evangelischen Gesellschaft auf den Lehrstuhl für Kirchengeschichte berufen, was ihm im Kanton Genf einen Predigtverbot einbrachte. Hierauf schloss er sich der Erweckungsbewegung an. Vgl. HBLS 5. Bd., S. 84.

[192] Vgl. auch den Brief von C. (?) Binder vom 4. April 1814 aus Lausanne an O. Carisch in Bergamo, StAGR B/N 374a, Nr. 60.

[193] Frédéric-César de La Harpe (1754-1838), Advokat und Waadtländer Patriot, Erzieher und Berater Alexanders I. von Russland und Anbahner der modernen Schweiz, Abgeordneter der Waadt und des Tessins am Wiener Kongress. Vgl. HBLS Bd. 4, S. 580.

[194] Ferdinand von Bubna von Littitz (1768-1825) war Feldmarschalleutnant unter dem Befehl Schwarzenbergs, als die Verbündeten im Dezember 1813 beschlossen, die Schweiz zu durchqueren. Vgl. HBLS 2. Bd., S. 383.

[195] Giacomo Curò (gest. 1857) betrieb später (dokumentiert sind die Jahre 1826-1846) zusammen mit seinem Schwager Zaccaria N. Ganzoni (1807-1861) verschiedene Läden in Bergamo. Vgl. DOLF KAISER, Cumpatriots in terras estras, Samedan 1968, S. 17f.

[196] Antonio Frizzoni (1754-1835) von Celerina, Begründer des Seidenhauses A. Frizzoni in Bergamo 1790, vorher in der Firma Orelli tätig, die Seidenhandel betrieb. Vgl. HBLS 3. Bd. , S. 343; DOLF KAISER, Cumpatriots in terras estras, Samedan 1968, S. 17.

[197] Anton Frizzoni (geb. 1804); Johann Leonhard (geb. 1806); Friedrich (1807-1893). Vgl. ANTON HERCULES SPRECHER, Sammlung rhätischer Geschlechter, Chur 1847, S. 62; DOLF KAISER, Cumpatriots in terras estras, S. 17.

[198] Thomas Frizzoni (1760-1845). Vgl. ULRICH THIEME und FELIX BECKER, Allgemeines Lexikon der bildenden Künstler von der Antike bis zur Gegenwart, 12. Bd., Leipzig 1916, S. 508; LUIGI SANTINI, La comunità evangelica di Bergamo. Vicende storiche, Torre Pellice 1960, S. 66f., mit Hinweis auf seinen bergamaskischen Zeichenlehrer, Fr. Daggù, detto il Cappella (1714-1784); Erwähnung seiner Werke auch bei: GIAN-PAUL GANZONI, Monografia da Schlarigna, deutsche Uebersetzung der ladinischen Ausgabe 1982, Samedan 1990, S. 215.

[199] Margreth von Planta (geb. 1741) heiratete Florio Marolani von Celerina. Vgl. Stemmatographia [...] de Planta, o.O. 1872, Tafel XIIIb.

[200] Giuseppe Bossi (1777-1815). Vgl. THIEME-BECKER 4. Bd., Leipzig 1910, S. 406f.

[201] Andrea Appiani (1754-1817). Vgl. ULRICH THIEME und FELIX BECKER, Allgemeines Lexikon der bildenden Künstler von der Antike bis zur Gegenwart, 2. Bd., Leipzig 1908, S. 40f.

[202] Erzherzog Rainer Josef (1783-1853), Oheim des Kaisers Ferdinand I., seit 1817 Vizekönig des lombardo-venetianischen Königreiches. Vgl. ADB 27. Bd., S. 181-188; BRIGITTE HAMANN (Hg.), Die Habsburger. Ein biographisches Lexikon, Wien 1988, S. 398ff.

[203] Johann Peter Hosang (1788-1841). Vgl. BENEDICT HARTMANN, Johann Peter Hosang und sein Testament. Zum hundertjährigen Bestehen des Erziehungs- und Kinderheims Plankis bei Chur 1845-1945, Chur 1945.

[204] JOHANN CHRISTOPH FRIEDRICH GUTS-MUTHS, Gymnastik für die Jugend, Schnepfenthal 1793. Es ist das erste Turnunterrichtsbuch der Welt. Vgl. ADB 10. Bd., S. 224f. und Festschrift zur hundertjährigen Jubelfeier der Erziehungsanstalt Schnepfenthal, Schnepfenthal 1884, S. 143-152.

[205] Mengia (Domenica) Curò-Frizzoni (1758-1837), 1781 Heirat mit Johann Curò (gest. 1791), Schwester des Anton Frizzoni in Bergamo. Eltern: Ammann Anton A. Frizzoni und Anna T. Manella. Vgl. StAGR, Mikrofilm Kirchenbuch Celerina.– Sie verfasste eine Chronik: Memoria da difarents évenemaints seguieus qui in Engiadina daspü l'an 1769 fin 1835, die in der Chesa Planta in Samedan aufbewahrt wird (Signatur Ai 1).

[206] Johann Caspar von Orelli (1787-1849), bei Pestalozzi in Yverdon 1806, Pfarrer in Bergamo 1807-1814, dann Lehrer an der Kantonsschule Chur, Professor für Eloquenz

am Carolinum Zürich 1819, dann für klassische Sprachen an der Universität Zürich. Vgl. HBLS 5. Bd., S. 353; über seine Tätigkeit in Bergamo siehe LUIGI SANTINI, La comunità evangelica di Bergamo, Torre Pellice 1960, S. 56-65; über Otto Carisch, ebenda, S. 67-73.

207 Franz Volkmar Reinhard (1753-1812), protestantischer Theologe und Kanzelredner; seine Predigten (Sulzburg 1793-1813, 35 Bände; Supplemente von KENZELMANN, Meissen 1825, und HAAS, Leipzig 1833) haben die Theorie und Praxis der deutschen Kanzelberedsamkeit auf lange Zeit hinaus bestimmt. Vgl. MEYERS Grosses Konversations-Lexikon, 16. Bd., 6. Auflage Leipzig und Wien 1907, S. 759.

208 Vgl. LUDOVICO ARIOSTO, Orlando furioso, a cura di SANTORRE DEBENEDETTI, vol. 1, Bari 1928, S. 11.

209 JOHANN WOLFGANG GOETHE, Sämtliche Gedichte. Erster Teil: Die Gedichte der Ausgabe letzter Hand, Erster Band der Gedenkausgabe, hg. von ERNST BEUTLER, 2. Auflage Zürich und Stuttgart 1961, S.125.

210 = Lutheraner.

211 Zu Schleiermachers Uebersetzung von Plato vgl. ADB 31. Bd., S. 429.

212 Matthias Bänziger (1788-1832) erhielt 1817 die evang. Predigerstelle in Bergamo, 1824 wurde er als Lehrer an die neugegründete Kantonsschule Trogen gewählt. 1828 gab er einen Leitfaden der Schweizergeschichte bis 1524 heraus. Vgl. HBLS 2. Bd., S. 103. und LUIGI SANTINI, La comunità evangelica di Bergamo, Torre Pellice 1960, S. 73-80.

213 Jakob Bavier (1763-1822) zu Bergamo, vermählt mit Ursula Abys. Kinder: Daniel (geb. 1802), Hans (geb. 1806), Luisa Ursula (geb. 1807). Vgl. ANTON HERCULES SPRECHER, Sammlung rhätischer Geschlechter, Chur 1847, S. 12.

214 Abraham (auch Ambrogio) Zavaritt (1766-1832), Handelsmann in Bergamo und S-chanf. Vgl. Schweizerisches Familienbuch 1963, 4. Bd., S. 300f.; LUIGI SANTINI, La comunità evangelica di Bergamo, Torre Pellice 1960, S. 75f.

215 Gustav Gündel (1794-1860), Theologe und Philologe aus Johann-Georgenstadt im sächsischen Erzgebirge, von Frühjahr 1818 bis Herbst 1826 im Hause Frizzoni in Bergamo, 1819-1822 in der französischen Schweiz, darauf bis Sommer 1828 in Rom und Neapel, Sommer 1828 bis Herbst 1834 in Deutschland, 1834-1860 im Hause Frizzoni in Bergamo. Vgl. Aus dem Nachlasse Gustav Gündel's. Für seine Freunde gesammelt, Leipzig 1861, und Erinnerungen an Friedrich Frizzoni von Salis (1807-1893), Bergamo 1893, S. 7-9.

216 1836 Reise nach Paris und England, 1839 Reise nach Neapel und Sizilien. Vgl. Aus dem Nachlasse Gustav Gündel's, S. 1.

217 Ueber den Charakter und die Schriften von J. Milton, in: W. E. CHANNING's Werke, 1. Bd., Leipzig 1850.

218 DANTE ALIGHIERI, La Divina Commedia. Testo critico della Società Dantesca Italiana, rifatto da GIUSEPPE VANDELLI, Milano 1965, S. 88 (cantica 1, canto 11, verso 93).

219 Matthias Claudius (1740-1815), Redaktor des "Wandsbecker Bothen", Dichter, aus dessen Werk viele Lieder und Gedichte ("Der Mond ist aufgegangen") Bestandteile der Kinderliteratur und des Volksliederschatzes wurden. Vgl. RICHARD SCHAEFFER, in: Lexikon der Kinder- und Jugendliteratur, hg. von KLAUS DODERER, 1. Bd. , 2. Auflage Weinheim und Basel 1977, S. 266f.

220 FRIEDRICH SCHILLER, Sämtliche Werke, Erster Band., 6. Auflage München 1980, S. 458ff.

[221] Johann Jakob Engels' (1741-1802) "Philosoph für die Welt" erschien vor 1776. Vgl. ADB 6. Bd., Leipzig 1877, S. 113ff.

[222] Dr. W.E. CHANNING's Religiöse Schriften. Aus dem Englischen übersetzt von F. A. SCHULZE und AD. SYDOW, Viertes Bändchen, Leipzig 1851, S. 41-69: Das Uebel der Sünde.

[223] QUINTUS HORATIUS FLACCUS, Sämtliche Werke. Lateinisch und deutsch., hg. von HANS FAERBER und WILHELM SCHÖNE, 9. Auflage München und Zürich 1982, S. 42 (lib. I, carm.22), S. 112, 114 (lib. III, carm. 3).

[224] Vittorio Alfieri (1749-1803), bekannter italienischer Dichter. Vgl. MEYERS Konversations-Lexikon 1. Bd., S. 309f.

[225] FRIEDRICH SCHLEIERMACHER, Monologe. Eine Neujahrsgabe, zweite Ausgabe Berlin 1810.

[226] Vermutlich Johannes Morell, der 1813 Ursina (Orsola) Zavaritt heiratete und als Kaufmann in Verona wirkte. Vgl. Schweizerisches Familienbuch 1963, 4. Bd., Bearbeiter und Hg. J.P. ZWICKY VON GAUEN, S. 300.

[227] = Rovereto.

[228] JOHANN SIMON VON KERNER (1755-1830) veröffentlichte das 11bändige Werk "Genera plantarum selectarum", Stuttgart 1811-1828.

[229] August Böckh (1785-1867), klassischer Philologe, seit 1811 Professor in Berlin, Begründer der griechischen Epigraphik und der historischen Altertumswissenschaft, die das gesamte Leben der Antike in die Forschung miteinbezieht. Vgl. ADB 2. Bd., S. 770-783.

[230] Friedrich W. Wilken (1777-1840), deutscher Geschichtsschreiber, seit 1817 Professor in Berlin; sein Hauptwerk ist die "Geschichte der Kreuzzüge". Vgl. ADB 43. Bd., S. 236-241.

[231] Friedrich August Wolff (1759-1824), klassischer Philologe, seit 1810 an der Universität Berlin. Vgl. ADB 43. Bd., S. 737-748.

[232] Zu Friedrich Daniel Schleiermacher (1768-1834) vgl. ADB 31. Bd., S. 422-457.

[233] Der Kampf Deutschlands und seiner Verbündeten gegen Napoleon 1813-1815.

[234] Von Koslovski sind zwei Briefe von 1819 und 1820 an Carisch erhalten. Vgl. StAGR B/N 374a, Nr. 179, 180.

[235] Friedrich Ludwig Jahn (1778-1852), deutscher Erzieher, Initiator der Turnbewegung in Deutschland. Vgl. ADB 13. Bd., S. 662ff.

[236] Carl Rudolf von Jecklin (geb. 1795). Vgl. StAGR D V/4, Stammtafel [...] derer von Hohen-Realta genannt Jecklin.

[237] Es handelt sich wohl um Karl Burckhardt-Paravicini (1795-1850), der in Heidelberg, Göttingen (wo er 1818 promovierte) und Berlin Jurisprudenz studierte und 1832 Bürgermeister der Stadt Basel wurde. Vgl. HBLS 2. Bd., S. 455; ckdt. (Basel). Streiflichter auf Geschichte und Persönlichkeiten des Basler Geschlechts Burckhardt, Basel 1990, S. 135ff.

[238] Gottlieb Hagnauer (1796-1880) wurde bei Pestalozzi in Yverdon zum Lehrer ausgebildet. Später wandte er sich an der Universität Bonn dem Studium der Geschichte, Aesthetik und Literaturwissenschaft zu. Vgl. Biographisches Lexikon des Aargaus 1803-1957, redigiert von OTTO MITTLER und GEORG BONER, Aarau 1958, S. 294f.

[239] Georg Andreas Hagnauer (1783-1848), Lehrer und pädagogischer Publizist, wie sein Bruder Pestalozzianer. Vgl. Biographisches Lexikon des Aargaus 1803-1957, redigiert von OTTO MITTLER und GEORG BONER, Aarau 1958, S. 293f.

[240] Carl Johann Schmid von Aarau (gest. 1879), zuerst Vikar in Kirchberg (AG), 1823 Pfarrer in Uerkheim (AG), 1842 Pfarrer in Staufberg (AG). Vgl. 150 Jahre Kanton Aargau im Lichte der Zahlen 1803-1953. Hg. vom Regierungsrat des Kantons Aargau, Aarau 1954, S. 287.

[241] Ludwig Devrient (1784-1832), deutscher Schauspieler, genialer Charakterdarsteller. Vgl. ADB 5. Bd., S. 94-98.

[242] Es handelt sich wohl um einen Angehörigen der Bündner Konditorenfamilie Wazzau, die in Dresden eine Konditorei führte, wahrscheinlich um Jakob J. Wazzau. Er ist nicht identisch mit Carischs Churer Schulkamerad J. Beat Wazzau (Anm. 90), wie BENEDICT HARTMANN, Professor Otto Carisch. Ein Bündner Zeitbild, S. 49, annimmt. Vgl. DOLF KAISER, Fast ein Volk von Zuckerbäckern? Bündner Konditoren, Cafetiers und Hoteliers in europäischen Landen bis zum Ersten Weltkrieg, Zürich 1985, S. 110.

[243] Wilhelm Hegel (1770-1831), deutscher Philosoph. Vgl. ADB 11. Bd., S. 254-274.

[244] Ludwig Christ wurde unter Nr. 120 des 7. Rektorats immatrikuliert und studierte vom 21. Oktober 1816 bis zum 10. August 1820 an der Juristischen Fakultät in Berlin. L. Christ stammte aus Chur. Diese sowie die Angaben zu den folgenden zwei Anmerkungen verdanke ich der freundlichen Mitteilung von Herrn Dr. W. Schultze, Leiter des Archivs der Humboldt-Universität Berlin, vom 7. September 1993.

[245] Vermutlich Jeremias Meyer (Matrikelnr. 534 des 8. Rektorats), der an der Universität Berlin vom 17. Oktober 1818 bis zu seinem Abgang am 16. August 1820 Theologie studierte. Er wurde in Mühlhausen im Elsass geboren.

[246] Vielleicht A. W. Schuster (geb. in Neustadt in Rheinbaiern), der an der Universität Berlin vom 17. Oktober 1818 bis zum 10. März/13. April 1819 an der Philosophischen Fakultät studierte und unter der Nr. 542 des 8. Rektorats immatrikuliert ist.

[247] Matth. 7,29.

[248] Carl Follen (1795-1839) habilitierte sich an der Universität Giessen in Rechtswissenschaften, geriet aber in politische Untersuchung und wechselte deshalb an die Universität Jena. Bald wurde er auch hier demagogischer Umtriebe verdächtigt, ging nach Frankreich 1819 und im Jahre 1820 in die Schweiz, wo er bis 1821 an der Kantonsschule in Chur und nachher an der Universität Basel eine Anstellung fand. 1824 aus der Schweiz ausgewiesen. Vgl. ADB 7. Bd., S. 149.

[249] Heinrich Luden (1780-1847), Geschichtsschreiber, seit 1806 Professor an der philosophischen Fakultät der Universität Jena, seine national-liberalen Schriften hatten grossen Einfluss auf die Burschenschaften; er schrieb die «Geschichte des teutschen Volkes». Vgl. ADB 19. Bd., S. 370-375.

[250] Heinrich Meyer (1760-1832), Maler und Kunstschriftsteller in Weimar, Goethes Freund, verbrachte seine Jugend in Stäfa, 1791 nach Weimar berufen, seit 1807 Hofrat und Direktor. Vgl. HBLS 5. Bd., S. 103; EFFI BIEDRZYNSKI, Goethes Weimar. Das Lexikon der Personen und Schauplätze, Zürich 1992, S. 282-286.

[251] Da der alte Chr. G. Salzmann schon 1811 gestorben war, beziehen sich die folgenden Bemerkungen auf den Sohn Johann Christian Karl, der nach dem Tod seines Vaters die Erziehungsanstalt erfolgreich weiterführte. Vgl. BENEDICT HARTMANN, Professor Otto Carisch. Ein Bündner Zeitbild, S. 52; ADB 30. Bd., S. 300-304.

252 Es handelt sich um Julius Hieronymus Girtanner (1773-1857). Der aus St. Gallen stammende Mitarbeiter war 1799-1857 an der Erziehungsanstalt in Schnepfenthal tätig. Vgl. JOHANN WILHELM AUSFELD, Christian Gotthilf Salzmann, Gründer der Erziehungsanstalt zu Schnepfenthal, 3. Auflage Stuttgart 1845, S. 88, 113; JOHANNES LUDOLF MUELLER, Die Erziehungsanstalt Schnepfenthal 1784-1934. Festschrift aus Anlaß des hundertfünfzigjährigen Bestehens der Anstalt, Schnepfenthal 1934, S. 320/321 Nr 34.

253 W. E. Weber, Direktor des Gymnasiums Wetzlar, 1817 bis Mai 1818 Lehrer für Deutsch an der Kantonsschule Chur. Vgl. BAZZIGHER, Geschichte der Kantonsschule, S. 200, sowie Brief Luzius' Hold an Otto Carisch vom 13. September 1818. StAGR B/N 374a, Korrespondenzband Carisch Nr. 132.

254 Fridolin Leuzinger (1786-1856) von Mollis, wirkte seit 1807 mit Unterbrüchen (am Institut von Türks in Vevey, an der Universität Heidelberg) bis Mai 1817 als Lehrer für Mathematik in Yverdon. Nachher amtete er als Professor der Mathematik am Gymnasium in Koblenz und starb ebendort. Vgl. JOHANN HEINRICH PESTALOZZI, Sämtliche Briefe. 10. Bd., bearb. von EMANUEL DEJUNG, Zürich 1968, S. 484.

255 Johann Friedrich Ladomus (1783-1854) wurde 1807 als Professor der Mathematik an die technische Hochschule Karlsruhe berufen, Pestalozzianer. Vgl. ADB 17. Bd., S. 507f; JOHANN HEINRICH PESTALOZZI, Sämtliche Briefe, 7. Bd., bearb. von EMANUEL DEJUNG, 2. Auflage Zürich 1980, S. 425.

256 Ernst August Evers (1779-1823), klassischer Philologe, Schüler von Friedrich August Wolff in Halle, 1804-1817 Organisator und Rektor der Kantonsschule Aarau. Vgl. Biographisches Lexikon des Aargaus 1803-1957, Aarau 1958, S. 181f.

257 Wie Anm. 253.

258 Johannes Herbst, 1818-1820 Lehrer an der evangelischen Kantonsschule in Chur. Vgl. BAZZIGHER, Geschichte der Kantonsschule, S. 200; Briefe Herbsts an Carisch, StAGR Korrespondenzband Carisch Nr. 135-136 und 172-174.

259 Luzius Hold (1777-1852), zuerst Lehrer am Collegium philosophicum in Chur, dann an der neu gegründeten Kantonsschule in Aarau, kehrte 1814 nach Chur zurück, um ein Lehramt für alte Sprachen und die Stelle des Direktors der evangelischen Kantonsschule zu übernehmen, die er bis zur Fusionierung der evangelischen und katholischen Kantonsschule im Jahre 1850 beibehielt. Publikation: Rime di TORQUATO TASSO, scelte e rivedute da LUCIO HOLD, 2 Bde., Aarau 1807. Vgl. HBLS 4. Bd., S. 275.

260 Florian Sprecher (1770-1841), Bundsweibel des Zehngerichtenbundes, siedelte von Davos nach Chur über, kaufte sich 1818 ins dortige Bürgerrecht ein. Wohnsitz: Chur, das Haus zum schwarzen Bären an der Unteren Gasse und die Fidelifabrik zu St. Salvatoren; 2. Ehefrau Maria Katharina Bisslin (gest. 1843). Vgl. Stammbaum Sprecher von Bernegg. I. Textband, Chur 1936, S. 236 Nr. 1309.

261 Barthold Georg Niebuhr (1776-1831), deutscher Historiker und Diplomat, 1810-1812 hielt er grundlegende Vorlesungen über römische Geschichte in Berlin, sein Hauptwerk: Römische Geschichte (bis 241 v. Chr.). Vgl. ADB 23. Bd., S. 646-661.

262 Titus Livius (59 v. Chr. -17 n. Chr.), römischer Geschichtsschreiber.

263 Georg Wilhelm Röder (1795-1872), Schulmann und Schriftsteller, geboren in Caub am Rhein, kam 1818 als Hauslehrer zu Graf Benzel-Sternau nach Zürich und 1820 durch Vermittlung J. C. Orellis als Lehrer an die Kantonsschule nach Chur (zusammen mit Karl Völker und Karl Follen). 1838 zog er als Schulinspektor nach Hanau, später nach Fulda. Vgl. HBLS 5. Bd., S. 664.

264 Zu Christian Ernst Graf von Bentzel-Sternau (1767-1849) vgl. Vgl. ADB 2. Bd., S. 348.

265 Peter Conradin von Tscharner (1786-1841), Verfasser von "Wanderungen durch die rhätischen Alpen" (1829-1839, anonym), Mitarbeiter am Buch "Der Kanton Graubünden" (in: Gemälde der Schweiz, 1838). Vgl. HBLS 7. Bd., S. 71.

266 Gottfried Purtscher (1767-1830), 1801-1830 Regens des Priesterseminars St. Luzi in Chur. Vgl. HBLS 5. Bd., S. 499.

267 Karl Völker (1796-1884), schloss sich frühzeitig der Turnbewegung an. Burschenschafter in Jena und Tübingen, flüchtete während der Demagogenverfolgung in Deutschland in die Schweiz, war Turnleherer an der evang. Kantonsschule Chur 1820-1824. Floh nach Auslieferungsbegehren Preussens und Oesterreichs 1824 nach England und gründete in Liverpool ein Institut nach Pestalozzis Methode. Vgl. HBLS 7. Bd., S. 284.

268 Karl Ludwig Sand (1795-1819), Jenaer Student, erstach, von burschenschaftlichen Idealen erfüllt, am 23.3.1819 A. von Kotzebue und gab damit den Anlass zu den Karlsbader Beschlüssen. Vgl. ADB 30. Bd., S. 338f.

269 Wie Anm. 147.

270 Wilhelm Snell (1789-1851), Staatsrechtler, kam 1820 als politischer Flüchtling in die Schweiz, wo er sich zunächst in Chur aufhielt, bis er 1821 eine juristische Professur an der Universität Basel erlangte, 1833 Professor an der Universität Zürich, 1834 an der Universität Bern. Vgl. ADB 34. Bd., S. 512ff.

271 Christoph von Albertini (1774-1848) war 1819, 1821, 1826, 1828 und 1830 Bürgermeister der Stadt Chur. Vgl. Genealogie des Graubündnerischen Zweiges der Familie von Albertini, Chur 1884, Tafel XII.

272 Kleine deutsch-italiänisch-romanische Wörtersammlung zum Gebrauch in unsern romanischen Landschulen, Chur 1821; 2. Auflage Chur 1836; 3. Auflage Chur 1848.

273 J. W. Immler, Pfarrer, Rektor der Stadtschule in Chur, unterrichtete 1822-1829 Gesang an der evang. Kantonsschule. Vgl. BAZZIGHER, Geschichte der Kantonsschule, S. 200.

274 Gioacchino de Prati (1790-1863), italienischer Flüchtling. Vgl. A. M. ZENDRALLI, Profughi italiani nel Grigioni, in: Quaderni Grigionitaliani, 17 Jg., 1948, S. 261; CHRISTIAN ROEDEL, Pestalozzi und Graubünden, Winterthur 1960, S. 156-159.

275 Johann Paul Christ (1786-1844) und Ludwig Christ (1791-1876). Vgl. HBLS 2. Bd., S. 572f.

276 Channing hielt die «Gedächtnißrede auf den Prediger Dr. Follen». Vgl. Dr. W. E. CHANNING's Religiöse Schriften. Aus dem Englischen übersetzt und hg. von F.A. SCHULZE und AD. SYDOW, 2. Bd., Berlin 1850, S. 139-188.

277 Ulrich von Planta-Reichenau (1791-1875), Bundspräsident und Tagsatzungsgesandter, Standespräsident 1843, eidg. Oberst und Mitglied vieler wissenschaftlicher Vereinigungen; erwarb 1819 das Schloss Reichenau. Vgl. HBLS 5. Bd., S. 451.; FRIEDRICH PIETH, Die Zustände in Graubünden 1813/14 in Briefen Ulrichs von Planta an seinen Freund Otto de Carisch, in: Bündnerisches Monatsblatt 1942, S. 321-340, 365-369.

278 Cyprian Gengel (1797-1860), Oberst, Sohn des Landammanns Cyprian Gengel und der Maria Ursula Meng. Vgl. StAGR Mikrofilm evang. Kirchenbuch Churwalden.

279 Florian Nett, von Klosters, Standeskassier von Graubünden 1837-1859. Vgl. HBLS 5. Bd., S. 243.

[280] Jakob Saluz, 1823-1848 Lehrer für Deutsch, Latein und Griechisch, später Lehrer für deutsche Sprache am Institut à Porta in Ftan. Vgl. BAZZIGHER, Geschichte der Kantonsschule, S. 200.

[281] JOHANN WOLFGANG GOETHE, Wilhelm Meisters Lehrjahre, Siebter Band der Gedenkausgabe, hg. von ERNST BEUTLER, 2. Auflage Zürich und Stuttgart 1962.

[282] FRIEDRICH SCHLEIERMACHER, Predigten über den christlichen Hausstand, vierte Sammlung, Reutlingen 1835.

[283] Barbara von Salis-Sils, Ehefrau des Georg von Albertini. Vgl. Genealogie des Graubündnerischen Zweiges der Familie von Albertini, Chur 1884, Tafel VIII.

[284] Alberica Gräfin Christ heiratete 1813 Johann Baptista von Planta (1776-1846), Hauptmann in französischen Diensten. Vgl. Stemmatographia [...] de Planta, o.O. 1872, Tafel VIIIc.

[285] Hier verwechselt Carisch die Augen der schönen Laura mit den schwarzen Augen der «bella Alcina» in Ariosts Orlando Furioso. Vgl. LUDOVICO ARIOSTO, Orlando Furioso, a cura di SANTORRE DEBENEDETTI, vol. 1, Bari 1928, S. 129.

[286] Ursina Gengel-Petzi (geb. 1800), von Samedan, Ehefrau des Cyprian Gengel, Oberst. Vgl. StAGR Mikrofilm Kirchenbuch Samedan, siehe auch Anm. 278.

[287] Anna Casutt-Walther von Castrisch, Ehefrau des Jacob de Casutt (1697-1772), Landrichter des Grauen Bundes. Vgl. AUGUSTIN MAISSEN, Die Landrichter des Grauen Bundes 1424-1799, Laax 1990, S. 73.

[288] Babette Juvalta (geboren 1803), Tochter des Pfarrers Otto Juvalta (1767-1849) und der Anna Casparis, sie heiratete Ml. Pol Gregori. Vgl. Stammbaum der Familie Juvalta, in: GIAN GIANETT CLOETTA, Bergün-Bravuogn, 3. Auflage o.O. 1978, S. 310.

[289] Das «Töchter-Institut der Jungfrau Bawier» wurde 1819 eröffnet, ab 1820 Töchter-«Institut der Jungfrauen Bawier und Niederer». Das Institut konnte sich nicht lange halten. Vgl. URSULA JECKLIN, Fürsorge und Schulen, in: Churer Stadtgeschichte, Bd. 2: Von der Mitte des 17. Jahrhunderts bis zur Gegenwart, Chur 1993, S. 205 Anm. 108.

[290] JOHANN WOLFGANG GOETHE, Wilhelm Meisters Lehrjahre. Siebter Band der Gedenkausgabe, hg. von ERNST BEUTLER, zweite Auflage Zürich und Stuttgart 1962, S. 436f.

[291] Diese Seitenzahlen beziehen sich auf GOETHE's sämmtliche Werke in vierzig Bänden, 17. Bd., Stuttgart und Tübingen 1840, S. 152f.

[292] Römer 8,28.

[293] Prättigauer Aufstand 1622. Vgl. FRIEDRICH PIETH, Bündnergeschichte, Chur 1945, S. 208f.

[294] Vgl. RUDOLF JENNY, Der traditionelle Vazeroler Bund von 1471 und das Bündnis zwischen dem Grauen und dem Zehngerichtenbund vom 21. März 1471, Chur 1969.

[295] Johann Jakob Tischhauser von Sevelen, 1823-1827 Schüler an der Kantonsschule in Chur. Vgl. StAGR CB III 478, Matrikel der evangelischen Kantonsschule 1811-1838.

[296] Peter Anton de Latour (1777-1864), 1810, 1813, 1823, 1828, 1831 und 1836 Vertreter des Grauen Bundes in der Regierung des Kantons Graubünden. Vgl. HBLS 4. Bd., S. 611.

[297] GEORG WILHELM ROEDER/ OTTO CARISCH, Der Trunser Bund von 1424, Chur 1824. Romanische Ausgabe: La Ligia da Trun 1424, Chur 1824 (BR Nr. 3522). Carisch setzte sich in der Folge ein für die Restaurierung des Ahorns zu Trun und die Herausgabe der Bündner Chronisten und Geschichtsschreiber. Vgl. OTTO CARISCH,

Ueber die Verwendung der freiwilligen Beiträge bei Anlass des vorjährigen Trunser-Festes, in: [Churer] Intelligenz-Blatt Nr. 25, 21. Juni 1825.

298 Landvogt Stefan von Jecklin (1776-1833) heiratete 1824 Margreta Sophia Conrad. Vgl. StAGR D V/4 Stammtafel [...] derer von Hohen-Realta genannt Jecklin.

299 Maria Magdalena Conrad von Baldenstein (geb. 1795) heiratete 1828 Albert Dietegen von Planta (1780-1852). Vgl. Stemmatographia [...] de Planta, o.O. 1876, Tafel XXXIIb.

300 Johann Jakob Hössli (1752-1832), Podestat zu Teglio und Bundesstatthalter. Vgl. HBLS 4. Bd., S. 261.

301 Allemannische Gedichte, in: JOHANN PETER HEBELS Werke, hg. von WILHELM ALTWEGG, Bd. 1, Zürich-Berlin [1942].

302 Caecilia Hössli (1806-1854). Vgl. Schweizerisches Geschlechterbuch, 2. Jg., Basel 1907, S. 238.

303 Richard La Nicca (1794-1838), Ingenieur, Strassenbauer. Vgl. JAKOB RUDOLF METZ, in: Bedeutende Bündner aus fünf Jahrhunderten, Bd. 1, S. 486-496; Ein Brief Richard La Niccas, des spätern eidgenössischen Obersten und Ingenieurs, aus seinem piemontesischen Fremdendienst 1814-1816, in: Bündnerisches Monatsblatt 1938, S. 23-28.

304 Johann Paul Voneschen (1786-1852) von Riein, Pfarrer. Vgl. TRUOG, Evang. Pfarrer, S. 142.

305 Anton Monsch (1771-1847), 1818-1840 Pfarrer in Trimmis. Vgl. TRUOG, Evang. Pfarrer, S. 239.

306 Johann Luzius von Salis (1746-1827) war verheiratet mit Joh. Justine de Wilde. Vgl. ANTON VON SPRECHER, Stammbaum der Familie von Salis, Chur 1941, Tafel 14 Nr. 128.

307 Peter Nikolaus Vulpi (1759-1825), 1782-1825 Pfarrer von Poschiavo. Vgl. TRUOG, Evang. Pfarrer, S. 154, 255.

308 Joh. Jak. Olgiati (1717-1790), Pfarrer von Poschiavo von 1761 bis 1782, also nicht 45 Jahre, wie Carisch behauptet. Vgl. TRUOG, Evang. Pfarrer, S. 31.

309 Pietro Pozzi, 1821-1823, Franz Tosio, 1824-1825 Schüler an der Kantonsschule Chur. StAGR CB III 478, Matrikel der evangelischen Kantonsschule 1811-1838.

310 Lodovico Olgiati, Podestà von Poschiavo 1825. Vgl. I Podestà di Poschiavo 1629-1953, in: Quaderni Grigionitaliani 22, 1953, S. 301.– Ehefrau A. Barbara Jenatsch von Samedan (gest. 1891). Vgl. Il Grigione Italiano Nr. 4, 24. Januar 1891.

311 Giuseppe Semadeni war zugleich mit Ulrico Olgiati und Pietro Pozzi Lehrer an der 1825 gegründeten evangelischen Schule in Poschiavo. Dieses Amt versah er von 1825/26 bis 1831/32 und von 1836/37 bis 1845/46. Vgl. La scuola riformata di Poschiavo. Commemorazione centenaria 1825-1925, Poschiavo 1925, S. 8ff., 89.

312 Paul Eblin (1791-1843), Stadtarzt in Chur 1819-1843 und Mitbegründer des Bündnerischen Aerztevereins. Vgl. Aeskulap in Graubünden. Beiträge zur Geschichte der Medizin und des Aerztestandes. Zum Anlass seines 150jährigen Bestehens hg. vom Bündnerischen Aerzteverein, Chur 1970, S. 8.

313 Ursulina Gengel (geb. 1825) heiratete 1854 Jakob von Planta (1810-1858). Vgl. Stemmatographia [...] de Planta o.O. 1872, Tafel XXVII.

314 Carl Eblin , geboren am 7. September 1826, Sohn des Stadtarztes Paul Eblin und der Sophie Näf von St. Gallen. Vgl. StAGR Mikrofilm Kirchenbücher St. Martin, Chur.

315 Liturgia ossia preghiere ed agende per le chiese evangeliche riformate italiane nella Alta-Rezia. Trad. da O. Carisch, Coira 1836. Bei der älteren rätisch-italienischen

Liturgie handelt es sich wohl um: La liturgia overo la maniera di celebrare il servizio divino per uso delle chiese riformate della valle di Bregallia, Coira 1749.

316 Liturgie oder Gebete und Agenden für die deutschen Evangelischen Gemeinden in Hohen Rhätien. Gesammelt, bearbeitet und hg. auf Veranstaltung der Rhätisch-Evangelischen Synode, Chur 1831.

317 = La Punt (Oberengadin).

318 Dominik Moggi (1805-1854), 1822-1825 Schüler an der Kantonsschule Chur, 1830-1854 Pfarrer in Fuldera und Tschierv. Vgl. StAGR CB III 478, Matrikel der evangelischen Kantonsschule 1811-1838; TRUOG, Evang. Pfarrer, S. 149.

319 Eva Caroline Salvetti (gestorben 1874) heiratete am 20. Oktober 1824 Jakob Albertini (1793-1848). Vgl. Genealogie des Graubündnerischen Zweiges der Familie von Albertini, Chur 1884, Tafel XI; JULES ROBBI, Die Standespräsidenten und Vizepräsidenten des Kantons Graubünden, Sep. aus dem Graubündner General-Anzeiger o. J., S. 5f.

320 Simon Justus Andeer (gest. 1837), 1776-1814 und 1824-1837 Pfarrer in Guarda, 1814-1824 Pfarrer in Zernez. Vgl. TRUOG, Evang. Pfarrer, S. 93.

321 Lorenzo Matossi (1790-1859), Podestat. Vgl. DOLF KAISER, Fast ein Volk von Zuckerbäckern? Bündner Konditoren, Cafetiers und Hoteliers in europäischen Landen bis zum Ersten Weltkrieg, Zürich 1985, S. 178.

322 Vgl. auch *Polenta in fiore*, in: Koch-Rezepte bündnerischer Frauen, 3. Auflage Chur 1913, S. 41 Nr. 93.

323 Agostino Steffani, Vizepräsident des Kirchenrates von Poschiavo; Rudolf Ragazzi, Kirchenrat. Vgl. La scuola riformata di Poschiavo. Commemorazione centenaria 1825-1925, Poschiavo 1925, S. 11.

324 LEONHARD TRUOG, Rückerinnerungen an meine diesjährige Synodalreise und besonders an meinen vergnügten Aufenthalt in Puschlav, Chur 1825.

325 Maria Mini (1807-1835), Tochter des Giovanni Andrea Mini (1764-1830) und der Orsola Olgiati (gest. 1830). Vgl. StAGR Mikrofilm des Tauf-, Ehe- und Sterbebuchs der evangelischen Gemeinde Poschiavo 1795-1831.

326 GEORG LEONHARDI, Der Puschlaver-Mord und dessen Folgen für die Protestanten daselbst bis auf unsere Tage, in: Der wahre Protestant, Zweites Heft, Basel 1852, S. 81-108.

327 1821 zählte man in Poschiavo nicht weniger als neun evangelisch geführte Privatschulen, die 1823, im letzten Jahr ihrer Existenz, um die 160 Schüler aufwiesen Vgl. La scuola riformata di Poschiavo. Commemorazione centenaria 1825-1925, Poschiavo 1925, S. 7; FRIEDRICH PIETH, Geschichte des Volksschulwesens im alten Graubünden, Festschrift zum 25jährigen Bestehen des Bündnerischen Lehrervereins, Chur 1908, S. 56f.

328 Johann Andrea Carisch (geb. 1834) vgl. weiter unten S. 227f..

329 Petrarca, Il Canzoniere, sonetto CXXIV. Vgl. Le rime di FRANCESCO PETRARCA, restituite nell'ordine e nella lezione del testo originario sugli autografi, col sussidio di altri codici e di stampe e corredate di varianti e note da GIOVANNI MESTICA, Firenze 1896, S. 235.

330 Petrarca, Il Canzoniere, sonetto CXXVI. Vgl. Le rime di FRANCESCO PETRARCA, S. 237.

331 Giovanni Andrea Mini war im Jahre 1819 Podestà von Poschiavo. Vgl. I Podestà di Poschiavo 1629-1953, in: Quaderni Grigionitaliani 22, 1953, S. 301.

332 Neisa J. L'Orsa (1724-1809). Vgl. KAISER, Fast ein Volk von Zuckerbäckern? S. 176.

333 Geremia Mini (1761-1847), Konditor in Warschau und Kopenhagen; Giacomo Mini (1766-1831), Konditor in Warschau. Vgl. KAISER, Zuckerbäcker, S. 176.

334 Orsola Olgiati (gestorben 1831), Tochter des Pfarrers Giovanni Giacomo Olgiati. Zu Familiengeschichte und Stammbaum vgl. MARIA OLGIATI, Della Famiglia Olgiati. Alba e tramonto di una famiglia poschiavina dal 1356 ai nostri giorni, in: Quaderni Grigionitaliani XII, 1942/43, S. 1-58.

335 Francesca Badilatti (1684-1748) heiratete Giovanni Giacomo Antonio Olgiati (gestorben 1737). Er war katholisch (*cattolico Romano, di contraria religione,* wie das evangelische Taufbuch von Poschiavo, Mikrofilm StAGR, ebenfalls bezeugt). Sie hatten drei Söhne (Pietro, Gio. Giacomo, Rodolfo Antonio), die katholisch, und zwei Töchter (Anna Maria und Orsola), die evangelisch getauft wurden. Die Konversion der drei Söhne spielte sich, laut autobiographischen Aufzeichnungen von Pfarrer G. G. Olgiati, weniger sagenhaft ab, als von Carischs Schwiegermutter erzählt. Vgl. MARIA OLGIATI, Della Famiglia Olgiati, S. 14-17, S. 19f.: Auszug aus Carischs Autobiographie.

336 Rodolfo Antonio Olgiati (1719-1787), Podestat. Vgl. MARIA OLGIATI, Della Famiglia Olgiati, S. 33.

337 Gio. Gia. Olgiati, ordiniert 1742, war 1754-55 Pfarrer von Castasegna, für Soglio nicht belegt. Vgl. TRUOG, Evang. Pfarrer, S. 31.

338 Franca Mini (geb. 1797) heiratete 1817 Rudolf Mini (1791-1831), Konditor in Warschau; Orsola Mini 1801 geboren; Anna Maria Mini heiratete 1817 Lorenzo Matossi (1790-1859), auch Konditor in Bilbao. Vgl. KAISER , Zuckerbäcker, S. 176, 178.

339 La Sacra Bibbia contenente l' Antico ed il Nuovo Testamento, tradotta di GIOVANNI DIODATI, Basilea 1822.

340 Er wurde auf den Namen David Teodoro getauft. Vgl. StAGR, Mikrofilm Kirchenbuch Evang. Pfarrarchiv Poschiavo.

341 Anna Maria Matossi (wie oben Anm. 338).

342 Giovan G. (1819-1871); Orsola (1822-1882) heiratete T. Lardelli. Vgl. KAISER, Zuckerbäcker, S. 178.

343 FRIEDRICH SCHLEIERMACHER, Predigten 1.-7. Sammlung. Neue nach der 3. Berliner Original-Ausgabe gedruckte Auflage, 3 Bde., Reutlingen 1835.

344 JOHANN PETER HEBEL, Catechismo cristiano, trad. dal tedesco per le chiese evangeliche nelle vallate di Poschiavo e Pregaglia, Chur 1831.

345 Ulrico Olgiati amtete als Lehrer an der evangelischen Schule in Poschiavo 1825/26-1829/30, Pietro Pozzi von 1825/26-1835/36. Vgl. La scuola riformata di Poschiavo. Commemorazione centenaria 1825-1925, Poschiavo 1925, S. 89.

346 Vgl. auch ROMAN BÜHLER, Bündner im Russischen Reich, 18. Jahrhundert-Erster Weltkrieg. Ein Beitrag zur Wanderungsgeschichte Graubündens, Disentis 1991, S. 219.

347 Georg Battaglia (1799-1887), von Feldis, 1827-1830 Pfarrer in Poschiavo, 1830-1864 Kantonsschullehrer in Chur. Vgl. TRUOG, Evang. Pfarrer, S. 154.

348 JOHANN ULRICH MAIER, Der evangelische Schulverein und seine Bedeutung für die Entwicklung des bündnerischen Volksschulwesens, phil. Diss. Zürich, Näfels 1916; FRIEDRICH PIETH, Aus der Geschichte des Evangelischen Schulvereins (1827-1860), in: Bündner Monatsblatt 1950, S. 321-335.

[349] OTTO CARISCH, Gedanken zur Bildung eines Unterstützungs-Vereines für Landschullehrer und Landschulen, in: [Churer] Intelligenz-Blatt Nr. 20, 17. Mai 1827.

[350] [Jahres]Bericht über Stand und Wirksamkeit des Vereins zur Verbeßrung des evang. Volksschulwesens in Graubünden, Chur 1829 ff.

[351] Carl Raschèr (1798-1861). Vgl. TRUOG, Evang. Pfarrer, S.127.

[352] W. Schirks (gest. 1879), 1827-1844 Lehrer für Theologie, Latein und Deutsch an der evangelischen Kantonsschule in Chur. Schied mit der Aufhebung des theologischen Instituts aus. Darauf amtete er als Pfarrer in Haldenstein und in Rhoden (Preussisch Sachsen). Vgl. BAZZIGHER, Geschichte der Kantonsschule, S. 201.

[353] Sämtliche Korrespondenz aus diesem Zeitabschnitt nicht vorhanden.

[354] Kirche St. Gian in Celerina.

[355] Bernardo Mengotti, 1821, 1826, 1832, 1836, 1841, 1844 und 1856 Podestà von Poschiavo. Vgl. I Podestà di Poschiavo 1629-1953, in: Quaderni Grigionitaliani 22, 1953, S. 301.

[356] Wie oben Anm. 303.

[357] Wie oben Anm. 159.

[358] O. HUNZIKER/R.WACHTER, Geschichte der Schweizerischen gemeinnützigen Gesellschaft 1810-1910, Zürich 1910.

[359] Johann Jakob Frei (1789-1852), Pfarrer in Schönengrund und Trogen, 1830 Dekan. Vgl. HUNZIKER/WACHTER, Geschichte der Schweizerischen gemeinnützigen Gesellschaft 1810-1910, Zürich 1910, passim; HBLS 3. Bd., S. 244.

[360] Hermann Krüsi (1775-1844), Seminardirektor in Gais. Vgl. HUNZIKER/WACHTER, Geschichte der Schweizerischen gemeinnützigen Gesellschaft 1810-1910, Zürich 1910, S. 47, 83, 88, 90, 92; HBLS 4. Bd., S. 549.

[361] Jakob Steiner (1796-1863), im Jahre 1834 wurde an der Universität Berlin eine a.o. Professur für Geometrie für ihn geschaffen. Vgl. HBLS 6. Bd., S. 533.

[362] Johannes Ramsauer (1790-1848) aus Herisau, Pestalozzis Schüler und Privatsekretär, ab 1817 Lehrer der Prinzen von Oldenburg. Vgl. ADB 27. Bd., S. 219f.

[363] Joh. Pozzi (gest. 1859), 1831-1837 Pfarrer in Brusio. Vgl. TRUOG, Evang. Pfarrer, S. 27.

[364] Tomaso Steffani (1807-1879), 1837-1842 Pfarrer von Poschiavo-Brusio. Vgl. TRUOG, Evang. Pfarrer, S. 29.

[365] Tomaso Giuliani (1786-1849), 1834 und 1841 Bundspräsident. Vgl. JULES ROBBI, Die Regierungsräte des Kantons Graubünden 1803-1919, Sep. aus den Unterhaltungsblättern zum Graubündner Generalanzeiger 1918, S. 31ff.

[366] Laurer-Appenzeller'scher Baumgarten, später Janettisches Haus: Fontahof, Gäuggelistrasse 11. Vgl. Stadtarchiv Chur, Häuserkataster der Stadt Chur.

[367] Villa Misolunghi, Engadinstrasse 26. Inventar der neueren Schweizer Architektur, Bd. 3, Bern 1982, S. 266.

[368] Alexander Hermann (gest. 1842), Lehrer für Deutsch und alte Sprachen an der evangelischen Kantonsschule Chur von 1827 bis zu seinem Tod. Vgl. BAZZIGHER, Geschichte der Kantonsschule, S. 201.

[369] J. Meyer (gest. 1865), 1830-1848 Lehrer für Geographie, Geschichte, Deutsch und Turnen an der evangelischen Kantonsschule Chur, später Rektor der Bezirksschule Zurzach. Vgl. BAZZIGHER, Geschichte der Kantonsschule, S. 201.

[370] Louis Kratzer (gestorben 1878), 1835-1878 Lehrer für Französisch und Schreiben an der evangelischen und ab 1850 an der vereinigten Kantonsschule Chur. Vgl. BAZZIGHER, Geschichte der Kantonsschule, S. 201 und 205.

[371] Heinrich Kraneck (1785-nach 1856) aus Stuttgart, Porträtmaler und Lithograph, 1832-1841 Zeichenlehrer an der evangelischen Kantonsschule Chur. Vgl. BAZZIGHER, Geschichte der Kantonsschule, S. 201; Das Rätische Museum, ein Spiegel von Bündens Kultur und Geschichte, Redaktion: HANS ERB, Chur 1979, S. 234ff.

[372] HEINRICH KRANECK, Die alten Ritterburgen und Bergschlösser in Hohen-Rhätien. In lithographirten Abbildungen mit kurzer historisch-topographischer Beschreibung, Chur 1837.

[373] HEINRICH KRANECK, Bildnisse berühmter und ausgezeichneter Bündner der Vorzeit. Nach guten bewährten Originalen lithographirt, nebst biographischen Notizen, Chur 1832.

[374] Johann Heinrich Schällibaum (gestorben 1875), Lehrer für Deutsch und alte Sprachen an der evangelischen Kantonsschule Chur, 1850-1875 Lehrer der alten Sprachen an der vereinigten Kantonsschule, welcher er 1850-1865 als Rektor vorstand. BAZZIGHER, Geschichte der Kantonsschule, S. 201, 205.

[375] J. J. Früh (gestorben 1859), ab 1837 Lehrer für Deutsch, Rechnen und Gesang an der evangelischen Kantonsschule Chur, wirkte in denselben Fächern an der vereinigten Kantonsschule bis zu seinem Tod. Vgl. BAZZIGHER, Geschichte der Kantonsschule, S. 201 und 205.

[376] Ernst Moller, 1837-1850 Lehrer für Deutsch, alte Sprachen, Geschichte und Naturgeschichte an der evangelischen Kantonsschule Chur. Vgl. BAZZIGHER, Geschichte der Kantonsschule, S. 201.

[377] Christlicher Kathechismus. Vgl. JOHANN PETER HEBEL, Sämtliche Werke, Bd. 7, 2. Auflage 1838, S. 115-226.

[378] ALEXANDER SCHWEIZER, Die Glaubenslehre der evangelisch-reformirten Kirche dargestellt und aus den Quellen belegt, 2 Bde., Zürich 1844-1847.

[379] HEINRICH GELZER, Die Religion im Leben oder die christliche Sittenlehre. Reden an Gebildete, Zürich 1839.

[380] FRIEDRICH HEINRICH CHRISTIAN SCHWARZ, Der christliche Religionslehrer und seine moralische Bestimmung, 2 Bde., 1798-1800.

[381] ALESSANDRO MANZONI, I Promessi sposi. Storia milanese del secolo XVII, Milano 1940.

[382] Silvio Pellico (1789-1854), italienischer Dichter. Vgl. Enciclopedia Italiana di Scienze, Lettere ed Arti, Roma 1935, S. 633ff.

[383] Johann Heinrich Jung-Stilling (1740-1817), deutscher Schriftsteller; wesentliches Werk neben geistlichen Liedern, Romanen und pietistischen Schriften ist seine Autobiographie (vor allem «Heinrich Stillings Jugend», 1777), die durch die empfindsame Art der Selbstdarstellung gekennzeichnet ist. Vgl. ADB 14. Bd., S. 697-704.

[384] Rosina Bavier (geb. 1804) heiratete 1838 Georg Battaglia (1799-1887), 1827-1830 Pfarrer in Poschiavo, 1830-1864 Kantonsschullehrer in Chur. Vgl. TRUOG, Evang. Pfarrer, S. 154.

[385] Iduna Lenz wurde am 9. Mai 1800 geboren, starb am 10. Juli 1880 und wurde auf dem Friedhof der Erziehungsanstalt Schnepfenthal begraben. Vgl. Festschrift zur hundertjährigen Jubelfeier der Erziehungsanstalt Schnepfenthal, Schnepfenthal 1884, S. 253 und Stammbaum IV.

[386] Worte an deutsche Mütter und Erzieherinnen. Eine Ermunterung und Anleitung, durch treue Erfüllung ihres hohen Berufes für das Wohl des Vaterlandes thätig mitzuwirken, Schnepfenthal 1833. In der zweiten Auflage gab sie ihren Namen preis: IDUNA DE CARISCH-LENZ, Die Erziehung des Kindes. Ein Geschenk für junge Frauen und Mütter, 2. verm. Auflage der «Worte an deutsche Mütter u.s.w.» Jena 1853.

[387] Hauptmann Florian Valär (1786-1852). Vgl. StAGR, Mikrofilm der Kirchenbücher von Tamins.

[388] Festschrift zur hundertjährigen Jubelfeier der Erziehungsanstalt Schnepfenthal, Schnepfenthal 1884.

[389] Christian Ludwig Lenz (1760-1833), Philologe. Verfasste die Schrift auf seinen 1809 in Gotha verstorbenen Bruder Karl Gotthold Lenz: De vita Caroli Gotthold Lenz, in illustri Gymnasio Gothano nuper Professoris, eiusque majorum quorundam. Vgl. ADB 18. Bd., S. 271f.

[390] Johann Christian Karl Salzmann (1784-1870), der nach dem Tod seines Vaters 1811 zusammen mit Thusnelda Lenz (geboren 1791) die Erziehungsanstalt erfolgreich weiterführte. Vgl. ADB 30. Bd., S. 300-304.

[391] Bertha Lenz (geb. 1809) 1830 getraut mit Ernst Müller (1801-1878), 1823-1825 Lehrer an der Erziehungsanstalt Schnepfenthal. Vgl. Festschrift zur hundertjährigen Jubelfeier, Stammtafel B.

[392] August Rein (1800-1857), Lehrer an der Erziehungsanstalt Schnepfenthal 1825-1851, heiratete 1851 Theona Lenz (1806-1882), Dr. phil., Adjunktus in Zella S. Blasii. Vgl. Festschrift zur hundertjährigen Jubelfeier, Stammtafel B.

[393] Meta Lenz (1813-1870); Emma Lenz (geb. 1815), getraut am 10. Oktober 1839 mit August von Blumröder (1813-1881), Kammerherr und Regierungsrat zu Sondershausen. Vgl. Festschrift zur hundertjährigen Jubelfeier, Stammtafel B.

[394] Harald Othmar Lenz (1798-1870), Philologe und Naturforscher. Vgl. ADB 18. Bd., S. 278f.

[395] Wodan Lenz (1796-1870), zeitweise Lehrer an einer Bezirksschule in Payerne. Vgl. Festschrift zur hundertjährigen Jubelfeier, Stammtafel B.

[396] Siegmar Lenz (geb. 1811), Lehrer an der Erziehungsanstalt Schnepfenthal. Vgl. Festschrift zur hundertjährigen Jubelfeier, Stammtafel B.

[397] Friedrich Salzmann (1774-1850), 1793-1812 Mitarbeiter an der Erziehungsanstalt Schnepfenthal. Vgl. Festschrift zur hundertjährigen Jubelfeier, Stammtafel A.

[398] Ernst Julius Theodor Salzmann (1792-1855), Forstmeister. Vgl. ADB 30. Bd., S. 297ff.

[399] Philipp Salzmann (1781-1852) war Dr. med. und Naturforscher in Montpellier. Festschrift zur hundertjährigen Jubelfeier, Stammtafel A.

[400] Gotthilf Salzmann (1796-1870). Vgl. Festschrift zur hundertjährigen Jubelfeier, Stammtafel B.

[401] Wilhelmine Salzmann (1776-1846) verheiratet mit Friedrich Weissenborn (1765-1834), Lehrer an der Erziehungsanstalt Schnepfenthal. Vgl. Festschrift zur hundertjährigen Jubelfeier, Stammtafel A.

[402] Caroline Salzmann (1786-1851) verheiratet mit Friedrich Erdmann Märcker (1778-1818), Lehrer an der Erziehungsanstalt in Schnepfenthal bis 1809, in welchem Jahr er in Meiningen eine Höhere Töchterschule gründete. Vgl. Festschrift zur hundertjährigen Jubelfeier, Stammtafel A.

[403] Sophie Salzmann (1798-1856), seit 1820 Erzieherin an der Mäckerschen Töchterschule zu Meiningen, die sie 1841 ganz übernahm. Vgl. Festschrift zur hundertjährigen Jubelfeier, Stammtafel A.

[404] Johann Peter Veraguth (1777-1849), praktizierte in Thusis 1820-1849; Franz Thomas Veraguth (1812-1891), Arzt in Thusis 1845-1871. Vgl. Aeskulap in Graubünden. Beiträge zur Geschichte der Medizin und des Aerztestandes. Zum Anlass seines 150jährigen Bestehens hg. vom Bündnerischen Aerzteverein, Chur 1970, S. 130.

[405] Christian Enderlin (geb. 1818), von Maienfeld, besuchte die evangelische Kantonsschule in Chur 1834-1839. Vgl. StAGR CB III 478, Schülerverzeichnis der evang. Kantonsschule Chur.

[406] Martin Hössli, (geb. 1821), von Hinterrhein, besuchte die evangelische Kantonsschule 1837-1841. Vgl. StAGR CB III 479, Schülerverzeichnis der evang. Kantonsschule Chur.

[407] Landammann Dietrich Schindler (1795-1882) von Mollis, hochverdient um die Schulreform im Kanton Glarus. Vgl. HBLS 6. Bd., S. 184.

[408] Jakob Heer (1784-1864), Anhänger der Methode Pestalozzis, 1811-1816 Lehrer am Heer'schen Institut in Glarus, 1817-1842 Pfarrer in Matt; er war eifrig bemüht um die Hebung des glarnerischen Schulwesens, 1842-1853 Vorsteher einer Privaterziehungsanstalt in Wädenswil. Vgl. HBLS 4. Bd., S. 102.

[409] Johann Jakob Wehrli (1790-1855), Begründer und Leiter des staatlichen Seminars in Kreuzlingen. Vgl. HBLS 7. Bd., S. 453.

[410] Ursula Friderica Eblin wurde am 9. Oktober 1817 geboren als Tochter des Stadtarztes Paul Eblin und der Sophie Näf von St. Gallen. Vgl. StAGR Mikrofilm Kirchenbücher St. Martin, Chur.

[411] Im Jahre 1827 eröffnete Fräulein Nanette Schmitter auf der Hofmatt ihr Töchterinstitut, das 1861 auf den damaligen Religionslehrer am Seminar Wettingen, Pfarrer Heinrich Welti-Kettiger, überging. Vgl. JAKOB BOLLIGER, Aarburg. Festung, Stadt und Amt, hg. von der Einwohnergemeinde und der Ortsbürgergemeinde Aarburg, Aarburg 1970, S. 297.

[412] Bernardina Elisabetta Tosio (geb. 1825), seit 1850 vermählte Mozzi. Vgl. StAGR Mikrofilm Kirchenbuch Samedan.

[413] Maria Carolina Gilli (geb. 1826), seit 1844 vermählte Raschèr. Vgl. StAGR Mikrofilm Kirchenbuch Zuoz.

[414] Vgl. Anm. 240.

[415] Im ersten Adressbuch der Stadt Zürich und Umgebung von D. HINTERMEISTER, Zürich 1859, ist dieses Institut nicht aufgeführt.

[416] Hans Locher-Balber (1797-1873), Arzt, Medizinprofessor an der Universität Zürich. Vgl. HBLS 4. Bd., S. 698.

[417] Johann Jakob Pestalozzi (1749-1831), Politiker, Gelehrter und Kaufmann. Vgl. HBLS 5. Bd., S. 405.

[418] Vgl. BENEDICT HARTMANN, Johann Peter Hosang und sein Testament, Chur 1945.

[419] Stephan v. Pestalozzi (1785-1867), 1832 Bundspräsident des Gotteshausbundes, 1833 Präsident des Grossen Rates von Graubünden. Vgl. HBLS 5. Bd., S. 404.

[420] Vorschläge in Bezug auf die Hosang'schen Stiftungen. In Thesen zur Besprechung gefasst, in: Churer Zeitung Nr. 91, 12. November 1842; Reflexionen über die Bestimmung der Hosang'schen Kantonal-Armenstiftung, in: Churer Zeitung Nr. 92, 15.

November 1842; Nr. 93, 19. November 1842; Nr. 94, 22. November 1842; Nr. 95, 26. November 1842.

421 Friedrich Häfelin (1808-1878), Dekan des Kapitels Horgen 1848-1876. Vgl. HBLS 4. Bd., S. 43.

422 Vermutlich Johann Jakob Balber, Kaufmann in Livorno und Mailand. Vgl. Verzeichnis der Stadt-Bürgerschaft von Zürich auf das Neujahr 1823,1825,1827,1830.

423 Ulrich Zehnder (1798-1877), Regierungs- und Erziehungsrat des Kantons Zürich, Präsident der Schweizerischen gemeinnützigen Gesellschaft. Vgl. HBLS 7. Bd., S. 631.

424 Joseph Anton Heinrich (1798-1866) von Zug, Pfarrer zu Mosnang und an anderen Orten im Kanton St. Gallen, Domkapitular, Dekan, Erziehungsrat. Vgl. HBLS 4. Bd., S. 130.

425 Helena Margaretha von Salis (geb. 1824). Vgl. ANTON VON SPRECHER, Stammbaum der Familie von Salis, Chur 1941, Tafel 26 Nr. 32.

426 Johann Jakob von Salis (1800-1881), Major, Bundesstatthalter. Vgl. ANTON VON SPRECHER, Stammbaum der Familie von Salis, Chur 1941, Tafel 26 Nr. 13.

427 Ursula Dorothea Roffler geb. Raschèr (geb. 1772), Ehefrau des 1814 verstorbenen Stadtrichters Johannes Roffler. Vgl. ANTON HERCULES SPRECHER, Sammlung rhätischer Geschlechter, Chur 1847, S. 141.

428 Giovenale Vegezzi Ruscalla, geboren im Dezember 1799 in Turin, gestorben am 29. Dezember 1885 in S. Vito (Italien), Dr. ès lettres, Sekretär des Ministers des Aeussern in Turin, Gefängnisinspektor und Chef einer Direktion im Ministerium des Innern 1839, leitete eine Zeitlang die *Rivista contemporanea*. Rumänischer Generalkonsul in Turin, während zwei Amtsdauern Mitglied der Deputiertenkammer in Turin. Vgl. HBLS 7. Bd., S. 205.

429 Karl Friedrich Ludwig Felix von Rumohr (1785-1843), deutscher Schriftsteller und Kunsthistoriker, Mäzen. Vgl. ADB 29 Bd., S. 657-661.

430 Friedrich Nerlich (1807-1878), bekannter Vedutenmaler. Vgl. ADB 23. Bd., S. 435f.

431 Daniele Manin (1804-1857), italienischer Politiker, Republikaner. Vgl. Handbuch der europäischen Geschichte, Bd. 5, Stuttgart 1981, 851.

432 Vgl. FELIX BURCKHARDT, Briefe aus der Schweizerkolonie in Bergamo über die Revolution von 1848, Separat-Abdruck aus dem Zürcher Taschenbuch 1918.

433 Sigismund Leopold, Erzherzog von Oesterreich (1826-1891) ist der Sohn des Vizekönigs von Lombardo-Venetien, Rainer Josef von Habsburg, Inhaber des Infanterie-Regiments Nr. 45. Vgl. CONSTANT VON WURZBACH, Biographisches Lexikon des Kaiserthums Oesterreich, Bd. 7, Wien 1861, S. 148-149; Die Habsburger. Ein biographisches Lexikon, hg. von BRIGITTE HAMANN, Wien 1988, S. 421.

434 Der Todestag ist der 19. November 1849. Vgl. Bündner Zeitung Nr. 95 vom 28. November 1849.

435 In «Der liberale Alpenbote» Nr. 95 vom 28. November 1849 nicht zu finden.

436 A. VENANZIO, Necrologia di Giovanni Frizzoni, Bergamo, Dalla Stamperia Mazzoleni, 1850

437 Vgl. Bündner Zeitung Nr. 95 vom 28. November 1849, S. 375.

438 Lucian Bonaparte (1775-1840), 1814 Fürst von Canino, Romanschriftsteller, Vgl. MEYERS Grosses Konversations-Lexikon, 3. Bd., Leipzig und Wien 1904, S. 194.

439 Wilhelm Freund (1806-1894), Philologe, verfasste ein Wörterbuch der lateinischen Sprache, 4 Bde., Leipzig 1834-1845. Vgl. MEYERS Grosses Konversations-Lexikon, 7.

Bd., 6. Auflage, Leipzig und Wien 1905, S. 95f. – Der unruhige und unbeständige Dr. Freund ist überall in den Schriften und Büchern über das Rätoromanische seiner Zeit anzutreffen. Ausser mit Carisch, Corai und Pallioppi hatte er auch Beziehungen zu L. Steub und G. Sulzer. Sein Interesse bezog sich anscheinend auf die vorrömischen Elemente des Romanischen. Vgl. ALEXI DECURTINS, Das Rätoromanische und die Sprachforschung, Vox Romanica 23, 1964, S. 286.

440 Paul Corai (1822-1878) von Waltensburg, war 1848-1853 Pfarrer in Pitasch, 1853-1859 amtete er in Waltensburg, er übersetzte Schillers Lied von der Glocke ins Romanische (1861). Vgl. TRUOG, Evang. Pfarrer, S. 148.

441 Zaccharia Pallioppi (1820-1873) von Celerina, Lokalpolitiker, romanischer Dichter und Verfasser eines gross angelegten romanischen Wörterbuches, das von seinem Sohne zu Ende geführt und veröffentlicht wurde. Vgl. HBLS 5. Bd., S. 372.

442 Philipp Emanuel Fellenberg (1771-1844), Sozialpädagoge und Landwirt, schuf auf seinem Gut Hofwil einen landwirtschaftlichen Musterbetrieb und umfangreiche pädagogische Einrichtungen (Industrie-, Real-, Kleinkinderschule u.a.). Vgl. HBLS 3. Bd., S. 136.

443 William Ellery Channing (1780-1842), amerikanischer unitarischer Theologe und Schriftsteller, Pfarrer in Boston, bedeutender Vertreter der Unitarier Amerikas; setzte sich seit 1830 tatkräftig für die soziale Reform ein (Gefangenenfürsorge, Freilassung der Sklaven usw.). Vgl. Die Religion in Geschichte und Gegenwart, 1. Bd., Tübingen 1957, Sp. 1638-1639.

444 Dr. WILLIAM ELLERY CHANNING's Werke. In einer Auswahl aus dem Englischen übersetzt und hg. von F.A. SCHULZE und AD. SYDOW, 7 Bde., Berlin 1850-1855.

445 OTTO CARISCH, La divozione domestica ossia Preghiere e Meditazioni in famiglia, Coira 1853.

446 Georg Leonhardi (1807-1884) von Filisur, 1846-1855 Pfarrer von Poschiavo und von 1855-1883 von Brusio, Verfasser zahlreicher historischer und geographischer Abhandlungen. Vgl. TRUOG, Evang. Pfarrer, S. 160.

447 Leopold von Ranke (1795-1886), deutscher Historiograph, führender Vertreter des Positivismus und der quellenkritischen Geschichtswissenschaft. Vgl. ADB 27. Bd., S. 242-269.

448 Thomas Babington Macaulay (1800-1859), englischer Politiker und Historiker, Verfasser kritischer Essays und historischer Werke vom liberalen Standpunkt aus. Vgl. MEYERS Grosses Personenlexikon, Mannheim/Zürich 1968, S. 832.

449 George Washington (1732-1799), amerikanischer General und erster Präsident der USA. Vgl. MEYERS Grosses Personenlexikon, Mannheim/Zürich 1968, S. 1382.

450 Friedrich von Raumer (1781-1873), deutscher Historiograph; seine romantische «Geschichte der Hohenstaufen und ihrer Zeit» wurde seinerzeit viel gelesen. Vgl. ADB 27. Bd., S. 403-414.

451 George Bancroft (1800-1891), amerikanischer Historiker und Diplomat, Verfasser einer volkstümlichen Geschichte der USA. Vgl. MEYERS Grosses Personenlexikon, Mannheim/Zürich 1968, S. 88.

452 Taschen-Wörterbuch der Rhaetoromanischen Sprache in Graubünden, besonders der Oberländer und Engadiner Dialekte, nach dem Oberländer zusammengestellt und etymologisch geordnet von OTTO CARISCH, Professor an der evangelischen Kantonsschule, Chur 1848; 2. Auflage, vermehrt durch starken Nachtrag [von 56 Seiten], Chur 1852; unveränderter Nachdruck, Chur und St. Moritz 1887.

453 Johann Michael Sailer (1751-1832), deutscher katholischer Theologe und Pädagoge, Bischof von Regensburg; wegen seiner Verbindung zu bedeutenden protestantischen Theologen sowie seiner ökumenischen Haltung vielfach angefeindet. Vgl. ADB 30. Bd., S. 178-192.

454 Iganz Heinrich Karl von Wessenberg (1774-1860), deutscher katholischer Theologe; erstrebte eine kirchliche Erneuerung im Sinne des Josephinismus. Vgl. ADB 42. Bd., S. 147-157.

455 Kaspar de Carl ab Hohenbalken, Bischof von Chur 1844-1859. Vgl. Helvetia sacra, Abt. I Bd. 1, Bern 1972, S. 502f.

456 Wohl Istituto Menghini in Poschiavo, wo Bendetto Iseppi tätig war. Vgl. T. MARCHIOLLI, L'Istituto Menghini – Poschiavo, in: Almanacco dei Grigioni 1922, S. 118-121.

457 Der Fortschritt. Eine Volkspredigt, gehalten in der katholischen Kirche zu Puschlav am Neujahrstage 1853, von BENEDIKT ISEPPI. Ins Deutsche übersetzt von O[TTO] C[ARISCH], Chur 1853.

458 Zur ganzen Anglegenheit vgl. BERNARDO ZANETTI, Omaggio alla venerata memoria di Benedetto Iseppi (1824-1859) e Giovanni Luzzi (1856-1948), Poschiavo 1990, S. 9-144.

459 Vgl. Il Grigione italiano, Nr. 43 vom 28. Oktober 1853.

460 B. Iseppi, 1855 vorübergehend in St. Gallen und Gams und seit Januar 1856 als Kaplan in Walenstadt, verstarb am 12. März 1859 in Walenstadt. Vgl. ZANETTI, Benedetto Iseppi e Giovanni Luzzi, S. 125f.

461 Ilg Niev Testament. Editiun nova e revedida a corregida, tont sco pusseivel suenter ilg original grec da OTTO CARISCH a squitschada à cust da las societads biblicas da Quera a da Basel, Chur 1856 (BR Nr. 588). Carisch benützte auch die Uebersetzungen des Neuen Testaments von de Wette. Durchschossenes Exemplar mit zahlreichen eigenhändigen Anmerkungen von Carisch in der Kantonsbibliothek Graubünden. Seine Uebersetzung vermochte sich nicht durchzusetzen. Vgl. ALBERT FRIGG, Die Geschichte der evangelischen rätoromanischen Bibelübersetzungen, in: Bündner Monatsblatt 1958, S. 83.

462 Moritz Lutta (1805-1880), 1831-1864 Pfarrer von Ilanz-Strada. Vgl. TRUOG, Evang. Pfarrer, S. 105.

463 Vgl. z.B. Jahresbericht der Bündnerischen Bibelgesellschaft in Chur, Chur 1825.

464 Wilhelm Martin Leberecht de Wette (1780-1843), deutscher evangelischer Theologe, Professor der Exegese in Heidelberg, Berlin (1819 wegen seiner politischen und theologischen liberalen Haltung entlassen) und Basel; seine bibelkritischen Arbeiten hatten breite Wirkung. Vgl. ADB 5. Bd., S. 101-105.

465 Wilhelm von Humboldt (1767-1835), deutscher Staatsmann, Philosoph und Sprachforscher. Vgl. ADB 13. Bd., S. 338 358.

466 Luc. Caviezel (1798-1862) von Duvin, 1839-1862 Pfarrer in Flims. Vgl. TRUOG, Evang. Pfarrer, S. 143.

467 OTTO CARISCH, Die revidirte Uebersetzung des neuen Testamentes im oberländer rhätisch-romanischen Dialekte, in: Bündnerisches Monatsblatt 1856, Nr. 8 S. 147f., Nr. 9 S. 170-178.

468 Vgl. FRIEDRICH PIETH, Die Dichterin Nina Camenisch in ihren Briefen an Prof. Otto de Carisch, in: Bündnerisches Monatsblatt 1938, S. 33-47; Die Sagensammlung der

Dichterin Nina Camenisch (1826-1912) von Sarn, hg. und kommentiert von URSULA BRUNOLD-BIGLER, Disentis 1987.

469 Vgl. zwei Briefe Gündels an Nina Camenisch von 1855 und 1858 sowie die Besprechung der «Gedichte eines Bündnerischen Landmädchens» in der «Augsburger Allgemeinen Zeitung», August 1856, in: Aus dem Nachlasse Gustav Gündel's. Für seine Freunde gesammelt, Leipzig 1861, S. 106-112.

470 "Die Begegnung" und "Das sterbende Mädchen" sind erschienen in: Der liberale Alpenbote Nr. 114, 23. September 1854.

471 Es handelt sich um das Gedicht «Adler und Taube». JOHANN WOLFGANG GOETHE, Sämtliche Gedichte. Erster Teil: Die Gedichte der Ausgabe letzter Hand, Erster Band der Gedenkausgabe der Werke, Briefe und Gespräche, hg. von ERNST BEUTLER, 2. Auflage Zürich und Stuttgart 1961, S. 318ff.

472 Allemannische Gedichte, in: JOHANN PETER HEBELS Werke, hg. von WILHELM ALTWEGG, Bd. 1, Zürich-Berlin [1942].

473 Ludwig Martin (1816-1873), politischer Flüchtling aus Borna (Sachsen), 1852-1873 Pfarrer in Sarn und Masein. Vgl. TRUOG, Evang. Pfarrer, S. 132, 181.

474 [NINA CAMENISCH], Gedichte eines Bündnerischen Landmädchens, gesammelt und hg. von OTTO CARISCH, Chur 1856.

475 Christian Friederich Stötzner (1807-1869), Redaktor am Schaffhauser Tagblatt. Nachruf: Schaffhauser Tagblatt 1869, Nr. 24; Erinnerungen: ebendort Nr. 28, 29, 36. Freundliche Auskunft von Dr. Hans-Ueli Wipf, Stadtarchiv Schaffhausen.

476 Karl Bunsen (1791-1860), preussischer Diplomat und Gelehrter, Mittler zwischen Preussen und England in religiösen und kulturellen Fragen. Vgl. ADB 3. Bd., S. 541-552.

477 Es handelt sich entweder um Anna Johanna Diethelmina (geb. 1811) oder Anna Paulina (geb. 1824) von Toggenburg. Vgl. ANTON HERCULES VON SPRECHER, Sammlung rhätischer Geschlechter, Chur 1847, S. 207f.

Stammbaum Carisch

Fadrig Carisch oo Onna Cadisch

Duff Carisch oo Catrina Capeder
(1764-1821) (1760-1821)

Gio.Andr. Mini oo Orsola Olgiati
(1764-1831) (1767-1831)

Fadrig
(1788-1863)

Biet
(1791-1863)

Frena
(*1794)

Otto Carisch
(1789-1858)

oo

1. Maria Mini
(1807-1835)
2. Iduna Lenz
(1800-1880)

Orsola (1)
(1827-1894)
oo
Giov. Giac.
Matossi
v. Poschiavo

David Teodoro (1)
(1828-1898)
oo
Domenica
Semadeni
v. Poschiavo

Caterina Sofia (1)
(1829-1838)

Anna Maria (1)
(1831-1847)

Giovanni
Andrea (1)
(1834-1901)
oo
Ursulina
Andreossi
v. St. Moritz

Sophia
Magdalena (2)
(1840-1843)

Register

Personennamen

Geographische Namen

Sachen